# LA
# LIBERTAD
# ES RESPETO
# RECÍPROCO

Alberto Benegas Lynch (h)

www.elcato.org

Publicado por Cato Institute

2015

ISBN-13: 9781505695779

ISBN-10: 1505695775

www.elcato.org

Email: elcato@cato.org

Impresión: CreateSpace.com

*Otra vez para María, mi novia de siempre
con quien cumplimos 50 años de casados.*

*¿Hasta cuando Catilina abusarás*
*de nuestra paciencia?*

**Marco Tulio Cicerón**
**Primera Catilinaria, 63 AC**

# Índice

# Prolegómeno

Este nuevo libro contiene mis artículos semanales que van desde octubre de 2013 a noviembre de 2014, todas reproducidas en el portal de la versión castellana de Cato Institute, encabezados por seis columnas publicadas en *La Nación* de Buenos Aires que hacen muy directamente a la temática de este volumen pero que no han sido reproducidos en Cato y, finalmente, tres anexos donde se incluyen sendos ensayos, uno sobre el posmodernismo publicado en una revista académica chilena, otro sobre el concepto de la guerra publicado por una fundación boliviana y, finalmente uno sobre el autogobierno publicado en una revista académica argentina (en base a mi libro titulado *Hacia el autogobierno. Una crítica al poder político*, Buenos Aires, Emecé Editores, 1993), este último ensayo como parte del inicio de un jugoso debate que necesita aun recorrer un largo territorio para ser aceptado, un trabajo que presenté originalmente en su versión inglesa en un seminario al que asistí en Seúl (agosto de 1995, organizado por la International Cultural Foundation) para el que, antes de esa presentación, conté con estimulantes y enriquecedores comentarios sobre el ensayo en cuestión escritos por James Buchanan, Giovanni Sartori, Israel Kirzner, Bruno Frey, Thomas Szasz y Lawrence White, lo cual consigné en mi *El juicio crítico como progreso* (Buenos Aires, Editorial Sudamericana, 1996). Después de esto y una vez publicado en inglés por la referida Fundación, recibí otra carta, esta vez de Anthony de Jasay en la que me manifestó su completo acuerdo con la tesis central de mi trabajo. Luego recibí otra de idéntico tenor de Walter Block y una muy gratificante de Arthur Seldon también sobre el mismo asunto.

Como es sabido, Cato Institute de Washington DC es la entidad liberal (desde luego, en el sentido clásico del vocablo) más importante del mundo si nos guiamos por su presupuesto y por la cantidad de libros publicados, seminarios dictados y conferencias pronunciadas. Ian Vásquez, Director del Center for Global Liberty and Prosperity de la institución, es el responsable que este libro salga a la luz y Gabriela Calderón es quien semana a semana desde hace años levanta artículos míos y los reproduce en ElCato. Estoy muy agradecido a los dos por sus respectivos esfuerzos, quienes son además mis buenos amigos y excelentes participantes en la causa de la libertad a través de sus notables escritos.

El título *La libertad es respeto recíproco* ilustra en núcleo de esta selección de mis colaboraciones. Hace tiempo en uno de mis libros anteriores (*Liberalismo para liberales*, Buenos Aires, Emecé Editores, 1986) fabriqué una definición del liberalismo que aun considero precisa: es el respeto irrestricto por los proyectos de vida de otros. Efectivamente, de eso se trata. Los derechos de todos deben ser respetados, es decir, hacer todo lo que la persona estime pertinente, claro está, sin lesionar iguales derechos de terceros.

En esto consiste la tolerancia lo cual no quiere necesariamente decir que coincidimos con los proyectos de vida de otros, pero mientras no haya lesión a los derechos de otros no hay razón moral alguna que justifique el uso de la fuerza. Solo es justificable el recurrir a la fuerza cuando es de carácter defensivo, nunca ofensivo. Tal vez en lugar de la expresión *tolerancia*, por las razones apuntadas deberíamos usar la de *respeto* puesto que aquél término pude interpretarse con cierto tufillo inquisitorial y soberbio: tolero en el sentido de que perdono el error. En última instancia, los derechos se respetan no se toleran.

Además, el respeto y no la tolerancia alude a otro asunto de la mayor importancia y es que el conocimiento es siempre provisional abierto a refutaciones. Esto para nada significa adherir a la incongruente posición del relativismo epistemológico (quien lo sostiene se contradice puesto que esa posición hace que lo que se afirma es también relativo). El esfuerzo por incorporar verdades está incrustado en un azaroso y difícil proceso de prueba y error que por ello debe ser sometido al debate abierto al efecto de incorporar algo de tierra fértil en el inmenso mar de ignorancia en que nos encontramos.

Este libro reúne artículos que como puede constatarse en el índice son de carácter muy variado pero todos están alineados a la idea de la libertad que es el aspecto medular de la condición humana y porque el espíritu liberal no se refiere a determinado aspecto sino que alude al hombre como un todo inescindible.

Prácticamente todos mis artículos (excepto los que se refieren a temas coyunturales que no mantienen vigencia) están incluidos en libros porque me da la sensación que están mejor resguardados en la biblioteca a pesar de que quedan para siempre en Internet, no es como antes que los artículos en la prensa gráfica una vez publicados se esfumaban en la nebulosa del tiempo. Como bien ha consignado Huxley, las palabras escritas, igual que los rayos x, lo traspasan todo, en cambio, parafaseando el aforismo popular, lo conversado se lo lleva el viento.

Como he escrito en otra ocasión, las invasiones a las autonomías individuales comienzan cuando se acepta la impertinente discusión sobre si es buena o no cierta medida compulsiva, por ejemplo, para la salud de los gobernados. Así, se debate en el Congreso si es conveniente para la protección del motociclista el obligarlo a usar casco o prohibir que en restaurantes se coloque salero en las mesas y sandeces equivalentes. En esto, como en casi todo, tal como ha reiterado el notable pensador J. F. Revel en su excelente *La gran mascarada*, el nacionalismo y el socialismo se entrelazan fuertemente en aspectos cruciales (por mi parte he escrito extensamente sobre el tema en "Nacionalismo: cultura de la cultura" publicado originalmente en *Estudios Públicos*, Santiago de Chile, invierno de 1997, No. 67, reproducido en mi *El liberal es paciente* publicado por CEDICE, Caracas, 2013).

Ya en el comienzo el asunto está muy mal planteado: no incumbe al aparato de la fuerza jugar a la niñera bondadosa. Cada uno es responsable de su vida y, como hemos dicho, mientras no afecte derechos de otros no debe ser compelida a cuidarse del alcohol, el tabaco, las drogas, el colesterol, los peligros del aladeltismo, el boxeo, el automovilismo, la dieta perversa y tantas otras cosas que hacen a la vida privadísima de cada uno. En esta instancia del proceso de evolución cultural, si deseamos contar con climas de paz y armonía, el monopolio de la fuerza que denominamos gobierno debe limitarse a garantizar los derechos de todos y más allá de esas funciones específicas no incursionar en las vidas y haciendas ajenas. Aceptar el comienzo del debate sobre la bondad o la inconveniencia de tal o cual política para el fuero privado de cada cual es insolente y altamente inconveniente y es el inicio del engrosamiento del Leviatán y el consecuente conculcamiento de los derechos individuales cuya preservación ha sido siempre sido la meta principal de cualquier carta constitucional respetuosa de la privacidad del ser humano.

La libertad otorga el oxígeno vital a cada uno para que elija su camino en la vida asumiendo la responsabilidad por las consecuencias de sus actos. En el centro de la condición humana se encuentra la libertad, es decir, el libre albedrío que distingue al hombre del resto de las especies conocidas. Sin esta característica no habría tal cosa como proposiciones verdaderas y falsas, ni ideas autogeneradas, ni racionalidad, ni responsabilidad individual, ni moral, ni argumentación.

El resultado de la libertad y el consiguiente respeto recíproco dependerá de lo que quiera la gente. Si lo otorga prioridad observar las puestas de sol y tocar el arpa, ese será el resultado. Si suponemos que la gente prefiere la riqueza a la pobreza y la salud a la enfermedad, lo incentivos encaminarán las cosas en esa dirección. Siendo las valorizaciones subjetivas no puede dictaminarse *a priori* lo que ha de obtenerse que, por otra parte, siempre es una mezcla muy variada de resultados en vista de las muy diferentes personalidades. Muy bien ha consignado Tocqueville que "el hombre que le pide a la libertad más que ella misma, ha nacido para ser esclavo".

La definición clásica de la libertad alude a la ausencia de coacción por parte de otras personas. Esto es importante de clarificar puesto que es común la ilegítima extrapolación del campo de las ciencias sociales al de otros territorios como la biología, la física y el confundir libertad con oportunidad. Así se dice que no se es libre de bajarse de un avión en pleno vuelo, que no se es libre de ingerir arsénico sin sufrir las consecuencia, que no se es libre porque se es pobre, que no se es libre del cigarrillo o del alcohol etc., todo lo cual nada tiene que ver con la libertad en el contexto de las relaciones sociales. Como queda expresado, el respeto recíproco es el aspecto medular de la libertad que precisamente surge debido a la antes mencionada ausencia de coacción por parte de otros hombres.

En círculos que se dicen partidarios de la libertad hay una desproporcionada preocupación por pensar en las políticas de transición sin percatarse que esto no es posible si previamente no se tiene en claro cual es la meta, es decir, hacia donde se encaminará la supuesta transición. Resulta esencial tener el claro los objetivos en el contexto de cuales han de ser las funciones que debe limitarse a desempeñar el gobierno. Y este es precisamente el problema: no se sabe cual es la atmósfera que debe prevalecer y se consumen energías en discutir transiciones que, en definitiva, en este contexto, son solo adaptaciones a lo que viene sucediendo. Es que no se puede poner el carro delante de los caballos, en la medida en que se trabaja para aclarar las metas simultáneamente se abren espacios para facilitar transiciones más rápidas hacia las metas deseadas. Al fin y al cabo, la velocidad de la transición hacia los objetivos está en relación directa al grado de comprensión y aceptación de esas metas. Sin embargo, si no se presta atención a las metas se estarán comprometiendo severamente los objetivos, tema en el que me detengo en mi libro *Jean Gustave Courcelle-Seneuil. En torno a dos debates para nuestro mundo de hoy* publicado en Chile por la Universidad del Desarrollo en 2010. Bien ha dicho Séneca que no hay vientos favorables para el navegante que no sabe hacía donde se dirige.

Hoy desafortunadamente nuestra tradición de pensamiento ha descuidado mucho el terreno educativo por lo que cada vez más resulta difícil articular un discurso liberal en el nivel político puesto que para que ello ocurra es indispensable contar con un plafón de mínima comprensión en la opinión pública: no resulta posible proponer lo que no se entiende ni se comparte. Sin embargo, los socialismos le han dedicado mucho tiempo y trabajo al área educativa siguiendo el consejo del marxista Antonio Gramsci ("tomen la cultura y la educación y el resto se dará por añadidura"). Es absolutamente indispensable darle la prioridad que se merece al trabajo en ámbitos educativos puesto que los jóvenes son receptivos y hospitalarios pero si no tienen la oportunidad de escuchar otras ideas de las que prevalecen en las cátedras y en los medios de comunicación, es prácticamente imposible revertir el estatismo rampante que en gran medida viene devorando las entrañas de la sociedad.

Parafaseando lo dicho por James Buchanan en las últimas líneas de su libro donde critica las recomendaciones centrales de Keynes (en coautoría con Richard Wagner), preguntó si ¿alguna vez tomaremos "el camino menos frecuentado" de los célebres versos de Robert Frost y adoptaremos el sentido común del liberalismo, o continuaremos recorriendo la senda de la pobreza generalizada instituida por los socialismos de nuestra época? La respuesta depende de lo que hagamos y digamos diariamente los partidarios de la libertad, no puede endosarse esta faena crucial sobre los hombros de otros, siempre teniendo en cuenta que el conocimiento es provisional sujeto a refutaciones.

En los debates e intercambio de ideas se despejan telarañas mentales y se mejora la posición si se es capaz de escuchar al contertulio. En este sentido, en mis clases les propongo a mis alumnos que hagamos de cuenta que estamos escribiendo un libro en colaboración que se titularía Cuestionar todo, no por el afán de discutir sino para estar atentos y en la punta de la silla a los efectos de estar abiertos a la incorporación de nuevas perspectivas. Sobre todo la necesidad de mirar con atención los desaguisados del Leviatán, una expresión que puede sustituirse por Catilina en la voz de alarma de Cicerón que se consigna en el epígrafe con que se abre el presente libro. Una vez más reitero lo contraproducente y grave de las ideologías como algo cerrado, terminado e inexpugnable que es la antítesis del liberalismo (y de todo el proceso del conocimiento).

Las colecciones que inmediatamente anteceden a la recogida en este libro son *Pensando en voz alta* publicado por la Universidad Peruana de Ciencias Aplicadas de Lima, en Venezuela el ya mencionado *El liberal es paciente*, *Vivir y dejar vivir* publicado por la Fundación Libertad de Rosario y *Meditaciones para meditar* publicado por Unión Editorial de Madrid. En todos los casos se trata de escritos que escarban en temas de fondo y no de coyuntura por razones bifrontes: primero, intentan analizar esqueletos conceptuales de cuya comprensión depende todo lo demás y, segundo, de este modo, como apuntamos más arriba, mantienen vigencia a diferencia de lo que ocurre con los que se refieren a la coyuntura de la que, como queda dicho, deriva necesariamente de los aludidos andamiajes conceptuales.

En mis trabajos anteriores incluyo el muy relevante y jugoso debate sobre las externalidades y los bienes públicos que analizo en el anteúltimo capítulo de mi libro *Estados Unidos contra Estados Unidos* originalmente publicado por el Fondo de Cultura Económica de México en 2008 (ahora hay una segunda edición por Unión Editorial de Madrid) y específicamente en un ensayo publicado en *Estudios Públicos* (Santiago de Chile, No. 71, invierno de 1998), tema que constituye un complemento central a lo consignado sobre el autogobierno. Ensayo éste sobre los bienes públicos reproducido como uno de los apéndices a la doceava edición de mi *Fundamentos de análisis económico* (Panamá, Instituto para el Estudio de una Sociedad Abierta, 2011). Un debate que no pueden eludir los economistas y cientistas sociales al efecto de explorar otras avenidas distintas de las convencionales para así desentrañar algo más acerca del funcionamiento de los aparatos estatales y sus consecuencias.

Espero que esta nueva colección de artículos sirva para contribuir a que se apuntalen en algo los fundamentos de una sociedad abierta, aunque más no sea en una proporción milimétrica. Estimo que la presentación de temas muy disímiles muestran los muy diferentes planos en los que debe enfocarse el espíritu liberal que de ningún modo se circunscribe a cierto aspecto de la acción humana sino que abarca todas las facetas de las relaciones interindividuales, básicamente aspectos éticos, económicos, jurídicos y filosóficos.

Respecto a la democracia falsificada, también Revel en el prólogo a mi libro *Las oligarquías reinantes* dice que "Lo más inquietante es que esta colosal impostura tiene lugar tanto en países que se denominan democráticos, es decir donde el poder surge de elecciones libres como en regímenes autoritarios" y, por mi parte, en mi libro dedicado a las drogas alucinógenas para usos no medicinales advierto sobre los peligros de la llamada "guerra contra las drogas" para la supervivencia de la genuina democracia, del mismo modo que la amenazaba la denominada Ley Seca. Tal vez las obras de Lorenzo Infantino resumen de la mejor manera el espíritu liberal en contraste con la arrogancia estatista.

Como una nota al pie destaco que, igual que los mencionados seis artículos seleccionados de *La Nación* de Buenos Aires no aparecen por orden de fecha sino que encabezan la serie, mi artículo titulado "Otra vez, el Papa Francisco" tampoco aparece por orden cronológico sino al final de la colección puesto que no forma parte de mis regulares columnas semanales sino que obedece a una invitación de Cato Institute, el cual fue publicado en inglés y en castellano por esa institución.

ABL (h)
Buenos Aires, noviembre de 2014.

*Ajustes, nacionalismo y creatividad*

# La malvinización del Papa

No es la primera vez que ocurre. Típico argentino. Un ejemplo es las Malvinas: era muy insalubre (y peligroso) oponerse a la irresponsable invasión de esas islas. La agitación era incontenible, los pocos que criticábamos tamaña aventura éramos considerados traidores a la patria. El clima era festivo, la Plaza de Mayo estaba desbordaba de agitados manifestantes que gritaban a coro "el que no salta es un inglés".

Algo parecido sucede ahora con un insólito tratamiento del papado a que asistimos. Aparentemente, el fervor religioso se multiplica. Los templos reciben nuevos fieles. Las campanas redoblan y las lágrimas también. Incluso se fabricó una "cumbia papal" en la que se hace burla de los brasileros por no tener un Papa. ¡Argentina! ¡Argentina! es el alarido de ocasión. Los cansados de autoritarismo, necesitados de un líder y huérfanos de conducción, se aferran al nuevo Papa como símbolo de la oposición, sin percatarse que igual que la llamada "oposición" se objetan las formas pero sigue en pie el "modelo" a través de la cacareada "redistribución de ingresos" y equivalentes.

Se glorifican los gestos del Papa que "lo dicen todo": viajó en bus, pagó la cuenta de su hotel, se bajó del papamóvil que cambió por uno de menor tamaño, vive en Santa Marta en lugar de los 300 metros cuadrados de los aposentos papales y declaró que quiere "una Iglesia pobre para los pobres". Por momentos parecería que al grueso de los fieles les agradaría que el Papa celebrara misa en guayabera en medio de un galpón con piso de tierra y vendiera los palacios, pinturas, oro, inversiones en títulos y demás valores. En verdad, el gesto magnífico del Papa —no suficientemente ponderado— ha sido su consejo sobre la necesidad de acercarse al Islam.

El nuevo Papa sin duda está imbuido de las mejores intenciones y compenetrado de aspectos cruciales como la condena al aborto puesto que se trata de un ser humano en acto (en potencia de muchas cosas, igual que el resto de los humanos) con toda la carga genética completa a partir de la fecundación del óvulo (solo la magia más rudimentaria puede suponer que hay una mutación de la especie desde un mineral, vegetal o animal a la condición humana en el instante del alumbramiento). Sostiene con razón que debe preservarse la expresión "matrimonio" que proviene de una larga tradición con significado preciso y, por tanto, la extrapolación a la unión de homosexuales conduce a confundir conceptos. Suscribe el extraordinariamente fértil ecumenismo iniciado por Juan Pablo II y su pedido de perdones por las bellaquerías contra los judíos, la salvaje "guerra santa" en sus conquistas, por la Inquisición y las Cruzadas.

Desafortunadamente, sus propuestas en materia social conducen a graves problemas de falta de respeto a los derechos de las personas lo cual afecta aspectos morales clave. Personalmente puntualicé esto en una de mis columnas, en noviembre de 2011 bajo el título de "Mensaje del Arzobispo de Buenos Aires", artículo que fue muy difundido a raíz de su proclamación en Roma. Dos días después de su designación me hicieron un reportaje en CNN donde puntualicé mis disidencias. Ahora se ponen en evidencia nuevas actitudes de quien es hoy Francisco I, quien, afortunadamente, se opone a los truculentos sucesos en la banca vaticana y los desvíos inaceptables respecto a conductas de algunos "pastores".

La moral no solo alude al propio respeto en lo que concierne a lo intraindividual, sino que se extiende a la necesaria e insoslayable consideración en las relaciones interindividuales, no solo para la paz y la armonía sino como eje central de dignidad y autoestima.

Es importante destacar enfáticamente el intento que se ha perpetrado en base a la patraña de sostener que el entonces Cardenal fue cómplice de desapariciones y torturas durante el último régimen militar, lo cual ha sido desmentido fundamentadamente una y otra vez por voces autorizadas.

Tengamos en cuenta que no es casual que Monseñor Mario Aurelio Poli, el nuevo Arzobispo de Buenos Aires, ni bien asumió decidió enfatizar que "Monseñor Angelelli es un santo mártir". Como es sabido el Obispo de La Rioja, Enrique Angelelli, fue quien apoyó, congregó y alentó a sacerdotes tercermundistas en su diócesis (quienes repetían que es un grave error la condena del marxismo por parte de la Iglesia Católica) y celebraba misas bajo la insignia de los fusiles cruzados perteneciente a los terroristas Montoneros. Antes que Juan Pablo II lo expulsara al Superior General de los jesuitas Pedro Arrupe, éste fue designado auditor (junto con Monseñor Vicente Fustino Zazpe) para constatar que ocurría en La Rioja debido a las reiteradas denuncias contra Angelelli y dictaminó que todo estaba bien. Luego, el entonces Cardenal Bergoglio afirmó en la misa que celebró en La Rioja que "Monseñor Angelelli entregó su sangre por el Evangelio".

Ahora el flamante Papa recibió en el Vaticano, junto al prefecto de la Congregación de la Fe Gerhard Müller (designación ésta que en su momento provocó airadas protestas por una parte de la curia romana), al padre Gustavo Gutiérrez –el fundador de la Teología de la Liberación antes apartada de la Iglesia por Juan Pablo II– con quien concelebró misa, con motivo de lo cual viajó a Roma Leonardo Boff, otro de los artífices de la referida teología, quien declaró que se siente reconfortado después de varias condenas ya que "el Pontífice adopta el método, inspiración y estilo" de esa teología. Ugo Sartori escribió en *L´Osservatore Romano* que "con un Papa latinoamericano, la Teología de la Liberación no podía quedarse en la sombra por mucho tiempo, donde estuvo relegada desde hace años".

Este acercamiento constituye, por lo menos, un síntoma peligroso y una potente luz colorada, puesto que la referida concepción teológica arremete contra todas las bases de una sociedad abierta y suscribe las posturas marxistas-leninistas centrales y confunde gravemente el significado de la igualdad ante la ley, el respeto recíproco y el derecho de propiedad con un sistema de privilegios otorgados a barones feudales (mal llamados empresarios) en el contexto de aparatos estatales elefantiásicos que devoran las entrañas de la sociedad. En su declarado deseo por mejorar la condición de los relativamente más pobres, las reiteradas recetas de la llamada Teología de la Liberación amplían grandemente la pobreza y la miseria.

El derecho de propiedad obliga a que los comerciantes sirvan de la mejor manera las necesidades del prójimo: en un sistema de libertad los que dan en la tecla obtienen ganancias y los que yerran incurren en quebrantos. Todo esto en contraste con gobernantes y pseudoempresarios corruptos que se alzan con el botín con el respaldo de legislaciones que explotan miserablemente a los que menos tienen a través de imposiciones tributarias inauditas y disposiciones burocráticas absurdas paridas por megalómanos sedientos por manipular las vidas y las haciendas ajenas.

Se perfectamente que lo que dejo consignado lo suscribe una minoría, pero es de interés subrayar como una nota al pie que los capitostes del terrorismo argentino se han inspirado en alto grado precisamente en la Teología de la Liberación.

Es sabido que los fanáticos tenderán a justificar cualquier cosa como lo han hecho siempre con tal de no aparecer contrariando lo que se hace desde el Vaticano. Lamentablemente hacen oídos sordos a cuanto ha venido ocurriendo dentro de sus muros a lo largo de la historia y que nunca se hubiera rectificado a no ser por mentes que aprecian la religión y ayudan a la Iglesia con su independencia de criterio. No cabe el doble discurso que juzga con vara diferente cuando propuestas provienen de un gobernante o cuando provienen de un Papa, puesto que como ha expresado el Cardenal Newman "brindo por la conciencia y después por el Papa".

*Octubre 11, 2013.*

# La recurrente manía del igualitarismo

Con la mejor de las intenciones, seguramente, se machaca sobre la necesidad de contar con sociedades más igualitarias desde el punto de vista de ingresos y patrimonios. Pero esta visión, tan generalizada, es en verdad del todo contraproducente, y de modo especial para los más débiles y necesitados.

La manía del igualitarismo lleva a los aparatos estatales a ocuparse de "redistribuir ingresos". Robert Nozick ha escrito que le resulta difícil comprender cómo es que la gente vota diariamente en el supermercado sobre la base de sus preferencias sobre los bienes y servicios que más le agradan y, luego, los políticos se empeñan en redistribuir aquellas votaciones, lo cual significa contradecir las previas decisiones de los consumidores. Esto, a su vez, se traduce en un desperdicio de los siempre escasos factores productivos y, por consiguiente, en una reducción de salarios e ingresos en términos reales.

En una sociedad abierta es absolutamente irrelevante el delta o el diferencial entre los patrimonios de los diversos actores económicos, puesto que, como queda dicho, las diferencias corresponden a las preferencias de la gente puestas de manifiesto en el plebiscito diario con sus compras y abstenciones de comprar. Lo importante es maximizar los incentivos para que todos mejoren, y la forma de hacerlo es, precisamente, respetando los derechos de propiedad de cada cual.

Como los bienes y servicios no crecen en los árboles y son escasos, en el proceso de mercado (que es lo mismo que decir en el contexto de los arreglos contractuales entre millones de personas) la propiedad se va asignando y reasignando según sea la calidad de lo que se ofrece: los comerciantes que aciertan en los gustos del prójimo obtienen ganancias y los que yerran incurren en quebrantos. Es obvio que esto no ocurre si los operadores están blindados con privilegios de diversa naturaleza, ya que, de ese modo, se convierten en explotadores de los demás y succionan el fruto de sus trabajos. Estamos hablando de mercados abiertos y competitivos, lo que desafortunadamente es muy poco usual en nuestros días.

La riqueza no es un proceso estático de suma cero, en el sentido que lo que uno gana lo pierde otro. Es un proceso dinámico de creación de valor, puesto que en las transacciones libres ambas partes ganan, lo que explica el motivo de la transacción. La denominada justicia social sólo puede tener dos significados: o se trata de una grosera redundancia, puesto que la justicia no es vegetal, mineral o animal, o significa quitarles a unos lo que les pertenece para entregarlo a quienes no les pertenece, lo cual contradice abiertamente la definición clásica de "dar a cada uno lo suyo". Es lo que el decimonónico Frédéric Bastiat, ajustadamente, llama "robo legal".

Para combatir la pobreza se requieren marcos institucionales civilizados que aseguren respeto recíproco en las vidas, libertades y propiedades. Ésa es la diferencia entre Angola y Canadá. Si un pintor de brocha gorda se muda de Bolivia a Alemania, multiplicará varias veces su salario. No es que el alemán sea más generoso que el boliviano, sino que Alemania tiene tasas de capitalización más elevadas, es decir, mayores y mejores equipos, herramientas y conocimientos pertinentes que hacen de apoyo al trabajo para elevar su rendimiento. Y tampoco es que el alemán sea más trabajador y realice esfuerzos mayores que sus congéneres. Al contrario, los esfuerzos son mucho menores y en jornadas más reducidas respecto de colegas de un país pobre, que llevan a cabo faenas agotadoras en jornadas más largas.

Si no somos racistas y si nos damos cuenta de que nada tiene que ver el clima ni los recursos naturales (África es el continente más rico en ellos y Japón es una isla cuyo territorio es habitable sólo en el 20%), debemos percatarnos de la trascendencia de las antedichas tasas de inversión, si es que en verdad nos preocupan las personas que con más peso sufren la pobreza.

Sobre la base de la antedicha "redistribución de ingresos" se agudiza el desmoronamiento del esqueleto jurídico, puesto que la igualdad ante la ley se convierte en la igualdad mediante la ley, con lo que el eje central de la sociedad abierta queda gravemente dañado. Thomas Sowell sugiere que los economistas dejemos de hablar de distribuir y redistribuir ingresos, "puesto que los ingresos no se distribuyen, se ganan", para lo cual es menester abolir todos los privilegios de los seudoempresarios que se apoderan de recursos, cosa que nada tiene que ver con la adecuada atención a las necesidades del prójimo.

Anthony de Jasay apunta que la metáfora, tomada del deporte, que dice que todos deberían partir de la misma línea de largada en la carrera por la vida, sin ventajas de herencia, es autodestructiva. Esto es así porque el que se esforzó por llegar primero y ganar la carrera percibirá que en la próxima largada habrá que nivelar nuevamente, con lo que el esfuerzo realizado resultó inútil.

Del mismo modo, John Rawls, Ronald Dworkin y Lester Thurow, al insistir en principios de compensación a los menos dotados en cuanto a los talentos naturales, están, en definitiva, perjudicando a los que menos tienen. En primer lugar, los talentos adquiridos son consecuencia de los naturales en la formación de la personalidad, con lo que no resulta posible escindirlos. En segundo término, nadie sabe –ni siquiera el propio titular– cuál es su *stock* de talentos mientras no se presente la oportunidad de revelarlos, y esas oportunidades serán menores en la medida en que los gobiernos "compensen", con lo que inexorablemente distorsionan los precios relativos. Por último, cada uno tendrá habilidades diferentes para usar la compensación otorgada por los aparatos estatales; en consecuencia, habría que compensar la compensación y así sucesivamente.

Todos los seres humanos somos únicos e irrepetibles desde el punto de vista anatómico, bioquímico y, sobre todo, psicológico. El igualitarismo tiende a que se desmorone la división del trabajo y, por ende, la cooperación social. Son indispensables las diferentes tareas. Por otra parte, el tedio sería insoportable en una sociedad igualitaria; la misma conversación con otro sería similar a hablar con el espejo. También es importante destacar que la guillotina horizontal exige un gobierno totalitario, ya que no bien alguien se sale de la marca impuesta hay que recurrir a la fuerza para igualar.

En estos contextos, es de interés subrayar la inconveniencia de la cantinela del impuesto progresivo. Como es sabido, hay básicamente dos tipos de impuestos: el proporcional, en el que, como su nombre lo indica, la alícuota es proporcional al objeto imponible, y el progresivo, en el que la tasa crece cuando aumenta el objeto imponible. El último gravamen constituye un privilegio para los más ricos, ya que su instalación en el vértice de la pirámide patrimonial antes del establecimiento de la progresividad les otorga una gran ventaja respecto a los que dificultosamente vienen ascendiendo en la pirámide, lo cual bloquea la movilidad social. Además, el tributo progresivo altera las posiciones patrimoniales relativas, a diferencia del impuesto proporcional, que las mantiene intactas; es decir, no desfigura los resultados de las mencionadas votaciones de la gente. Además, la progresividad se transforma en regresividad, ya que los contribuyentes *de jure* con mayores posibilidades de inversión al dejar de invertir afectan los salarios de los de menor poder adquisitivo. Tengamos en cuenta que el 20% de los puntos del célebre decálogo de Marx y Engels se refieren a la conveniencia de la progresividad y que, entre nosotros, Alberdi y, en Estados Unidos, los Padres Fundadores, se oponían férreamente al impuesto progresivo por los motivos antes apuntados.

En estos contextos, se recurre a la expresión desafortunada de "darwinismo social", mediante la que se lleva a cabo una ilegítima extrapolación del campo biológico al campo de las relaciones sociales. En este último terreno, los más fuertes económicamente, como una consecuencia no buscada, trasmiten su fortaleza a los relativamente más débiles, vía las referidas tasas de capitalización y, en este caso, no se seleccionan especies sino normas. Darwin tomó la idea del evolucionismo de Mandeville, pero con un sentido sustancialmente distinto.

*Enero 6, 2014.*

# La gran mentira de nuestro tiempo

Entiendo que lo más peligroso y dañino de nuestra época consiste en las dictaduras con fachada electoral. Este desbarranque lo previeron notables personalidades como Thomas Jefferson, quien advirtió en 1782 que "un despotismo electo no es por lo que luchamos", por ello es que, junto con los otros Padres Fundadores en los Estados Unidos, insistían en la permanente desconfianza y limitación al poder como eje central de toda la filosofía sobre la que descansaba lo que fue la experiencia más fértil en la historia de la humanidad.

Toda la tradición de la democracia tuvo siempre en cuenta que su aspecto medular y su razón de ser consiste en el respeto a las minorías por parte de las mayorías. En nuestra época Giovanni Sartori, el autor más destacado en esta materia, escribe: "El argumento es que cuando la democracia se asimila a la regla de la mayoría pura y simple, esa asimilación convierte a un sector del demos en no-demos. A la inversa, la democracia concebida como el gobierno mayoritario limitado por los derechos de la minoría se corresponde a todo el pueblo, es decir, a la suma total de la mayoría y la minoría". Desde Cicerón, cuando apuntaba que "el imperio de la multitud no es menos tiránico que el de un hombre solo", existe la preocupación por las mayorías ilimitadas. Sin excepción, la tradición democrática ha señalado una y otra vez las amenazas para la libertad y los derechos al guiarse sólo por los números. Como bien ha destacado el constitucionalista Juan González Calderón, los defensores de semejante sistema ni de números saben puesto que parten de dos ecuaciones falsas: 50% más 1%= 100% y 50% menos 1%= 0%.

Esta payasada sumamente peligrosa consiste en que las mayorías enquistadas en el poder arrasan con la justicia designando supuestos jueces que son adictos al Ejecutivo y, de la misma manera, proceden con todos los organismos de control. Una vez que se alzan con la suma del poder atropellan lisa y llanamente los derechos de las personas, mientras compran votos con políticas dadivosas a costa del fruto del trabajo ajeno y deterioran así sensiblemente el andamiaje jurídico y la productividad; en consecuencia, las grietas en la economía son cada vez más anchas y profundas.

Mientras los votos apoyen, los sátrapas modernos siguen su trayectoria de aniquilar el progreso y destruir a las personas que mantienen su autoestima y su sentido de dignidad. Se cumple así la profecía de Aldous Huxley en el sentido de que hay quienes piden ser esclavizados a cambio de pan y circo, aunque la calidad de lo uno y lo otro se deteriore a pasos agigantados en el contexto de un espectáculo denigrante de servilismo y mansedumbre superlativa, en el que se renuncia a la condición humana, es decir, se renuncia a la libertad.

En todo esto hay un problema de fondo que debe revisarse. Nunca se llega a una meta final, todo debe reconsiderarse puesto que el conocimiento es de carácter provisional, sujeto a refutación. Los esfuerzos por liberarse de las monarquías absolutas han sido inmensos, por lo que no resulta admisible aceptar sin más la tiranía de la mayoría. Hitler es el ejemplo más ilustrativo de procesos electorales que incluyen la posibilidad de un zarpazo final extremo, pero hoy en día se exhiben muchos más, no sólo en América latina con los seguidores autoritarios de Chávez en diversos países y de la Rusia de Putin, sino que, con menos grosería, aparece en diversas naciones europeas y nada menos que en los Estados Unidos, donde deudas y gastos públicos elefantiásicos, junto con crecientes regulaciones que asfixian la energía creadora, vienen carcomiendo las bases de la sociedad abierta, todo bajo el manto de los votos que parecerían santifican cualquier desmán.

Frente a tamaña demolición hay sólo dos acciones posibles: esperar un milagro, en el sentido de que se reviertan los problemas automáticamente con el idéntico sistema que prepara incentivos perversos a través de coaliciones y alianzas, o trabajamos usamos nuestras neuronas para imaginar nuevas y más efectivas limitaciones al Leviatán tendientes a preservar los derechos de todos. En este último sentido, en lo personal, he recordado en otras oportunidades las esperanzadoras sugerencias de Bruno Leoni para el Poder Judicial, de Friedrich Hayek para el Legislativo y la propuesta de Montesquieu aplicable al Ejecutivo.

Si estas medidas no se consideraran suficientemente adecuadas, es urgente pensar en otras, pero no es aceptable quedarse de brazos cruzados. Concretamente, me estoy dirigiendo al lector de estas líneas que, considero, no debe endosar un asunto de tanta relevancia sobre las espaldas de otros. Es necesario que cada uno asuma su responsabilidad ya que se trata del respeto de todos. Resulta indispensable abrir un debate en este terreno y actuar en una dirección opuesta a lo que en gran medida viene ocurriendo, léase que se espera que con las mismas instituciones suceda algo distinto de lo que viene sucediendo de un largo tiempo a esta parte.

Es una afrenta y un insulto a la inteligencia denominar "democracia" a lo descripto. Se trata claramente de cleptocracia, a saber, gobiernos de ladrones de libertades, de propiedades y de sueños de vida. No puede caerse en la trampa de mantener que estamos frente a "procesos democráticos" cuando los desquicios actuales de los aparatos estatales, teóricamente encargados de velar por los derechos de la gente, los conculcan de la manera más cruel y proceden como si fueran mandantes en lugar de simples mandatarios.

Herbert Spencer ha escrito que debemos estar muy atentos para que mayorías en el Parlamento no terminen por destrozar todo lo que se ha construido trabajosamente para proteger las autonomías individuales. Bertrand de Jouvenel nos ha enseñado que la soberanía corresponde al individuo y que la llamada "soberanía del pueblo" es una ficción por la que se oculta el avasallamiento de las libertades, y Benjamin Constant consigna que "la voluntad de todo un pueblo no puede convertir en justo aquello que es injusto".

Sin duda que esta ruleta rusa de las mayorías ilimitadas partió de ámbitos educativos que vienen machacando con que, cuando todo se somete al número, "estamos en democracia", con lo que se le da la espalda a la esencia misma de esa noble tradición. Parecería que si la mayoría decide degollar a los pelirrojos, éstos deben ofrecer el pescuezo en nombre de "la democracia".

Como una medida precautoria y para mayor precisión, en algunas constituciones se recurrió deliberadamente a la expresión república para enfatizar en temas vitales como la igualdad ante la ley, la publicidad de los actos de gobierno, la división de poderes y la alternancia en el poder. Hoy observamos azorados las reiteradas reformas constitucionales fabricadas por megalómanos para introducir la posibilidad de reelecciones (y, a veces, reelecciones indefinidas, con descarados fraudes electorales de diversa índole).

Naturalmente, la visión degradada de la democracia se debe también a que, en muchas de las casas de estudio, se propugna el engrosamiento de los aparatos estatales y la notable reducción de los territorios en los que pueden desenvolverse las personas. Entonces, en última instancia, la solución de estos problemas mayúsculos estriba en una educación compatible con los valores y principios de la sociedad abierta.

Uno de los tantos ejemplos de deslizamiento hacia el estatismo estriba en el tan citado "principio de subsidiariedad". En esta instancia del proceso de evolución cultural, las funciones del monopolio de la fuerza están principalmente referidas a la protección de derechos, pero nunca son subsidiarias puesto que, si los privados no encaran cierta actividad es porque prefieren destinar esfuerzos y recursos a otros campos y, como aquéllos son escasos, no puede hacerse todo al mismo tiempo. Es del todo impertinente e improcedente que los gobiernos irrumpan en las áreas en que las personas han decidido no participar según sus preferencias y prioridades.

De cualquier manera, mientras estemos a tiempo, como queda dicho, debemos trabajar al efecto de proponer nuevos límites al poder, puesto que el tema crucial alude a las instituciones y, en este sentido, son del todo irrelevantes las personas que ocupan cargos públicos. Tal como ha dicho Karl Popper, la pregunta de Platón respecto de quién ha de gobernar está mal formulada, lo trascendente son las instituciones "para que el gobierno haga el menor daño posible".

*Febrero 26, 2014.*

# Vuelve a Europa la sinrazón nacionalista

Es alarmante el parecido con los nazis que ponen de manifiesto las plataformas de los partidos políticos europeos que han obtenido éxitos electorales varios en los recientes comicios para lograr escaños en el Parlamento Europeo, lo cual ratifica las tendencias que se vienen observando de un tiempo a esta parte.

Todos los medios de comunicación mundiales informan acerca de estos hechos bochornosos para el futuro de la humanidad. Así, los recuentos de votos dan por resultado un espectáculo lamentable, sobrecogedor y realmente triste. Es como si la humanidad no hubiera padecido (y padece) los estragos de la xenofobia nacionalista.

Con suerte diversa pero siempre mostrando incrementos notables en el caudal electoral los antedichos procesos electorales han exhibido resultados llamativos en favor de los nacionalismos: en Francia el Frente Nacional, en Inglaterra el Partido Independiente del Reino Unido, en Alemania el Partido Alternativa para Alemania, en Dinamarca el Partido del Pueblo Danés, en Suecia los Demócratas Suecos, en España Podemos, en Austria el Partido de la Libertad, en Grecia el Amanecer Dorado, en Italia la Liga del Norte y en Hungría el Movimiento por una Hungría Mejor.

Esta es la cara visible de la siempre repugnante derecha que a veces aliada con ciertas manifestaciones conservadoras apuntan a imponer una cultura alambrada (si es que se puede aludir a "cultura" en este contexto) en base a esperpentos y dislates como los del "ser nacional" y la "cultura nacional y popular".

Desde la perspectiva de la sociedad abierta, el globo está fraccionado en naciones y éstas a su vez en provincias y municipios al solo efecto de evitar los riesgos descomunales de un gobierno universal en cuanto al atropello de los derechos individuales. Pero de allí a tomarse seriamente las fronteras (establecidas por contiendas bélicas y accidentes geológicos) hay un trecho insalvable. El comercio de bienes y servicios y los movimientos migratorios libres constituyen expresiones de progreso y, sobre todo, de respeto recíproco. El espíritu liberal solo adhiere al uso de la fuerza cuando hay lesiones de derechos pero nunca el recurrir a métodos agresivos cuando se trata de arreglos contractuales libres y voluntarios.

Hannah Arendt explica que "no importa cual sea la forma que adopte un gobierno mundial que centralice el poder del globo, la misma noción de una fuerza soberana sobre toda la tierra que detente el monopolio de la violencia sin control ni limitación por parte de otros poderes, no sólo constituye una pesadilla de tiranía sino que significa el fin de la vida política".

Los problemas que tienen lugar hoy en el planeta se deben a deudas públicas colosales (sean internas o externas), gastos gubernamentales astronómicos, déficit fiscales alarmantes, impuestos insoportables, regulaciones absurdas y asfixiantes, manipulaciones monetarias y cambiarias y otras restricciones persistentes al comercio libre. Sin embargo, como una manifestación tragicómica y grotesca se endosan los problemas a un capitalismo inexistente o raquítico, situación en la que los mencionados partidos políticos (y muchísimos otros) reclaman la intensificación del estatismo y la xenofobia, esto es, más de lo mismo.

La cultura cercada de los nacionalismos se sustenta en la barbarie, léase en el supuesto que debe preservarse la nación de "la contaminación" que provocarían aquellos aportes generados fuera de las fronteras. Esta visión troglodita supone que lo local es siempre un valor y un desvalor lo foráneo con lo que se destroza la cultura que siempre es el resultado de donativos y de incorporaciones cruzadas.

Quienes subrayan la "identidad nacional" no se percatan que la cultura no es un concepto estático: nuestra cultura personal no es la misma hoy que la de ayer. También ocultan un vacío interior y un marcado complejo de inferioridad. Este es el motivo por el que la concepción tribal y antisemita del franquismo hacía que se proclamen bellaquerías sobre la divinidad del caudillo, del mismo modo que lo han hecho todos los dictadores latinoamericanos.

El relativismo inserto en el nacionalismo condujo a sostener monstruosidades como "la verdad alemana" puesto que como ha escrito Julian Benda, el concepto de verdad es un obstáculo para los nacionalistas ya que se trata de una noción universal.

El afecto al terruño es natural y es saludable el apego a las buenas tradiciones, pero muy distinto es el declamar un amor telúrico y agresivo para con otros países que como destaca Fernando Savater, "cuanto más insignificante se es en lo personal, más razones se buscan de exaltación en lo patriótico" opinión coincidente con lo consignado por Juan Bautista Alberdi en cuanto a que "El entusiasmo patrio es un sentimiento peculiar de guerra, no de la libertad".

Como, por ejemplo, señala Darwin y Spencer Wells, la idea de "raza" deriva de estereotipos y abstracciones imposibles de concretar y, en nuestros tiempos, los sicarios nazis, debido a que tatuaban y rapaban a las víctimas para distinguirlas de sus captores, sostuvieron que "la raza es una cuestión mental", calcando el polilogismo clasista de Marx y aplicado a un polilogismo racial.

Las raíces intelectuales del nacionalismo deben verse en quienes fomentaron la autarquía, la confrontación con toda manifestación de lo extranjero y el patrioterismo de la más baja estofa que conduce a los antropomorfismos más ridículos y a "vivir con lo nuestro". También entre nosotros, los escritos de destacados nacionalistas abrieron las puertas a la revolución fascista del 30 y al advenimiento del peronismo.

En ésta línea argumental, la tragedia mayúscula del desempleo se debe a regulaciones laborales que pretenden colocar por decreto los salarios y equivalentes en niveles superiores a las tasas de capitalización, en lugar de centrar la atención en la mejora de marcos institucionales que al garantizar derechos de propiedad facilitan la inversión que es el único factor que al hacer de apoyo logístico al trabajo permite elevar su productividad y, consecuentemente, salarios e ingresos en términos reales.

La expresión "inmigración ilegal" es contraria al cosmopolitismo inherente a la sociedad abierta y suscribe las mismas falacias del mal llamado "proteccionismo" que demanda mayor erogación por unidad de producto con lo que naturalmente hay menos productos, lo cual se traduce en niveles de vida inferiores, especialmente para la gente que más necesita en beneficio de empresarios prebendarios que asaltan al consumidor del modo más cruel. Es una vergüenza el muro construido en Estados Unidos con la idea de bloquear la entrada de inmigrantes que buscan mejorar sus situaciones y que como han detallado autores tales como Julian Simon, benefician grandemente al país receptor.

Desafortunadamente las izquierdas han abdicado de su rol en los prolegómenos de la Francia revolucionaria al oponerse a los abusos de poder para aliarse a los megalómanos que apuntan a manejar vidas y haciendas ajenas exhibiendo una superlativa falta de respeto y necesariamente concentrando ignorancia puesto que el conocimiento está fraccionado y es disperso entre millones de personas.

Este es el estrecho parentezco ente las derechas y las izquierdas a que, entre otros, se refiere extensamente J.F. Revel quien subraya el enemigo común de estos primos hermanos: el liberalismo.

*Mayo 28, 2014.*

# Hay que terminar con los ajustes

Resulta sumamente curiosa cierta terminología empleada en algunos países. Sorprende el uso de la palabra "ajuste" en el sentido de apretarse el cinturón y el consecuente empobrecimiento sea por el período que sea.

Mirado esto con un mínimo cuidado, se percibe que dicho ajuste en los bolsillos de la gente ocurre en la medida en que el Leviatán se expande y arrebata el fruto del trabajo ajeno a través de cargas fiscales inauditas, manipulaciones monetarias inaceptables y deudas internas y externas crecientes, todo para financiar siderales gastos públicos en el contexto de regulaciones asfixiantes.

Naturalmente en esta línea argumental, en la medida en que se revierta esa política devastadora para el bolsillo de la gente, disminuye el ajuste y permite el florecimiento de la economía y se abre paso a que cada cual siga el camino que considera más apropiado y se dejan de lado los caprichos y las arbitrariedades de los megalómanos instalados en el poder.

Podemos hacer un símil con corredores en una competencia de cien metros llanos. Si se pretende que los participantes se desempeñen lo mejor posible pero, simultáneamente, se les carga mochilas con piedras cada vez más pesadas, lógicamente no se logrará la meta del mejor desempeño sino que será cada vez peor.

Sin embargo, curiosamente decimos se suele hacer referencia al "ajuste" cuando se apunta a aliviar la carga y no cuando se la acrecienta. Este punto ilustra el clima de ideas que prevalece: es tragicómico y muy cobarde la articulación de discursos de muchos políticos que no se atreven a enfrentar los problemas por lo que se limitan a proponer "la reasignación" de la parte que succiona el aparato estatal sin mencionar la indispensable liberación de recursos a los bolsillos de la gente

En muy diversos países los políticos que se postulan para cargos electorales diversos repiten que ellos son bondadosos (y ¡desinteresados!) y sugieren mantener o incluso acrecentar la dimensión del monopolio de la fuerza, una noción miope, totalmente equivocada y sumamente dañina. Como queda dicho, el ajuste en el nivel de vida de la gente se debe precisamente a los manotazos de los tentáculos del aparato estatal.

Antes de la Primera Guerra Mundial el promedio de la participación del gobierno en la renta nacional en los países civilizados era entre el 5 y el 8 por ciento, mientras que en la actualidad ese mismo guarismo es entre el 40 y el 70 por ciento. Estas expansiones insólitas necesariamente contraen los ingresos de los gobernados, es decir, cada vez menos disponen los titulares que trabajan y cada vez más se incrementan los recursos en manos de la burocracia. Este es un ajuste feroz que bloquea la posibilidad de que cada uno use lo que es suyo en el sentido de sus preferencias.

Alan J.P Taylor abre su monumental obra *English History 1914-1945* (Oxford University Press) con las siguientes líneas: "Hasta agosto de 1914, un inglés sensible y cumplidor de la ley podía transcurrir su vida y no percatarse de la existencia del Estado, más allá del correo y la policía. Podía vivir donde quisiera y como quisiera. No tenía ningún número de cédula de identidad. Podía viajar al extranjero y dejar su país sin pasaporte y sin permiso alguno. Podía cambiar su signo monetario por otro sin restricción ni límite de ninguna naturaleza. Podía adquirir bienes de cualquier país en el mundo en los mismos términos en que compraba bienes localmente. Para el caso, un extranjero podía pasar su vida en este país [Inglaterra] sin permiso y sin informar a la policía. A diferencia de otros lugares del continente europeo no se demandaba servicio militar […] El inglés pagaba impuestos en una escala modesta: menos del 8 por ciento del ingreso nacional".

Luego vinieron los tremendos ajustes en los ingresos de la gente debido al antes mencionado agrandamiento de los aparatos estatales con los pretextos más inauditos e increíbles pero básicamente para darle más cabida a los que viven de lo que producen los demás, extendiendo el poder sobre las vidas y haciendas de quienes suponen que el gobierno es para protegerlos.

Liberar cuantiosos recursos acaparados por la órbita estatal implica, en ese mismo instante, una transferencia de ingresos a los gobernados quienes los asignarán acorde con las preferencias de sus congéneres para prosperar. Esto tiene lugar consuman o inviertan, y en este último caso aunque inviertan en dinero puesto que, de este modo, transfieren poder adquisitivo a otros ya que habrá una masa monetaria menor en circulación persiguiendo la misma cantidad de bienes y servicios.

La inmensa ventaja del proceso de mercado frente a la politización consiste en que en el primer caso, el que acierta en los gustos de los vecinos aumenta su patrimonio y el que yerra lo disminuye. En el segundo caso, en cambio, los incentivos se apartan de aquel proceso para reemplazarlo por las inclinaciones de los funcionarios de turno.

Es perentorio terminar con los ajustes que provocan gobiernos desorbitados que día a día recaen con más peso sobre el presupuesto de los sufridos contribuyentes. No parece comprenderse que los incentivos inherentes a la sociedad abierta operan en dirección al bienestar de la gente. No es que los que componen el sector privado sean mejores personas que los que trabajan en el sector estatal, es que los incentivos son sustancialmente diferentes: la forma en que se toma café y se prenden las luces son distintas en uno y otro sector.

Por supuesto que toda esta descripción no tiene lugar cuando irrumpen en escena los amigos del poder que la juegan de empresarios rodeados de privilegios y mercados cautivos, lo cual significa una vil explotación a todos, muy especialmente a los más necesitados.

No parece comprenderse tampoco que el conocimiento es disperso y está fraccionado y que se coordina a través del sistema de precios. Cuando el gobernante con controles absurdos pretende conocer las preferencias y las capacidades de los millones de actores en verdad concentra ignorancia con su soberbia y genera los consiguientes desajustes fenomenales.

Desde luego que para liberar recursos no solo deben venderse activos fiscales inútilmente retenidos, subsidios que carcomen capital y, por ende, conspiran contra los salarios al disminuir las tasas de capitalización, sino que debe reducirse la planta de funcionarios estatales que no cumplen faenas productivas y que son contraproducentes al efecto del bienestar de la gente. Pero es importante destacar que si el mercado laboral es libre, la necesaria reubicación de recursos absorberá ese trabajo en campos productivos con lo que se elevarán salarios en términos reales debido al aprovechamiento de los aludidos recursos liberados. Como se ha dicho, nada bueno puede lograrse "haciendo pozos y volverlos a tapar", lo cual es incluso más inocente que dedicarse a combatir a los que producen a través de disposiciones autoritarias alentadas por personajes arrogantes instalado en el poder (recordemos que en el presupuesto reciente de Grecia apareció que por cada maceta en el ámbito estatal habían once jardineros).

Por su parte, los burócratas declaman sobre como debe administrarse las vidas y las haciendas de otros para lo cual cobran emolumentos sustanciales (cuando no usan los dineros públicos en provecho propio) y lo curioso es que se toman a si mismo en serio en cuanto a las recetas que imponen sin mencionar que ellos son el problema y que debe dejarse en paz a la gente administrar sus pertenencias en lugar de los ajustes que provocan las adiposas estructuras políticas en vigencia.

Es de una hipocresía superlativa el que los políticos reiteren a cada rato que les "preocupa la gente" y que su prioridad es "la gestión". Indudablemente, salvo contadas excepciones en el mundo, les falta mucha biblioteca, ni siquiera han rozado la teoría del *Public Choice* que les concierne directamente.

No resulta posible compatibilizar el gasto público más allá de lo necesario para seguridad y justicia con lo que la gente prefiere puesto que las erogaciones estatales van siempre en otra dirección (y si fueran en la misma no tiene sentido consumir recursos para hacer lo mismo que hubiera hecho la gente).

Entonces, es muy conveniente utilizar bien los términos. El ajuste que padece la gente es debido a las cargas que surgen de los aparatos estatales sobredimensionados. Para aliviar o eliminar el peso que recae sobre la gente.

*Septiembre 1, 2014.*

# El monopolio de la compasión

Resulta realmente escandaloso que los estatistas de nuestro mundo pretendan ser los únicos que cuentan con el sentimiento de compasión hacia los pobres y los que sufren. Como es sabido, compasión significa la participación en la desgracia, compartir el dolor, ser solidario en la tragedia ajena, conmiseración con la pena del otro, sentir como propia la aflicción del prójimo.

Estos sentimientos nobles están presentes en toda persona de bien, nadie puede ser indiferente al padecimiento ajeno. No es patrimonio de cierta corriente de pensamiento. La cuestión de fondo radica en saber cuales son los medios para aliviar esa situación.

En cualquier caso, la limosna propiamente dicha, la entrega de recursos materiales a la persona necesitada, es un camino. Pero, el camino más potente estriba en ayudar a que se comprendan las recetas para el mayor bienestar posible por aquello de que "enseñar la fabricación de una red de pescar es más ayuda que regalar un pescado". Lo primero perdura en el tiempo, mientras que lo segundo se agota cuando se ingiere el alimento (Sto. Tomás de Aquino incluye el "enseñar al que no sabe" en la categoría de limosna que denomina "espiritual").

En ese sentido, por mejores que sean las intenciones (recordemos que "la ruta al infierno está pavimentada con buenas intenciones"), el conspirar contra las sociedades abiertas destruye la creatividad y los incentivos para producir.

¿Cuantos intelectuales del liberalismo y equivalentes han venido trabajando sin cesar desde tiempo inmemorial en pos de valores y principios que mejoran las condiciones de vida de los más débiles? ¿Acaso puede decirse con algún dejo de rigor que los estatistas siempre autoritarios realmente son compasivos de las desgracias ajenas? ¿No son suficientes las experiencias fallidas de tanto megalómano que con la mayor de las arrogancias han alegado el bienestar de la gente pero que la han hundido en la miseria, al tiempo que con machacona frecuencia se han alzado con dineros públicos en el contexto de una farsa macabra?

Como tantas veces hemos reiterado, además de la necesidad de abrir de par en par las puertas de la creatividad que solo se logra con marcos institucionales civilizados, quienes consideran que hay que adelantar los tiempos y ayudar a los desamparados de inmediato, deben recurrir a la primera persona del singular y proceder en consecuencia o reunir interesados en colaborar con ese muy noble propósito. Lo que no es conducente es recurrir a la tercera persona del plural y pretender arrancar el fruto del trabajo ajeno para tal fin. Siempre que se dice que el aparato estatal debe ocuparse del asunto, hay que preguntar a cuales vecinos hay que sacarles por la fuerza sus recursos. Esto es lo que suelen hacer los políticos en funciones, mientras acumulan canonjías.

Por otra parte, debe tenerse presente que la caridad y la solidaridad aluden a lo realizado voluntariamente, con recursos propios y, si fuera posible, de modo anónimo. El sustraer billeteras y carteras ajenas compulsivamente, no es caridad ni filantropía sino que se trata de un atraco. Este procedimiento degrada y prostituye la sagrada idea de caridad y se convierte en la mayor de las hipocresías.

Es de interés repasar lo ocurrido en muy diversos países antes de la irrupción del mal llamado "Estado Benefactor" (como queda dicho, el uso de la violencia es incompatible con la beneficencia). La cantidad de asociaciones de inmigrantes, cofradías, montepíos, fundaciones filantrópicas era notable y para los propósitos más diversos. Luego "el ogro filantrópico" confiscó jubilaciones e impuso el resto de la batería de medidas estatistas, con los resultados por todos conocidos.

No resulta posible ayudar a que las cosas mejoren si se destruye el derecho que, precisamente, permite incrementar las inversiones que, a su vez, es lo único que hace que se eleven salarios e ingresos en términos reales. La referida demolición ocurre cuando se proclaman pseudoderechos. Esto es así porque la contrapartida del derecho siempre implica una obligación. El que alguien gane cierto monto con su trabajo conlleva la obligación universal de respetar ese sueldo, pero si se alega un ingreso que no se obtiene y el gobierno otorga esa suma, necesariamente quiere decir que otros tendrán la obligación de proporcionar la diferencia, lo cual naturalmente significa que se lesionan sus derechos, por ello se trata de pseudoderechos (aspiraciones de deseos a espaldas del derecho).

Como también es sabido, el socialismo en cualquiera de sus ramas en última instancia, en mayor o menor grado, apunta al debilitamiento cuando no la eliminación de la propiedad privada vía el engrosamiento de las más extravagantes funciones del aparato estatal para manejar vidas y haciendas ajenas. Esta situación condena a todos a reducir su nivel de vida, especialmente a los más necesitados porque se contraen las tasas de capitalización.

La aludida institución de la propiedad privada constituye el arma más eficaz y en verdad única para asignar los siempre escasos recursos en las manos que mejor los administran a criterio de la gente, puesto que en el supermercado y afines votan todos los días según sus gustos y preferencias. A los que mejor los atienden los premian con ganancias y a los que no los satisfacen los castigan con quebrantos o menores beneficios. Por supuesto que lo dicho no se aplica cuando los empresarios se convierten en amigos del poder, puesto que sus beneficios los obtienen del privilegio y no del veredicto de sus congéneres, lo cual constituye una tremenda injusticia y una explotación a todas luces inaceptable.

En nuestro mundo resulta muy paradójico que muchos de los que manifiestan sus preocupaciones por la condición social de otros que padecen pobrezas alarmantes, se vuelcan a decididas y enfáticas recomendaciones como la redistribución de ingresos, el establecimiento de empresas estatales, reformas agrarias, control de cambios, impuestos asfixiantes, gastos siderales de los dineros públicos, deudas estatales astronómicas (internas y externas), regulaciones absurdas, entrometimientos en los precios, sindicalismos fascistas, entorpecimiento de la libertad de prensa, restricciones al comercio y a la producción, en otros términos, la imposición prepotente del Leviatán que convierte a las personas en engranajes de una maquinaria infernal que afecta gravemente la dignidad y la autoestima de quienes son honorables ciudadanos.

Tengamos en cuenta que la pobreza no se corresponde con los recursos naturales, ni con el clima o la etnia sino con el respeto recíproco que es el eje central de la sociedad abierta y que desaparece en la medida en que los gobiernos se extralimitan en sus funciones básicas de garantizar la justicia y la seguridad, que es habitualmente lo único que no hacen. Países con abundantes recursos naturales como la mayoría de los africanos padecen hambrunas, pestes y miserias espeluznantes y otros países sin recursos naturales como Suiza o Japón que gozan de niveles de vida muy altos. La geografía o la geología no son el problema, el tema se ubica de las cejas para arriba, es decir, en el uso adecuado de la estructura neuronal para percatarse de las ventajas de vivir en libertad, de allí la relevancia de la excelencia en materia educativa.

Desde que comenzó a elaborarse sobre el liberalismo, las contribuciones han sido principalmente para evitar calamitosos situaciones de miseria y para que la gente pueda vivir en condiciones lo mejor posibles, lo cual se logró en algunos lugares en la medida en que hubo el oxígeno del respeto recíproco en libertad. Por esto es que se hizo posible que se cortara de cuajo la larga sucesión de hechos miserables que mantenían al planeta en que un grupo privilegiado de reyes, emperadores, sátrapas y sus cortes pudieran vivir con lujos a expensas de la mayoría que se arrastraba entre la mugre y la desesperanza, en cuyo caso era clara la suma cero típica del asalto y no de las transacciones libres.

No es posible que todos los esfuerzos para cambiar esta desgracia hayan sido en vano puesto que no pocos de los síntomas actuales parece que van en dirección a retrotraer las cosas a lo señalado. Por la compasión más elemental a los pobres del mundo, habría que estar en guardia frente a esta siniestra posibilidad que está avanzando a paso redoblado. Como bien se ha dicho, "el costo de la libertad es su eterna vigilancia".

*Octubre 13, 2014.*

# Teología de la liberación

El eje central de esta llamada teología se encuentra definida en la obra más influyente del padre Gustavo Gutiérrez quien es el que la inició. Se trata de *A Theology of Liberation* donde se lee en uno de los pasajes más relevantes que "La pobreza de las naciones subdesarrolladas, como un hecho global social, es que desenmascara como un subproducto histórico el desarrollo de otras naciones. De hecho, la dinámica del sistema capitalista conduce [...] al progreso y la riqueza para unos pocos, desequilibrio social, tensiones políticas y pobreza para la mayoría" (New York, Orbis Books, 1973, p. 84).

En este pensamiento se encuentran resumidos dos aspectos cruciales: por una parte la teoría de la suma cero por la que los que ganan es debido a que otros pierden. Esta concepción no alcanza a comprender que la riqueza no es estática sino fruto de un proceso dinámico, de lo contrario seguiríamos como antes de la Revolución Industrial en la que se liberaron las energías creativas debido a un cambio radical de sistema, cuya característica anterior establecía que la corona y sus cortesanos eran ricos y todos los demás estaban condenados a las pestes, la miseria y las hambrunas. Antiguamente existían los mismos recursos naturales o en mayor cantidad que hoy, sin embargo, la pobreza estaba generalizada en grado sumo. Lo que permite ampliar la riqueza son marcos institucionales que respeten los derechos de propiedad de todos al efecto de permitir la más eficaz asignación de factores productivos.

Sin duda que puede decirse que hoy en día hay cierta similitud con el antiguo régimen debido a los pseudoempresarios que obtienen privilegios inauditos de los gobernantes en un contexto de gastos públicos, impuestos, y endeudamientos gigantescos y reglamentaciones por las que el Leviatán atropella los derechos de la gente, especialmente los de los más necesitados, pero naturalmente eso no se debe a una sociedad abierta, al capitalismo o al Estado de derecho sino a su opuesto.

Además, como una nota secundaria, esa suma cero aplicada a nivel internacional debe contrastarse con el hecho que, como apuntó José Ramos (en su muy difundido ensayo titulado "Reflexiones sobre la Teología de la Liberación de Gustavo Gutiérrez") que solamente el cinco por ciento de las inversiones estadounidenses se llevan a cabo en el exterior de los cuales el setenta por ciento se destinan a países desarrollados, lo cual significaría que los estaría explotando.

El segundo aspecto pasa por alto que la distribución de la riqueza (si es que resulta propia esa terminología ya que Thomas Sowell sugiere que los economistas no deberíamos recurrir a la "distribución" puesto que no se trata de un bulto que aparece de la nada que los aparatos estatales deben "distribuir" ya que "los ingresos no se distribuyen sino que se ganan"), decimos entonces que la riqueza en mercados abiertos es consecuencia de la capacidad de cada cual para servir a sus semejantes. Consecuentemente las ganancias se deben a esa capacidad que es cotidianamente decidida en los supermercados y equivalentes por el voto de los consumidores al elegir los bienes y servicios que son de su agrado, sin que ello signifique que las respectivas posiciones sean irrevocables.

En este sentido, es irrelevante el delta entre los que más tienen y lo que poseen relativamente menos, el tema es que se aprovechen al máximo los siempre escasos recursos al efecto de optimizar las tasas de capitalización para que los salarios e ingresos en términos reales sean lo más altos posibles. La comprensión de esto es lo que diferencia los países prósperos de los miserables.

Como bien destaca Michael Novak en su *The Spirit of Democratic Capitalism*: "Gutiérrez cree que la decisiva liberación de América Latina es el socialismo: liberación de la propiedad privada", magnífico libro dedicado a Juan Pablo II del que hemos extraído otras valiosas informaciones y pensamientos de gran calado (New York, Simon & Schuster, 1982, p. 303). Postulado aquél que también comparten otros teólogos de la liberación como Leonardo Boff, Ernesto Cardenal, Helder Cámara, Sergio Méndez Arceo y tantos otros que han bebido en estas fuentes. Todo esto sin contar las incitaciones a la violencia de modo directo o indirecto, lo cual, precisamente, condujo en no pocos lugares a guerrillas y terrorismo con las consecuentes muertes y desgracias superlativas.

Lo sorprendente del asunto es que no pocos textos que parten de la Iglesia y pretenden refutar a esa teología sostienen que el error medular consiste en que el cristianismo trata de la liberación del pecado y no de liberaciones terrenales, con lo que se deja el camino libre para las tesis socialistas que si bien han sido condenadas en otros documentos de la Iglesia (por ejemplo, Pío XI en *Quadragesimo Anno* escribe que "Socialismo religioso y socialismo cristiano son términos contradictorios; nade puede al mismo tiempo ser buen católico y socialista verdadero"), en este contexto, se desconocen aspectos cruciales de la vinculación entre cristianismo y valores esenciales de aplicación terrena que, desde luego, siempre están vinculados a Dios. Esto es así no solo debido a dos de los Mandamientos ("no robar" y "no codiciar los bienes ajenos") sino respecto a reflexiones bíblicas sustanciales en la materia. Así, en Deuteronomio (viii-18) "acuérdate que Yahveh tu Dios, es quien te da fuerza para que te proveas de riqueza". En 1 Timoteo (v-8) "si alguno no provee para los que son suyos, y especialmente para los que son miembros de su casa, ha repudiado la fe y es peor que una persona sin fe". En Mateo (v-3) "bienaventurados los pobres de espíritu porque de ellos es el reino de los cielos" fustigando al que anteponga lo material al amor a Dios (amor a la Perfección), en otras palabras al que "no es rico a los ojos de Dios" (Lucas xii-21), lo cual aclara la *Enciclopedia de la Biblia* (con la dirección técnica de R. P. Sebastián Bartina y R. P. Alejandro Díaz Macho bajo la supervisión del Arzobispo de Barcelona): "fuerzan a interpretar las bienaventuranzas de los pobres de espíritu, en sentido moral de renuncia y desprendimiento" y que " la clara fórmula de Mateo –bienaventurados los pobres de espíritu– da a entender que ricos o pobres, lo que han de hacer es despojarse interiormente de toda riqueza" (tomo vi, págs. 240/241). En Proverbios (11-18) "quien confía en su riqueza, ese caerá". En Salmos (62-11) "a las riquezas, cuando aumenten, no apeguéis el corazón". Este es también el sentido de la parábola del joven rico (Marcos x, 24-25) ya que "nadie puede servir a dos señores" (Mateo vi-24).

Hay aquí un asunto de la mayor importancia y es que en la medida en que se contradicen afirmaciones como la citada de *Quadragesimo Anno*, se está poniendo en jaque a la Iglesia. Grave equivocación es la pretensión de mantener las formas mientras se formulan propuestas socialistas bajo muy diversos ropajes desde distintas y variadas jerarquías eclesiásticas. Los laicos tienen una enorme responsabilidad y se convierten en cómplices inexcusables de la decadencia en la medida que callan o abiertamente aceptan que no solo se mine la Iglesia sino que se socaven los fundamentos de la civilización en nombre de Dios. Por aquél camino, finalmente se cumplirá lo vaticinado por personas como el antes aludido Leonardo Boff, por ejemplo, en el programa televisivo "Cara a cara" emitido hace un tiempo por CNN desde Madrid (que puede ubicarse en Youtube).

Aunque resulte un tanto tedioso citar largo, en este caso se torna necesario puesto que ilustra el punto lo expresado por el sacerdote polaco, profesor durante mucho tiempo en la Universidad Católica de Chile y doctor en Teología, en Derecho y en Sociología que si bien alude a la época de los setenta es pertinente recordar su pensamiento. Nos referimos al Padre M. Poradowski quien abre su libro *El marxismo en la*

*Teología* de la siguiente manera: "No todos se dan cuenta hasta dónde llega hoy día la nefasta influencia del marxismo en la Iglesia. Muchos, cuando escuchan a algún sacerdote que predica en el templo el odio y la lucha de clases, ingenuamente piensan que se trata de algún malentendido, de una 'metida de pata', o, en peor de los casos, de algún curita 'exaltado', despistado, desorientado. Desgraciadamente, no es así. Si hoy día hay tantos sacerdotes marxistas, conscientemente comprometidos con la revolución comunista y las actividades subversivas, no es solamente por un malentendido de personas de buena voluntad, sino el resultado de la presencia del marxismo en la Iglesia. Presencia no solamente tolerada por algunos, sino incluso deseada: presencia del marxismo en la teología que sirve de base y fundamento de toda formación intelectual y espiritual del nuevo clero. Hay que tomar conciencia de este hecho, porque si vamos a seguir cerrando los ojos a esta realidad, pensando ingenuamente que hoy día, como era ayer, todos los sacerdotes reciben la misma formación tradicional y que se les enseña la misma auténtica doctrina de Cristo, tarde o temprano vamos a encontrarnos en una Iglesia marxistizada, es decir, en una anti-Iglesia". Hay teólogos de la liberación que, a pesar de sus claras fuentes marxistas y se sus reiteradas recetas niegan ese origen como una estrategia más eficaz de penetración que solo absorben incautos.

En estos temas, es muy oportuno refrescar el texto de lo consignado por la Comisión Teológica Internacional de la Santa Sede que he citado en innumerables ocasiones que en su *Declaración sobre la promoción humana y la salvación cristiana* ha consignado el 30 de junio de 1977 que "De por sí, la teología es incapaz de deducir de sus principios específicos normas concretas de acción política; del mismo modo, el teólogo no está habilitado para resolver con sus propias luces los debates fundamentales en materia social […] Las teorías sociológicas se reducen de hecho a simples conjeturas y no es raro que contengan elementos ideológicos, explícitos o implícitos, fundados sobre presupuestos filosóficos discutibles o sobre una errónea concepción antropológica. Tal es el caso, por ejemplo, de una notable parte de los análisis inspirados por el marxismo y leninismo […] Si se recurre a análisis de este género, ellos no adquieren suplemento alguno de certeza por el hecho de que una teología los inserte en la trama de sus enunciados".

Ahora, desafortunadamente, el Papa Francisco lo ha recibido oficialmente a Gustavo Gutiérrez en el Vaticano, con quien concelebraron misa públicamente y, como es sabido, no se trata de un jefe de estado que el protocolo y la diplomacia muchas veces exige encuentros que no son del agrado personal del anfitrión. Inmediatamente después de este acercamiento, Ugo Sartori escribió en *L´Osservatore Romano* que "con un Papa latinoamericano, la Teología de la Liberación no podía quedarse en la sombra por mucho tiempo, donde estuvo relegada desde hace años". No es que el actual Papa comulgue con esa teología desviada, sino que, como señalé en mi largo artículo publicado en *La Nación* de Buenos Aires (octubre 11 del corriente año), se trata de una mala señal por lo que aparece una potente y justificada luz colorada a título de advertencia. En agosto de 1984, Juan Pablo II aprobó una de las Instrucciones emanadas de la Sagrada Congregación para la Doctrina de la Fe que presidía el entonces Cardenal Ratzinger donde, entre otros conceptos, se lee que una "corriente de pensamiento que bajo el nombre de 'teología de la liberación' propone una interpretación innovadora del contenido de la fe y de la existencia cristiana que se aparta gravemente de la fe de la Iglesia, aun más, que constituye la negación práctica de la misma".

Sin duda que el Papa debe evangelizar, para lo cual debe tomar contacto con personas que adoptan posturas y criterios distintos e incluso contrarios a los valores cristianos. Pero en modo alguno cabe una comunión de ideales como los mencionados a vuelapluma de Gustavo Gutiérrez, situación que, sin embargo, se verifica en las ideas económico-sociales del actual Papa que viene cultivando desde hace mucho tiempo las que, aunque sin mencionar la teología de la liberación, quedan consignadas, por ejemplo, en mi publicación titulada "Mensaje del Arzobispo de Buenos Aires" (ahora en Internet en varios sitios).

Finalmente, en otro orden de cosas, el mencionado filósofo católico Michael Novak acaba de ser reporteado por Giuseppe Nardi para el medio *Vatican Insider* (septiembre 26 del corriente año) respecto a declaraciones del actual Papa en *Civilitá Cattolica* en cuanto a que no hay que obsesionarse con temas como el aborto ni insistir con esos asuntos, a lo que respondió el entrevistado que "un amigo me preguntó si el Papa está consciente del daño que causó con sus comentarios. La palabra obsesión –ossessione– aplicada a aquellos que trabajan por el derecho a la vida, especialmente del no nacido, es algo que duele".

*Noviembre 8, 2013.*

# ¿Es peligroso Internet?

Lo primero es poner de manifiesto la trascendencia de la intimidad o la privacidad. Antes incluso de apuntar la importancia del derecho de propiedad sobre nuestras cosas, debe señalarse la prioridad que tiene el derecho sobre nuestro cuerpo y de nuestros pensamientos lo cual es parte sustancial del derecho a la vida (que supone el derecho a usar y disponer de lo propio). El manejo de nuestras personas es atributo central de cada uno puesto que no pertenecemos a nadie más que a nosotros mismos.

De esta secuencia argumental deriva la separación de cada uno del resto como personas distintas que merecen respeto, consideración debido a la dignidad de cada cual. La interferencia en la intimidad o privacidad de la persona sin su consentimiento y sin que se haya expuesto públicamente constituye un atropello a su derecho más preciado. Como ha puesto de manifiesto Milan Kundera: "La persona que pierde su intimidad lo pierde todo".

Cuando lo privado se hace público o de otros, naturalmente deja de ser privativo de la persona con lo que lo más íntimo se invade y, por ende, se diluye, es como si se perdiera el núcleo del individuo para integrar una acervo común, en otros términos, el yo deja de tener los atributos de la personalidad propia para ser compartido por todos o de un grupo no querido, ajeno y extraño.

Es por esto que la Cuarta Enmienda de la Constitución estadounidense (y de todas las de países civilizados) alude al derecho inalienable de las personas a que sus pertenencias, papeles y efectos no sean violados bajo ningún concepto y que solo pueden invadirse con expresa autorización de juez competente en base a la debida prueba de un probable delito.

Antes he escrito sobre los inconvenientes del mal uso de Internet ("Internet, la mente y el cerebro") que igual que todo instrumento puede emplearse bien o no, desde el martillo en adelante que puede servir para clavar un clavo o para romperle la nuca al vecino. Ahora, en cambio, conecto esta herramienta tan útil y conveniente para muy diversos propósitos con el avasallamiento de la privacidad.

Hace unos días me regalaron un libro de Julian Assange en colaboración con Jacob Appelbaum, Jérémie Zimmermann y Andy Müller-Maguhn titulado *Criptopunks. La libertad y el futuro de Internet.* En otras oportunidades he consignado en mis columnas una defensa de Wikileaks y al episodio de Edward Snowden ("El caso de Wikileaks" y "Edward Snowden en la encrucijada" respectivamente) en donde, independientemente de las características individuales de las personas involucradas, sostuve (y sostengo) lo vital de la libertad de prensa en una sociedad abierta y la obligación de gobiernos republicano a transparentar sus actos ante sus mandantes.

En este caso me detengo a considerar algunos pasajes de lo escrito por los autores del libro de marras sin perjuicio de aclarar que no comparto todas las manifestaciones que el trabajo contiene (el cual, además, incurre en severas contradicciones como su alabanza a algunos regímenes dictatoriales latinoamericanos, aunque, por ejemplo, en su entrevista en "Visión Global" de NTN24, el 21 de octubre del corriente año, fustigó severamente a Cuba por no tener libertad de expresión y, con anterioridad, manifestó pensamientos interesantes en el reportaje que le hiciera Ron Paul, en "Ron Paul Channel", el 3 de septiembre, también este año). De cualquier modo, el eje central de este texto consiste en sostener que la maravilla de nuestra época (Internet) puede convertirse en la tumba de las libertades individuales si no se frena el espionaje realizado principalmente por los aparatos estatales teóricamente encargados de velar por los derechos de las personas.

Para precisar este peligro del Gran Hermano orwelliano a través del espionaje que a esta altura de los acontecimientos es del dominio público, a continuación cito algunos de los comentarios de Assange en el libro de referencia que entiendo son suficientemente claros como para consumir tiempo en glosas. Recordemos el pensamiento de Benjamin Franklin de 1759 que uso como epígrafe en uno de mis capítulos de mi libro *Estados Unidos contra Estados Unidos* donde trato en detalle el problema de la seguridad: "Aquellos que renuncian a libertades esenciales para obtener seguridad temporaria, no merecen ni la libertad ni la seguridad". En este sentido, hay un excelente artículo de Antonella Marty sobre la materia titulado "Los Estados Unidos de Barack Obama: ¿1776 o 1984?"

Paso entonces a las citas anunciadas: "Internet, nuestro mayor instrumento de emancipación, ha sido transformado en la más peligrosa herramienta del totalitarismo que hayamos visto [...] De seguir su propio curso, en pocos años, la civilización global pasará a ser una distopía posmoderna de vigilancia".

"La naturaleza platónica de Internet, los flujos de ideas e información está envilecida [...] Sus pilares son cables de fibra óptica que se extienden a lo largo del suelo oceánico, satélites que giran sobre nuestras cabezas, servidores automáticos alojados en edificios de ciudades [...] El Estado [...] impedirá la independencia que habíamos soñado [...] El Estado como sanguijuela en las venas y arterias de nuestra nuevas sociedades devorará toda relación expresada o comunicada [...] un poder inimaginable".

Los autores –igual que lo viene haciendo David Friedman y tantos otros intelectuales de fuste– como defensa de los derechos de las personas principalmente frente al Leviatán que todo lo engulle a su paso, sugieren el extraordinario mecanismo de la criptografía (móvil) al efecto de convertir los mensajes en inviolables. Es de desear que este procedimiento pueda aplicarse a la brevedad para evitar convertirnos en seres expuestos de una manera total a las garras de las fenomenales estructuras de poder que nos consideran sus subordinados, súbditos sin el derecho elemental de conservar sus rincones privadísimos. Es para meditar con detenimiento.

*Noviembre 15, 2013.*

# Cuervos mal paridos

Dejemos de entrada aclarado el rol fundamental del mundo de los negocios en cuyo ámbito se busca permanentemente operar en dirección a los deseos de la gente. Por supuesto que esta es la consecuencia, el motor es el deseo de obtener ganancias. Por ejemplo, si no fuera por los especuladores el precio de los granos se derrumbaría junto con la cosecha y no quedaría saldo para el resto del año. El retener en silos hace que el precio en cuestión se mantenga aproximadamente igual durante todo el ejercicio. El empresario se guía por el cuadro de resultados en sus balances: si acierta en el gusto de su prójimo obtiene beneficios y si yerra incurre en quebrantos. Técnicamente, el empresario conjetura que los costos de tal o cual bien o servicio están subvaluados en términos de los precios finales y, por tanto, irrumpe en el mercado al efecto de sacar partida del arbitraje correspondiente.

Al empresario debemos agradecer las comunicaciones aéreas, marítimas y terrestres, el alumbrado, la telefonía, la medicina, los alimentos, la energía, el cine, la televisión, la impresión de libros (y los eBooks), las computadoras, los muebles, la construcción y tantas otras cosas que se deben a los estímulos de mercado para su producción eficiente. Más aún, a veces los empresarios caen en la trampa de tener que incluir en sus filas áreas como las de "la función social de la empresa" para "devolver a la comunidad lo que le han sacado", sin ver, como ha destacado el premio Nobel en economía Milton Friedman ("The Social Responsability of Business is to Increase its Profits", *New York Times Magazine*, septiembre 13, 1970) que el rol social del empresario consiste en ganar dinero lo cual evidencia que ha sabido atender los requerimientos de los demás y ha mejorado salarios como consecuencia inexorable de las tasas de capitalización que él mismo genera. La envidia y el resentimiento han hecho estragos al atacar la productividad y el consiguiente éxito de comerciantes destacados, incluso se recurre a expresiones peyorativas y denigrantes como "los fondos buitre" para aludir a quienes compran títulos baratos y los venden caro como es el objetivo común a todo empresario que se precie de tal (con lo cual, en este caso, por ejemplo, ayuda al jubilado italiano que no puede esperar la cobranza de su acreencia).

Habiendo dicho todo esto, en esta nota me quiero referir a los cuervos mal paridos para aludir a un fenómeno totalmente distinto al señalado hasta aquí. Aludo al ejercicio de hombres de negocio que buscan arbitrajes en lugares consumidos por los atropellos del Leviatán sin interesarles en lo más mínimo contribuir a la modificación del clima de ideas que provoca la situación de miseria de sus habitantes. Como hemos dicho antes, nada tiene de malo el buscar oportunidades para obtener rédito monetario, al contrario de eso trata el rol empresarial, lo que señalo es el desprecio por las causas que permiten que la empresa subsista dando por sentado que serán otros los que en definitiva salvarán la situación lo cual permitirá que ese tipo de empresario no tenga que elucubrar sobre sus negocios en el medio del mar rodeado de tiburones puesto que ya no quedaría lugar habitable en tierra firme.

Y no es que el empresario deba necesariamente contribuir a tareas educativas en pos de la sociedad abierta (lo cual no sería mal al efecto de abrir cauce a sus propios negocios en otros ramos), en el caso comentado, no solo apuntamos su desprecio por los esfuerzos docentes, sino su reclamo tácito por situaciones horrendas para poder sacar partida en una actitud suicida sin solución de continuidad hasta que el derrumbe sea total. Estos son los cuervos mal paridos que comentan entre si deleitados las peripecias y desgracias de otros como "una oportunidad" de hacer negocios. No se trata de la función habitual y necesaria del empresario para satisfacer demandas ajenas sino que su prerrequisito es la malaria ajena (aunque como una consecuencia no buscada finalmente su acción eventualmente logre buenos resultados generales).

Días pasados accidentalmente escuché una conversación en la mesa de al lado en un restaurante donde los comensales comentaban con evidente gozo que las crisis profundas les abrían las puertas a jugosos beneficios, mientras "la gilada" se hundía en situaciones miserables. La generalización de esta gimnasia perversa corre el eje del debate hacia situaciones cada vez peores debido a la retracción de criterios juiciosos para defenderse de los embates de un estatismo grotesco que engulle a su paso todo lo que toca, mientras los cuervos mal paridos se entretienen irresponsablemente con el malestar ajeno en base a la ilusión que podrán seguir con sus planteos macabros para siempre sin percatarse que en definitiva están serruchando su propio piso.

Mientras, en lugares como en los suelos argentinos las izquierdas ganan las elecciones internas en todas las universidades del país (con un par de excepciones no muy relevantes) y la mayoría de los analistas políticos y colegas economistas se niegan a debatir temas de fondo para limitarse a describir la coyuntura manteniendo las mismas instituciones que generan los incendios recurrentes debido, precisamente, a que no se quiere mirar el foco del fuego. Esto, a diferencia de lo que hacen los socialismos que se ocupan del fondo de los problemas en una dirección contraria a la sociedad abierta, empuja la articulación del discurso político que tanto entusiasma a los cuervos mal paridos que ven oportunidades varias para lo crematístico del corto plazo.

Esta actitud combativa de las izquierdas en todos los frentes junto a las timoratas de otros, permite correr el eje del debate de tal modo que pone contra las cuerdas a los últimos con lo que cada vez más temas de la tradición de pensamiento liberal son "políticamente incorrectos", como decimos, consecuencia de actitudes irresponsables que no tienen iniciativa alguna para ir al fondo de los problemas. Precisamente es por esto que, entre otros liberales de fuste, Hayek pone como ejemplo a los socialistas por su coraje y su perseverancia.

*Noviembre 22, 2013.*

# ¿Qué es la creatividad?

Escribe Stefan Zweig en *Los creadores* que "de todos los misterios del mundo, ninguno es más profundo que el de la creación". Sin embargo, conviene precisar que, estrictamente, el *ex nihilo* no es atributo de los humanos ya que siempre existe la influencia de otros en lo que uno produce. Giovanni Papini sostenía metafóricamente que si a uno le abren el cerebro se encontrarán miles y miles de carteles con los nombres de quienes influyeron en la persona para elaborar tal o cual cosa. No solo se trata de la influencia del prójimo sino de situaciones y circunstancias varias. El *ex nihilo* propiamente dicho es solo atributo de Dios.

De todos modos, el significado de la creatividad humana alude a la producción de ideas de muy diversa naturaleza que se concretan en la escritura, en la música, en la pintura, la escultura y en cualquier proceso del quehacer diario fruto de una idea que permite proceder de otra manera al efecto de la resolución de problemas de distinta índole.

Conviene precisar que en un plano diferente lo humano es *ex nihilo*, no en el sentido de que lo producido surge de la nada sino porque, a diferencia del reino animal, vegetal y mineral, no está determinado por otras causas anteriores sino que irrumpe debido a nuestro libre albedrío. Tal como explica el premio Nobel en física Max Planck en su *¿Hacia dónde va la ciencia?*: "Se trata de una degradación inconcebible que los seres humanos, incluyendo los casos más elevados de mentalidad y ética, fueran considerados como autómatas inanimados en las manos de una férrea ley de causalidad [...] El papel que la fuerza desempeña en la naturaleza como causa de movimiento, tiene su contrapartida, en la esfera mental, en el motivo como causa de la conducta [...] ¿Qué conclusión podemos deducir respecto del libre albedrío? En medio de un mundo donde el principio de causalidad prevalece universalmente ¿qué espacio queda para la autonomía de la volición humana? Esta es una cuestión muy importante, especialmente en la actualidad, debido a la difundida e injustificada tendencia a extender los dogmas del determinismo científico [determinismo físico en la terminología de Karl Popper] a la conducta humana, y así descargar la responsabilidad de los hombres del individuo" (por mi parte, escribí un largo ensayo sobre este tema titulado "Positivismo metodológico y determinismo físico").

Entonces, a esta altura, es de interés intentar una explicación del proceso creativo. El proceso comienza (y termina) con trabajo y constancia en la concentración por resolver un problema, aun lo que aparece como un descubrimiento "accidental" es debido a una preocupación y ocupación previa (de lo contrario la solución aparece desapercibida a los ojos de alguien que no le ha prestado atención a lo investigado). Estas concentraciones y cavilaciones se archivan en el subconsciente y, tarde o temprano, frente a cualquier atisbo de resolución conecta el consciente con el subconsciente y aparece "el momento eureka" que en no pocas ocasiones es atribuido a musas o a fantasmas que, a veces, traducen la sensación que la inspiración vino de otro lado y no de un proceso interior.

Sin duda que las etapas y características de la creatividad en el sentido indicado resultan diferentes en cada caso y, a veces, da la impresión que el asunto es fácil como, por ejemplo, en los casos de Mozart que parecía escribir en el pentagrama automáticamente sin considerar los estudios, la práctica y los esfuerzos previos, del mismo modo que ocurría con Balzac que inventó una especie de taquigrafía debido a la rapidez en que se le ocurrían ideas que no daba tiempo a la escritura corriente. Por supuesto que en unos casos hay más facilidad que en otros debido al tipo de talento, lo cual no disminuye el de Beethoven que tardaba mucho para finiquitar una composición musical o el caso de Goethe que tardó setenta y cuatro años en escribir sin pausa el *Fausto* (Durero requería mucho croquis y mucho cálculo sobre el lienzo antes de pintar, mientras que Van Gogh pintaba hasta tres cuadros por día).

En realidad, la creatividad está íntimamente conectada a escucharse uno mismo, a la actualización de las potencialidades de cada cual. El torcer el rumbo para amoldarse a lo que otros dicen y piensan es fatal y así el sujeto en cuestión deja de ser él mismo para convertirse en los demás, es la mayor de las traiciones como apuntaba Ortega. Por eso es que prestar atención a las vocaciones resulta tan crucial. En este sentido, Octavio Paz en "La espuma de las horas" ha escrito que "Al descubrir nuestra vocación, nos descubrimos a nosotros mismos". Este ejercicio de escucharse a uno mismo, a su vez, está conectado con el coraje moral, en la capacidad de estar solo frente a la opinión dominante tal como nos enseña Leonard Read en *The Courage to Stand Alone* y a eso es a lo que precisamente se refiere Rollo May en *The Courage to Create*.

Paul Johnson en la introducción a *Creators*, titulada "The Anatomy of Creative Courage", enfatiza los obstáculos y las dificultades con las que se topa el proceso creativo que solo se resuelve con la perseverancia en el trabajo y la consiguiente disciplina.

Tengamos en cuenta que la creatividad no está reservada "a los del más alto coeficiente intelectual (IQ)", ya que como han puesto de manifiesto autores como Howard Gardner (*Inteligencias múltiples*) e Isaac Asimov (*Thinking About Thinking*), no hay posibilidad alguna de establecer un ranking universal de inteligencias (*inter legum*) puesto que todos somos inteligentes solo que para asuntos distintos.

En resumen, el producto de la creatividad se traduce en una inmensa satisfacción difícil de trasmitir en palabras que alimenta el intelecto de todos cuando está dirigida a lo ético, estético y, en general, a contribuciones que permiten mejorar la condición de vida de los semejantes. Es una bendición que debe ser cultivada y aprovechada.

*Noviembre 13, 2013.*

# Orígenes de la educación argentina

Hay mucho escrito sobre el caso de la enseñanza formal argentina. En todas partes del mundo, naturalmente cuando los aparatos estatales cuentan con "ministerios de educación" y equivalentes, los gobernantes tienen sus planes curriculares que imponen en los colegios estatales (mal llamados "públicos" puesto que los privados también son para el público) y deciden pautas para los niveles universitarios también dependientes del gobierno. Incluso, tal como ocurre en la Argentina desde hace mucho tiempo, las referidas pautas también son aplicables al ámbito privado con lo que las respectivas instituciones educativas están privadas de toda independencia.

El proceso educativo requiere la prueba y el error en un contexto evolutivo y competitivo y, sin embargo, no es lo que se autoriza cuando está en manos de la burocracia. Afortunadamente, en la actualidad está el *home schooling*, el MOOC, los métodos por aulas virtuales en todos los niveles y similares que se saltean las trabas burocráticas estatales para navegar en libertad con acreditaciones por parte de entidades privadas de prestigio como Academias y centros –también en competencia– dedicados al seguimiento cualitativo de quienes se dedican a la educación que son elegidos, precisamente, por su excelencia y no por grados de politización forzosa, y con programas de actividades sociales sumamente atractivas (hace poco, *The Economist* le dedicó bastante espacio a una tarea de investigación al antedicho *home schooling* en el que concluye que los oficiales de admisión de las universidades del Ivy Leage estadounidense declararon su admiración por estudiantes que aplicaban y que provenían de ese sistema "por sus altos niveles educativos, por sus muy buenos modales y por sus cuidadas vestimentas").

En el contexto argentino, Carlos Newland en *Buenos Aires no es Pampa: La educación elemental porteña 1820-1860* (Buenos Aires, Grupo Editor Latinoamericano, 1992) muestra la cantidad de colegios privados que existían antes del plan del gran Sarmiento, que con su educación estatal y "gratuita" las obligó a cerrar. Como es sabido, nada es gratuito el asunto consiste en detectar quienes pagan, lo cual recae especialmente en los más pobres ya que vía la reducción de sus salarios finalmente se hacen cargo por las disminuciones en las tasas de capitalización de los contribuyentes *de jure*. Recordemos que la inexorable politización conduce al consejo de Marx y Engels en el Manifiesto Comunista de 1848 en el sentido de imponer la "educación pública y gratuita de todos los niños" al efecto de lograr sus propósitos y por eso es que el marxista Antonio Gramsci sostenía con razón que se "tome la cultura y la educación y el resto se dará por añadidura".

Hasta en el baluarte del mundo libre es muy ilustrativo comprobar los tremendos desaguisados del Departamento de Educación, por ejemplo, en la obra de Thomas Sowell *Inside American Education* (New York, Macmillan, 1993) para que el lector conjeture que ocurre en otros lares menos civilizados. A las estructuras curriculares impuestas por el referido departamento gubernamental de Estados Unidos, se debe agregar la alarmante participación del gobierno en los presupuestos de las casas de estudio privadas de ese país, tal como lo explica Richard Pipes en *Propiedad y libertad. Dos conceptos inseparables a lo largo de la historia* (México, Fondo de Cultura Económica, 1999/2002).

A continuación vamos a dedicarnos al caso argentino muy anterior a los fenómenos de los textos obligatorios de "Evita me ama" y los engendros de La Cámpora, al efecto de bucear en las raíces del problema. Para ello nada mejor que extraer brevemente información del notable ensayo de Carlos Escudé con el apoyo de una nutrida bibliografía, titulado *El fracaso del proyecto argentino. Educación e ideología* editado en 1990 conjuntamente por el Instituto Torcuato Di Tella y la Editorial Tesis, en el que todo el eje central apunta a mostrar que las faenas educativas estaban (y están) dirigidas a "subordinar el individuo al Estado" donde "el Estado *no es* la defensa del individuo y sus derechos" situación en la que "el individuo vive para servir a su Patria [generalmente con mayúscula]; así y no al revés, se define la relación esencial entre el individuo y estado-nación".

Todo el desbarajuste educacional –a contramano de las ideas, principios y valores alberdianos– comenzó a manifestarse con crudeza durante la tiranía rosista. La revista *El Monitor de la Educación Común* fundada en 1881 y distribuida gratuitamente a todos los maestros, fue paulatinamente aumentando su nacionalismo e intervencionismo estatal en la educación, aun con las mejores intenciones que rodearon al Primer Congreso Pedagógico de 1882. Incluso la ley de Educación Común (la 1420) de 1884 subraya la importancia de la educación obligatoria y gratuita.

En los sucesivos artículos de la mencionada revista se advierte sobre la "desnacionalización que sufría la Argentina" diagnóstico que logró imponer una ley en 1908 "de ingeniería social" al efecto de "deseuropeizar" el país, "pero el objetivo primordial del proyecto educativo argentino, más que impulsar el progreso, fue el de adoctrinar a la población en un argentinismo retórico y esencialmente dogmático y autoritario, cuando no militarista" anticipada por la Ley de Residencia de 1902 por la que podía expulsarse a inmigrantes si juicio previo y las arbitrariedades del creado Consejo Nacional de Educación que incluso tenía las facultades de reglamentar los programas de las escuelas privadas por medio de la Ley Lainez de 1905.

Las ideas vertidas en esa revista ("una paranoia", dice Carlos Escudé) eran las de "el espíritu de raza" (Ernesto Quesada), "la pureza del lenguaje" (Mario Velazco y Arias), los inconvenientes de las escuelas de comunidades extranjeras "como la galesa" (Raúl B. Díaz), "homogenizar los estudios" (José María Ramos Mejía), "forjar una intensa conciencia nacionalista" y "el individualismo anárquico es un peligro peligro en todas las sociedades modernas, reagravóse como tal en la República Argentina por la afluencia del extranjero inmigrante" (Carlos Octavio Bunge), "en la conversación, en todos los grados, incluir con frecuencia asuntos de carácter patriótico" y "el extranjero que incesantemente nos invade" (Pablo Pizzurno), el "catecismo patriótico" en el que se leía el siguiente diálogo: "maestro–¿cuáles son los deberes de un buen ciudadano, alumno– el primero el amor a la patria, maestro–¿antes que a los padres?, alumno– ¡antes que todo!" (Ernesto A. Bavio), el "Canto a la Patria" de Julio Picarel sobre el que Escudé aclara que "cito estos pésimos versos a riesgo de alinear al lector" y agrega el poeta de esta xenofobia que "los sonidos ejecutados por una banda militar llegan al oído del niño como un lenguaje fantástico y fascinador", "el Honorable Consejo Nacional de Educación, al inaugurar la bien meditada serie de medidas tendientes a fortificar el alma de los niños argentinos, el sentimiento augusto de la Patria y a convertir la escuela en el más firme e indiscutible sostén del ideal nacionalista" (Leopoldo Correijer), "la escuela argentina tiene un carácter completamente definido, ella es el agente de nuestra formación nacional" (Juan G. Beltrán), "formemos con cada niño un idólatra frenético por la República Argentina" (Enrique de Vedia), "la escuela oficial, única que mantiene puro el espíritu de la nacionalidad en pugna con la particular cuyo florecimiento es de profusión sospechosa" (Bernardo L. Peyret), "quienes no están conformes con la orientación nacionalista que el Consejo ha dado a la enseñanza, deben tener la lealtad de renunciar al puesto que desempeñan en el magisterio" (Ángel Gallardo), nacionalismo solo realizado eficazmente "en la escuela porque es allí donde hemos de realizar la unidad moral de la raza argentina" (Ponciano Vivanco), "el amor a la patria para ser fecundo debe tener carácter de una religión nacional y ese culto a la Patria no se concibe sin la fuerza nacional" (Francisco P. Moreno).

Por supuesto que a la abundante lista referida por Escudé –casi todos antisemitas– no faltan los nombres de los nacionalistas Ricardo Rojas ("las escuelas privadas son uno de los factores activos de la disolución nacional"), Manuel Carlés, ambos con escritos absolutamente contrarios al cosmopolitismo y al respeto recíproco adornados como es el caso de este último autor con cánticos inauditos como el del "Himno a la Nueva Energía" a lo que deben añadirse los numerosos escritos del nacionalsocialista y judeofóbico Manuel Gálvez.

En los dos últimos capítulos Escudé se refiere a "la irracionalidad en la cultura" llevada a la política en el gobierno militar de Uriburu (un corporativista-fascista que afortunadamente no pudo plasmar sus ideas en una reforma constitucional como era su declarada intención) y el peronismo, pero es del caso señalar a título de ejemplo un eslabón que conecta ambos experimentos (aunque el peronismo fue mucho más autoritario y estatista que el sucesor de Uriburu a pesar de la implantación del control de cambios, el impuesto progresivo, las juntas reguladoras y la banca central). Se trata del nombramiento del General Justo al nazi Gustavo Martínez Zuviría (que escribía con el pseudónimo de Hugo Wast) como Presidente de la Comisión Nacional de Cultura, personaje que fue designado Ministro de Justicia e Instrucción Cívica en la revolución militar de 1943 que desembocó en el peronismo que fue imitado, con diversos estilos, por todos los gobiernos que siguieron, los cuales, *todos*, agrandaron el Leviatán a través del aumento del gasto público, la deuda, la manipulación monetaria, cambiaria y arancelaria junto a planes para influir en la educación.

A los nombres mencionados cabe agregar todavía muchos otros como los de Carlos Ibarguren, el sacerdote ultra nazi Julio Meinvielle, Leopoldo Lugones y tantos otros que sentaron las bases para que luego penetrara el cepalismo, el keynesianismo, el marxismo y todas las variantes totalitarias y planificadores de las vidas y haciendas ajenas donde "lo nuestro" es siempre un valor y lo foráneo siempre un desvalor por lo que se incita a la pesadilla de un sistema de cultura alambrada. Una vez que se idolatra la patria escindida del respeto recíproco y las libertades individuales, está preparado el camino para el mesías del momento indefectiblemente encarne la patria.

Aunque circunstancialmente enfrentados, como ha demostrado J. F. Revel en *La gran mascarada* (Madrid, Taurus, 1999/2000), el nacionalsocialismo y toda laya colectivista-estatista están íntimamente vinculados en sus objetivos últimos y con el común enemigo del liberalismo, el primero prepara el camino para que el segundo intensifique las tropelías (recordemos que el nazi-fascismo significa que la propiedad está básicamente registrada a nombre de particulares pero el aparato estatal administra su flujo de fondos, mientras que el comunismo, más sincero, hace que use y disponga de la propiedad el monopolio de la fuerza sin que nadie tenga propiedad). En la Argentina, el nacionalismo dio cabida a las variantes socialistas bajo diversos ropajes. Este es el origen de la sandez de "vivir con lo nuestro" y de la actual "soberanía de las heladeras" y otros esperpentos consubstanciados con "los modelos nacionales y populares".

*Diciembre 6, 2013.*

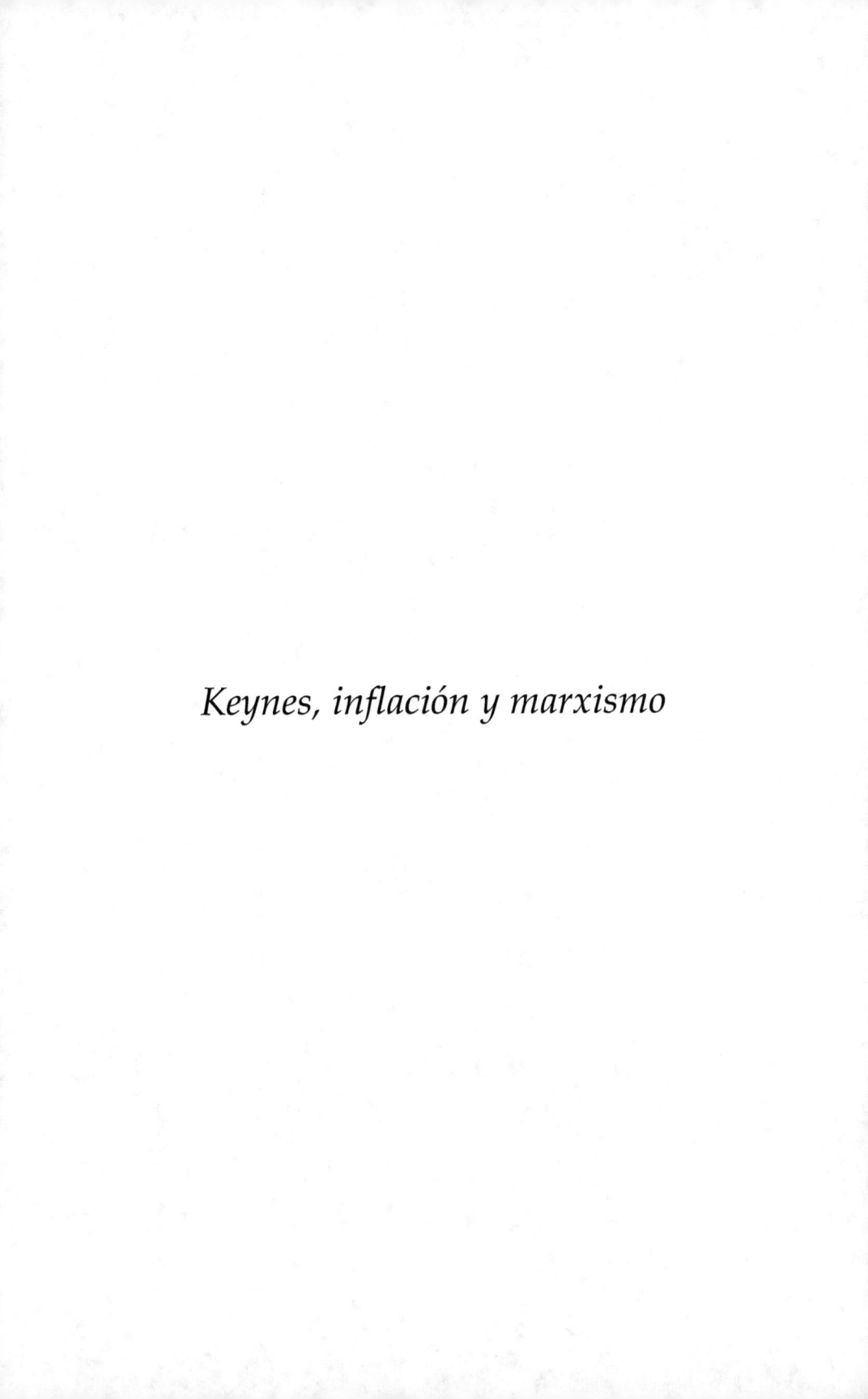

*Keynes, inflación y marxismo*

# Repasando a Keynes

Todas las acciones políticas, cualquiera sea su color, son consecuencia de previas elucubraciones intelectuales que influyen sobre la opinión pública que, a su turno, le abren caminos a los buscadores de votos. John Maynard Keynes escribió con razón que "Las ideas de los economistas y de los filósofos políticos, tanto cuando están en lo cierto como cuando no lo están, son más poderosas de lo que se supone corrientemente. Verdaderamente, el mundo se gobierna con poco más. Los hombres prácticos, que se creen completamente libres de toda influencia intelectual, son generalmente esclavos de algún economista difunto".

El párrafo no puede ser más ajustado a la realidad. Keynes ha tenido y sigue teniendo la influencia más nefasta de cuantos intelectuales han existido hasta el momento. Mucho más que Marx, quien debido a sus inclinaciones violentas y a su radicalismo frontal ha ahuyentado a más de uno. Keynes, en cambio, patrocinaba la liquidación de la sociedad abierta con recetas que, las más de las veces, resultaban mas sutiles y difíciles de detectar para el incauto debido a su lenguaje alambicado y tortuoso.

Hemos consignado antes que los ejes centrales de su obra mas difundida (*Teoría general de la ocupación, el interés y el dinero*, México, Fondo de Cultura Económica, 1936/1963)) consisten en la alabanza del gasto estatal, el déficit fiscal y el recurrir a políticas monetarias inflacionistas para "reactivar la economía" y asegurar el "pleno empleo" ya que nos dice en ese libro que "La prudencia financiera está expuesta a disminuir la demanda global y, por tanto, a perjudicar el bienestar".

Tal vez los trabajos mas lúcidos sobre Keynes estén consignados en el noveno volumen de las obras completas del premio Nobel en Economía F.A. Hayek (The University of Chicago Press, 1995), en el meduloso estudio de H. Hazlitt traducido al castellano como *Los errores de la nueva ciencia económica* (Madrid, Aguilar, 1961) y en la extraordinaria obra de W. H. Hutt *Keynesianism: Prospect and Retrospect* (Chicago, Henry Regenery, 1963). Numerosas universidades incluyen en sus programas las propuestas keynesianas y no como conocimiento histórico de otras corrientes de pensamiento, sino como recomendaciones de la cátedra. Personalmente, en mis dos carreras universitarias y en mis dos doctorados tuve que estudiar una y otra vez las reflexiones keynesianas en el mencionado contexto. Todos los estatistas de nuestro tiempo han adoptado aquellas políticas, unas veces de modo explícito y otras sin conocer su origen. Incluso en Estados Unidos irrumpió el keynesianismo mas crudo durante las presidencias de Roosevelt: eso era su "New Deal" que provocó un severo agravamiento de la crisis del treinta, generada por las anticipadas fórmulas de Keynes aplicadas ya en los Acuerdos de Génova y Bruselas donde se abandonó la disciplina monetaria.

Las terminologías y los neologismos mas atrabiliarios son de su factura. No quiero cansar al lector con las incoherencias y los galimatías de Keynes, pero veamos solo un caso, el que bautizó como "el multiplicador". Sostiene que si el ingreso fuera de 100, el consumo de 80 y el ahorro 20, habrá un efecto multiplicador que aparece como resultado de dividir 100 por 20, lo cual da 5. Y préstese atención porque aquí viene la magia de la acción estatal: afirma que si el Estado gasta 4 eso se convertirá en 20, puesto que 5 por 4 es 20 (sic). Ni el keynesiano más entusiasta ha explicado jamás como multiplica ese "multiplicador".

En definitiva, Keynes apunta a "la eutanasia del rentista y, por consiguiente, la eutanasia del poder de opresión acumulativo de los capitalistas para explotar el valor de escasez del capital". Resulta sumamente claro y específico lo que escribió como prólogo a la edición alemana de la obra mencionada, también en 1936, en plena época nazi: "La teoría de la producción global, que es la meta del presente libro, puede aplicarse mucho mas fácilmente a las condiciones de un Estado totalitario que la producción y distribución de un determinado volumen de bienes obtenido en condiciones de libre concurrencia y un grado considerable de laissez-faire".

Como es sabido, hay ríos de tinta explicando los errores de Keynes, pero, fuera de los libros señalados, hay dos ensayos que resultan de gran interés. Se tratan de "The Critical Flow on Keynes's System" de Robert P. Murphy y "Dissent on Keynes: A Critical Appraisal of Keynesian Economics" de Mark Skousen.

En el primero, el autor se detiene especialmente en el plano laboral donde muestra las consecuencias perniciosas de intentar derretir salarios en términos reales a través de la inflación monetaria en momentos en que hay consumo de capital manteniéndo los salarios nominales inalterados, un engaño que se sugiere en lugar de permitir que los niveles se adapten a la situación imperante sin introducir las alteraciones en los precios relativos que indefectiblemente provoca la inflación. Por otra parte, destaca la incomprensión del fenómeno del desempleo de Keynes y, consecuentemente, su propuesta de encarar obras públicas que en definitiva significan detraer recursos del sector privado para faenas no productivas, lo cual se traducen en un empeoramiento en el nivel de vida de todos.

En el segundo ensayo, Skousen describe las falacias de sostener que Keynes fue "el salvador del capitalismo" en lugar de su victimario, en el mismo contexto cuando actualmente se apunta a "la crisis del capitalismo" en lugar de percatarse que el sistema imperante consiste en el estatismo. En ese trabajo, el autor detalla los consejos del keynesianismo de controlar precios y salarios, al tiempo que propugna el deterioro del signo monetario, el deficit fiscal, el incremento del gasto público y, unas veces *de facto* y otras *de jure*, la nacionalización de empresas.

Es raro no encontrar algunos aciertos, incluso en autores cuyos textos están plagados de falacias. Tal es el caso de Keynes, como el párrafo que apuntamos al abrir esta nota. Para cerrar, agrego otra verdad que señala este autor en la misma obra que venimos comentando: "Un parte demasiado grande de la economía matemática reciente es una simple mixtura, tan imprecisa como los supuestos originales que la sustentan, que permiten al autor perder de vista las complejidades e interdependencias del mundo real de un laberinto de símbolos pretenciosos e inútiles".

*Diciembre 13, 2013.*

# El proceso inflacionario

La inflación es uno de los problemas económicos y sociales más graves. Es siempre producida por los aparatos estatales que con el curso forzoso y la banca central no dan salida a la gente para defenderse de ese flagelo. Es realmente llamativo que a esta altura del partido, con toda la bibliografía moderna disponible no se haya decidido cortar amarras con los gobiernos en materia monetaria y no se haya percibido que la única razón por la cual el Leviatán administre la moneda es para succionar poder adquisitivo de la gente.

Se ha dicho que la inflación es el aumento general de precios, lo cual revela dos errores garrafales de concepto. En primer lugar, pretende aludir a la causa de la inflación la cual consiste en la expansión exógena del mercado y, en segundo término, el efecto estriba en la alteración de los precios relativos y no en un aumento general. Si produjera un incremento generalizado, no se produciría el problema central de la inflación cual es la angustia por el desequilibrio entre precios e ingresos. Si mi salario (uno de los precios) se incrementara en un 50% mensual y el resto de los precios lo hace en la misma forma, no hay problema. Eventualmente habrá que modificar las columnas en los libros de contabilidad, habrá que expandir los dígitos en las máquinas de calcular y, tal vez, acarrear el dinero en carretillas pero no hay el problema central señalado.

La alteración en los precios relativos reviste la mayor de las importancias ya que se distorsionan todas las señales en el mercado, que son las únicas que muestran donde conviene invertir y donde desinvertir en los diversos sectores con lo que se consume capital y, por ende, bajan los salarios e ingresos en términos reales puesto que las tasas de capitalización son las únicas causas del nivel de vida.

Como hemos dicho en tantas ocasiones, la banca central solo puede decidir entre uno de tres caminos posibles: a que tasa contraer, a que tasa expandir o dejar inalterada la base monetaria. Pues bien, cualquiera de los tres caminos deterioran los precios relativos respecto de lo que hubieran sido de no haber intervenido (incluso, como decimos, si los banqueros centrales deciden no modificar la base monetaria habrán desfigurado los precios relativos en relación al mayor o menor volumen de moneda que se hubiera decidido en el mercado…y si se hace lo mismo que hubiera hecho la gente en el mercado no hay razón alguna para la irrupción de la banca central ahorrándose todos los gastos administrativos correspondientes).

Más aun, una banca central independiente del secretario del tesoro o de hacienda o del Parlamento inexorablemente errará el camino debido a las razones antes apuntadas que no cambian por el hecho de recibir instrucciones o proceder autónomamente, esto no modifica la naturaleza del problema. Sin duda, que si a la existencia de la banca central se agrega el curso forzoso la situación se agrava exponencialmente ya que no deja salida a la gente para sus transacciones diarias y deben absorber quitas permanentes en su poder adquisitivo.

Conviene también precisar que la cantidad de dinero de mercado, es decir, de los activos financieros que la gente elija para sus transacciones no tienen porqué ser constantes. Esto dependerá de las respectivas valorizaciones, del mismo modo que ocurre con cualquier bien o servicio, lo cual, en nuestro caso, si se decide expandir, se trata de una expansión endógena, a diferencia de la exógena al mercado, esto es, la que ocurre debido a decisiones políticas que son el origen del problema inflacionario.

No hay tal cosa como "expectativas inflacionarias" como causas de la inflación. Se podrán tener todas las expectativas que se quieran pero si no están convalidadas por la expansión monetaria exógena, no hay inflación. Tampoco "inflación de costos" por idénticos motivos, ni inflaciones provocadas por el incremento en el precio de un bien considerado estratégico como, por ejemplo, el petróleo ya que si aumenta el precio de este bien y no hay expansión monetaria habrá dos posibilidades: o se reduce el consumo de otros bienes si se decidiera mantener el nivel de consumo del petróleo o se debe contraer el consumo de este bien al efecto de permitir el mismo consumo de otros bienes y servicios. En todo caso, no resulta posible consumir todo lo que se venía consumiendo si el precio del petróleo se incrementó.

La errada definición que hemos comentado, además, conduce a otras dos equivocaciones técnicas. En primer lugar, el consejo para la banca central de emitir a una tasa constante similar al crecimiento económico para "permitir la previsibilidad de los actores en el mercado". Este consejo pasa por alto el hecho de que si la expansión "acompaña" el crecimiento económico, manteniendo los demás factores constantes, por ejemplo, se anulará el efecto de algunos precios a la baja que generan las importaciones y al alza de las exportaciones ya que la masa monetaria en un caso disminuye y en el otro aumenta y así sucesivamente.

La segunda equivocación, aun más gruesa, es que la expansión a tasa constante no trasmite previsibilidad puesto que, precisamente, los precios no se incrementan de modo uniforme, sino, como queda dicho, se alteran los precios relativos de modo que una tasa anunciada de expansión no trasmite información a determinado sector como afectará en sus precios.

Este análisis, a su vez, se traduce en el pensamiento que es posible recomponer el problema inflacionario a través de indexaciones lo cual no es correcto ya que pretendidos índices de corrección solo suben los valores absolutos en los rubros del balance, pero las distorsiones relativas se mantienen inalteradas.

A toda esta situación debe agregarse que para contar con un sistema monetario saneado debe eliminarse el sistema bancario de reserva fraccional que no solo genera producción secundaria de dinero, sino que permite que los bancos operen en un contexto de insolvencia permanente, con lo que se hace necesario implementar el *free banking* o el sistema de encaje total para los depósitos en cuenta corriente y equivalentes.

Como han expresado tantos economistas de gran calado, es de esperar que no transcurra mucho tiempo antes de que se perciban los inmensos daños de la banca central y sus consecuentes políticas. Cual es el dinero que preferirá la gente dependerá de las circunstancias ya que si todo es dinero no hay dinero y preguntarse cual es la cantidad de dinero que habrá es lo mismo que interrogarse cual es la cantidad de lechuga que habrá en el mercado.

*Diciembre 20, 2013.*

# La idea de progreso en Warren Nutter

Hay mucha bibliografía sobre el concepto de progreso, pero el ensayo del profesor Nutter es de especial interés. Un trabajo publicado por Liberty Fund titulado "Economic Wealfare and Wealfare Economics" incluido en una recopilación de varios otros de sus escritos en el libro *Political Economy and Freedom* editada por la mencionada Fundación, en 1983.

Warren Nutter fue condiscípulo de James Buchanan en la Universidad de Chicago donde obtuvo su doctorado en economía. Posteriormente fue profesor en la Universidad de Yale y finalmente en la Universidad de Virginia donde dirigió el Departamento de Economía.

En el ensayo de referencia, el autor se lamenta por el hecho de que la expresión *progreso* se utilice muy poco entre los economistas para reemplazarla por *desarrollo* "que significa más de lo mismo". Un tumor se desarrolla, sin embargo el progreso alude a un futuro abierto. Por eso es que los planificadores de vidas y haciendas del prójimo reiteran el uso de la palabra *desarrollo* y pretenden planificar las "variables" conocidas, en cambio eluden el término *progreso* ya que, por definición, no es posible planificar lo que no se sabe en que consiste.

Estas reflexiones no se circunscriben a lo semántico, sino que se refieren a conceptos clave. El progreso no se limita al crecimiento de lo existente sino a la aparición de fenómenos nuevos imposibles de preveer. Por ese motivo es que los burócratas internacionales y los megalómanos locales no previeron los adelantos mas relevantes de la humanidad, mucho más ajustados han sido los pronósticos de los escritores de ciencia ficción que las ampulosas Comisiones de "expertos" (recuerdo el magnífico título de un libro de Ángel Prieto: *Organismos internacionales, expertos y otras plagas de este siglo*).

Progreso remite a un proceso en evolución basado en las preferencias de la gente en el mercado abierto. Implica un proceso competitivo en el que el conocimiento está disperso y fraccionado entre millones de personas, coordinado por el sistema de precios. En este sentido repito el ejemplo que utiliza John Stossel para ilustrar lo dicho. Nos invita a pensar en un trozo de carne envuelto en celofán en la góndola del supermercado a partir de lo cual sugiere que imaginemos el largo y complejo proceso en regresión. Los agrimensores, los alambrados con todos los proveedores y empresas en sentido horizontal y vertical y los postes con las talas y los extensos períodos para la plantación y crecimiento de la arboleda. La maquinaria para la siembra directa, los fertilizantes y plaguicidas. Las cosechadoras, las pasturas, el ganado, los molinos y las aguadas, la contratación de peones, los caballos, montura y riendas todo en el contexto de miles y miles de arreglos contractuales. Nadie en el spot está pensando en el mencionado trozo de carne, ni en el celofán ni en el supermercado, están concentrados en sus faenas específicas, sin embargo el producto finalmente está al alcance de los consumidores finales.

Este proceso se debe a los mercados libres, pero cuando irrumpen los planificadores de los aparatos estatales bajo el pretexto que "no puede dejarse el asunto a la anarquía del mercado" todo se distorsiona y aparecen los faltantes y los desajustes. Los planificadores del desarrollo no pueden concebir el progreso.

No solo eso ocurre con el consabido estatismo, sino que en la media de las intervenciones, como queda dicho, los precios no reflejan las estructuras valorativas con lo que se convierten en números carentes de significado, razón por la cual se dificulta la contabilidad, la evaluación de proyectos y el cálculo económico en general. Esto naturalmente consume capital con lo que los salarios e ingresos en términos reales se reducen.

*Diciembre 27, 2013.*

# Las contradicciones del relativismo

Antes de entrar en tema dejemos sentado que hay dos contradicciones básicas en quienes sostienen que todo es relativo. En primer lugar, si se acepta esa premisa, también sería relativa la afirmación de que todo es relativo (la trampa de Epiménides) y, en segundo término, sería relativo el respeto para quien sostiene esta postura (y cualquier otra) con lo cual –la aniquilación del respeto recíproco basado en la noción del derecho de cada cual y la correspondiente justicia– desaparecería toda posibilidad de supervivencia y, por ende, de convivir entre seres humanos.

Lo dicho para nada significa que deben uniformarse valores y principios. El único valor y principio que inexorablemente debe ser uniforme, para que puedan convivir personas con distintas valorizaciones y proyectos de vida es, precisamente, el respeto recíproco, es decir que cada uno pueda hacer de su vida lo que le plazca siempre y cuando no lesione igual derecho de los demás.

En un contexto de esta naturaleza, los debates abiertos van mostrando la conveniencia o no de adoptar ciertos valores. En este sentido, nadie posee la verdad absoluta, pequeñas partículas de verdades se van incorporando al acerbo cultural en un proceso evolutivo de prueba y error con el convencimiento de que las corroboraciones son siempre provisorias sujetas a refutaciones. Este es el sentido de la investigación no solo moral sino científica. Este es el sentido por el que los centros universitarios cuentan con departamentos de investigación, de lo contrario, si no hay verdades que buscar, no habría nada que averiguar. Los adelantos de la humanidad en los diversos campos científicos parten de la base de que hay algo que investigar como verdades en un contexto donde la ignorancia colosal se va reduciendo al incorporar verdades en los más variados campos. Por otra parte y en otro nivel de discusión, la acción misma revela que hay preferencia lo cual indica que se estima un camino mejor que otro.

Ahora veamos entonces resumidamente el significado de los diversos tipos de relativismo: epistemológico, cultural, hermenéutico y ético. Respecto al primer caso hemos mencionado su aspecto central en cuanto a que, por el principio de no-contradicción, una proposición no pude corresponderse y no corresponderse simultáneamente con el objeto juzgado (el relativista toma como verdad su relativismo). También cabe destacar que, sin duda, todo lo que entendemos es subjetivo en el sentido de que es el sujeto que entiende, pero cuando hacemos referencia a la objetividad o a la verdad aludimos a las cosas, hechos, atributos y procesos que existen o tienen lugar independientemente de lo que opine el sujeto sobre aquellas ocurrencias y fenómenos que son ontológicamente autónomos. Lo antedicho en nada se contradice con el pluralismo y los diversos fines que persiguen las personas, dado que las apreciaciones subjetivas en nada se contraponen a la objetividad del mundo. Constituye un grosero *non sequitur* afirmar que del hecho de que las valorizaciones y gustos son diversos, se desprende la inexistencia de lo que es.

Por su parte, el relativismo cultural pretende asignar igual valor a las diversas culturas. Esto es un error de la antropología relativista puesto que, por lo pronto, el respeto recíproco es una medida objetiva para concluir acerca del valor de diversas culturas. No es lo mismo la antropofagia que la consideración por el derecho a la vida. No es lo mismo el totalitarismo que la libertad. En definitiva, si no fuera posible trascender el ámbito cultural en que vivió el antropólogo, no podría afirmar ni negar nada ya que estaría determinado por la cultura de la cual proviene. Por el contrario, la característica de la mente humana es su capacidad de revisar sus propios juicios y contar con ideas autogeneradas que es lo que, entre otras cosas, permite evaluar distintas culturas y es lo que hace posible distinguir proposiciones verdaderas de las falsas.

En cuanto a la hermenéutica relativista, sostiene que la interpretación de textos y discursos depende de factores enteramente subjetivos. No habría en este contexto tal cosa como verdad o falsedad de interpretaciones del texto o el discurso consignado. Como es sabido, los símbolos lingüísticos son el resultado de convenciones, de lo cual no se sigue que pueden interpretarse en cualquier dirección, situación que imposibilitaría la comunicación y tornaría sin sentido lo escrito o lo dicho. No habría tal cosa como una interpretación correcta y una incorrecta puesto que todas estarían a la par. Sin embargo, un símbolo que no se traduce en una significación precisa no significa nada y, por tanto, como queda expresado, la comunicación sería imposible. Incluso, como el lenguaje es principalmente para pensar y secundariamente para comunicarse, el pensamiento quedaría en la práctica bloqueado si se siguieran los postulados del relativismo hermenéutico.

Por último, el relativismo ético apunta a mantener que no hay tal cosa como el bien y el mal es también contradictorio ya que los mismos nihilistas se incomodan cuando se les falta el respeto y se invaden sus derechos, lo cual pone de manifiesto la incoherencia de sus declamaciones respecto a la inexistencia de lo bueno y lo malo, de lo que está bien y lo que está mal. El relativista ético argumenta que no hay procederes que actualizan potencialidades en busca del bien y conductas que dañan o benefician al sujeto actuante y perjudican o que ayudan al prójimo. Por supuesto que esto para nada autoriza que en una sociedad libre se recurra al uso de la fuerza para imponer lo que se considera moral en esferas que no afectan derechos de terceros.

Cada uno asume su responsabilidad por lo que hace, no hace o por lo que dice o calla ante su conciencia, ante su prójimo o ante Dios pero la fuerza solo es permisible cuando es de carácter defensivo, nunca agresivo si es que se pretende vivir en libertad. Recordemos que la prueba de la tolerancia es frente a modos de vida que no compartimos, no en relación a lo que estamos de acuerdo.

En resumen, los relativismos son autodestructivos y no se sostienen a la luz de razonamientos simples basados en el sentido común.

*Enero 2, 2014.*

# Los que solo se quejan

No se necesita ser muy avezado para percatarse que el mundo está en problemas. Aparatos estatales adiposos que atropellan derechos por doquier, corrupciones alarmantes, gastos públicos enormes, impuestos descomunales, deudas gubernamentales astronómicas, desempleos vergonzosos, miserias estremecedoras, inflaciones crecientes, regulaciones asfixiantes, modales grotescos, valores morales en decadencia, marcos institucionales deteriorados y, sobre todo, pésima educación, son algunas de las características más sobresalientes de la época.

Estas muestras solo pueden corregirse si se trasmiten principios opuestos al efecto de contar con una sociedad abierta donde prima el respeto recíproco. Hay mil maneras de contribuir: docencia, publicación de obras, ensayos y artículos, asambleas barriales, influencias sociales, reuniones sistemáticas para discutir libros que postulan las ventajas del espíritu liberal, el establecimiento de centros educacionales, cartas de lectores, distribución de textos en la vecindad, participación política en base a claros valores de la libertad y muchísimas otras maneras. Hay tarea para todos los que sepan leer y escribir. No hay excusas. De más está decir que antes de proceder debe estudiarse el tema ya que no tiene sentido difundir lo que no se sabe en que consiste, lo cual también implica un esfuerzo que debe llevarse a cabo.

Pero aquí nos encontramos con un grave problema: la enorme mayoría de las personas que simpatizan con la sociedad abierta y se oponen a los autoritarismos se limitan a quejarse en la sobremesa y una vez finiquitada la comida se olvidan de lo dicho y se dedican a sus quehaceres y arbitrajes personales. Se expresan como si fueran otros los responsables de enderezar la situación.

En realidad todos los que están interesados en que se los respete deberían hacer algo *diariamente* para explicar o difundir los principios que dicen defender. De lo contrario, el fracaso está garantizado. En su libro más conocido, Ortega ilustra magníficamente el punto al escribir que "Si usted quiere aprovecharse de las ventajas de la civilización, pero no se preocupa usted por sostener la civilización...se ha fastidiado usted. En un dos por tres se queda usted sin civilización. Un descuido y cuando mira usted en derredor todo se ha volatilizado". Por su parte, desde el lado marxista, Antonio Gramsci consignó el 11 de febrero de

1917: "Odio a los indiferentes también porque me molesta su lloriqueo de eternos inocentes. Pido cuentas a cada uno de ellos por como ha desempeñado el papel que la vida de ha dado y le da todos los días, por lo que han hecho y sobre todo por lo que no han hecho".

Por supuesto que arremangarse y contribuir en la faena para que se entienda y acepte la necesidad de vivir en libertad no es sencillo y no está exento de costos. *No pain, no gain* reza el proverbio anglosajón. Es fácil endosar el esfuerzo sobre las espaldas de otros argumentando que esos otros tienen facilidades e inclinaciones para luchar en pos de una sociedad libre. Esto es casi canallesco, puesto que nadie nace sabiendo, todos los que han logrado algo por si se debe a esfuerzos, constancia y mucho trabajo. Es cómodo (y cobarde) replegarse en los sillones de la casa o la oficina y concentrarse en ganancias personales y dejar que otros hagan las tareas sin ver que la peor pérdida es la de la libertad. Si esto se deja correr, es posible que cuando se pretenda reaccionar sea tarde. Es ciertamente duro el entrenamiento y la gimnasia de estudiar e influir sobre el prójimo al efecto de que se entiendan las enormes ventajas del respeto recíproco, pero es lo que hay que hacer por las razones apuntadas.

En no pocas oportunidades se estima que la lesión al derecho por parte del Leviatán ha sido leve y, por ende, no amerita una reacción y se opta por mirar para otro lado, pero como ha dicho Tocqueville "Se olvida que en los detalles es donde es más peligroso esclavizar a los hombres. Por mi parte, me inclinaría a creer que la libertad es menos necesaria en las grandes cosas que en las pequeñas, sin pensar que se puede asegurar la una sin la otra".

Si en algunos momentos excepcionales no se pudiera contribuir cotidianamente a lo sugerido, se deben destinar recursos a aquellas instituciones que congregan a personas que trabajan en pos de los referidos ideales nobles. Pero, en no pocas ocasiones, desafortunadamente se observa que empresarios irresponsables no apoyan –ni material ni moralmente– a entidades que apuntan a defender valores que no solo son del todo compatibles con el mundo empresario sino que deja de existir la empresa donde no opera el mercado abierto para convertirse los operadores en alcahuetes del poder de turno. Creen así que salvan a sus empresas sin percibir que, en estos contextos, el flujo de fondos se lo manejan burócratas desde la sede gubernamental. Es como ha dicho Lenin "los comerciantes que miran solo sus ganancias se pelearán por vender las cuerdas con que serán ahorcados".

Y reitero una vez más que lo que venimos comentando nada tiene que ver con la ideología que es la antítesis del liberalismo, puesto que alude a un esquema cerrado, terminado e inexpugnable lo cual contrasta con la apertura mental, el contexto siempre evolutivo del conocimiento, las corroboraciones en todos los casos provisorias y las posibilidades siempre presentes de la refutación.

Es que lamentablemente la naturaleza no nos provee de libertad automáticamente. La civilización no aparece por arte de magia, su elaboración y formación inexorablemente se traduce en una ruta trabajosa no exenta de tragos amargos. No es para nada una originalidad sostener que se quiere vivir en paz, cada uno dedicado a sus cosas personales y a su familia y abstenerse de invertir esfuerzos para lograr el respeto recíproco. Pero el asunto no está en el terreno de la elección: es *indispensable* la faena de dedicar tiempo, dinero o las dos cosas como dique de contención a las agresivas influencias que socavan los pilares de la civilización. El hartazgo de vivir en un país decadente no se resuelve simplemente mudándose de país (lo cual es del todo respetable, tal como hicieron nuestros ancestros), puesto que en el nuevo lugar de residencia tampoco funciona el endosar en otros la responsabilidad de contención frente a la avalancha de amenazas, ya que en la media en que se generalice esta actitud suicida habrá que preparar otra mudanza hasta que solo quede como reducto el mar rodeado de tiburones. Del mismo modo que no es divertido gastar en alarmas en nuestros domicilios, tampoco es entretenido ni es un pasatiempo agradable el destinar "sudor y lágrimas" para defender la sociedad abierta, es una cuestión de supervivencia.

De más está decir que el dedicarse a los asuntos personales es no solo legítimo sino absolutamente necesario pero no es suficiente, precisamente, porque si no se dedica tiempo a proteger derechos el titular se quedará sin asuntos personales ya que se los arrebatarán. Son perfectamente comprensibles y necesarias las marchas de oposición a sátrapas que usurpan derechos, constituyen un valioso apoyo logístico tras las cuales debe haber estudio y aceptación de los pilares de la sociedad abierta al efecto de tener éxito en los resultados.

En verdad, si se computaran todos los que dicen que adhieren a la libertad, la propiedad y el gobierno con poderes limitados a la protección de derechos, y cada uno hace su parte, la batalla estaría ampliamente ganada. El mundo está como está, en gran medida, debido a los apáticos, a los que esperan un milagro para que la situación se revierta en lugar de poner manos a la obra de *inmediato*.

*Enero 10, 2014.*

# Un libro de Carlos Fuentes

Hasta antes de leer la obra que comentaré a continuación, pensé que en el género de la ficción había una triada que representaba bien los problemas del poder político: *Señor Presidente* de Miguel Ángel Asturias, *La fiesta del chivo* de Mario Vargas Llosa y Yo, *el Supremo* de Roa Bastos. Ahora me doy cuenta que se trata de un cuarteto (hacemos una analogía) que se completa con *La Silla del Águila* de Carlos Fuentes.

En este trabajo de Fuentes, si bien la trama está referida a México, en última instancia alude a las características de todos los gobiernos. Le encuentro cierta similitud con *El Príncipe* de Maquiavelo. En este caso, se suele condenar al autor de perverso cuando en verdad estaba describiendo lo que ocurre en los pasillos del poder. Así, por ejemplo, escribe Maquiavelo que "Podría citar mil ejemplos modernos y demostrar que muchos tratados de paz, muchas promesas han sido nulas e inútiles por la infidelidad de los Príncipes, de los cuales, el que más ha salido ganando es el que ha logrado imitar mejor a la zorra. Pero es menester respetar bien ese papel; hace falta gran industria para fingir y disimular, porque los hombres son tan sencillos y tan acostumbrados a obedecer las circunstancias, que el que quiera engañar siempre hallará a quien hacerlo". O cuando se lee que el gobernante "debe parecer clemente, fiel, humano, religioso e íntegro; mas ha de ser muy dueño de sí para que pueda y sepa ser todo lo contrario [...] dada la necesidad de conservar el Estado, suele tener que obrar contra la fe, la caridad, la humanidad y la religión [...], los medios que emplee para conseguirlo siempre parecerán honrados y laudables, porque el vulgo juzga siempre por las apariencias".

El libro de Fuentes se construye en base a un entramado epistolar cuyo eje central se refiere al poder político mexicano con todas las tramoyas, vericuetos, traiciones y abusos típicos de la politiquería, intercalado con relaciones amorosas de diverso calibre. Son setenta los capítulos que corresponden a sesenta y nueva cartas y una especie de *post-sriptum*, todo lo cual ilustra magníficamente lo que el autor se propone describir, posiblemente al efecto de que el lector discuta consigo mismo sobre el poder y se cuestione diversos aspectos del mismo.

En cierto sentido me recuerda el ensayo también sobre México pero aplicable a otros lares titulado *Toma de posesión: el rito del poder* de Fernando Serrano Migallón que abarca desde la sociedad prehispánica hasta Carlos Salinas de Gortari, donde, sin proponérselo el autor, quedan estampadas las prepotencias de gobernantes, las rencillas del poder que se llevan por delante los derechos de la gente en el contexto de un boato rayano en la ridiculez (tengamos en cuenta el aforismo en cuanto a que "entre lo sublime y lo ridículo hay solo un paso").

Estimo que el mejor modo de poner de manifiesto lo dicho, es transcribir algunos pasajes cortos de *La Silla del Águila*. Aquí va una muestra representativa por orden de aparición y por boca de los personajes de la novela: "para mi todo es política, incluso el sexo. Puede chocarte esta voracidad profesional", "El poder es mi vocación", "Te lo digo a boca de jarro: todo político tiene que ser hipócrita. Para ascender, todo vale. Pero hay que ser no solo falso, sino astuto", "la fortuna política es un largo orgasmo", "no hay gobierno que funcione sin el aceite de la corrupción" y "No hay mejor entrenamiento para la política que el adulterio".

Como esto está muy generalizado y no circunscripto a países del tercer mundo, es decir, la democracia –el respeto irrestricto de las mayorías por las minorías– que ha devenido en cleptocracia, vale la pena hacer un alto en el camino y considerar propuestas que intentan rectificar el rumbo, no en base a la espera de milagros con los mismos sistemas y procedimientos, sino en base a incentivos distintos. En este sentido, es de gran relevancia discutir la propuesta de Friderich Hayek para el Poder Legislativo, la de Bruno Leoni para el Poder Judicial y la de Montesquieu aplicable al Poder Ejecutivo. Son propuestas radicales que he considerado en otras oportunidades, pero, en todo caso, si éstas no se aceptan hay que usar las neuronas para pensar en otras pero no quedarse de brazos cruzados y comprobar como se degrada el sistema institucional camuflado con votos. Incluso esto es necesario para dar lugar a otros debates como los fértiles de las externalidades, el dilema del prisionero y las asimetrías de la información.

En *La Silla del Águila* los personajes vinculados a la política discuten sobre engaños, estrategias, enredos amorosos, consejos inauditos y confesiones inconfesables. En no pocos pasajes se advierten ideas atrabiliarias de Carlos Fuentes –especialmente en materia económica– del todo compatibles con otras declaraciones suyas expresadas de viva voz por otros canales y en otros de sus escritos, pero de cualquier manera, sigue en pie que esta obra desnuda el alma del poder (además de los otros desnudos literales que se insinúan o que se describen en la novela de marras).

Resultan tragicómicas las descripciones que se hacen de los diversos funcionarios gubernamentales, como que "el encargado de las comunicaciones se comunica mejor en silencio, a oscuras, y expidiendo, como lo hace, concesiones y contratos mediante jugosas comisiones" o cuando se describe al "secretario de Estado para la Vivienda...que solo ha construido una casa: la suya", a los que viven declamando "lealtad al espíritu de la Patria –*whatever that means!*" y a funcionarios que son "como poner un pirómano al frente del cuerpo de bomberos" (lo cual me recuerda a Ray Bradbury en *Farenheit 451*, a lo que agrego que es una espléndida metáfora para aludir a nuestros gobiernos: bomberos que incendian).

Fuentes describe a través de los diálogos epistolares de referencia "las bajezas a que conduce el servilismo político", la obsecuencia y los aplaudidores que reciben todo tipo de privilegios (aquí me surge *Opiniones de un payaso* de Heinrich Böll, especialmente referido a la hipocresía de pseudoempresarios prebendarios) y las náuseas que provoca trabajar con funcionarios aberrantes que hacen decir a subordinados que "debo disciplinarme y aceptar la diaria compañía de tan repugnante sujeto" en el contexto de que "el más ilustrado de los gobernantes requiere la seguridad que le da un *yesman*, el que le dice que sí a todo" que demanda "obsequiosidad ante los superiores y crueldad con los inferiores", todo mientras están en el poder, luego de lo cual, cuando se ven obligados a dejar el trono, se preguntan incrédulos "¿A dónde se fueron mis amigos?".

Por último –porque en una nota periodística no puede abarcarse todos los aspectos de la trama de una novela– establezco dos correlatos más con otros escritos. En primer lugar, cuando Fuentes le hace decir a uno de sus actores "Yo soy de los que prefieren matar a miles de inocentes que dejar que se me escape un solo culpable". En este caso, la comparación que me viene a la memoria es la cita del megalómano Marat en la contra-Revolución Francesa que hace Albert Camus en *El hombre rebelde*: "¡Es que no comprenden que yo solo quiero cortar miles de cabezas para salvar muchas más!".

El segundo caso es cuando en *La Silla del Águila* (nótese que los dos sustantivos van con mayúscula para indicar la solemnidad del poder) se declara que "la máscara se ha convertido en la cara". Esto es lo que se consigna en la formidable *The Scarlet Letter* de Nathaniel Hawthorne referida a los horrendos "juicios" de brujería: "Ningún hombre, por un período considerable de tiempo, puede usar una cara para consigo mismo y otra para la multitud, sin finalmente confundirse respecto a cual es la verdadera".

He disfrutado con esta lectura proporcionada por Carlos Fuentes, gracias al obsequio de Juan de Anchorena que indudablemente conjetura bien acerca de mis inclinaciones bibliográficas. Como una nota al pie, es de interés destacar un párrafo de la novela que puede parecer un tanto misteriosa al lector desprevenido, y es cuando se exclama "¡Por la pata perdida de Santa Anna...!". El mismo Fuentes se refiere al episodio en su prólogo a la obra antes referida de Roa Bastos y es que Antonio López de Santa Anna, quien gobernó México por once períodos intercalados, en una ocasión perdió una pierna en una batalla, por lo que la hizo enterrar en la Catedral mexicana con toda la pompa de los funerales oficiales y cada vez que dejaba el poder la gente la desenterraba, pero cuando volvía al gobierno el tirano nuevamente enterraba su extremidad con idénticas formalidades. Otra forma de ilustrar los descaros del poder.

*Enero 18, 2014.*

# Otra vez sobre marxismo

Muchas veces he escrito y, desde luego, se ha escrito sobre marxismo pero nunca parece suficiente para intentar esclarecer sobre los errores de esta tradición de pensamiento y, consecuentemente, sobre los inconvenientes de la política contemporánea influida por esas recetas, las más de las veces sin reconocer la fuente pero imbuidos de la marcada tendencia a recortar el rol de la propiedad privada a través de la llamada "redistribución de ingresos" y afines.

En el *Manifiesto Comunista* de 1848, se sostiene que "la burguesía es incapaz de gobernar" porque "la existencia de la burguesía es incompatible con la sociedad" ya que "se apropia de los productos del trabajo. La burguesía engendra, por sí misma, a sus propios enterradores. Su destrucción es tan inevitable como el triunfo del proletariado" (secciones 31 y 32 del segundo capítulo).

Y mas adelante Marx y Engels escriben que "pueden sin duda los comunistas resumir toda su teoría en esta sola expresión: abolición de la propiedad privada" (sección 36 del capítulo tercero), para concluir en la necesidad de que el proletariado se ubique en el vértice político: "los proletarios se servirán de su supremacía política para arrebatar poco a poco a la burguesía toda clase de capital para centralizar todos los instrumentos de producción en manos del Estado, es decir, en las del proletariado organizado como clase gobernante" (sección 52 del mismo capítulo, el cual concluye con la necesidad de la revolución en la sección 54).

Lenin era más sagaz que sus maestros ya que nunca creyó que el llamado proletariado podía dirigir y mucho menos gobernar una revolución (ni en ninguna circunstancia). Por eso escribió lo que aparece en las páginas 391-2 del quinto tomo de sus obras completas en el sentido que el vehículo de lo que denominaba "la ciencia socialista", a su juicio, "no es el proletariado sino la *intelligentsia* burguesa: el socialismo contemporáneo ha nacido en las cabezas de miembros individuales de esta clase". Por esto también es que Paul Johnson en su *Historia del mundo moderno* destaca que Lenin "nunca visitó una fábrica ni pisó una granja".

Todas las revoluciones de todas las épocas han sido preparadas, programadas y ejecutadas por intelectuales. Los obreros han sido carne de cañón y un adorno para los distraídos. Por esto es que resulta tan importante la educación, los estudiantes y los intelectuales porque, para bien o para mal, de esa formación depende el futuro.

De todos los dirigentes comunistas el que mejor vislumbró este punto crucial fue Antonio Gramsci en sus escritos desde la cárcel fascista. Denominaba "guerra de posición" a la tarea de influir en la cultura y "guerra de momento" a la toma del poder. Creía en la trascendencia de la educación en todos los niveles, especialmente en las faenas realizadas en las familias de obreros para entrenarlos y formarlos como intelectuales defensores de los principios comunistas.

Es muy común al indagar en las experiencias de antiguos socialistas convertidos al liberalismo, que se advierta que el autor que mas atrajo atenciones en cuanto a sus posturas intelectuales anteriores era precisamente Gramsci. Pensadores de fuste no son atraídos por los métodos violentos sino por las tareas de la educación y la cultura. Por otra parte, en mis conversaciones con estas personas he comprobado que, en general, el campo de conocimiento que los ayudó a transitar el cambio de una posición a otra ha sido el de los mercados competitivos, al percibir que, además de la falta de respeto a la dignidad humana, la prepotencia estatal no puede contra los arreglos libres y voluntarios en el contexto de los marcos institucionales de una sociedad abierta.

El conocimiento está disperso y fraccionado, lo cual se pone de manifiesto a través de los precios de mercado que tramiten información a los operadores para asignar factores productivos a las áreas más requeridas. En la medida en que aciertan obtienen ganancias, en la medida en que se equivocan incurren en quebrantos. Los megalómanos de turno, con la intención de "dirigir la economía", están, de hecho, concentrando ignorancia y apuntan a sustituir el conocimiento de millones de personas es sus respectivos "spots" por directivas ciegas emanadas desde el vértice del poder, puesto que resulta imposible contar con la información presente en los millones de arreglos contractuales simplemente porque no está disponible antes que las operaciones se concreten.

Por otra parte, al arremeter contra la propiedad privada se debilitan hasta desaparecer las antes mencionadas señales, es decir, los precios, con lo que nadie sabe como proceder con los siempre escasos factores productivos. En otros términos, además de la falta de respeto a las libertades de las personas, las distintas vertientes del régimen de planificación estatal constituyen un imposible técnico. Sin precios o con precios falseados se desvanece la posibilidad de la evaluación de proyectos y la misma contabilidad. Se puede mandar, ordenar y decretar por puro capricho con el apoyo de la fuerza bruta, pero no puede conocerse la marcha de la economía allí donde se bloquean las señales que permiten asignar económicamente los recursos disponibles.

Entre otros, estos han sido los errores fatales de Marx y sus seguidores de todos los colores y constituyen las razones del derrumbe del Muro de la Vergüenza en Berlín y de los reiterados y estrepitosos fracasos de la planificación estatal de las haciendas ajenas. Por eso los almacenes están rebosantes de mercancías cuando se permite que funcionen los procesos de mercado y quedan anémicos y vacíos cuando se entromete la arrogancia y la soberbia inaudita del planificador gubernamental.

Thomas Sowell en su formidable *Marxism: Philosophy and Economics*, entre otros muchos asuntos, apunta sobre el materialismo filosófico de Marx ya puesto de manifiesto en su tesis doctoral sobre Demócrito y reiterada en varias de sus obras, por ejemplo, en *La sagrada familia. Crítica de la crítica.* Esta posición que Popper ha bautizado como determinismo físico, no permite tal cosa como proposiciones verdaderas o falsas, ideas autogeneradas, la revisión de los propios juicios, la moral, la responsabilidad individual y la libertad.

Como también hemos señalado en otras oportunidades, la violencia está indisolublemente atada al marxismo. Por esto es que en el *Manifiesto comunista* Marx y Engels "declaran abiertamente que no pueden alcanzar los objetivos más que destruyendo por la violencia el antiguo orden social". Por esto es que Marx en *Las luchas de clases en Francia* en 1850 y al año siguiente en 18 de Brumario condena enfáticamente las propuestas de establecer socialismos voluntarios como islotes en el contexto de una sociedad abierta. Por eso es que Engles también condena a los que consideran a la violencia sistemática como algo inconveniente, tal como ocurrió, por ejemplo, en el caso de Eugen Dühring por lo que Engels escribió *El Antidühring* en donde subraya el "alto vuelo moral y espiritual" de la violencia, lo cual ratifica Lenin en *El Estado y la Revolución,* trabajo en el que se lee que "la sustitución del estado burgués por el estado proletario es imposible sin una revolución violenta".

Lo dicho no va en desmedro de la conjetura respecto a la honestidad intelectual de Marx, como también he consignado hace poco, en cuanto a que su tesis de la plusvalía y la consiguiente explotación no la reivindicó una vez aparecida la teoría subjetiva del valor expuesta por Carl Menger en 1870 que echaba por tierra con la teoría del valor-trabajo marxista. Por ello es que después de publicado el primer tomo de *El capital* en 1867 no publicó más sobre el tema, a pesar de que tenía redactados los otros dos tomos de esa obra tal como nos informa Engels en la introducción la segundo tomo veinte años después de la muerte de Marx y treinta después de la aparición del primer tomo. A pesar de contar con 49 años de edad cuando publicó el primer tomo y a pesar de ser un escritor muy prolífico se abstuvo de publicar sobre el tema central de su tesis de la explotación y solo publicó dos trabajos adicionales: sobre el programa Gotha y el folleto sobre la comuna de Paris. Para ampliar y estudiar los aspectos más relevantes del fracaso marxista, es de gran interés consultar la obra titulada *Marx Refuted. A Veredict of History*, donde aparecen trabajos de Milton Friedman, Alexander Solzhenitsyn, Vladimir, Bukouvsky, Arthur Koestler, Karl Popper, Anthony Flew, Frederich Hayek y Andrei Sakharov.

*Enero 25, 2014.*

# Gutiérrez: teólogo de la liberación

Siempre me ha resultado digno de respeto la persona que es fiel a su pensamiento y lo expone sin tapujos, por el contrario, el timorato y vergonzante que busca interpretaciones retorcidas a hechos y textos para esconder sus pareceres es desde todo punto de vista reprobable y no merece la más mínima confianza. El Padre Gustavo Gutiérrez es sin duda del primer tipo. La honestidad intelectual constituye el requisito básico de una persona íntegra, sin perjuicio del contenido de sus ideas.

El trabajo más conocido del Padre Gutiérrez es *Teología de la Liberación*, libro publicado en 1971 inmediatamente después de la reunión fundacional de la novel teología de la liberación ocurrida en Chimbote (Perú), en 1968, que influyó notablemente en las reuniones de Obispos y sacerdotes en Medellín primero y Puebla después. El libro de referencia cuenta con doce ediciones en castellano, obra traducida al inglés, francés, italiano, alemán, portugués, holandés, vietnamita, coreano, japonés y polaco.

El eje central del libro consiste en señalar que la teología tradicional ("lírica" dice el autor) no se ha comprometido con las políticas concretas de este mundo y que las mismas son capitalistas, lo cual estima significan la explotación a los relativamente más pobres. Respecto a esto último, no menciona el hecho que hoy día no existen prácticamente vestigios de capitalismo puesto que los entrometimientos del Leviatán con las vidas y haciendas ajenas es permanente y creciente a través de alianzas con mal llamados empresarios (que son en verdad ladrones de guantes blancos) que viven del privilegio con el apoyo de instituciones internacionales nefastas como el FMI, a través de gastos estatales elefantiásicos, deudas públicas descomunales que comprometen el patrimonio de futuras generaciones que ni siquiera han participado en la elección del gobernante que contrajo la deuda, a través de impuestos insoportables y de regulaciones absurdas y asfixiantes que, entre otras muchas cosas, generan un desempleo colosal.

Tampoco Gutiérrez considera que la inmensa ventaja de la sociedad abierta inexorablemente se traduce en mejoras en la condición de vida de la gente, especialmente de la más necesitada puesto que las inversiones constituyen la única razón para el incremento en salarios e ingresos en términos reales. Y no se trata de la sandez del "efecto derrame" como si se tratara de saciar la sed de los opulentos y lo que rebalsa lo beben los miserables de la tierra. El fenómeno de las mejoras de quienes están en el margen es un proceso paralelo: cada incremento en la tasa de capitalización (herramientas, maquinarias, instalaciones y conocimientos pertinentes) hace de apoyo logístico para aumentar la productividad del trabajo, lo cual significa ingresos más altos.

Todos provenimos de la caverna, cuando no del mono, la forma de progresar es contar con marcos institucionales que resguarden el respeto recíproco, lo cual significa el derecho a la vida, a la libertad y a la propiedad. Esta última institución resulta indispensable puesto que los bienes son escasos en relación a las necesidades, por lo que la asignación y reasignación se lleva a cabo vía las compras y abstenciones de comprar, es decir, como hemos destacado antes, se premia a quien ha dado en la tecla con las preferencias del prójimo y los que yerran incurren en quebrantos. Así es como los factores de producción se van adaptando a los requerimientos de la gente. Si se opta por los bienes en común sucede "la tragedia de los comunes" (lo que es de todos no es de nadie y los incentivos se pervierten) y no hay manera de conocer cuales son las cambiantes prioridades de la gente para asignar recursos.

Vamos ahora resumidamente a lo que aconseja el Padre Gutiérrez en su afamado libro. En este sentido, escribe que "Marx irá construyendo un conocimiento científico de la realidad histórica. Analizando la sociedad capitalista en la que se dan en concreto la explotación de unos seres humanos por otros, de una clase social por otra y señalando las vías de salida hacía una etapa histórica en la que la persona humana pueda vivir como tal […] Iniciativa que debe asegurar el paso del modo de producción capitalista al modo de producción socialista […] creadas las condiciones de una producción socializada de la riqueza, suprimida la apropiación privada de la plusvalía, establecido el socialismo, las personas puedan comenzar a vivir libre y humanamente", para lo cual recomienda "una revolución social" y "una radicalización política" y que "la revolución cubana ha cumplido un papel acelerador" e insiste en los beneficios del "foquismo guerrillero" y "nuevas formas de lucha armada" y que "ello supone y facilita, por otra parte, un diálogo doctrinal con el marxismo" ya que "un sector importante del clero latinoamericano pide" que no hay que "confundir violencia injusta de los opresores que sostienen este 'nefasto sistema' con la justa violencia de los oprimidos que se ven obligados a ella para lograr su liberación".

Al fin y al cabo nos dice este sacerdote dominico que la liberación del pueblo judío de Egipto y que Jesús haya muerto en manos del poder político son hechos de gran importancia, a lo que replicamos nosotros que no se trataba para nada de salir de una esclavitud para ir a otra en el caso egipcio y el conflicto con el poder político no es para imponer un sistema totalitario.

Finalmente el Padre Gutiérrez, por un lado, subestima el mensaje evangélico en cuanto a la "pobreza espiritual" y, por otro, le atribuye un significado que convierte en un galimatías la idea de pobreza en el contexto de "la opción preferencial por los pobres" puesto que si se toma la pobreza material como una virtud habría que eliminar la caridad puesto que mejora la condición del receptor y, además si la Iglesia fuera de los pobres habría que concentrarse en los ricos puesto que los primeros estarían salvados.

En otra oportunidad hemos citado algunos pasajes bíblicos al efecto de subrayar la importancia de la pobreza de espíritu. Ahora lo hacemos nuevamente como la antesala del fin de esta nota periodística: en Deuteronomio (viii-18) "acuérdate que Javeh tu Dios, es quien te da fuerza para que te proveas de riqueza". En 1 Timoteo (v-8) "si alguno no provee para los que son suyos, y especialmente para los que son miembros de su casa, ha repudiado la fe y es peor que una persona sin fe". En Mateo (v-3) "bienaventurados los pobres de espíritu porque de ellos es el reino de los cielos" fustigando al que anteponga lo material al amor a Dios (amor a la Perfección), en otras palabras al que "no es rico a los ojos de Dios" (Lucas xii-21), lo cual aclara la *Enciclopedia de la Biblia* (con la dirección técnica de R. P. Sebastián Bartina y R. P. Alejandro Díaz Macho bajo la supervisión del Arzobispo de Barcelona): "fuerzan a interpretar las bienaventuranzas de los pobres de espíritu, en sentido moral de renuncia y desprendimiento" y que " la clara fórmula de Mateo –bienaventurados los pobres de espíritu– da a entender que ricos o pobres, lo que han de hacer es despojarse interiormente de toda riqueza" (tomo vi, págs. 240/241). En Proverbios (11-18) "quien confía en su riqueza, ese caerá". En Salmos (62-11) "a las riquezas, cuando aumenten, no apeguéis el corazón". Este es también el sentido de la parábola del joven rico (Marcos x, 24-25) ya que "nadie puede servir a dos señores" (Mateo vi-24).

Por último, debe subrayarse una vez más que la influencia de este autor y de la Teología de la Liberación ha sido y es muy grande y profunda, pero ocurre que hay muchos que les resulta chocante la violencia recomendada y la declarada simpatía por Marx, Lenin, Trotsky, Marcuse, Hegel y Gramsci por lo que prefieren no hacer referencia a esta escuela de pensamiento pero toman el nudo de las reflexiones de Gutiérrez y sus numerosos discípulos para difundir el núcleo de sus metas, siempre articulando un discurso recubierto con las expresiones de amor, solidaridad, compasión, Dios, las maravillas de la creación, paz y la llamada justicia social (Gutiérrez escribe que "El sentido de la comunidad de bienes es claro: suprimir la pobreza por amor al pobre").

*Febrero 1, 2014.*

# Obama y el estado de la Unión

Desde le época del segundo Bush insisto en que Estados Unidos se viene latinoamericanizando a pasos agigantados en el peor sentido de la expresión, con gastos y deudas públicas gigantescas en cuyo contexto no es una exageración decir que viven de prestado (de 2001 a 2008 G.W.Bush duplicó la deuda y Obama de 2009 al presente la volvió a duplicar, lo cual significa el 103% del producto) a lo que se agregan crecientes regulaciones absurdas y muchas veces contradictorias. Es cierto que la declinación viene de antes en ese país, pero el problema se ha acentuado enormemente en los últimos tiempos.

El discurso de Obama del 28 de enero de 2014 en el Congreso, para rendir cuentas sobre lo ocurrido en el ejercicio 2013, contiene afirmaciones que clara y contundentemente están en las antípodas de los extraordinarios principios y valores de los Padres Fundadores de esa notable nación en la que se produjo la revolución más exitosa de la historia de la humanidad como consecuencia de la libertad y el consiguiente respeto a los derechos individuales.

A diferencia del "State of the Union" pronunciado por Washington que consumió solo 800 palabras, la larga y por momentos extenuante presentación del actual Presidente no nos permite glosarla en su totalidad en una nota periodística por lo que nos concentraremos en ocho resumidos puntos que estimamos clave.

Antes entrar en materia, conviene resaltar que los reiterados aplausos de pie de los presentes en el recinto del Congreso estadounidense (casi después de cada párrafo) no está en consonancia con la tradición republicana en cuanto al necesario recato, sobriedad e independencia que las circunstancias exigen, más bien, como apunta Ron Paul, ex candidato a Presidente por el Partido Republicano en la última contienda electoral, se trata de "un lamentable circo" lo cual manifestó por televisión en entrevista con John Stossel. Esta completa desproporción de aplausos de pie nos retrotrae al Senado romano en la época de Calígula y, en nuestros tiempos, a la caricatura de Parlamento en Venezuela. Economistas de la talla de Walter Williams, Robert Higgs, Thomas Woods, Pascal Salin y Peter Schiff mostraron profundos desacuerdos con el mencionado discurso del Presidente.

Por nuestra parte, veamos entonces los ocho puntos anunciados. Primero, aunque parezca mentira, Obama reiteró lo que es moneda corriente en los países del tercer mundo donde se considera que puede aumentarse la riqueza de la gente por decreto (si esto fuera cierto no habría que proceder tímidamente y hacernos a todos millonarios de una vez). Frente a ambas Cámaras reunidas, Obama declaró muy suelto de cuerpo que incrementará el llamado salario mínimo por decreto y sin que pase el proyecto por el Congreso. Esta medida inexorablemente provocará desempleo (además de los diez millones actuales declarados oficialmente) puesto que salarios superiores a las tasas de capitalización existentes no permiten absorber empleo, desocupación que puede eventualmente disimularse con inflación monetaria la cual, a su vez, genera otros efectos indeseables al elevar salarios nominales y derretir los reales.

Segundo, en varios tramos de su alocución sostuvo que debe combatirse la desigualdad sin la menor comprensión del hecho de que ésta es una consecuencia directa de las preferencias puestas de manifiesto por el público en los supermercados y equivalentes al mostrar en grado diverso las opiniones de la gente según lo que estiman es la capacidad para satisfacer sus deseos en los diferentes rubros. Lo que si son políticas inadmisibles son los "salvatajes" que llevó a cabo esta administración que son recursos detraídos del fruto del trabajo ajeno para alimentar la irresponsabilidad e ineptitud de empresarios que tienen poder de lobby. Esta desigualdad no es el resultado del plebiscito diario en el mercado sino lisa y llanamente del pillaje.

Tercero, el aire de ejecutivo de una empresa denominada Estados Unidos y no el gobernante de una nación respetable lo hizo decir que seguiría dando órdenes y otorgando subsidios en el área energética según sus inclinaciones y las de los burócratas que lo acompañan con total independencia de lo que ocurre en el mercado. Esto nos recuerda a la triste experiencia de Carter en los setenta que en plena suba en los precios de la energía decretó precios máximos con lo que estimuló que se consumiera más, al tiempo que hubo por vez primera filas de automóviles en las estaciones de servicio debido a la consecuente escasez y, al adulterar precios, se bloquearon las posibilidades de explorar fuentes alternativas de energía. En este caso, al subsidiar áreas energéticas por decisión política a espaldas de la economía se desarticula la asignación de los siempre escasos factores de producción.

Cuarto, volvió con la idea de obligar a las mutuales de medicina a tomar pacientes en base a "condiciones preexistentes", es decir, aceptar a personas que no han realizado aportes al sistema, lo cual significa poner en peligro toda la estructura médica basada en el seguro. Es igual que a las compañias de seguro del automóvil: si se les impusiera la obligación de aceptar y cubrir a personas que se han accidentado pero que no han participado con el pago de las cuotas requeridas. Esto es desconocer los principios actuariales más elementales.

Quinto, le dedicó una parrafeada a la necesidad de continuar con la ayuda financiera gubernamental destinada a otros países, directamente o a través de organismos internacionales financiados con recursos de los contribuyentes. Esto como si no hubiera documentación suficiente en cuanto a que las referidas entregas han servido para consolidar políticas estatistas y corrupciones varias que provocan fuga de capitales y cerebros de los países receptores, en lugar de permitir que se modifiquen las políticas socializantes al efecto de repatriar las antedichos fugas y recibir así préstamos sobre bases sólidas. Así lo han señalado reiteradamente autores como Peter Bauer, Melvyn Krauss, Karl Brunner, Anna Schwartz, Doug Bandow y James Bovard.

Sexto, ha llamado poderosamente la atención la bravuconada de Obama en cuanto a que seguirá su rumbo "con o sin el Congreso", lo cual significa un declarado y abierto desafío institucional y una decisión de quebrar tradiciones republicanas que hasta el momento básicamente solo ocurrían en países muy atrasados.

Séptimo, volvió a prometer el cierre de la pocilga inaudita de Guantánamo con detenidos sin juicio previo lo cual aseguró que haría en su primera campaña electoral y que aun no ha llevado a cabo. Este nuevo anuncio curiosamente estuvo sustentado en principios jurídicos cosa que está muy bien pero se da de bruces con lo que hemos subrayado en el punto anterior y con el bochornoso espionaje que el gobierno realiza sin orden de juez competente (esto ha sido especialmente denunciado y lamentado cuando se ejecuta contra gobernantes pero no se ha demostrado suficiente preocupación y alarma con lo que se viene realizando contra individuos indefensos que teóricamente son los mandantes del aparato estatal).

Y octavo, enfatizó que no hay más tropas estadounidenses estacionadas en Irak y menor cantidad de soldados apostados en Afganistán situación muy loable por cierto pero no aludió a las torpezas, invasiones y misiones militares que simultáneamente se han llevado a cabo en Egipto, Siria y Somalia.

Paralelamente ocurre un hecho gravísimo puesto de manifiesto por el Senador Mich McConnell —quien lidera a distinguidos denunciantes— en el programa de Fox News conducido por Megin Kelly. Es el documentado intento de Obama de utilizar la entidad fiscal (IRS) para perseguir a los críticos de su gobierno, lo cual ha constituido una de las herramientas de más baja estofa de los países totalitarios por lo que es de esperar que no prospere tamaña iniciativa.

Se acaba de publicar la segunda edición de mi libro *Estados Unidos contra Estados Unidos* por Unión Editorial de Madrid (la primera fue por el Fondo de Cultura Económica), donde me detengo a considerar con cierta amplitud los aspectos medulares por los que los últimos gobiernos estadounidenses se han apartado grandemente del espíritu que iluminó la existencia de esa nación y los consiguientes efectos negativos de ese apartamiento y de esas gestiones. El libro trata detenidamente la educación, la política exterior, la economía, las guerras, los servicios de inteligencia, la estructura jurídica, las drogas alucinógenas para usos no medicinales, la inmigración, los basamentos éticos y el terrorismo. Es de esperar que se reaccione lo antes posible puesto que si ocurriera otro traspié de peso en Estados Unidos, el resto del mundo entrará en un cono de sombra difícil de revertir.

En resumen, respecto al "estado de la Unión", es como ha dicho Wiley Vaugh "es muy lindo decretar mejoras pero el dinero es sustraído de los vecinos". Es como ha preguntado mi hijo menor: si más bien que "State of the Union" no debería denominarse "State Over the Union".

*Febrero 8, 2014.*

# Desenredar la madeja

Hay quienes están muy ocupados y preocupados con la transición desde un sistema estatista a uno menos paternalista o directamente más cercano a la sociedad abierta. En esta nota miraré el asunto desde otro ángulo, en el sentido de sostener que la transición no es el problema sino saber hacia que meta debemos dirigirnos. Una vez comprendidos los objetivos, la transición se hará lo mejor posible, es decir, lo que permita la opinión pública al efecto de acercarse a la libertad. Pero esa transición, precisamente, se podrá hacer en pasos mayores en la medida en que se haya trabajado bien en explicar las metas.

Los debates sobre políticas de transición son interminables y muy farragosos cuando, como queda dicho, el ojo de la tormenta radica en saber hacia donde debemos encaminarnos. Con razón ha dicho Séneca que "no hay vientos favorables para el navegante que no sabe hacia donde se dirige". No es que haya que abandonar por completo las ideas de transición, se trata de un tema de prioridades, las cuales están enormemente desbalanceadas a favor de las políticas que pretenden desplazarse de un punto a otro sin tener en claro cual es ese otro. Y lo alarmante es que muchas veces se pretende navegar con las mismas instituciones y políticas que se desea reemplazar solo que con "funcionarios buenos". Con eso no vamos a ninguna parte ya que como nos han enseñado autores como Ronald Coase, Douglass North y Harlod Demsetz, el asunto es de incentivos que corresponden a instituciones y no de personas que son en verdad del todo irrelevantes al efecto de lo que venimos considerando.

Veamos entonces a título de ilustración solo un par de medidas a las que conviene apuntar aunque en la transición no se logre el cometido en todo su significado, por lo menos se abre el camino y se señala el rumbo.

Para comenzar es importante recordar la premisa de la que partieron los Padres Fundadores en Estados Unidos, dado el notable éxito de operar en un clima de irrestricto respeto recíproco durante una parte sustancial de su historia. Dicha premisa es siempre desconfiar de monopolio de la fuerza que denominamos gobierno puesto que como decía Acton "el poder tiende a corromper y el poder absoluto corrompe absolutamente". De allí es la insistencia en redoblar los esfuerzos para establecer límites al poder político y tener siempre presente lo reiterado en Norteamérica desde el comienzo y es que "el costo de la libertad es su eterna vigilancia". En una forma más gráfica lo escrito por Benito Pérez Galdós en 1812 en cuanto a que, en defensa propia y como una mediada precautoria, a los políticos hay que mirarlos como "una manada humana que no aspira más que pastar en el presupuesto" y en el contexto de lo posteriormente enseñado por intelectuales de la talla del premio Nobel en economía James M. Buchanan respecto a que el interés de los políticos es su propio confort, aspecto que constituye el centro del *Public Choice*. No es que no hayan habido políticos bien intencionados y decentes, esto no resulta relevante a los efectos del sistema que ha mutado de democracia a cleptocracia debido a los incentivos, lo cual hay que corregir a través de mecanismos y procesos como los sugeridos por pensadores de gran calado sobre los cuales he escrito en detalle en otras ocasiones. En todo caso, sin las mencionadas premisas, si la idea es anclarse en el *status quo* no vale la pena proseguir con lo que expongo a continuación..

Ahora se están estudiando y debatiendo teorías más sofisticadas que apuntan a resolver otros temas y proporcionar otros andamiajes conceptuales en relación al dilema del prisionero, los bienes públicos, la asimetría de la información y la llamada "tragedia de los anticomunes", pero en esta instancia del proceso de evolución cultural debemos enfrentar los obstáculos que presenta el Leviatán.

Veamos este par de sugerencias anunciadas (ya que una nota periodística no permite desarrollar un programa de gobierno), como un primer paso de las metas antes referidas para ejemplificar y no "hacer la plancha" con la pretensión de administrar las mismas instituciones que provocaron el problema pero con "gente buena". Es como dice Einstein, no es posible obtener resultados distintos con las mismas recetas (por más bienintencionados que sean los que la llevan a cabo).

Primero, es de vital importancia que se entienda que el fruto del trabajo de la gente está siendo evaporado vía el entrometimiento del aparato estatal en el dinero. Como han explicado tantos premios Nobel en economía como Friedrich Hayek, es necesario independizar la moneda del gobierno. Para citar otro ejemplo, Milton Friedman ha escrito en su última versión de la política monetaria que "la moneda es un asunto demasiado importante para dejarlo en manos de banqueros centrales" (*Monetary Mischiefs*) y que "Llego a la conclusión de que la única manera de abstenerse de emplear la inflación como método impositivo es no tener banco central. Una vez que se crea un banco central, está lista la máquina para que empiece la inflación" (*Moneda y desarrollo económico*).

Es que los banqueros centrales, por más competentes y decentes que sean, solo pueden operar en una de tres direcciones: expandir la base monetaria, contraerla o dejarla inalterada. Cualquiera de las tres posibilidades distorsionarán los precios relativos, lo cual se traduce inexorablemente en derroche de capital que, a su vez, implica disminución de ingresos y salarios en términos reales. Y si se dice que la banca central tiene la bola de cristal con la que puede adivinar la cantidad de moneda que la gente hubiera preferido, no hay motivo para intervenir con el consiguiente ahorro de gastos administrativos.

Asimismo, contar con una banca central independiente del poder político tampoco significa nada puesto que los directores se encontrarán frente idéntico dilema. El único modo de eliminar el tema inflacionario es que la gente pueda elegir libremente los activos monetarios con los que llevará a cabo las transacciones, en un contexto en el que se elimina el sistema bancario de reserva fraccional, lo cual replicaría parte de la historia monetaria en la medida en que había libertad para seleccionar mercancías-dinero que eran canjeadas por recibos-billetes en casas de depósito (luego bancos).

Es completamente anacrónico creer que la banca central se establece para "preservar el valor del signo monetario". Ninguna banca central ha hecho eso. Se trata de extraer recursos coactivamente de la gente. Alan Greenspan considerado el conservador por excelencia, durante sus 18 años de administración al frente de la Reserva Federal en Estados Unidos, provocó un incremento del 74% en el índice de precios (oficial) y la Argentina, desde que se estableció la banca central en 1935, ha debido sustraer 13 (trece) ceros a su signo monetario. En la misma línea de pensamiento, es menester dejar de lado la sandez de la "soberanía monetaria" que es lo mismo que insistir en la soberanía de la zanahoria.

La segunda medida alude a la cuestión medular de la educación. Hay muchísimo que elaborar en este tema, pero una primera etapa consiste en que los colegios y universidades privadas sean en verdad privadas y no como son actualmente privadas de independencia sin pautas ni imposiciones de ninguna naturaleza.

La educación debe consistir en un proceso abierto de prueba y error en el contexto de un permanente descubrimiento a las nuevas y cambiantes contribuciones. No cabe para nada ministerios o secretarías de educación sino la competencia entre quienes piensan en estructuras curriculares, textos, horarios y demás manifestaciones culturales. Incluso las acreditaciones deben hacerse como antaño por medio de instituciones no gubernamentales que procedan a su vez en competencia como una auditoría cruzada. También es de interés destacar que los fondos públicos no deben bajo ningún concepto financiar casas de estudio privadas. Este es el modo de asegurar la excelencia académica y la independencia.

Más aun, hoy en día constituye una manifestación retrógrada pensar de otra manera en pleno desarrollo del *home-schooling*, las aulas virtuales para carreras de grado y posgrado y los MOOC en los que se excluye al Gran Hermano y la consiguiente politización de algo tan delicado como la educación. En la vereda de enfrente es natural que primero el marxismo y luego el nacionalsocialismo y el fascismo demanden enfáticamente la implantación de la educación estatal, gratuita y obligatoria (como es sabido lo "gratuito" constituye un despropósito superlativo puesto que todos pagan, especialmente aquellos que nunca vieron una planilla fiscal ya que lo hacen por medio de la reducción de sus salarios debido a la contracción en la inversión que producen los contribuyentes *de jure*).

En resumen, deben analizarse los procedimientos del momento con espíritu crítico y con mentes despejadas de telarañas y preconceptos al efecto de preservar las autonomías individuales y proteger, sobre todo, a los más débiles económicamente. Es hora de despertar de la modorra y revertir los caminos que permiten el avasallamiento de los derechos individuales.

*Febrero 15, 2014.*

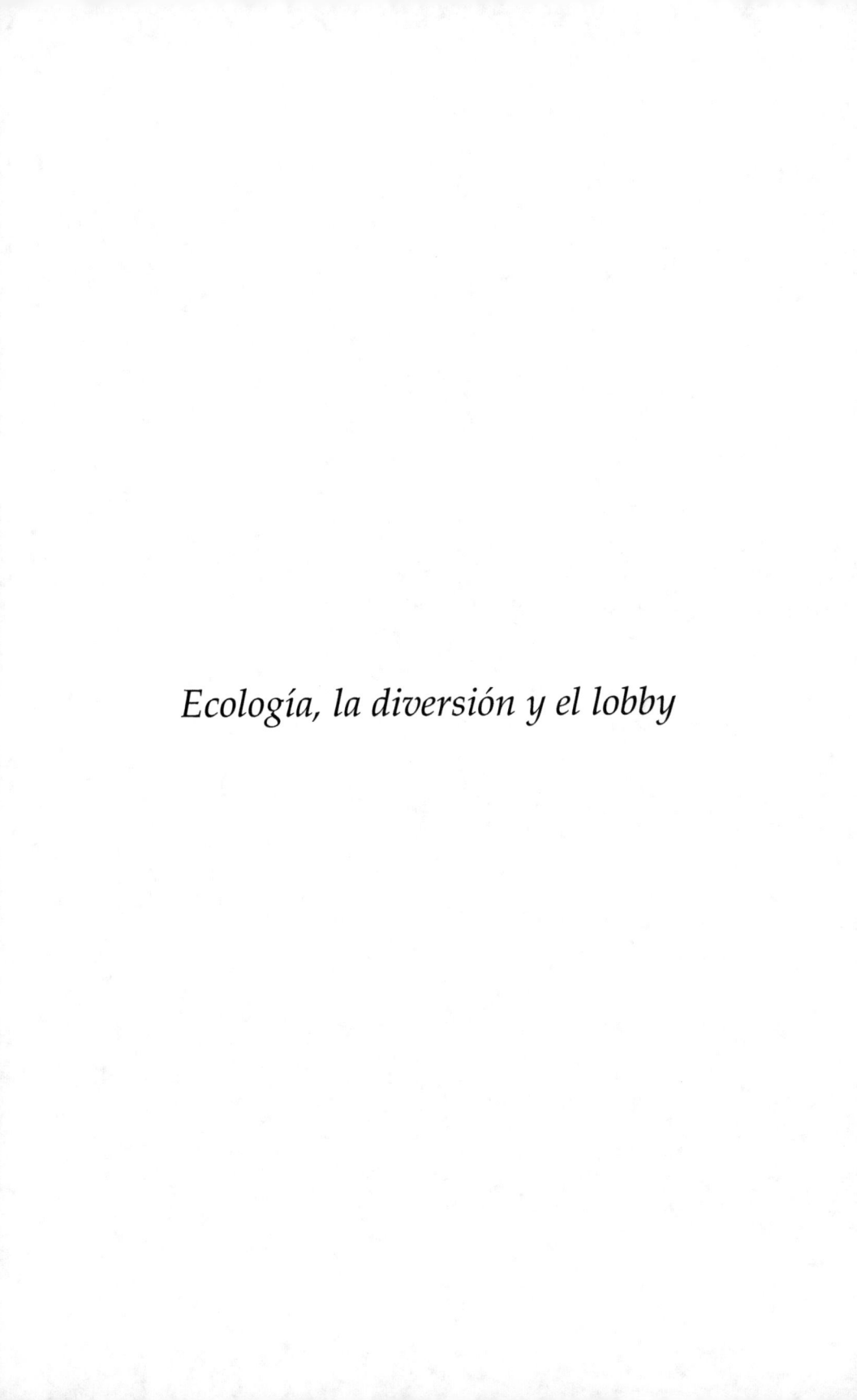

*Ecología, la diversión y el lobby*

# Origen de la economía moderna

Es común sostener que los fundamentos medulares de la ciencia económica parieron con Adam Smith, lo cual constituye un error y una injusticia para con los precursores de un aspecto crucial de esta rama del conocimiento.

El eje central y el punto de partida de la economía estriban en la teoría subjetiva del valor. Como es sabido, este tema fue objeto de múltiples trifulcas. El tema consistía en poder explicar porque distintas personas atribuyen distinto valor al mismo bien o servicio e incluso porqué la misma persona en distintas circunstancias otorga valor distinto a la misma cosa.

Primero se propuso la teoría de la reciprocidad en los cambios por la que se sostenía que en toda transacción justa lo que se entrega y lo que se recibe deben ser equivalentes, lo cual se daba de bruces con el hecho de que los arreglos contractuales libres significan una ganancia para ambas partes precisamente porque los juicios de valor de lo entregado y lo recibido son dispares.

Luego se expuso la teoría del valor basada en el trabajo hasta que se demostró que las cosas no valen por el hecho de haber sido trabajadas sino que se destina trabajo debido al valor de la cosa. Más adelante esta tesis se extendió a la sumatoria de los costos (sean históricos o de reposición) pero fue refutada en base al mismo razonamiento.

También se esgrimió la teoría de la escasez la que fue rechazada al comprobar que hay cosas inservibles que son muy escasas y no por ello se le asignaba valor. Por último, se adelantó la teoría de la utilidad que condujo a una antinomia de valores al descubrir que el pan es de una mayor utilidad que el diamante y sin embargo a éste se le atribuye mayor valor.

Estos debates consumieron siglos hasta que en 1870 Carl Menger dio en la tecla con la formulación de la teoría de la utilidad marginal o teoría subjetiva del valor que combina utilidad y escasez simultáneamente y que considera la escasez no como algo meramente cuantitativo sino en estrecha relación con la otra parte del binomio, es decir, que *significado* tiene *determinada* escasez para *determinada* persona en *determinadas* circunstancias.

Pues bien, esta teoría que fue desarrollada hasta sus últimas consecuencia por Menger (también iniciada por Jevons y Walras aunque estos dos autores desviaron sus estudios a otros territorios que en definitiva se apartaron de la teoría subjetiva) pero fue originalmente expuesta por varios de los integrantes de la Escolástica Tardía en el siglo XVI o Primera Escuela de Salamanca (la Segunda fue la que formó a muchos de los integrantes de las Cortes de Cádiz de 1812), principalmente por sacerdotes dominicos y jesuitas como Diego de Cobarrubias, Luis de Molina, Juan de Mariana, Luis de Saravia de la Calle, Tomás de Mercado, Francisco de Victoria, Domingo de Soto, Martín de Azpilcueta, Juan de Medina y Francisco Suárez. Es en verdad notable la precisión de los textos consignados por estos autores, no solo en la materia que comentamos sino en política monetaria y fiscal así como también en lo que se refiera a marcos institucionales consubstanciados con los principios de la sociedad abierta.

Para adentrarse en estos escritos, además de los originales, es de gran interés consultar, por ejemplo, a Majorie Grise-Hutchinson *The School of Salamanca* (Oxford, The Clarendon Press, 1952) y a Murray N. Rothbard *Economic Thought Before Adam Smith* (London, Edward Elgar Publishing, 1995, Vol. I). Por su parte, Friedrich Hayek escribe que "integrantes de la Escolástica Tardía desarrollaron los fundamentos de la génesis y el funcionamiento de las instituciones sociales espontáneas. Fue a través de preguntarse como funcionan las cosas si ningún acto deliberado de legislación interfiriera, así es que exitosamente se trataron los problemas sociales y específicamente emergió la teoría económica".

Debe tenerse en cuenta que el mérito de los integrantes de la Escolástica Tardía es grande en vista del clima imperante debido a la impronta de los Papas más influyentes del mismo siglo XVI: León X que acentuó grandemente las ventas de indulgencias, Pablo III que convirtió los aposentos papales en un burdel (lo apodaron "el Papa faldero") y el antisemita y entusiasta de la Inquisición Pablo IV con todos los atropellos brutales que significaban esas acciones inaceptables (dos de los pedidos de perdones de Juan Pablo II aluden precisamente al tratamiento horrendo contra los judíos por parte de la Iglesia y a sus tropelías criminales en la larga tradición de la Inquisición). También debe tenerse en cuenta que con todas las muy fértiles y notables contribuciones de Adam Smith, en el tema que tratamos de la teoría subjetiva del valor, retrocedió al insistir en la del trabajo, lo cual, en parte, dio pie a la tesis central marxista cuyo derivado es la plusvalía.

Ya hemos comentado antes que la conjetura sobre la honestidad intelectual de Marx pone de manifiesto que no reivindicó su tesis de la plusvalía y la consiguiente explotación una vez aparecida la teoría subjetiva del valor expuesta por el antes mencionado Carl Menger en 1870 que echaba por tierra con la teoría del valor-trabajo marxista. Por ello es que después de publicado el primer tomo de *El capital* en 1867 no publicó más sobre el tema, a pesar de que tenía redactados los otros dos tomos de esa obra tal como nos informa Engels en la introducción al segundo tomo veinte años después de la muerte de Marx y treinta después de la aparición del primer tomo. A pesar de contar con 49 años de edad cuando publicó el primer tomo y a pesar de ser un escritor muy prolífico se abstuvo de publicar sobre el tema central de su tesis de la explotación y solo publicó dos trabajos adicionales: sobre el programa Gotha y el folleto sobre la comuna de Paris.

La teoría subjetivista de más está decir en nada se contrapone a que las propiedades y atributos de las cosas son independientemente de la opinión que se tenga sobre ellas. El asunto se refiere a otro plano de análisis. El análisis económico parte de la base del estado mental subjetivo de las personas frente a su relación con sus semejantes y con los bienes presentes y futuros. En este contexto, carece de significado la referencia a bienes y servicios escindidos de la apreciación subjetiva de cada cual. Este marco de referencia resulta esencial para la comprensión de la formación de precios, los cuales no miden el valor sino que expresan estructuras valorativas que operan en direcciones opuestas entre compradores y vendedores.

No hay en este análisis factores "dados", son siempre la consecuencia de valorizaciones subjetivas y cambiantes. La visión contraria puede ilustrarse con el llamado modelo de competencia perfecta en la que uno de los supuestos es el de conocimiento perfecto de los factores relevantes, lo cual elimina el arbitraje, el rol del empresario y la misma competencia (al tiempo que en ese supuesto no habría necesidad de mantener saldos en caja para imprevistos, situación que convertiría en innecesario el dinero por lo que la economía se desplomaría junto a la contabilidad y la evaluación de proyectos). El mismo uso de agregados y la pretensión de nexos causales entre ellos obscurece el papel de las preferencias individuales y la función de la moneda en sociedad. Los propios partidarios del igualitarismo no se percatan de que, en rigor, esa meta es un imposible epistemológico ya que la subjetividad no permite asignar partidas iguales ni es posible las comparaciones intersubjetivas puesto que la importancia relativa de las respectivas apreciaciones son de carácter ordinal y no cardinal, al tiempo que la guillotina horizontal no permite que se reflejen los precios de mercado.

El subjetivismo hace posible entender el fenómeno del conocimiento como algo fraccionado y disperso entre personas que tienen diferentes apreciaciones respecto de su área de competencia (a veces, "conocimiento tácito" no articulable como señaló Michel Polanyi), a contracorriente de los que sostienen que es posible dirigir vidas y haciendas de terceros desde el vértice del poder.

Finalmente, el subjetivismo conduce al individualismo metodológico y a vislumbrar con mayor claridad la diferencia entre las ciencias naturales y las sociales. El positivismo asegura que nada es cierto en la ciencia si no es verificable, pero, por un lado, como nos enseña Morris Cohen, esa misma proposición no es verificable y, por otro, como explica Karl Popper, nada en la ciencia es verificable, solo hay corroboraciones provisorias sujetas a refutaciones. Por más que se repita un experimento no hay necesidad lógica que vuelva a repetirse el resultado (en eso consiste el problema de la inducción que en la vida diaria es suplido provisoriamente por lo que se conoce como *Verstehen*).

Asimismo, en ciencias sociales no hay experimentos de laboratorio, la experiencia es "desde adentro" a diferencia de las ciencias naturales que los datos vienen "desde afuera". En ciencias naturales no hay propósito deliberado, hay reacción, en cambio, en las sociales, hay acción lo cual implica elección. En ciencias naturales los datos están disponibles *ex ante* del experimento, en cambio en ciencias sociales los datos no están disponibles antes del acto en cuestión. Por esto es que en el contexto subjetivista el método de las ciencias sociales es empírico-deductivo, mientras que en las naturales es hipotético-deductivo. Estas reflexiones telegráficas pretenden subrayar la importancia de la subjetividad en el sentido apuntado, por lo que le rinden homenaje a los sacerdotes de la Primera Escuela de Salamanca quienes iniciaron con gran solvencia y calado un paso decisivo en el largo camino del estudio de la economía.

*Febrero 22, 2014.*

# Debate sobre ecología

Otras veces he escrito sobre este delicado e importante tema, en esta ocasión repito lo dicho puesto que ha vuelto a surgir el asunto con renovada fuerza. Nada es perfecto al alcance de los mortales, de lo que se trata es de minimizar problemas y facilitar la vida de la gente en todo lo que resulte posible.

La vertiente más popular que pretende encarar los problemas del medio ambiente aparece también como la forma mas contundente de estrangular las bases de la sociedad abierta. Paradójicamente, en este caso, para preservar la propiedad del planeta se destruye la propiedad a través de las figuras de la "subjetividad plural" y los "derechos difusos" que permiten demandar frente a cualquier uso considerado indebido de lo que pertenece a otro, alegando la defensa de "la humanidad". Garret Hardin acuñó la expresión " la tragedia de los comunes" para ilustrar el despilfarro y el uso desaprensivo de lo que es de todos que, en la práctica, no es de nadie, en contraste con los incentivos de cuidar y mantener lo que es propio cuando se asignan derechos de propiedad.

Con razón se considera el agua indispensable para la vida del ser humano. Somos agua en un setenta por ciento y el planeta está compuesto en sus dos terceras partes por agua aunque la mayor proporción sea salada y en otra se encuentre atrapada por los hielos. F. Segerfeld nos informa que la precipitación anual sobre tierra firme es de 133.500 kilómetros cúbicos, de la que se evaporan 72.000, lo cual deja un neto de 41.500 que significa nada menos que 19.000 litros por día por persona en el planeta. A pesar de esto, se mueren literalmente millones de personas por año debido a la falta de agua o por agua contaminada.

El autor explica que esto se debe a la politización de ese bien tan preciado, situación que no ocurre cuando la recolección, purificación y distribución se encuentra en manos privadas, que si quieren prosperar deben atender los requerimientos del público sin favores ni componendas con el poder gubernamental del momento. Ejemplifica con los casos de Ruanda, Haití y Camboya donde las precipitaciones son varias veces mayores que en Australia, pero en los primeros casos hay crisis de agua mientras que esto no ocurre en el segundo por las razones apuntadas. Por esto es que el premio Nobel en economía Vernon L. Smith escribe que "El agua se ha convertido en un bien cuya cantidad y calidad es demasiado importante como para dejarla en manos de las autoridades políticas" y, en el mismo sentido, Martin Wolf, editor asociado del *Financial Times*, apunta que "el agua es demasiado importante para que no esté sujeta al mercado".

La conservación de especies animales es un caso paradigmático. Las ballenas se extinguen, lo cual no sucede con las vacas. Esto último no siempre fue así. En la época de la colonia se aniquilaban las vacas simplemente para usar un trozo de cuero o para comer algo de carne, situación que hizo que muchos mostraran su preocupación por la posible extinción de esos animales, hasta que apareció la revolución tecnológica del momento: primero la marca y luego el alambrado que permitieron asignar derechos de propiedad y así conservar y reproducir el ganado vacuno.

En África, se asignaron derechos de propiedad sobre la manada de elefantes en Zimbabwe, mientras que en Kenya es de propiedad común. En este último caso en solo once años la población de elefantes se redujo de 167.000 a 16.000, mientras que en el mismo período se elevó de 40 a 50.000 en Zimbabwe a pesar de contar con un territorio mucho más desventajoso que el de Kenya. En este caso se incentiva a que se ametrallen elefantes en busca de marfil ya que nadie está interesado en conservar y multiplicar la manada como sucede en el primer lugar.

Claro que la institución de la propiedad privada no significa que se conservarán todas las especies animales, por ejemplo, es poco probable que el hombre deje de consumir antibióticos para conservar bacterias ya que esto pondría en riesgo la supervivencia de la especie humana. Tampoco es probable que se deseen conservar las cucarachas. En la misma línea argumental, si bien es cierto que las emanaciones de monóxido de carbono deben ser castigadas puesto que significan la lesión de derechos de terceros, la polución cero es imposible puesto que requeriría que nos abstengamos de respirar ya que al exhalar estamos contaminando.

En estos momentos se debate acerca del "efecto invernadero" o calentamiento global debido al debilitamiento o perforación de la capa de ozono que envuelve al globo en la estratófera. Sin embargo, hay científicos como D.L. Hartmann y D. Doeling que sostienen en un trabajo publicado en el *Journal of Geophisical Research* que en muchas extensiones ha habido un engrosamiento de la capa de ozono y allí donde se ha perforado hace que al penetrar los rayos ultravioletas y tocar la superficie marina se genere mayor evaporación y, consecuentemente, nubes de altura, lo cual, a su vez, dificulta la entrada de rayos solares y esto provoca un enfriamiento del planeta.

Por su parte, R.C. Balling señala que "La atmósfera de la Tierra se ha enfriado en 0.13 grados centígrados desde 1979 según las mediciones satelitales [...] A pesar de que modelos computarizados del efecto invernadero predicen que el calentamiento mayor ocurrirá en la región ártica del hemisferio norte, los registros de temperatura indican que el ártico se ha enfriado en 0.88 grados centígrados durante los últimos cincuenta años". El mismo autor enfatiza que, debido a su efecto de enfriamiento, el dióxido de sulfuro provocado por aerosoles mas que compensa la concentración de dióxido de carbono en la atmósfera.

En este último sentido y debido a las alarmas del tipo de las expuestas recientemente en nuestro país por Al Gore, es de interés citar una declaración del *Excecutive Committee of the World Metereological Organization* en Ginebra, que mantiene que "el estado presente del conocimiento no permite ninguna predicción confiable respecto del futuro de la concentración de dióxido de carbono o su impacto sobre el clima". También es importante subrayar que el fitoplancton consume dióxido de carbono en una proporción mayor que todo lo liberado por los combustibles fósiles y que los desajustes cíclicos en la capa de ozono se deben en buena medida a fenómenos metereológicos como las erupciones volcánicas.

Por otro lado, en estas situaciones siempre hay *trade-offs* que hay que tener en cuenta. Por ejemplo, se afirma que los clorolfuorcarbonos son responsables de la destrucción de las moléculas de la capa de ozono debido a las emisiones que provocan los refrigeradores, equipos de aire acondicionado, combustibles de automotores y ciertos solventes para limpiar circuitos de computadoras. El *trade-off* aparece cuando se documentan las intoxicaciones que se producen debido a la deficiente refrigeración y acondicionamiento de la alimentación y cuando se exhiben estadísticas de los aumentos de accidentes viales debido a la fabricación de automotores mas livianos.

En cualquier caso, donde se detecta una lesión al derecho debe procederse a la rectificación pero para cuidar los recursos naturales debe despolitizarse el proceso y abstenerse de la actitud arrogante de pretender la manipulación del ecosistema por parte de la burocracia estatal y permitir que la compleja información dispersa pueda ponerse de relieve a través de los precios. Cuando se conjetura que cierto recurso será mas escaso o se atribuye mayor valor para usos alternativos, los precios se elevan lo cual fuerza a reducir el consumo, al tiempo que se incentiva la investigación y desarrollo de variantes sustitutivas y, en su caso, el reciclaje.

La sociedad abierta permite establecer los ritmos de crecimiento óptimos y asignar los recursos de la manera mas adecuada a las necesidades presentes y futuras. La intromisión del aparato estatal en la producción a través de ideas como la del llamado "desarrollo sustentable", no hacen más que distorsionar el uso y la asignación de recursos. Por ejemplo, la "tragedia de los comunes" irrumpe cuando se mantienen campos de forestación en manos fiscales que incentiva la tala irracional, en cuyo caso nadie se ocupa de forestar para que otros saquen partida. Si se estima que un recurso como la arboleda resulta esencial, el incentivo para la plantación de las especies requeridas operará en paralelo a las valorizaciones correspondientes a través de los precios del caso.

La presunción de conocimiento ha hecho que ya en el época de la Revolución Industrial se sugiriera el establecimiento político de cuotas para el carbón al efecto de "aprovechar ese recurso no renovable" que, a poco andar, fue reemplazado por le petróleo. Hoy es frecuente que se señale que existen determinadas reservas para tal cantidad de años sin percibir que no es posible extrapolar precios a situaciones distintas puesto que, precisamente, el movimiento de precios modifica la duración de las reservas.

Esta línea argumental se aplica también a los transgénicos que permiten notables aumentos en la productividad, plantas resistentes a plagas y pestes que, por ende, no requieren el uso de plaguicidas y pesticidas químicos, la posibilidad de incrementar el valor nutriente, la capacidad de incorporar ingredientes que fortalezcan la salud (incluyendo la disminución de alergias) y mejoren el medio ambiente y el enriquecimiento de los suelos. De todos modos, si la preferencia fuera por productos orgánicos es la gente la que debiera decidir en mercados abiertos en el contexto de auditorias privadas en competencia que asumen las responsabilidades (y sus respectivas reputaciones y consiguientes supervivencias) a través de sus dictámenes sobre calidad, pero nunca politizar temas de esta naturaleza.

T.L. Anderson y D.R. Leal en su obra *Free Market Enviromentalism* escriben que "El tratamiento del medio ambiente a través del mercado libre enfatiza que el crecimiento económico y la calidad del medio ambiente no resultan incompatibles. De hecho, los ingresos altos permiten afrontar una mayor calidad del medio ambiente, además de los bienes materiales. No es ningún accidente que los países menos progresistas tienen mas polución y mas riesgos ambientales".

*Marzo 2, 2014.*

# Un apunte sobre el Bitcoin

Debido al hartazgo de la manipulación gubernamental del dinero y del consecuente empobrecimiento de la gente que ve succionado una y otra vez el fruto de su trabajo, apareció en escena un instrumento virtual (no-material) denominado Bitcoin.

Se venía meditando sobre esta posibilidad desde 1998 (principalmente Satashi Nakamoto y Nick Szabo) y se lanzó al mercado en 2009 al efecto de posibilitar transferencias directas vía Internet en base a llaves de encriptado y concebido de modo que la cantidad total no pueda superar 21 millones de unidades (hoy son 10 millones que aceptan treinta sitios en la web) subdividibles hasta la 100 millonésima parte. Su cotización ha variado grandemente en una y otra dirección, lo cual ha incentivado a repetidos arbitrajes, lo cual ocurre en al ámbito de cualquier cotización independientemente de la opinión económica de quienes se embarcan en las respectivas transacciones.

Ya sabemos las cuatro funciones del dinero que se enseñan a cualquier colegial: unidad de cuenta, medio generalizado de intercambio, depósito de valor y cancelación de deudas. El asunto es si eso lo puede cumplir el Bitcoin puesto que no encaja en el teorema de la regresión monetaria.

Recuerdo que este último teorema alude a que para que un bien se utilice como dinero antes que ello debe haberse valorado como de uso no monetario que es precisamente lo que le otorga el sentido para hacer de medio común de intercambio. La sal, el ganado, el tabaco, las sedas, el oro, la plata y otros bienes se usaron en el cambio indirecto porque se les otorgaba valor como mercancías para alimento, usos industriales etc.

Las casas de depósito –luego denominadas bancos– entregaban recibos por la mercancía depositada (billetes) en el contexto de reserva total o el *free banking* (dicho sea al pasar, esta es la genuina *convertibilidad* y no el canje entre papeles moneda inconvertibles). Solo con el advenimiento de la banca central y el consecuente curso forzoso irrumpió el billete con un patrón en la práctica virtual y el sistema bancario de reserva fraccional junto al consiguiente efecto multiplicador en la creación de dinero secundario. Esta moneda *fiat* se acepta porque deriva de lo anterior, la cual desaparecería ni bien se abrogue el curso legal y la gente pueda elegir los activos monetarios de su agrado (hoy eso sucede pero principalmente entre dineros *fiat*).

La inflación se debe exclusivamente a la expansión de la base monetaria debida a causas exógenas al mercado, es decir, debida a razones políticas y los efectos de la inflación se traducen en la alteración en los precios relativos que, a su vez, implican derroche de capital y, como resultado, la disminución en los salarios en términos reales. Por su parte, la deflación es causada por una contracción exógena que se traduce en los mismos resultados solo que la espiral de precios opera en sentido contrario.

No hay tal cosa como "las expectativas" como causa de la inflación monetaria puesto que si éstas no son convalidadas por la mencionada expansión, no hay posibilidad de incrementar precios. Los costos de un producto clave como el petróleo tampoco son inflacionarios ya que en ausencia de expansión monetaria o se consume menos petróleo o se reduce el consumo de otros bienes.

Entonces, la inflación no es "el aumento generalizado de precios" sino, tal como queda dicho, la expansión monetaria debido a causas exógenas y su efecto consiste en la distorsión en los precios relativos. Si fuera el aumento generalizado de precios, como el salario es también un precio, resultarían irrelevantes esos incrementos aunque fueran el cincuenta por ciento mensual. Es la distorsión en los precios relativos lo que genera el desequilibrio entre precios e ingresos por una parte y, por otra, el desequilibrio entre los diversos precios entre si. Finalmente, como se ha hecho notar en repetidas ocasiones, el banco central solo puede operar en una de tres direcciones (expandir, contraer o dejar igual la base monetaria) las cuales inexorablemente alteran los precios relativos con todas las consecuencia malsanas apuntadas (dejar inalterada la base será deflacionaria o inflacionaria según sea la demanda de dinero, y si coincidiera con lo que hubiera hecho la gente carece de sentido la intervención monetaria)

Pues bien, observo que los colegas más destacados en materia monetaria del momento que he consultado (sobre todo franceses y estadounidenses) son más bien escépticos con el Bitcoin, especialmente en conexión al antedicho teorema de la regresión monetaria y, por consiguiente, escépticos con la posibilidad que pueda cumplir con las referidas cuatro funciones del dinero. Además, el hecho de que no pueda aumentarse el *stock* de Bitcoin quita la posibilidad por parte de los usuarios de que se incremente el dinero debido a fenómenos endógenos al mercado como consecuencia de la respectiva apreciación en su poder adquisitivo, lo cual eventualmente indicaría que debe producirse más de la divisa en cuestión.

Por otro lado, conjeturo que nadie arreglará un televisor si se anticipa que se le pagará con Bitcoins. Por mi parte, yo no trabajaría una jornada para recibir dinero virtual y tampoco vendería mi casa si como contrapartida me entregaran anotaciones digitales. En fin, mis preferencias no necesariamente son compartidas por otros: no me gustaba para nada el canto, la música y el baile de Michael Jackson pero a muchísima gente les deleitaba.

Estas elucubraciones en modo alguno significan descartar la posibilidad de que en el futuro cambie lo insinuado en éstas líneas respecto al Bitcoin (que por ahora es de carácter especulativo en el sentido más extendido de la expresión debido a la fluctuación en la cotización y solo muy marginalmente para transacciones). Tengamos presente que el conocimiento es siempre de carácter provisorio sujeto a refutación. Al fin y al cabo, el dinero es lo que la gente estima es dinero aunque no parece viable el patrón aire, es decir, en este contexto, la elección de algo sin valor previo.

En todo caso, esta nota sobre el Bitcoin constituye un buen pretexto para pensar en voz alta y preguntar a los lectores más que concluir sobre su futuro, sobre todo si es pactado libre y voluntariamente. Hay que seguir meditando sobre la manera de liberarse de las garras de los aparatos estatales que sistemáticamente y en todos lados han arrasado con el poder adquisitivo del dinero desde que se arrogaron el monopolio de la acuñación, momento en el que limaban las monedas y decretaban el curso forzoso indefectiblemente devaluando la unidad monetaria.

La causa de los problemas monetarios radica en la obsesión por mantener atada la moneda al monopolio de la fuerza, tal como lo pone de manifiesto la nutrida bibliografía que apunta en esa dirección. Como se ha consignado, el eje central consiste no solo en abrogar el curso forzoso sino en liquidar la banca central como responsable de dañar severamente los patrimonios de la gente y, consecuentemente, toda la coordinación social.

Tengamos en cuenta que no es serio proponer que el dinero gubernamental "compita" con el sector de la banca privada puesto que los privilegios oficiales inexorablemente anulan la competencia (y si no hay privilegios no tiene sentido mantener el sistema) ni tampoco aplicar la noción de soberanía a la moneda, lo cual es tan insensato como aplicarla a las manzanas. En ese nuevo contexto, cuales han de ser los activos monetarios de mayor aceptación dependerá de las características de la demanda de dinero, lo cual eventualmente puede incluir al Bitcoin (a pesar de mis reparos y dudas). En un sistema libre, las auditorías privadas en competencia se ocuparán del resto, de la misma manera que lo hacían en el antes aludido *free-banking* donde, además, las compañías de seguros aseguraban los depósitos al efecto que los clientes se anoticien que cuando las primas subían mostraban riesgo en el banco en cuestión respecto a la ratio depósitos-reservas.

*Marzo 7, 2014.*

# La obsesión por divertirse

El ejercicio intelectual y las faenas manuales requieren de recreos para despejarse porque el trabajo continuado desgasta y, para juntar fuerzas se necesita distracción. Incluso, el sentido del humor, tan importante en la vida, resulta indispensable para cargar las baterías. Esto es absolutamente cierto, pero lo que se observa en gran medida hoy es la tendencia a una constante y casi ininterrumpida diversión, un divertimento sin solución de continuidad. Y no cualquier distracción sino preferentemente las que aluden al zócalo de los sentimientos, a la chismografía de la más baja estofa. No hay más que encender la televisión para constatar el aserto.

Sin duda que nada más confuso que las generalizaciones. Hay muchas personas que se resisten a eso y la contrarrestan con ocupaciones y preocupaciones que denotan excelencia. Sin embargo, insistimos en la aludida tendencia que se observa por doquier.

Diversión, el divertirse, significa el separarse de las tareas principales al efecto de recrear la mente. Sin embargo, lo que suele ocurrir no es el abandono momentáneo de lo indispensable para cultivarse como ser humano sino, más bien, la entrega a lo frívolo, a lo embrutecedor, a lo que embota y, a veces, a lo macabro y soez.

Neil Postman, director del Departamento de Comunicación de la Universidad de New York hasta su muerte, publicó tres libros de gran calado. El primero lleva el sugestivo título de *Amusing Ourselves to Death* en el que pone de manifiesto su enorme desazón por el creciente interés de lo superfluo y el abandono de lo profundo. Escribe sobre las antiutopías de Orwell y de Huxley donde sostiene que ya no hay que alarmarse por la posibilidad de que el Gran Hermano censure libros puesto que conjetura prevalecerá el pronóstico de Huxley en el sentido de que la gente no le interesa leer y cuando lo hace es para explorar lo intrascendente (para decir lo menos) con lo que se encoge la capacidad de pensar. No es que el que estas líneas escribe coincida con todo lo que dice este autor (como es sabido, esto no ocurre con nadie incluso con lo que uno mismo escribe que revisado al tiempo se descubre que podía haberse mejorado la marca), pero las mencionadas obras trasmiten mensajes fértiles que deben ser aprovechados.

El segundo libro de Postman se titula *The Disappearence of Childhood* en el que añade otro fenómeno que va en la misma dirección y es una operación pinza de características un tanto siniestras. Por un lado, en una proporción llamativa, niños y niñas dejan de ser tales en varios sentidos. Primero, no hace falta más que constatar algunos de los tipos de crímenes que cometen los cuales han dejado muy atrás la "delincuencia juvenil" para convertirse en peligrosos delitos. Segundo, muchas de sus vestimentas y accesorios han trocado por ropas zaparrastros ilustradas con calaveras junto a pelambre teñida de colores chillones, piercing ubicados en lugares inauditos y otras variantes. Tercero, los juegos y entretenimientos han dejado de ser propios de la niñez para convertirse en vertiginosos pasatiempos generalmente vinculados a la violencia y cuarto, su comportamiento, modales y lenguaje son llamativos por inadecuados para la edad (y eventualmente para cualquier edad). Y la operación pinza se completa con el apoyo logístico que suelen mostrar los adultos frente a estos comportamientos.

Al margen menciono que también una de las formas de divertirse de muchos adolescentes llama poderosamente la atención: sus reuniones frecuentemente se hacen en "boliches" a altas horas de la madrugada en los que los ensordecedores decibeles y los persistentes fogonazos de luces multicolores en medio de la oscuridad no permiten cruzar palabra, lo cual, independientemente de problemas auditivos, visuales y cerebrales, no constituye precisamente la manera de comunicarse entre humanos (además, esta situación se agrava con lo que se ha dado en denominar "el preboliche" o "la previa" que es una forma de precalentamiento que se lleva a cabo ingiriendo alcohol y, a veces, drogas al efecto de acentuar el aturdimiento).

El tercer libro, esta vez traducido al castellano, lleva por título *El fin de la educación* que constituye la clave de los problemas a los que nos venimos refiriendo puesto que de allí deriva todo lo demás. Y no se trata solo de la educación formal la cual dice el autor que en gran medida convierte a "las escuelas en centros de detención", sino fundamentalmente de lo que sucede en el seno de las familias. Escribe que "mi propia vida ha sido contemporánea con la emergencia de tres narrativas catastróficas: los dioses del comunismo, el fascismo y el nazismo, cada uno de los cuales llegó con la promesa del cielo, pero no condujo más que al infierno", por ello es que remarca la necesidad de un propósito noble, lo cual significa, como primer paso, deshacerse de la imposición de estructuras curriculares desde el vértice del poder.

Ortega sentencia que "cuando se quiere entender a un hombre, la vida de un hombre, procuramos ante todo averiguar cuales son sus ideas" pero si encontramos allí un vacío de seguro será rellenado por los que ofrecen pan y circo: así se prepara el terreno para los avances del Leviatán. En otro lugar, el mismo Ortega afirma que "en la mayor parte de las gentes y de los pueblos la situación de no saber en verdad que hacer, de no tener un proyecto de vida claro, sincero, auténtico, dispara insensatamente un afán de actividad superlativa, precisamente porque el vacío de un auténtico quehacer hace perder la serenidad" y se sustituye la vida propiamente humana con la anestesia de la diversión (cuando no de la droga y el alcohol).

Porque ¿para que estamos en esta tierra? ¿es para pasar inadvertidos solo operando en arbitrajes en medio de divertimentos varios o para dejar testimonio de nuestras potencialidades como seres humanos y no para vegetar y esperar que transcurra el tiempo?, ¿es para sacar partida de la condición racional o en verdad daría lo mismo no haber nacido? Para nada se trata de que todos tengan las mismas inclinaciones, todo lo contrario, si eso fuera así, entre otras cosas, se desplomaría la cooperación social. Se trata en primer lugar de comprender que para que cada uno pueda centrar su atención en su particular proyecto de vida se requiere respeto recíproco y, para ello, es indispensable comprender y explicar los fundamentos éticos, jurídicos y económicos de la sociedad abierta, lo cual no puede bajo ningún concepto encarar quien se dedica al divertimento permanente.

Da la impresión que en no pocos adolescentes se viene deteriorando a pasos agigantados el lenguaje que aparentemente se ha convertido en una especie de ruidos guturales. Y como el lenguaje sirve principalmente para pensar y secundariamente para comunicarse, lo uno y lo otro se tornan de una pobreza superlativa. En este caso daría la impresión que este fenómeno viene de abajo hacia arriba en orden a la edad pero, como hemos destacado, no parece que algunos adultos apunten a corregir la situación sino que se inclinan a imitar el lenguaje empobrecido.

Como tantas veces hemos reiterado, resulta imperioso contar con un sistema educativo libre (en realidad constituye una logomaquia puesto que la educación no-libre es una contradicción en términos), lo cual no resolverá todos los problemas ya que la vida consiste en una serie concatenada de problemas, pero la sociedad abierta permite eliminar los costos innecesarios que son provocados por el autoritarismo. Y no es cuestión de sugerir un zar de la educación "bueno" sino de liberarse de la prepotencia y la petulancia del sistema que se arroga la facultad de manejar vidas ajenas. Quienes pretenden modificar lo dicho cambiando personas no se percatan en lo más mínimo de la gravedad del asunto.

Nuevamente conviene puntualizar que el tema no son solo los adolescentes sino principalmente algunos padres que antes que nada han abandonado valores y principios. Como queda dicho, la obsesión por divertirse permanentemente es el resultado del páramo interior que, como también hemos consignado, afortunadamente no es de todos ya que hay muchas personas que se esfuerzan diariamente por alcanzar niveles de excelencia en todos los ámbitos.

Tomar la vida como un espectáculo en el que se borran los sucesos cotidianos más relevantes, la meditación sobre lo sustancioso del futuro y la decantación de lo transcendental de lo que sucedió, impide ejercer las funciones propiamente humanas para caer en un peligroso sopor que da pie a que los aparatos de la fuerza se adueñen de la situación. Una cosa es el recreo, es decir, la suspensión transitoria de la actividad que nos permite vivir como humanos, y otra es abdicar de responsabilidades que son intransferibles e indelegables con lo que se pierde la identidad para confundirse en una masa amorfa de espectadores y distraídos de la vida.

*Marzo 14, 2014.*

# El Papa defiende al Padre Mugica

Lo vengo siguiendo a Jorge Bergoglio hace muchos años, en sus diversos destinos quien desde su participación en la llamada Guardia de Hierro peronista en adelante ha comulgado con ideas socialistas. Y esto no es un asunto menor dado que emprenderla contra la propiedad y el sistema capitalista, es decir, los mercados abiertos y competitivos en ausencia de privilegios, demuelen un aspecto medular del basamento moral de la sociedad civilizada y perjudica muy especialmente a los más necesitados.

En el caso que nos ocupa, se trata de una persona imbuida de las mejores intenciones pero, como es sabido, esto no resulta relevante, lo determinante son los resultados de los consejos y reflexiones que se ponen de manifiesto.

No repetiré aquí los argumentos que consigné en seis otras oportunidades en las que me expresé públicamente sobre las ideas económico-sociales del ahora Papa Francisco con consecuencias morales de envergadura, pero consigno los títulos de esas manifestaciones mías por si interesara ahondar en este delicado e importante asunto. En diciembre de 2011 "Mensaje del Arzobispo de Buenos Aires" (New York, *Diario de América*), marzo de 2013 (reportaje de Xavier Serbia en CNN en español), octubre de 2013 "La malvinización del Papa" (Buenos Aires, *La Nación*), noviembre de 2013 "Teología de la Liberación" (Caracas, *El Diario*), diciembre de 2013 (nuevamente reportaje de Xavier Serbia en CNN en español) y, también en diciembre de 2013, "Otra vez, el Papa Francisco" (Washington D.C., Cato Institute).

Ahora el actual Papa acaba de declarar "cuando se le preguntó su opinión sobre la obra de algunos curas que fueron a trabajar a las villas en los años 60 y 70, como Rodolfo Ricciardelli, Jorge Vernazza y Carlos Mugica. "Algunos dicen que son curas comunistas. No. Éstos eran grandes sacerdotes que luchaban por la justicia", afirmó. Y añadió que esos sacerdotes, muchos de los cuales integraban el Movimiento de Sacerdotes para el Tercer Mundo y fueron muy cuestionados por sectores conservadores o tradicionalistas de la Iglesia en la Argentina, eran "sacerdotes, hombres que rezaban, hombres que escuchaban al pueblo de Dios, hombres que enseñaban el catecismo y que luchaban por la justicia" (*La Nación* de Buenos Aires, marzo 14, 2014).

Demás está decir que el Papa conoce sobradamente las ideas de los sacerdotes tercermundistas que menciona y no se le escapa todo lo ocurrido en la Argentina en los años que cita pues la vivió igual que el que estas líneas escribe. Por razones de espacio me concentraré en lo que decía el Padre Carlos Mugica que, además, personalmente lo escuchaba en sus sermones en la iglesia del Socorro y la de Santiago Ápostol.

Antes de consideraciones y conclusiones finales, estimo pertinente recoger directamente de la fuente, es decir, del libro más difundido del Padre Mugica titulado *Peronismo y cristianismo* (Buenos Aires, Editorial Mierlin, 1967), al efecto de que el lector saque sus propias conclusiones.

- "Para el rico la única posibilidad de salvación es dejar de serlo"

- "Por eso el burgués o el que tiene mentalidad de burgués, es el menos capacitado para entender el mensaje de Jesucristo"

- "Uno de los grandes daños que nos hace esta sociedad llamada de consumo, pero de consumo de unos pocos y hambre para muchos, es el de hacernos creer que el amor es una cosa dulce, más o menos afectuosa. No. Por amor, muchas veces me veo obligado a hacer sufrir mucho a los seres que amo"

- "Que nos puede importar que nos acusen de comunistas, de subversivos, de violentos y todo lo demás. Además, si yo cristiano, en alguna medida no soy signo de contradicción y no suscito simultáneamente el amor y el odio, mala fariña"

- "Jesucristo es mucho más ambicioso. No pretende crear una sociedad nueva, pretende crear un hombre nuevo y la categoría de hombre nuevo que asume el Che, sobre todo en su trabajo El socialismo y el hombre, es una categoría netamente cristiana que San Pablo usa mucho"

- "Marx y Lenin al postular la comunidad de bienes más que parafasear, copian el Evangelio. Cuando Marx habla de dar a cada uno según su trabajo o a cada uno según su necesidad, que para mí es profundamente evangélico, no hace más que asumir ese contenido"

- "Si hoy todos los que se dicen católicos en la Argentina pusieran todas sus tierras en común, todas sus casas en común, no habría necesidad de reformas agrarias, no habría necesidad de construir una sola casa"

- "Yo personalmente, como miembro del movimiento del Tercer Mundo, estoy convencido que en la Argentina solo hay una salida a través de una revolución, pero una revolución verdadera, es decir simultánea: cambio de estructuras y cambio de estructuras internas. Como decían los estudiantes franceses de mayo del 68, tenemos que matar al policía que tenemos adentro, al opresor que tenemos adentro […] El cristiano, entonces, tiene que estar dispuesto a dar la vida"

- "Yo pienso que el sistema capitalista liberal que nosotros padecemos en un sistema netamente opresivo"

- "Por eso, como norma los sacerdotes del Tercer Mundo propugnamos el socialismo en el cual se pueden dar relaciones de fraternidad entre los hombres"

- "Los valores cristianos son propios de cualquier época, trascienden los movimientos políticos, en cambio el peronismo es un movimiento que asume los valores cristianos de determinada época"

Estas citas reflejan muy resumidamente el pensamiento del Padre Mugica que son más que suficientes para una nota periodística. Me parece de una gravedad inusitada la referida declaración de apoyo del Papa Francisco, no es que me extrañe pues, como queda dicho, conozco su pensamiento que viene cultivando desde hace mucho tiempo, es por el efecto devastador y el lamentable ejemplo para quienes lo escuchan y leen. No es que el Papa patrocine la violencia (muchos tercermundistas tampoco la suscriben), se trata de las ideas que apoya.

Incluso hay asuntos teológicos y de forma inadecuados sobre los que no me quiero involucrar puesto que ya bastante hay con sus reflexiones sobre los temas aquí telegráficamente mencionados. Por eso es que, por ejemplo, John Vennari, el editor de "Catholic Family News" declara con enorme pesar que "yo nunca permitiría que el Papa Francisco le enseñe religión a mis hijos" (Agencia Reuters, marzo de 2014).

Pero más alarmante aun que el jefe de la Iglesia católica se pronuncie del modo en que lo viene haciendo sobre los aspectos vitales que ahora apuntamos y que hemos consignado antes en los artículos y entrevistas referidas, nos preocupa sobremanera la actitud de no pocos católicos que cubren con manifestaciones varias estos desaciertos superlativos. La preocupación estriba en que los hijos y nietos observan estos comportamientos de doble discurso cuando del Papa se trata respecto a dichos similares de otras personas, lo cual, en el mejor de los casos, conduce a confusión.

Esto es lo mismo que ocurre en muchos centros católicos que, en definitiva, sin quererlo, se convierten en una fábrica de producir ateos y agnósticos. Porque hay solo tres avenidas que pueden tomarse frente a esta situación. Primero, abandonar la Iglesia con fastidio al extrapolar lo expresado a toda la institución. Segundo, el fanático que agacha la cabeza, lo cual abre las puertas para más episodios contrarios a las bases del catolicismo. Y tercero, los que se mantienen firmes y critican abiertamente lo incorrecto y peligroso, los que no son tibios en el sentido bíblico del término.

*Marzo 19, 2014.*

# La maldición del lobby

El origen de los grupos de presión en Estados Unidos tuvo lugar después de la mal llamada Guerra Civil (puesto que no era entre bandos por hacerse del poder sino que los representantes del Sur apuntaban a ejercer su derecho de secesión tal como he escrito en detalle en uno de mis libros) cuando el decimonónico Presidente General Ulises Grant comenzó a recibir a empresarios en el lobby del Hotel Willard en Washington D. C. De allí los lobbistas.

Este constituye un tema de gran relevancia. Hoy en la capital estadounidense hay 41.386 lobbistas registrados, es decir, 77 por cada uno de los senadores y representantes, lo cual se traduce en un presupuesto total de tres mil millones de dólares por año.

Se ha dicho que el lobbista es absolutamente necesario al efecto de asesorar a los legisladores aunque en la práctica se pasa de contrabando la presión para lograr las metas de los intereses creados de las distintas corporaciones y sectores que en verdad lo que pretenden es favores, mercados cautivos y otras "protecciones" para sus grupos en lugar de operar en el mercado abierto. Se ha dicho también que el lobby no es más que una manifestación de la libertad de expresión y que los respectivos registros permiten la transparencia y minimizan las posibilidades de corrupción.

Veamos los asuntos por partes. En primer lugar, en un régimen republicano es del todo innecesario el asesoramiento de referencia puesto que la ley compatible con el derecho es de carácter general aplicable a un conjunto indefinido de casos, es decir, la protección de las garantías individuales a la vida, a la libertad y a la propiedad en el contexto de la igualdad ante la ley, a saber, el "dar a cada uno lo suyo" según la clásica definición de la Justicia en el contexto de árbitros y jueces en competencia al efecto de descubrir el derecho en un proceso evolutivo y no de ingeniería social y de diseño de la legislación.

Por ende, en este contexto nada tiene que hacer el legislador o el juez con áreas o sectores específicos. Hoy en día el Leviatán se ha engrosado de tal manera que los gobernantes proceden como si estuvieran administrando una empresa. Así se legisla sobre el azúcar, la energía, la industria del calzado o las fábricas de inodoros, lo cual es absolutamente incompatible con las funciones de un gobierno republicano tal como, por ejemplo, lo visualizaron los Padres Fundadores en Estados Unidos.

Es por esta razón que los gobiernos han crecido exponencialmente: sus funciones no reconocen límite alguno y es por ello que el gasto público, la presión tributaria, el endeudamiento gubernamental, la manipulación monetaria y las crecientes y absurdas regulaciones son a todas luces exorbitantes e inaceptables para cualquier espíritu libre que ha concebido la existencia del monopolio de la fuerza exclusivamente para la efectiva protección a los derechos de todos.

El lobbista institucional o el que opera en las sombras significa un grave desvío de los principios y valores republicanos, quien movido por sus intereses particulares pasa por alto y atropella intereses legítimos de los demás con el apoyo del aparato estatal. En la práctica, además, estos cabildeos significan un intercambio de favores a la espera de recibir apoyos en las campañas electorales. Es en definitiva una cópula hedionda entre el poder político y pseudoempresarios que no quieren someterse al veredicto de la gente a través de la competencia.

Desde Adam Smith en adelante, los liberales han batallado permanentemente contra la relación incestuosa entre los gobiernos y este tipo de empresarios prebendarios que necesariamente explotan a la gente vendiendo a precios más elevados, calidad inferior o las dos cosas al mismo tiempo. Son en verdad asaltantes de guante blanco que como no queda bien para su status social irrumpir en las viviendas de sus semejantes y arrasar con sus pertenencias, lo hacen vía los gobiernos con el apoyo de la ley corrupta.

La expresión "ley y orden" está íntimamente atada a la noción básica del derecho, es decir, acciones conformes a derecho conducen al orden social, la paz y la armonía, lo cual nunca ocurre con legislación contraria al derecho, no importa que cantidad de votos la respalda.

La contrapartida del derecho es la obligación. La propiedad obtenida lícitamente a través de arreglos libres y voluntarios tiene como contratara la obligación de respetarla, pero si se obtiene por medio del fraude, el privilegio o la fuerza no hay lugar para la referida obligación y si el gobierno la impone convierte la situación en pseudoderecho ya que al otorgar semejante posesión debe sustraerse el fruto del trabajo ajeno.

En los tiempos que corren, estamos rodeados de pseudoderechos que son aspiraciones de deseos: el "derecho" a una vivienda digna, a un salario adecuado, a la recreación necesaria, a la felicidad etc. etc. que nos recuerdan la antiutopía orwelliana del Gran Hermano. Es en este contexto en el que hacen su aparición los lobbistas, lo cual resultaba imposible en otros tiempos allí donde el Poder Legislativo se limitaba a administrar las finanzas y cuidar de los derechos individuales. A medida que estos diques de contención se fueron derrumbando, en esa media, los lobby se hicieron más fuertes y decisivos. Nada hay entonces que asesorar a legisladores si se mantienen en el carril del derecho y la consiguiente igualdad ante la ley y si para esto necesitan consejos del tipo lobbista deben renunciar a sus bancas y sus dietas puesto que no estarían capacitados para velar por los derechos de los gobernados.

Vamos al punto de la pretendida vinculación al lobby con la libertad de expresión. Todos deben poder ejercerla pero no por ello debe institucionalizarse la obligación de gobernantes de escuchar discursos que no solo no hacen a sus funciones sino, como queda dicho, son incompatibles con el ideario republicano. Del mismo modo, la libertad de expresión no se vulnera porque el dueño de una casa no permite que ingresen a la misma quienes no son deseables y menos si es para insultar a los dueños de casa.

Por último, respecto a que el registro de lobbistas permite la transparencia y evita la corrupción debe tenerse presente en primer lugar que el lobbismo es en si mismo la corrupción de la sociedad abierta por las razones antes apuntadas. En segundo lugar, la transparencia de algo que es contrario al sistema republicano y que facilita la legislación de casos particulares en contraposición a la igualdad de derechos, es contraproducente no por ser transparente sino por inconveniente y dañino.

Lo dicho nada tiene que ver con limitar coactivamente la financiación de campañas electorales con la idea de evitar la devolución de favores, puesto que como he escrito en columnas referidas a la libertad de prensa, esos intercambios se bloquean en otro nivel por medio de marcos institucionales que no permiten el otorgamiento de privilegios.

Entre muchos otros, Giovanni Sartori ha explicitado las características centrales de un régimen libre y los estrictos controles y vigilancia permanente al poder político que ello demanda. Por su lado, James Madison se detuvo a considerar los peligros de las facciones al consignar que "por una facción entiendo un número de ciudadanos, sea mayoría o minoría, a los que guía el impulso, la pasión o los intereses comunes en dirección al conculcamiento de los derechos de otros ciudadanos" y de esto es, precisamente, de lo que trata el lobby.

*Marzo 23, 2014.*

# Una perla en la biblioteca

Días pasados buscando un libro me encontré con la grata sorpresa (afortunadamente suele ocurrir con alguna frecuencia) de una obra publicada por seis estudiantes universitarios, en 1974. Se titula *The Incredible Bread Machine* que, ni bien parió, tuvo los mejores comentarios en la prensa estadounidense y de académicos de peso y, consecuentemente, logró una venta sustancial en varias ediciones consecutivas y traducciones a otros idiomas. Los autores son Susan L. Brown, Karl Keating, David Mellinger, Patrea Post, Stuart Smith y Catriona Tudor, en aquel momento de entre 22 y 26 años de edad.

Abordan muchos temas en este libro, pero es del caso resaltar algunos. Tal vez el eje central del trabajo descansa en la explicación sumamente didáctica de la estrecha conexión entre las llamadas libertades civiles y el proceso de mercado. Por ejemplo, muchas personas son las que con toda razón defienden a rajatabla la libertad de expresión como un valor esencial de la democracia. Sin embargo, muchos de ellos desconocen el valor de la libertad comercial al efecto de contar con impresoras y equipos de radio y televisión de la mejor calidad si no existe el necesario respeto a la propiedad privada en las transacciones. Estos autores muestran la flagrante incongruencia.

Además, como nos ha enseñado Wilhelm Roepke, la gente está acostumbrada a fijar la mirada en los notables progresos en la tecnología, en la ciencia, en la medicina y en tantos otros campos pero no se percata que tras esos avances se encuentra el fundamento ético, jurídico y económico de la sociedad libre que da lugar a la prosperidad.

Este es un punto de gran trascendencia y que amerita que se lo mire con atención. Se ha dicho que los que defienden el mercado libre son "fundamentalistas de mercado". Si bien la expresión "fundamentalismo" es horrible y se circunscribe a la religión y es del todo incompatible con el espíritu liberal que significa apertura mental en el contexto de procesos evolutivos en los que el conocimiento es siempre provisorio sujeto a refutación, es útil traducir esa imputación al respecto irrestricto a los deseos del prójimo puesto que eso y no otra cosa significa el mercado. Quien lanza esa consideración en tono de insulto es también parte del mercado cuando vende sus servicios, compra su ropa o adquiere su alimentación, su automóvil, su computadora o lo que fuere.

El asunto es que en general no se percibe el significado del "orden extendido" para recurrir a terminología hayekiana. Tal como nos dice Michael Polanyi, cuando se mira un jardín bien tenido o cuando se observa una máquina que funciona adecuadamente, se concluye que hay mentes que se ocuparon del diseño respectivo. Eso es evidentemente cierto, pero hay otro tipo de órdenes en lo físico y en la sociedad que no son fruto de diseño humano. Tal es el caso sencillo del agua que se vierte en una jarra que llena el recipiente con una densidad igual hasta el nivel de un plano horizontal. Y, sobre todo, remarca también Polanyi el hecho de que cada persona siguiendo su interés personal (sin conculcar derechos de terceros) produce un orden que excede en mucho lo individual para lograr una coordinación admirable.

En otras oportunidades he citado el ejemplo ilustrativo de John Stossel en cuanto a lo que ocurre con un trozo de carne envuelto en celofán en la góndola de un supermercado. Imaginando el largo y complejo proceso en regresión, constatamos las tareas del agrimensor en el campo, los alambrados, los postes con las múltiples tareas de siembra, tala, transportes, cartas de crédito y contrataciones laborales. Las siembras, los plaguicidas, las cosechadoras, el ganado, los peones de campo, los caballos, las riendas y monturas, las aguadas y tantas otras faenas que vinculan empresas horizontal y verticalmente. Hasta el último tramo, nadie está pensando en el trozo de carne envuelto en celofán en la góndola del supermercado y sin embargo el producto está disponible. Esto es lo que no conciben los ingenieros sociales que concluyen que "no puede dejarse todo a la anarquía del mercado" e intervienen con lo que generan desajustes mayúsculos y, finalmente, desaparece la carne, el celofán y el propio supermercado.

Es que el conocimiento está fraccionado y disperso entre millones de personas que son coordinadas por el sistema de precios que, en cada instancia permite consultarlos al efecto de saber si se está encaminado por la senda correcta o hay que introducir cambios.

Los autores del libro que comentamos, se refieren a este proceso cuando conectan la libertad con el mercado abierto, al tiempo que se detienen a considerar los estrepitosos fracasos del estatismo desde la antigüedad. Así recorren la historia de los controles al comercio desde los sumerios dos mil años antes de Cristo, las disposiciones del Código de Hamurabi, el Egipto de los Ptolomeos, China desde cien años antes de Cristo y, sobre todo, Diocleciano de la Roma antigua con sus absurdos edictos estatistas.

Los autores también se detienen a objetar severamente el llamado sistema "de seguridad social" (en realidad de inseguridad anti-social) que denuncian como la estafa más grande, especialmente para los más necesitados, a través de jubilaciones basadas en los sistemas de reparto. Efectivamente, cualquier investigación que llevemos a cabo con gente de edad de cualquier oficio o profesión comprobaremos lo que significan los aportes mensuales durante toda una vida para recibir mendrugos vergonzosos, ya que puestos esos montos a interés compuesto puede constatarse las diferencias astronómicas respecto a lo que se percibe.

Incluso, aunque se tratara de sistemas de capitalización estatal (que no es el caso en ninguna parte) o de sistemas privados forzosos de capitalización (que si hay ejemplos), se traducen en perjuicios para quienes prefieren otros sistemas o empresas para colocar sus ahorros. Al fin y al cabo, los inmigrantes originales en Argentina, compraban terrenos o departamentos como inversión rentable hasta que Perón las destruyó con las inauditas leyes de alquileres y desalojos, perjudicando de este modo a cientos de miles de familias.

Por otra parte, las legislaciones que obligan a colocar los ahorros en empresas privadas elegidas por los gobiernos, no solo bloquean la posibilidad de elegir otras (nacionales o extranjeras), sino que esta vinculación con el aparato estatal indefectiblemente termina en su intromisión en esas corporaciones, por ejemplo, en el mandato de adquirir títulos públicos y otras políticas que, a su vez, hacen que los directores pongan de manifiesto que no son responsables de los resultados y así en un efecto cascada sin término.

Por supuesto que hay aquí siempre una cuestión de grado: es mejor tener una inflación del veinte por ciento anual que una del doscientos por ciento, pero de lo que se trata es de liberarse del flagelo.

En definitiva, haciendo honor al título, la obra comentada ilustra a las mil maravillas la increíble máquina de producir bienes y servicios por parte de los mercados libres. Concluyen afirmando que todo este análisis "no significa que el capitalismo es un elixir que garantiza que se resolverán todos los problemas que confronta el ser humano. El capitalismo no proveerá felicidad para aquellos que no saben que los hace felices [...] Lo que hará el capitalismo es proveer al ser humano con los medios para sobrevivir y la libertad para mejorar en concordancia con sus propósitos". Y, de más está decir, no se trata de un capitalismo inexistente como el que hoy en día tiene lugar donde el Leviatán es inmenso, fruto de impuestos insoportable, deudas y gastos públicos astronómicos y regulaciones asfixiantes.

*Marzo 24, 2014.*

# Lo primero, primero

En esta ocasión quiero abordar tres temas estrechamente vinculados entre si, por lo que es frecuente que se los trate de modo conjunto tal como lo he hecho en otra oportunidad señalando algunos elementos e interrelaciones en parte distintas a las que voy a disecar ahora con la intención de que se digieran mejor.

En primer lugar, la devaluación. Como es sabido, no pocos son los gobiernos que por razones electorales están incentivados a engrosarse. Entre muchos otros, Gordon Tullock en su ensayo "The Growth of Government" muestra el crecimiento del aparato estatal, especialmente a partir de lo que se ha dado en denominar "el estado benefactor", esto es, entregar el fruto del trabajo ajeno como clientelismo y explica la falacia de que el crecimiento del producto bruto interno justifica un Leviatán más adiposo (por ejemplo, el caso de Alemania versus Estados Unidos donde en el primer caso se incrementó el gasto público al aumentar el producto mientras en el segundo se mantuvo estable el gasto gubernamental con mejores resultados en el progreso).

Además, en otros de sus escritos, apunta a que los gastos en seguridad y justicia no justifican para nada los referidos saltos exponenciales que se deben a la incorporación de nuevas funciones gubernamentales (que, por otra parte, el autor revela que aquellas se han tercerizado en alto grado, por ejemplo, en Estados Unidos a través del arbitraje en la Justicia y también la seguridad privada que depende de la fuerza pública). Tullock agrega que otro canal de tentación ha sido la aparición de nuevos tributos. Por su parte, James M. Buchanan se detiene a considerar la influencia malsana de la economía keynesiana en *Democracy in Deficit. The Political Legacy of Lord Keynes* (en coautoría con Richard E. Wagner).

Naturalmente, estas concepciones estatistas nacen en ámbitos educativos los cuales, solo en raros casos, cuentan con la contratara al efecto de fundamentar las ventajas de adoptar los postulados de la sociedad abierta, especialmente para los más necesitados debido a las tasas de capitalización según las preferencias reveladas en el proceso de mercado.

Entonces, en el contexto descripto al que generalmente se introduce la manipulación del tipo de cambio, el antedicho gasto público después de agotar caminos vía presiones impositivas descomunales y endeuda-mientos siderales, entran en la zona del déficit que es financiado con inflación monetaria, lo cual, a su vez, desactualiza la relación entre la divisa local y la extranjera que tiende a paralizar el comercio exterior. En lugar de liberar el mercado cambiario se opta por devaluar, a saber, los gobernantes establecen nuevos "precios" que estiman convenientes sin permitir que surjan los indicadores basados en estructuras valorativas.

Sin duda que la depreciación del signo monetario se produce cuando se expande la base, esa es la devaluación *de facto* pero la devaluación decretada *de jure* es menor por lo que el desajuste permanece en relación directa a ese delta (si fuera la que indica el mercado no habría necesidad de la intervención gubernamental).

La segunda medida que acompaña la devaluación es el llamado ajuste que implica podar o recortar gastos sin ir al fondo del problema, es decir, eliminar funciones al efecto de que la política no es traduzca en enormes y, en última instancia, inútiles sacrificios (puesto que si se poda, tarde o temprano la vegetación crece con mayor vigor y estamos a fojas cero y, otra vez, se vuelve a hablar de devaluación y ajuste, y así sucesivamente). Como siempre hay candidatos entusiastas a ser secretarios y ministros, la idea es pasar la tormenta lo más disimuladamente posible para permanecer en el cargo hasta la próxima crisis y así se vuelve a las andadas.

El tercer capítulo se vincula a la transición, o sea, las elaboraciones de cómo pasar de la situación crítica del momento a una de cordura pero lamentablemente basada solo en retoques fiscales y monetarios y no en medidas de fondo que reviertan la situación del estatismo rampante. Es que en la mayor parte de los casos los ejecutores de la transición no comparten la idea de eliminar funciones de algún peso y, en su lugar, generalmente adoptan una inconducente cosmética que estiman más o menos ingeniosa pero sin sustento alguno ya que dejan en pie los ejes centrales de los incentivos y la maquinaria estatista. No comparten la reestructuración de raíz, por más que hablen de presupuesto base cero: cuando revisan las funciones que generan los problemas que atropellan derechos las pasan por alto y las confirman. Naturalmente, con estos criterios, se vuelve a recaer en los mencionados ciclos que cada vez desgastan más y acentúan sus efectos perversos.

En otras oportunidades me he referido en detalle a las funciones que estimo imperioso eliminar, en esta ocasión ilustro lo dicho solo con la necesidad de entender que la transición requiere objetivos de lo contrario no es una transición, es decir, es indispensable saber hacia donde se apunta. Como queda dicho, si se trata de medidas de ajuste se repetirá el ciclo de fracasos, y si se trata de ir al fondo de los problemas eliminando funciones incompatibles con una sociedad abierta, el griterío será descomunal puesto que no existe la comprensión necesaria respecto a las funciones del gobierno. No hay disimulos ni disfraces que puedan cubrir este hecho inexorable.

Lo primero, primero. No hay modo de escapar a la realidad. No puede colocarse el carro delante de los caballos. Primero debe existir una mínima comprensión de la necesidad de que el aparato estatal debe limitarse a sus funciones específicas de proteger la vida, la libertad y la propiedad de los gobernados y dejar de lado todas las funciones que contradicen esas metas. En otros términos, dedicar la máxima energía al debate de ideas y a la educación en general, de lo contrario todas las transiciones terminan en un rotundo fracaso.

No es posible insistir en la descripción de incendios con todas las cifras y gráficos que se quieran si no se mira el foco del fuego y se trabaja en el campo de las ideas para que se comprenda la naturaleza y los efectos devastadores del combustible estatista, como queda dicho, muy especialmente para los más pobres. Es un tema de prioridades: lo primero, primero. No es conducente primero ocuparse del techo y luego de los cimientos. No es que el techo resulte innecesario –la transición– es que primero van los cimientos.

De más está decir que trabajar en la transición y en las ideas de fondo no son incompatibles sino que son complementarias, siempre y cuando se tenga en claro las metas hacia donde apuntará la transición, de lo contrario se trata más bien de un estancamiento o de una repetición: en definitiva, más de lo mismo. Lo desafortunado de este asunto es la gigantesca desproporción entre los profesionales que se ocupan de describir el desastre junto a una supuesta transición sin objetivos de erradicar funciones y, por otro lado, los que se preocupan de las ideas de fondo para que se entienda y acepte una genuina transición hacia la libertad.

No se me escapa que en general se considera una quimera dedicarse a la educación y al debate de ideas de fondo y que son "más prácticas" las faenas políticas, pero por mi parte, al contrario, estimo que nada hay más práctico que despejar telarañas mentales, precisamente para que sea posible articular un discurso político consistente con la sociedad abierta y no forzar la mano con propuestas que si son débiles resultan inconducentes y si van al fondo no pueden aplicarse debido a la superlativa incomprensión reinante. Y tengamos en cuenta que las propuestas "prácticas" en el sentido apuntado son cada vez menos liberales debido al corrimiento en el eje del debate que producen los estatistas que si trabajan en el terreno educativo siguiendo el consejo del marxista Antonio Gramsci ("cambien la cultura y la educación y el resto se dará por añadidura"). En esta línea argumental y en medio del clima cultural imperante, cada vez serán más políticamente incorrectas las sugerencias liberales.

*Abril 4, 2014.*

# Hannah Arendt

En 1968 cuando fui becado por la Foundation for Economic Education en New York, en uno de los seminarios de Murray Rothbard, paralelos a los regulares, nos recomendó a los asistentes una obra de una persona que hasta el momento no había escuchado nombrar. Se trataba de *The Origins of Totalitarianism* de Hannah Arendt. Una intelectual alemana que trabajó su tesis doctoral con Jaspers (a quien se refiere con admiración en "Karl Jaspers: A Laudiatio" incluido en su *Men in Dark Times*), amante de Martín Heidegger (que se volvió nazi) y finalmente, después de un breve matrimonio terminado en divorcio, casada con el filósofo-poeta marxista Heinrich Blücher. Luego de largos e intensos estudios, Arendt se trasladó a Estados Unidos donde enseñó en las universidades de Princeton, Chicago,Columbia, Berkley y Yale.

El libro mencionado básicamente trata de las características comunes de los sistemas impuestos por Stalin y por Hitler (uno se alzó con el poder después de la revolución bolchevique y el otro a través del proceso electoral). La autora muestra las ideas y políticas comunes de estos dos monstruos del siglo XX: la infernal maquinaria de propaganda, las mentiras más descaradas, el terror, la eliminación de opiniones disidentes, la necesidad de fabricar enemigos externos e internos para aglutinar y enfervorizar a las masas, el extermino de toda manifestación de individualidad en aras de lo colectivo, el antisemitismo, el estatismo rampante y las extendidas y sistemáticas purgas, torturas y matanzas.

Tal como consigna Arendt en esa obra: "el único hombre por quien Hitler tenía respeto incondicional era Stalin" y "Stalin confiaba solo en un hombre y éste era Hitler". Esto va para los encandilados mentales que como dice Revel en *La gran mascarada* no son capaces de ver la comunión de ideales entre el comunismo y el nacionalsocialismo y su odio mancomunado al liberalismo.

A pesar de que en algunos pocos textos Hannah Arendt resulta a nuestro juicio ambigua, confusa y, por momentos, contradictoria tal como ocurre, por ejemplo, en "The Social Question" (ensayo incluido en *On Revolution*) ha producido material extraordinariamente valioso donde pone de manifiesto una notable cultura y percepción (especialmente su conocimiento de la filosofía política y de la historia de los Estados Unidos). En "Lying in Politics" (trabajo incluido en *Crisis of the Repu-*

*blic*) muestra las patrañas que ocurren en los ámbitos políticos y abre su escrito con el escándalo de los llamados Papeles del Pentágono donde el gobierno de Estados Unidos pretendió ocultar horrendos sucesos en Vietnam enmascarados en "los secretos de Estado" y el "patriotismo".

Las valientes denuncias e investigaciones independientes del poder en el contexto de la libertad de expresión es lo que, según Arendt, permiten el cambio puesto que "el cambio sería imposible si no pudiéramos mentalmente removernos de donde estamos físicamente ubicados e imaginar que puede ser diferente de lo que actualmente es". Las piruetas verbales, los engaños, los fraudes y los crímenes llevados a cabo en nombre de la política tal como los describió Maquiavello, son desecados por la autora, quien concluye en "Truth and Politics" (como parte de la colección de su *Between Past and Future*) que "Nadie ha dudado jamás que la verdad y la política están más bien en malos términos, y nadie que yo sepa ha encontrado la veracidad entre las virtudes políticas".

También en la referida *Crisis of the Republic* aparece otro escrito de gran calado titulado "Civil Disobedience". Veamos a vuelapluma este formidable ensayo solo para marcar sus ejes centrales.

Como advierte Arendt, el tema de la desobediencia civil de los que reclaman justicia (naturalmente no de los criminales) parte del hecho del "no del todo feliz casamiento entre la moral y la legalidad", lo cual complica el andamiaje jurídico en el sentido de que no puede sostenerse legalmente lo que es contrario a la ley del momento. Sin embargo, desde Sidney y Locke el derecho a la resistencia a la opresión insoportable está sustentado por la Declaración de la Independencia norteamericana en adelante ("Cuando cualquier forma de gobierno se convierte en destructivo de éstos fines [de preservar y garantizar derechos], es el derecho de la gente alterarlo o abolirlo y establecer un nuevo gobierno"), puesto que la ley en la tradición estadounidense está basada en valores y principios extramuros de la ley positiva (en esto se basó la Revolución en el país del Norte contra Jorge III y en tantos otros lados como, por ejemplo, en Cuba contra Batista, antes de convertirse en una tenebrosa isla-cárcel o la derrota por fuerzas aliadas de Hitler quien, como queda expresado, había triunfado electoralmente para ascender al poder).

Dice la autora que ejemplos contemporáneos de desobediencia son los de los movimientos antiguerra y los relacionados con los derechos civiles. Cita el ejemplo de Henry David Thoreau cuando se negó a pagar impuestos a un gobierno que defendía la esclavitud e invadía México.

En su trabajo –titulado también "Civil Disobedience"– entre muchas otras cosas Thoreau se pregunta si "¿Debe el ciudadano en parte o en todo renunciar a su conciencia en favor del legislador? ¿Por qué entonces tenemos conciencia? Creo que debemos ser hombres primero y luego gobernados. No es deseable que se respete la ley sino el derecho [...] Las leyes injustas existen: ¿debemos contentarnos con obedecerlas o debemos enmendarlas?". Por su parte, Hannah Arendt elabora a raíz de la desobediencia civil sobre los síntomas de la pérdida de autoridad política debido a los atropellos gubernamentales "que no se cubren aun si son el resultado de decisiones mayoritarias" que en última instancia son el efecto de una "tendencia que representa a nadie más que a la maquinaria partidaria", lo cual expresa en el contexto de lo dicho por Tocqueville en cuanto a "la tiranía de las mayorías" y de "la ficción del contrato social" en concordancia con autores de la talla de Hume.

También Arendt lo cita a Sócrates cuando dice (en *Gorgias*, 482) que es mejor para él estar en desacuerdo con la multitud que estar en desacuerdo con él mismo (muy importante a tener en cuenta en los tiempos que corren). A lo cual cabe adicionar a las otras características de aquél filósofo como la conciencia de nuestra propia ignorancia (por otra parte, *ubi dubium ibi libertas*: donde no hay duda no hay libertad), sus reflexiones sobre la psyké y la importancia del esfuerzo por conocer ("la virtud es el conocimiento") en el contexto de la excelencia (*areté*) que facilita su método de la mayéutica, a lo que podemos incorporar el lema de la Royal Society de Londres que es muy socrático: nullius in verba (no hay palabras finales).

Por último, en su interesantísmo y muy documentado libro *The Life of the Mind*, nos parece que hay un punto clave que está insinuado por Arendt pero que no se desarrolla ni se extraen las consecuencias de esa omisión parcial cuyo tema es muy pertinente dados los debates que actualmente se llevan a cabo en distintos campos de la ciencia.

Me refiero especialmente aunque no exclusivamente a la sección dedicada a la relación alma-cuerpo. Es éste un aspecto medular e inseparable a la condición humana, es decir, el libre albedrío. Si fuéramos solo kilos de protoplasma y no tuviéramos psique (alma), mente o estados de conciencia, no habría posibilidad alguna de contar con proposiciones verdaderas o falsas, no tendría sentido el pensamiento ni el debate, no habría ideas autogeneradas, ni la moral, la responsabilidad individual ni la libertad. Seríamos loros complejos, pero loros al fin.

Como ha explicado el premio Nobel en neurofisiología John Eccles "Uno no se involucra en un argumento racional con un ser que sostiene que todas sus respuestas son actos reflejos, no importa cuan complejo y sutil sea el condicionamiento". Por su parte, el filósofo de la ciencia Karl Popper sostiene que "si nuestras opiniones son el resultado distinto del libre juicio de la razón o de la estimación de las razones y los pros y contras, entonces nuestras opiniones no merecen ser tenidas en cuenta. Así pues, un argumento que lleva a la conclusión que nuestras opiniones no son algo a lo que llegamos nosotros por nuestra cuenta, se destruye a si mismo". Y agrega este autor que si el determinismo físico (o materialismo filosófico) fuera correcto, un físico competente, pero ignorante en temas musicales, analizando el cuerpo de Mozart, podría componer la música que ese autor compuso.

Como apunta en *Mind and Body* el prolífico profesor de metafísica John Hick: "Un mundo en el que no hubiera libertad intelectual sería un mundo en donde no existiría la racionalidad. Por tanto, la creencia del determinismo no puede racionalmente alegar que es una creencia racional. Por ello es que el determinismo resulta autorefutado o lógicamente suicida. El argumento racional no puede concluir que no hay tal cosa como una argumentación racional".

Decimos que este tema es medular en vista de los frecuentes apoyos al determinismo físico en áreas de la filosofía, la psiquiatría (curiosamente el estudio de la psiquis niega frecuentemente la psique), el derecho (especialmente en ciertas posturas del derecho penal donde se afirma que el delincuente no es responsable de su crimen debido a que está determinado por su herencia genética y su medio ambiente), la economía (especialmente nada menos que en teoría de la decisión –donde paradójicamente no habría decisión– y en la novel neuroeconomics) y, en parte, en las recientemente desarrolladas neurociencias.

Hay sin duda valiosos aportes en defensa de la sociedad abierta con la que simpatiza Hannah Arendt, pero son alarmantemente escasas las contribuciones que aluden a este tema tan vital para la libertad y, como queda dicho, hay numerosas publicaciones en defensa del determinismo físico lo cual no augura un futuro promisorio para la sociedad abierta, a menos que se revierta esta tendencia que conduce a la negación de la libertad en sus mismos cimientos. Ningún liberal, no importa su profesión y dedicación, puede estar ausente de un asunto de tamaña envergadura del cual necesariamente derivan todas las demás conclusiones.

*Abril 12, 2014.*

# Ernesto Laclau: un apunte

Se ha escrito mucho sobre el autor que figura en el encabezado de esta nota pero observo que la mayoría, sea para criticarlo o para aplaudir lo que dice, se aferran a sus extensos e interminables textos farragosos, en tramos ininteligibles construidos en base a una cadena interminable de galimatías conceptuales. No es que todo lo que escribe Laclau sea incomprensible, hay pasajes muy claros pero parecería que el estilo obedece a una estrategia que consiste en tirar la estocada con una idea-fuerza y luego adornarla largamente con una escritura sin sentido alguno para impresionar a los snobs y a los acomplejados (me refiero a aquellos que cuando no entienden conjeturan que el que escribe "debe saber mucho"). Karl Popper aludía a esos escritores reiterando que "la búsqueda de la verdad solo es posible si hablamos sencilla y caramente [...] Para mí, buscar la sencillez y la lucidez es un deber moral de todos los intelectuales: la falta de claridad es un pecado y la presunción un crimen".

No quiero abusar de la paciencia del lector pero tomo más o menos al azar una de las parrafeadas típicas de Laclau, esta vez de su libro *Nuevas reflexiones sobre la revolución de nuestro tiempo* al efecto de ilustrar lo dicho para que cada uno juzgue por sí mismo. Por ejemplo: "Toda tipografía presupone un espacio dentro del cual la distinción entre regiones y niveles tiene lugar, ella implica, en consecuencia, el cierre del todo social, que es lo que permite que éste último sea aprehendido como una estructura inteligible que asigna identidades precisas a sus regiones y niveles. Por si toda objetividad es sistemáticamente rebasada por un exterior sustitutivo, toda forma de unidad, articulación y jerarquización que pueda existir entre varias regiones y niveles será el resultado de una construcción contingente y pragmática y no una conexión esencial que pueda ser reconocida".

Lamentablemente en lo personal, al dirigir tesis doctorales he comprobado que no son pocos los alumnos que arrastran una especie de inercia en cuanto a que en sus monografías y similares durante la carrera de grado les han inoculado la manía del oscurantismo como si fuera un camino fértil para exhibir supuestos conocimientos sofisticados. En estos casos, se consume bastante tiempo en volver a la normalidad. Alan Sokal y Jean Bricmont han ilustrado magníficamente el punto señalado cuando publicaron un muy celebrado ensayo con referato en

*Social Text*, luego de lo cual declararon que se estaban burlando de la comunidad académica ya que el trabajo contenía disparates superlativos y se aprestaron a publicar su propia refutación, a lo que la dirección del *journal* en cuestión concluyó que "no tenía altura académica" por lo que los autores decidieron publicar todo el material y el relato de lo sucedido en un libro titulado *Imposturas intelectuales*.

Vamos entonces lo que estimamos es el núcleo del mensaje de Laclau en sus escritos, las estocadas a las que nos referimos más arriba. En el libro que hemos citado de este autor sostiene en el contexto de su adhesión a la teoría de la plusvalía que "la clásica falacia liberal acerca de la relación entre obrero y capitalista consiste en reducir a esta última a su forma jurídica –el contrato entre agentes económicos libres– y que la crítica a esta falacia consiste en mostrar la desigualdad de las condiciones a partir de las cuales capitalista y obrero entran en la relación de producción".

En esta misma línea argumental escribe el mismo autor en la misma obra que "en el caso de que la gestión del proceso económico deje de estar en las manos privadas del capitalista y pase a ser una gestión social, la emancipación del capitalista respecto del productor directo es transferida a la comunidad en su conjunto. Lo que el productor directo pierde en términos de autonomía individual, lo gana por otro lado con creces en tanto miembro de una comunidad" y, como remedio, sugiere "una intervención consciente, por lo tanto, permite regular la realidad crecientemente dislocada del mercado" puesto que "el mito del capitalismo liberal fue de un mercado absolutamente autorregulado".

Este es en una cápsula el núcleo duro de Laclau en materia económica. Una perspectiva nada original pero que rebalsa en errores muy sustanciales. Primero, los salarios e ingresos en términos reales son consecuencia de las tasas de capitalización, es decir, fruto del ahorro interno y externo que hacen de apoyo logístico para elevar el nivel de vida. Los arreglos contractuales son siempre entre desiguales lo cual significa asimetrías en gustos y en informaciones, de lo contrario no se llevarían a cabo. En cuanto a las desigualdades patrimoniales, en un mercado abierto éstas responden a las votaciones de los consumidores en el plebiscito diario del supermercado y equivalentes, lo cual, a su vez, permite incrementar las antedichas inversiones, especialmente para bien de los más necesitados. Como hemos puntualizado en otras oportunidades, esto último no ocurre cuando los empresarios dejan de estar compelidos a satisfacer las demandas del prójimo puesto que sus riquezas se deben al privilegio otorgado por el poder político.

Por otra parte, en el mercado del cual todos formamos parte cuando adquirimos lo que necesitamos (incluso los libros de Laclau) las compras y ventas de bienes y servicios significan intercambios de derechos de propiedad y cuando éstos se vulneran se alteran los precios que al trasmitir señales falsas obstaculizan la contabilidad y la evaluación de proyectos hasta, en el extremo, tal como ocurría antes de la demolición del Muro de la Vergüenza en Berlín, se elimina toda posibilidad de cálculo económico. La idea de la llamada dirección estatal "conciente" es precisamente a lo que el premio Nobel en Economía Friedrich Hayek combate y refuta en su *La fatal arrogancia. Los errores del socialismo*. La función de los gobiernos en una sociedad abierta consiste en proteger los derechos de los gobernados, marcos institucionales que Laclau rechaza tal como veremos enseguida.

Por último, afirmar que lo que pierde el capitalista lo gana con creces la comunidad cuando la gestión la lleva a cabo el aparato estatal pasa por alto el hecho de que la asignación de los siempre escasos factores de producción operan a ciegas si no se administran por aquellos que los consumidores consideran más eficientes para atender sus requerimientos y, por ende, el traspaso de la gestión empresaria al Leviatán inexorablemente significa una pérdida neta o, más bien, un derroche.

En otro de sus libros titulado *La razón populista* comienza afirmando que "la noción misma de individuo no tiene sentido en nuestro enfoque" puesto que se dirige a ese antropomorfismo denominado "pueblo" basado en la supremacía de la mayoría sin cortapisas conducida por el líder con quien se establece un "lazo libidinal" en el contexto de un enfrentamiento al "otro antagónico" (las variantes capitalistas) en donde no hay división de poderes sino que el Poder Legislativo y el Judicial necesariamente deben acompañar las decisiones hegemónicas. Por eso no es de extrañar que, como lo señaló en una entrevista en *Página/12* titulada "Vamos a una polarización institucional", que subraye su adhesión al peronismo, al chavismo y a todos sus imitadores para concluir que, en este ámbito, "soy partidario hoy en América latina de la reelección presidencial indefinida", esto es, puro bonapartismo.

Con su mujer –Chantal Mouffe– también ha publicado ensayos y un libro de gran difusión titulado *Hegemonía y estrategia socialista: hacia una radicalización de la democracia* donde, como queda dicho, entienden la democracia como las mayorías ilimitadas a contracorriente de toda la tradición democrática que desde sus comienzos ha enfatizado en el respeto a las minorías, lo cual está representado contemporáneamente por Giovanni Sartori y tantos otros intelectuales de gran calado.

Laclau se aparta de la tradición estrictamente marxista para ubicarse en un posmarxismo, así consigna en el libro citado en primer término que "yo nunca he sido un marxista total" puesto que "nuestro trabajo puede ser visto como una extensión de la obra de Gramsci", en definitiva, "yo no he rechazado el marxismo. Lo que ha ocurrido es muy diferente, y es que el marxismo se ha desintegrado y creo que me estoy quedando con sus mejores fragmentos".

*Abril 27, 2014.*

*Facebook, "efecto derrame"*
*y marcos institucionales*

# Facebook y compañía

Todas las tecnologías tienen sus pros y contras, incluso el martillo puede utilizarse para calvar un clavo o para romperle la nuca al vecino. Internet puede servir para indagar, digerir y sacar conclusiones valiosas, pero también para recolectar basura. Los celulares pueden servir para la comunicación o, paradójicamente, para la incomunicación cuando el sujeto en cuestión interrumpe la conversación con su interlocutor en vivo para atender una llamada con quien tampoco se comunica en el sentido propio del término. En definitiva no está ni con uno ni con otro.

Últimamente he estado intercambiando ideas con algunas personas cercanas como mi mujer, mi hijo menor Joaquín y mi cuñada Margarita sobre aplicaciones en Facebook que desde que en 2004 irrumpió en escena a raíz del descubrimiento de un estudiante (completado por otras contribuciones posteriores), se convirtió en un sistema que ha crecido de modo exponencial hasta que actualmente hay más de ochocientos millones de participantes.

Hoy parece que decae este instrumento para ser reemplazado por imágenes y textos que aparentemente tienen un plazo de supervivencia. De cualquier modo, las redes sociales en general han servido para muy distintos propósitos, tal vez el más productivo sea la coordinación para protestar frente a gobiernos desbocados, pero en esta nota me quiero detener en otro aspecto medular que me llama poderosamente la atención.

Este aspecto alude a la obsesión por entregar la propia privacidad al público, lo cual sucede aunque los destinatarios sean pretendidamente limitados (los predadores suelen darle otros destinos a lo teóricamente publicado para un grupo). De todos modos, lo que me llama la atención es la tendencia a la pérdida de ámbitos privados y la necesidad de publicitar lo que se hace en territorios íntimos, no necesariamente sexuales sino, como decimos, lo que se dice y hace dirigidas a determinadas personas o también actitudes supuestamente solitarias pero que deben registrarse en Facebook para que el grupo esté informado de lo que sucede con el titular.

Parecería que no hay prácticamente espacio para la preservación de las autonomías individuales, las relaciones con contertulios específicos quedan anuladas si se sale al balcón a contar lo que se ha dicho o hecho.

Como es sabido, la Cuarta Enmienda en la Constitución estadounidense abrió un camino luego seguido por muchos otros países por la que se considera lo privado como algo sagrado que solo puede interrumpirse con orden judicial debidamente justificada por la posibilidad cierta de un delito y con la expresa mención de que y porqué se ha de avasallar.

Con los Facebooks y compañía no parece que se desee preservar la privacidad, al contrario hay una aparente necesidad de colectivizar lo que se hace. No hay el goce de preservar lo íntimo en el sentido antes referido. Parecería que estamos frente a un problema psicológico de envergadura: la obsesión por exhibirse y que hay un vacío existencial si otros no se anotician de todo lo que hace el vecino. Es como una puesta en escena, como una teatralización de la vida donde los actores no tienen sentido si no cuentan con público.

Una cosa es lo que está destinado a los demás, por ejemplo, una conferencia, la publicación de artículos, una obra de arte y similares y otra bien diferente es el seguimiento de lo que se hace privadamente durante prácticamente todo el día (y, frecuentemente, de la noche). Una vida individual así vivida no es individual sino colectiva puesto que la persona se disuelve en el grupo.

Ya dijimos que hay muchas ventajas en la utilización de este instrumento por el que se trasmiten también buenos pensamientos, humor y similares, pero nos parece que lo dicho anteriormente, aun sin quererlo, tiene alguna similitud con lo que en otro plano ejecuta el Gran Hermano orwelliano, o más bien, lo que propone Huxley en su antiutopía más horrenda aun porque es donde la gente pide ser esclavizada. En nuestro caso, las entregas de la privacidad son voluntarias (aunque, como queda dicho, algunas derivaciones desagradables no son para nada intencionales por parte de quien publica en su muro).

Es perfectamente comprensible que quienes utilizan Facebook sostengan que publican lo que les viene en gana y lo que desean preservar no lo exhiben, pero lo que llama la atención es precisamente el volumen de lo que publican como si eso les diera vida, como si lo privado estuviera fuera de la existencia.

En modo alguno es que los que exhiben sin tapujos su privacidad a diestra y siniestra sean totalitarios, es que tal vez contribuyan inconscientemente a colectivizar y a diluir la individualidad con lo que eventualmente se corre el riesgo de preparar el camino al mencionado Gran Hermano.

Como he puesto de relieve en otra oportunidad, según el diccionario etimológico "privado" proviene del latín *privatus* que significa en primer término "apartado, personal, particular, no público". El ser humano consolida su personalidad en la medida en que desarrolla sus potencialidades y la abandona en la medida en que se funde y confunde en los otros, esto es, se despersonaliza. La dignidad de la persona deriva de su libre albedrío, es decir, de su autonomía para regir su destino.

La privacidad o intimidad es lo exclusivo, lo propio, lo suyo, la vida humana es inseparable de lo privado o privativo de uno. Milan Kundera en *La insoportable levedad del ser* anota que "La persona que pierde su intimidad lo pierde todo". Lo personal es lo que se conforma en lo íntimo de cada uno, constituye su aspecto medular y característico.

La primera vez que el tema se trató en profundidad, fue en 1890 en un ensayo publicado por Samuel D. Warren y Luis Brandeis en la *Harvard Law Review* titulado "El derecho a la intimidad". En nuestro días, Santos Cifuentes publicó *El derecho a la vida privada* donde explica que "La intimidad es uno de los bienes principales de los que caracterizan a la persona" y que el "desenvolvimiento de la personalidad psicofísica solo es posible si el ser humano puede conservar un conjunto de aspectos, circunstancias y situaciones que se preservan y se destinan por propia iniciativa a no ser comunicados al mundo exterior" puesto que "va de suyo que perdida esa autodeterminación de mantener reservados tales asuntos, se degrada un aspecto central de la dignidad y se coloca al ser humano en un estado de dependencia y de indefensión".

Tal vez la obra que mas ha tenido repercusión en los tiempos modernos sobre la materia es *La sociedad desnuda* de Vance Packard y la difusión más didáctica y documentada de múltiples casos es probablemente el libro en coautoría de Ellen Alderman y Caroline Kennedy titulado *El derecho a la privacidad*. Los instrumentos modernos de gran sofisticación permiten invadir la privacidad sea a través de rayos infrarrojos, captación de ondas sonoras a larga distancia, cámaras ocultas para filmar, fotografías de alta precisión, espionaje de correos electrónicos y demás parafernalia pueden anular la vida propiamente humana, es decir, la que se sustrae al escrutinio público.

Sin duda que en una sociedad abierta se trata de proteger a quienes efectivamente desean preservar su intimidad de la mirada ajena, lo cual no ocurre cuando la persona se expone al público. No es lo mismo la conversación en el seno del propio domicilio que pasearse desnudo por el jardín. No es lo mismo ser sorprendido por una cámara oculta que ingresar a un lugar donde abiertamente se pone como condición la presencia de ese adminículo.

Si bien los intrusos pueden provenir de agentes privados (los cuales deben ser debidamente procesados y penados) hoy debe estarse especialmente alerta a los entrometimientos estatales –inauditos atropellos legales– a través de los llamados servicios de inteligencia, las preguntas insolentes de formularios impositivos, la paranoica pretensión de afectar el secreto de las fuentes de información periodística, los procedimientos de espionaje y toda la vasta red impuesta por la política como burda falsificación de un andamiaje teóricamente establecido para preservar los derechos de los gobernados.

Pero es sorprendente que hoy haya entregadores voluntarios de su privacidad que es parte sustancial de la identidad puesto que de la intimidad nace la diferenciación y unicidad que, como escribe Julián Marías en *Persona*, es "mucho más que lo que aparece en el espejo", lo cual parecería que de tanto publicar privacidades desde muy diversos ángulos queda expuesta la persona en Facebook (además de que en ámbitos donde prevalece la inseguridad ese instrumento puede tener ribetes de peligrosidad).

Demás está decir que este tema no debe ser *bajo ningún concepto* materia de legislación, la cual infringiría una tremenda estocada a la libertad de expresión que constituye la quintaesencia de la sociedad abierta en la que todos pueden escribir y decir lo que les venga en gana y por los medios que juzguen pertinentes (cosa que no es óbice para que quienes consideren que sus derechos han sido lesionados interpongan las demandas correspondientes ante la Justicia, siempre como un *ex post facto*, nunca censura previa).

A lo dicho anteriormente también ahora se agrega la multiplicación de los "selfies" (sacarse fotografías a uno mismo), sobre lo cual acaba de pronunciarse la Asociación Americana de Psiquiatría (APA) en su reunión anual en Chicago respecto a la compulsión de sacarse fotos varias veces en el día y publicarlas en Facebook. Esta asociación de profesionales concluye que "esa pulsión se debe a una forma de compensar la falta de autoestima y llenar un vacío".

El que estas líneas escribe no tiene ni tuvo Facebook por pura desconfianza, sin embargo manos misteriosas –un verdadero enigma propio del mundo cibernético– le han fabricado dos que en cada caso se aclara que "no es oficial" y que contiene algunos artículos y ensayos del suscripto. Es posible que esta noticia sea irrelevante, pero de todos modos la consigno como una nota a pie de página para el cierre de este apunte periodístico.

*Abril 26, 2014.*

# A propósito de García Márquez

Acabo de leer el libro publicado hace poco por Plinio Apuleyo Mendoza titulado *Gabo. Cartas y recuerdos*. Plinio es coautor con Carlos Alberto Montaner y Álvaro Vargas Llosa de la muy valiosa e ilustrativa triada sobre el idiota latinoamericano, pero aquél trabajo sobrepasa en un punto a este trío.

Y el punto se hace sentir de modo filoso, contundente y de un modo feroz cuando el autor traza un paralelo entre las esperanzas de latinoamericanos pobres convencidos por intelectuales de izquierda que su salvación está en el socialismo. En eso estribaba la esperanza y el sueño de cambio. Esto se inculcaba con más fuerza al sostener que los generales-dictadores de la época representaban al capitalismo a lo que se agregaba que los gobiernos estadounidenses apoyaban estas manifestaciones brutales de autoritarismo (recordemos a Trujillo en la República Dominicana, Somoza en Nicaragua, Stroessner en Paraguay, Perón en Argentina, Vargas en Brasil, Rojas Pinilla en Colombia, Pérez Giménez en Venezuela, Ubico en Guatemala y Batista en Cuba).

El paralelo lo establece con motivo de su visita (junto a García Márquez) a Alemania Oriental. Allí dice Plinio Apuleyo Mendoza que se topó por todos lados con la pobreza más colosal y la mugre más espantosa y maloliente pero con una diferencia sustancial: allí no había esperanza alguna *porque la revolución ya se había consumado...y era eso.* Esto, sigue diciendo el autor, provoca y explica "el cambio de actitud" de las personas para convertirla en resignación y tristeza, en lugar de la esperanza de sus colegas latinoamericanos. Esto nos parece una observación crucial que se encaja en la piel del lector de un modo profundo y perecedero. Una imagen vívida que todo lo explica.

Escribe Plinio que en esa visita también a la URSS hizo que perdiera su "inocencia respecto al mundo socialista" ya que adhería a esa postura, experiencias que, en esa instancia, no fueron suficientes para abandonar el intento por implantar un socialismo distinto al de las masacres de Stalin, de ahí que al comienzo apoyó el experimento cubano, idea que a poco andar abandonó para abrazar la causa liberal.

Esto me recuerda el tránsito intelectual de mi amigo Eudocio Ravines (finalmente asesinado en México) que en su juventud fue Premio Lenin y Premio Mao y organizó el comunismo en España y en Chile (con especial encargo del Kremlin de infiltrar la Iglesia católica), quien, al principio –antes de escribir *La gran estafa* y miles de columnas a favor de la sociedad abierta– pensaba que el problema era Stalin y tardó en darse cuenta que la raíz del mal radica en el sistema socialista.

Plinio Apuleyo Mendoza afirma en el libro que venimos comentando que "Los latinoamericanos de nuestra generación tuvieron de jóvenes una versión seráfica del socialismo, que la realidad se ha encargado de corregir severamente. Las desesperadas circunstancias políticas de América Latina, sus generales en el poder, presos y exiliados en todas partes, avivaban nuestras simpatías por el mundo socialista, que conocíamos solo de modo subliminal a través de toda la mitología revolucionaria [...] una gran decepción similar a la que tuve de niño cuando supe que los juguetes de Navidad no los traía el Niño Jesús".

Se preguntaba este autor "cómo y por qué la Alemania capitalista [Occidental] que hemos visto en Heidelberg y en Frankfurt, parece reluciente como una moneda recién acuñada, con edificios recién construidos, vitrinas resplandecientes, bellos parques, cafés repletos de gente, música y muchachas resplandecientes por todos lados mientras que la Alemania socialista, la nuestra, al fin y al cabo, parece negra y lúgubre como una cárcel".

Respecto a su relación con Gabriel García Márquez debe destacarse que prácticamente convivió con él en Barcelona, París, Caracas, Bogotá y La Habana durante muchos años y es el padrino del hijo mayor del premio Nobel. Subraya Plinio al referirse a la experiencias apuntadas y sus divergencias de fondo con el régimen totalitario del castrismo que "Desde luego es lo que pienso yo: no García Márquez. El, hoy en día, pone a Cuba fuera de la cesta". Algo increíble en verdad, incluso el célebre caso Padilla que tanto conmovió a otros escritores, no modificó la postura de García Márquez quien siguió manteniendo hasta su muerte una relación estrecha con el asesino de la isla-cárcel.

Es bueno recordar que Cuba, antes del advenimiento de Castro, a pesar de los inaceptables crímenes y barrabasadas de Batista, arrastraba ventajas anteriores como la nación de mayor ingreso *per capita* en Latinoamérica, notables industrias del azúcar, refinerías de petróleo, cerveceras, plantas de minerales, destilerías de alcohol, licores de prestigio internacional; tenía televisores, radios y refrigeradores en relación a la población igual que en Estados Unidos, líneas férreas de gran confort y extensión, hospitales, universidades, teatros y periódicos de gran nivel, asociaciones científicas y culturales de renombre, fábricas de acero, alimentos, turbinas, porcelanas y textiles. En realidad no es necesario extenderse en estos temas y las masacres morales y físicas del socialismo cubano contra propios ("gusanos contrarrevolucionarios") y extraños ("imperialistas mal paridos"), puesto que ya lo han hecho con gran solvencia, entre muchos otros, personalidades como Carlos Alberto Montaner, Huber Matos y Armando Valladares.

A veces –según la magnitud y publicidad del caso– resulta difícil separar la condición profesional de la conducta personal. Otras veces esa dificultad se esfuma puesto que los hechos y dichos privados no trascienden más de lo prudente. En el caso de García Márquez surge la dificultad debido precisamente a que ha exhibido una y otra vez lo que a nuestro juicio es su aspecto oscuro al hacer gala de su vinculación con el origen y la fuente de un sistema oprobioso y criminal.

De todos modos he disfrutado uno de sus libros (*Noticias de un secuestro*) y varios de sus cuentos que si bien no me parece que estén a la altura de los de un Giovanni Papini, algunos de ellos son estupendos e imposibles de dejar una vez que se comenzaron a leer como "Algo muy grave va a suceder en este pueblo", que paradójicamente no está incluido en la muy difundida edición de bolsillo titulada *Todos los cuentos*, colección en la que en el Prólogo a "Doce cuentos peregrinos" nos da una pista de su tremenda autoexigencia como escritor: "nunca he vuelto a leer ninguno de mis libros por temor a arrepentirme". Seguramente esto es por lo dicho por Borges al citarlo a Alfonso Reyes: "como no hay tal cosa como un texto perfecto, si uno no publica se pasa la vida corrigiendo borradores".

Concluye Plinio su libro afirmando que "mi filosofía política es liberal y no marxista como en los tiempos de mi juventud; he dejado de ser un hombre de izquierda y pienso que el delito contrarrevolucionario tan severamente castigado en Cuba equivale a un delito de opinión propio de un régimen totalitario. Creo que el balance de la revolución cubana es catastrófico". Opiniones que le he visto ratificar con solvencia al autor cada vez que nos hemos encontrado en congresos en los que participamos como oradores.

Es que el liberalismo significa respeto irrestricto por los proyectos de vida de otros. La vida se torna insoportable si cada uno pretende imponer su visión de las cosas al prójimo. Cada uno debe poder encaminarse por donde estime pertinente siempre y cuando no lesione derechos de terceros y debe asumir las consecuencias de sus hechos. En esto consiste la tolerancia que mejor expresada es *respeto* puesto que *tolerancia* puede interpretarse con cierto tufillo inquisitorial en el sentido de que se "tolera", es decir, se "perdona" el error ajeno. El conocimiento es siempre de carácter provisional sujeto a refutaciones, de allí la importancia de los debates abiertos.

Lo interesante y productivo de la sociedad libre es que la asignación de los siempre escasos recursos se hacen conforme a las votaciones diarias de los consumidores según sean sus necesidades, y las diferencias resultantes permiten maximizar las tasas de capitalización que, a su turno, elevan salarios e ingresos en términos reales.

Nada más peligroso que los megalómanos que pretenden fabricar el "hombre nuevo" a la fuerza, quienes concentran ignorancia al entrometerse en la vida y las haciendas ajenas en lugar de percatarse de que el conocimiento está disperso y es fragmentado entre millones de actores que expresan sus necesidades a través de arreglos contractuales libres y voluntarios en un contexto donde se respeta el derecho de propiedad.

Es de esperar que el magnífico libro de Plinio contribuya a reafirmar la desilusión de tantos que han cifrado sus esperanzas en la prepotencia de la fuerza y que, en todo caso, retomen la tradición de quienes se sentaron a la izquierda del rey en la Asamblea Constituyente en la Francia revolucionaria para oponerse a los abusos del poder y no para engrosarlos.

De todos modos, las ventas de García Márquez (cincuenta millones de ejemplares solo de *Cien años de soledad*) son un buen síntoma ya que, si bien, como escribe Daniel Pennac, "el verbo leer no resiste el imperativo" hoy, a diferencia de antaño, la buena lectura en gran medida se sustituye por aparatos electrónicos de imagen y audio de golpeteos ruidosos, "estupidez, vulgaridad y violencia".

*Mayo 3, 2014.*

# La fantasía del efecto derrame

Si realmente se quiere ayudar a los más pobres de todas las sociedades, debe contarse con marcos institucionales de tales características que hagan atractiva la inversión. Solamente el crecimiento de las tasas de capitalización permite el incremento de salarios e ingresos en términos reales.

No se trata entonces de solo declamar sobre la necesidad de incrementar las inversiones puesto que la abstención de consumo, esto es, el ahorro, requiere de un ámbito en el que se ofrezcan garantías de su cuidado y respeto. El destino del ahorro es la inversión o su equivalente la tasa de capitalización que se concreta en equipos, herramientas de muy diverso tenor, maquinarias y conocimientos relevantes al objeto perseguido de optimizar el retorno.

Siempre el ahorro se traduce en inversión, incluso cuando se invierte en dinero. Se procede de esta manera porque, igual que toda inversión, se estima que el valor futuro será mayor que en el presente. En este caso, al guardar bajo el colchón la masa monetaria es menor y frente a los bienes disponibles hace que bajen los precios, es decir, sube el poder adquisitivo de la unidad monetaria. Generalmente (no siempre) se procede de este modo cuando no hay suficientes garantías para invertir en otros sectores, a menos que la colocación sea en bancos debido a atractivas tasas de interés. De cualquier modo, hay un estrecho correlato entre el clima civilizado de respeto a la propiedad y el volumen de inversiones.

El proceso por el cual se conectan las tasas de capitalización y los ingresos en términos reales procede a través de los siguientes cuatro pasos. Antes de mencionarlos cabe precisar que para que tengan lugar en todo su potencial esos pasos, es menester que el inversor tenga claro que no obtendrá privilegios si contacta a los gobernantes y, también, se saca el mayor provecho posible si el mercado laboral está abierto, a saber, que los arreglos contractuales entre las partes no es interferido por los aparatos de la fuerza.

Pues bien, los cuatro pasos son los siguientes: primero, el empresario tendrá muy presente que su meta es obtener el mejor rédito posible dadas las circunstancias imperantes (de lo contrario, será removido en la primera asamblea de accionistas). Segundo, dado que no puede robar a través de dádivas gubernamentales, está obligado a servir a los efectos de incrementar su patrimonio. Tercero, se abocará entonces a ofrecer mayor cantidad de bienes y servicios de los que ya existen o nuevos bienes y servicios. Cuarto, como el mercado laboral se encuentra libre de trabas todos están empleados en faenas manuales o intelectuales por lo que el capitalista en cuestión no tiene más remedio de ofrecer salarios y honorarios más elevados si quiere atraer personas hacia su negocio para que colaboren en su emprendimiento. Es así como se eleva el nivel de vida y si en lugar de una sola empresa invierten muchas, los ingresos se multiplican y, además, los recursos humanos se emplean en tareas más humanas y productivas (por eso es que en países de altas tasas de capitalización no existe tal cosa como el servicio doméstico y similares).

No es que en Houston-Texas los empleadores sean más generosos y comprensivos que los de La Paz-Bolivia, es que en el primer caso están obligados a pagar salarios más altos por las razones apuntadas (y por el mismo servicio). Son irrelevantes las diferencias patrimoniales de quienes contratan y son contratados en el mercado laboral, como queda dicho, son las tasas de capitalización las que marcan los salarios independientemente si uno es millonario y el otro está quebrado.

Vamos entonces al llamado "efecto derrame". Como he apuntado en otras oportunidades, esta terminología no solo se utiliza peyorativamente para aludir al proceso antes señalado sino que confunde totalmente conceptos clave. Para nada se trata de asimilar el tema a un vaso del que beben cuantiosamente los opulentos y, cuando rebalsa (derrama) pueden beber los menesterosos de la tierra. En absoluto. Se trata de un proceso que va en paralelo a la evolución de los ingresos en términos reales. Cada incremento en las tasas de capitalización hace que los salarios aumenten tal como hemos destacado. Por ello es que los que recurren a la idea del "efecto derrame" provienen de diferentes variantes socialistas muy alejados de los valores y principios de una sociedad abierta.

Por último, si las legislaciones apuntan al igualitarismo se desarticulan los efectos bienhechores especialmente para los más necesitados puesto que se contradice la desigualdad que la gente votó en el supermercado y afines según sea la atención que se preste al consumidor y la respectiva calidad y precio.

La denominada redistribución de ingresos significa volver a distribuir por la fuerza la distribución que se logró debido a las votaciones de la gente en el plebiscito diario del mercado. Y tengamos en cuenta que el mercado somos todos cuando compramos nuestra ropa, alimentos, vivienda, libros y demás.

El igualitarismo desmorona los marcos institucionales necesarios para la antes aludida inversión ya que impone la guillotina horizontal, lo cual equivale a que se embista contra los resultados de la inversión. No es posible tener la torta y comérsela al mismo tiempo. Si se desea combatir la pobreza no puede atacarse la inversión en los hechos, por más que se la alabe en el discurso, asignando recursos a sectores distintos de los votados por la gente en procesos abiertos y competitivos con lo que se derrochan aquellos factores productivos y, por tanto, se perjudica especialmente a los marginales reduciendo sus salarios.

Demás está decir que cuando nos referimos al rol de la desigualdad no aludimos a los pseudoempresarios aliados al poder que obtienen sus patrimonios fruto de la explotación del privilegio ni a los gobernantes que echan mano a dineros públicos, sino, como queda dicho, a quines obtienen sus ingresos en mercados abiertos y competitivos y que, por tanto, deben atender las necesidades y deseos de la gente.

Regulaciones asfixiantes, impuestos insoportables, endeudamientos siderales, inflaciones galopantes y gastos públicos incontrolables constituyen recetas infalibles para extender la exclusión y la miseria.

Por sugerencia de un ex alumno del doctorado de la Facultad de Ciencias Económicas de la Universidad de Buenos Aires que me envió el tape, acabo de escuchar una conferencia de Miguel Ángel Cornejo trasmitida desde Lima en el Estadio Nacional del Perú (ahora veo que hay varias de su autoría en Youtube). En estas líneas quiero mencionar uno de los ejes centrales de aquella presentación que estriba en su vehemente preocupación de que en nuestro continente latinoamericano en general se ha insistido hasta el cansancio que es una virtud el ser pobre y que constituye un galardón el sufrimiento. El orador dice que de este modo no vamos a ningún lado ya que esa actitud conduce al estancamiento cuando no al retroceso. Expresa Cornejo que se necesita una visión radicalmente distinta para progresar, cual es la admiración a los exitosos que han logrado sus sueños en base a procedimientos legítimos, cualquiera sea el ámbito de su acción. Decimos nosotros que, además del sano consejo de la emulación, se estimulan las tasas de capitalización (no la sandez del "efecto derrame"). Sostuvo con razón el orador que el lamento, la victimización, la envidia y el reclamo para que el fruto del trabajo de otros se destine coactivamente a paliar problemas son características destinadas a perpetuar el fracaso.

Todos los temas que hoy se dan por sentados deben ser revisados y discutidos con detenimiento al efecto de que las funciones gubernamentales sean confirmadas o eliminadas, tal como hacen los especialistas en hacienda y contabilidad con la herramienta del presupuesto base cero.

En mis clases en la Maestría en Economía que estoy ahora dictando por aulas virtuales para la Swiss Management Center University les digo a los estudiantes que es como si mi cátedra de Análisis Económico fuera un libro en colaboración con ellos titulado *Cuestionar todo*, no por el deseo de debatir sino para fijar una atenta mirada en las políticas económicas del momento tomando la debida distancia para racionalizar y estudiar desde diversos ángulos acerca de la conveniencia de su mantenimiento o desmantelamiento. Entre muchas otras cosas, concluimos que el llamado "efecto derrame" deforma hasta convertir en una caricatura grotesca lo que se quiere decir cuando se señalan las virtudes del incremento de la inversión *per capita*.

No es que deba haber unanimidad en esto (ni en ningún otro asunto ya que el conocimiento es provisional sujeto a refutaciones) pero es importante prestar atención a los argumentos y contra-argumentos a los efectos de sacar conclusiones. Termino con una nota de humor negro y es que Prensa Latina (la agencia única y oficial cubana) trasmite la curiosa noticia que Raúl Castro declaró el 13 de abril del corriente año que es "un enemigo absoluto de la unanimidad". Como es sabido, hasta ahora, desde 1959, no se conoce un solo caso que no fuera de votaciones unánimes en la llamada Asamblea Nacional y en todos los foros de la isla-cárcel, esto si genera un "efecto derrame" sobre la población en el sentido más verticalista, truculento y brutal de la expresión.

*Mayo 10, 2014.*

# Piketty: el libro estatista de moda

Nos referimos a *Capital in the Twenty-First Century* de Thomas Piketty, francés, doctorado en economía en MIT y profesor en la Escuela de Economía de París (institución que él contribuyó a establecer en 2005). El libro está muy bien traducido del francés por Arthur Goldhammer (*Le captital au xxi siécle*). Está dividido en tres partes y la conclusión, casi 700 páginas que contienen 32 cuadros estadísticos.

Es una obra que combate la desigualdad de ingresos y patrimonios sustentado en confundir el capitalismo con el llamado "capitalismo de amigos" (en verdad ausencia de capitalismo puesto que las relaciones incestuosas entre el aparato estatal y los empresarios prebendarios – desde Adam Smith en adelante– niega el significado de esa tradición de pensamiento), además, como han demostrado economistas como Hunter Lewis, Rachel Black, Robert T. Murphy y Louis Woodhill, basado en proyecciones sesgadas y estadísticas equivocadas (especial aunque no exclusivamente las referidas a retornos sobre el capital).

Dejemos las transcripciones numéricas que efectúa el autor de este libro para reflexionar sobre el centro de su tesis para lo que sugiere elevar considerablemente los impuestos al efecto de mitigar las referidas desigualdades, puesto que como es sabido incluso para leer tablas estadísticas se requiere un andamiaje conceptual previo y es a esta estructura teórica del autor la que vamos a comentar telegráficamente en esta nota periodística.

Incluso aunque las series en cuestión estuvieran bien fabricadas, las comparaciones pertinentes, los años base significativos, bien realizadas las correlaciones, bien seleccionadas las muestras y bien construidos los índices, no cambia la línea argumental. Esto es, si es cierto que en mercados abiertos y competitivos las diferencias patrimoniales las decide el consumidor en el supermercado y equivalentes, cualquier resultado en el delta es, por definición, el que ha establecido la gente con sus compras y abstenciones de comprar. Como los recursos no crecen en los árboles, su correspondiente asignación no resulta indistinta: la administración debe estar en manos de los que atienden mejor las demandas de sus congéneres a través de los cuadros de resultados para que los que dan en la tecla ganen y los que yerran incurran en quebrantos en posiciones que no son irrevocables sino sujetas a las cambiantes necesidades del público consumidor.

Resulta un tanto cansador repetir un aspecto de reflexiones ya hechas con anterioridad pero me incentivó la posibilidad de introducir nuevas consideraciones a raíz de la obra de Piketty. Otra razón para producir esta nota, es que economistas como Krugman y Stiglitz alaban el libro de marras, junto a las autoridades del FMI y el mismo Obama y, en el momento de escribir estas líneas, el libro está en la lista de los best-sellers del *New York Times*.

Como queda dicho, en la medida en que las riquezas van a los bolsillos de empresarios que operan en base a privilegios otorgados por gobiernos, la consiguiente desigualdad se traduce en una flagrante injusticia que nada tiene que ver con la eficiencia para atender al prójimo sino con el poder de lobby para acercarse a los funcionarios del aparato estatal, es decir robo indirecto (para no decir nada de los patrimonios más abultados del mundo –según *Fortune*– que son fruto de usurpaciones y despojos directos como es el caso de la Rusia actual que se incluyen en las antedichas estadísticas globales como si fueran el resultado del mercado).

Y esto es lo que desafortunadamente existe en buena parte del mundo y es lo que Piketty confunde con capitalismo en el libro que comentamos. Lo que vivimos no es "la crisis del capitalismo" como afirma el autor sino la crisis del estatismo cimentada en gastos públicos astronómicos, deudas estatales siderales, déficit insostenibles, impuestos insoportables y absurdas, asfixiantes y crecientes regulaciones, de modo que está embistiendo contra un blanco equivocado.

Escribe Piketty que "La distribución de la riqueza es uno de los temas más discutidos y controversiales hoy", lo cual es evidentemente cierto si nos guiamos por las propuestas políticas y por gran parte de los textos en economía y ciencia política, pero el asunto consiste en investigar la razón o sinrazón de las partes en este delicado debate. La tradición que inició J. S. Mill al pretender la escisión entre la producción y la distribución sentó las bases de la confusión. Para comenzar, como ha puesto de manifiesto Thomas Sowell, los economistas no deberíamos hablar de "la distribución del ingreso" puesto que "los ingresos no se distribuyen, se ganan". Por su parte, Robert Barro ha señalado repetidamente que lo relevante no es la desigualdad de patrimonios sino la elevación del promedio ponderado de los ingresos (que es la tendencia en la medida en que la sociedad sea abierta), lo cual, dicho sea de paso, puede simultáneamente incrementar las desigualdades.

Piketty, por una parte, alude a Marx en cuanto a la concentración de la riqueza (que según él equivale a la explotación de los más pobres sin inferir conclusiones de sus niveles de vida en términos absolutos), y por otra, Kuznets que pronosticaba armonía en base a la reducción de las desigualdades (con célebres gráficos no del todo ajustados a la realidad). Pero es que, nuevamente destacamos que en la sociedad abierta las diferencias patrimoniales y de ingresos se deben a las instrucciones del consumidor en el mercado y, por tanto, cumplen un rol vital para maximizar las tasas de capitalización que es la única causa que eleva salarios.

Este es el sentido de lo consignado por Buchanan en cuanto a que "mientras las transacciones se mantienen abiertas y mientras no se recurra al fraude y a la fuerza, el acuerdo logrado es, por definición, clasificado como eficiente" y es el sentido por el que escribe Hayek en cuanto a que "la igualdad de las reglas generales es el único tipo de igualdad compatible con la libertad y la única igualdad que puede asegurarse sin destrozar la libertad".

Sin embargo, Piketty se refiere a "los violentos conflictos que inevitablemete instiga la desigualdad [de rentas y patrimonios]" y los relaciona con los sucesos ocurridos en la Francia pre-revolucionaria, lo cual es nuevamente una situación totalmente distinta a la de los mercados libres y la sociedad abierta. Incluso sus reflexiones sobre la sobrepoblación de esa época no son comparables al crecimiento vegetativo en el contexto de la libertad. El antes referido Sowell muestra que toda la población mundial podría ubicarse en el estado de Texas con un promedio de 600 metros cuadrados por familia tipo de cuatro personas y señala que la densidad poblacional de Manhattan es la misma que en Calcuta y la de Somalía igual a Estados Unidos con lo que concluye que en un caso se habla de hacinamiento y en otro de opulencia debido a marcos institucionales diferentes y no debido a la llamada sobrepoblación.

Incluso las referencia a Malthus y a Ricardo en el libro no se condicen con lo que puede inferirse de épocas posteriores, no solo en cuanto a la población sino en cuanto a los impuestos a la tierra que parecen un adelanto de la teoría de Henry George al sugerir cargas fiscales adicionales a la tierra debido a que es un bien que aumenta su escasez sin que pueda atribuirse mérito al propietario, es decir, una especie de externalidad de la naturaleza, sin percatarse que, por ejemplo, eso mismo ocurre con nuestros ingresos que son debidos a las tasas de capitalización generados por otros (y tantas otras ventajas que obtenemos como que al nacer estamos insertos en lugares donde ya existe un lenguaje, insitituciones, etc.).

Thomas Piketty concluye que no está todo perdido puesto que "Hay sin embargo maneras en que la democracia puede recuperar el control sobre el capitalismo y hacer que los intereses generales prevalezcan sobre los particulares". En esta conclusión hay por lo menos tres asuntos que deben resaltarse. Primero, en gran medida no estamos en democracia en el llamado mundo libre tal como la concibieron en combinación con la República los Padres Fundadores en Estados Unidos, ni como la conciben los Giovanni Sartori de nuestros tiempos. Se trata mayorías ilimitadas que arrasan con el derecho y toda la tradición constitucionalista desde la Carta Magna de 1215. Segundo, no hay tal cosa como el capitalismo para controlar por las razones antes apuntadas. Y tercero, aunque es un lugar común, en la sociedad abierta no hay conflicto entre lo particular y lo general por la sencilla razón que lo general es la satisfacción de todo lo particular que no lesione iguales derechos de otros.

El autor de esta obra ahora de moda le da por completo la espalda al hecho de que el proceso de creación de riqueza es dinámico y no un bulto estático que opera en el contexto de la suma cero y que los burócratas tienen que decidir como "lo distribuyen".

Por último, debe subrayarse que, en rigor, no es posible imponer el igualitarismo ya que las valorizaciones son subjetivas y, aunque todos dijeran la verdad no pueden realizarse comparaciones intersubjetivas, al tiempo que debido a la intervención gubernamental para imponer la guillotina horizontal se deterioran los precios relativos lo cual malguía aun más la producción. En el contexto del igualitarismo forzoso se requiere un sistema autoritario puesto que cuando alguien se sale de la marca niveladora establecida, debe recurrirse a la violencia para encauzar al "infractor". Y, además, en otro plano de análisis, si fuéramos todos iguales con las mismas inclinaciones y talentos, la división del trabajo y la cooperación social se derrumbarían y la misma conversación se tornaría en un aburrimiento colosal ya que sería lo mismo que dirigirse al espejo.

*Mayo 14, 2014.*

# John Law, héroe de nuestra época

Muy bien ha dicho Hans Sennholz que "confiarle el manejo del dinero al gobierno es lo mismo que entregarle un canario a un gato hambriento". Es curioso pero todavía hay quienes seriamente proponen que el aparato estatal administre la moneda "pero bien manejada" sin percatarse que, en definitiva, se está poniendo en manos de los políticos en funciones el patrimonio de la gente que nunca puede interponer una demanda frente al saqueo gubernamental. Y tengamos en cuenta que la denominada independencia de la banca central es del todo irrelevante frente a este problema puesto que quedan en pie las encrucijadas que apunto a continuación.

Esto es así puesto que los banqueros centrales están siempre y en toda circunstancia frente a la decisión inexorable entre tres caminos posibles: expandir, contraer o dejar inalterada la base monetaria y cualquiera de las tres avenidas que se elijan se alteran los precios relativos respecto a lo que hubieran sido de no haber mediado la intervención estatal. Este deterioro en los precios relativos necesariamente malguía la asignación de los escasos factores productivos con lo que disminuyen los salarios e ingresos en términos reales.

Los alquimistas del *fine tuning* y otras sandeces, son incapaces de imaginar siquiera la posibilidad que la gente ponga de manifiesto sus preferencias respecto a los activos financieros que desea utilizar en sus transacciones. Vuelvo a referirme a los premios Nobel en Economía Friedrich Hayek que escribió el libro titulado *La privatización del dinero* y Milton Friedman que en *Moneda y desarrollo económico* consigna que "Llego a la conclusión de que la única manera de abstenerse de emplear la inflación como método impositivo es no tener banco central. Una vez que se crea un banco central, está lista la máquina para que empiece la inflación" y en lo último que escribió en materia monetaria *Money Mischief* concluye que "la moneda es un asunto demasiado serio como para dejarlo en manos de banqueros centrales".

Y esto no es una cuestión secundaria de política económica sino que se trata del elemental respeto al derecho al fruto del trabajo ajeno, muy especialmente de la consideración a la integridad moral y material de los más necesitados. Desde Aristóteles en la *Ética a Nicómaco* se ha destacado la importancia del dinero hasta la prepotencia de los autoritarios que ven en la manipulación monetaria una fuente muy potente para controlar a sus súbditos. El dinero no es un asunto menor: hace al respeto a la propiedad privada tal como lo vieron los Padres Fundadores en Estados Unidos por lo que originalmente se opusieron a la idea de una banca central (recién en lo que se denominó la revolución del año 1913 se instaló, para lo cual se requirió una reforma constitucional).

Desde antiguo los gobiernos vienen falsificando moneda en provecho propio, los relatos de Marco Polo sobre lo que se consideró el insólito descubrimiento que en China había papel moneda eclipsó el hecho de haber sido pioneros en la imprenta. Pero la forma sistemática y metódica de fabricar moneda inconvertible en base a largos razonamientos expuestos en extensos escritos con pretensión académica se sitúa con la aparición en escena de John Law. Un escosés heredero de cuantiosos recursos, jugador empedernido pero estudioso de sistemas bancarios y crediticios, primero propuso una banca central al Parlamento escosés basado en la contrapartida del valor de la tierra lo cual no fue aceptado y, además, finalmente se fugó de la justicia escocesa que lo condenó por haber matado a una persona en un duelo.

Volvió a presentar su proyecto esta vez en el continente europeo al regente –Duque de Orleans– después de la muerte de Luis XIV en pleno desorden fiscal y monetario. En esta oportunidad logró su cometido y fundó y dirigió personalmente la Banque Generale en 1716 como un banco central con el monopolio de emitir en Francia que a poco andar se transformó en Banque Royale con la imposición del curso forzoso y, al mismo tiempo, el gobierno le encomendó la dirección de la empresa Mississippi pergeñada por el mismo Law teóricamente respaldada por la tierra estadounidense de Luisiana. Los resultados de las ejecuciones de los referidos proyectos estallaron por los aires en 1720 con la hiperinflación provocada por la banca central y la burbuja financiera del esquema Mississippi, todo muy detallado en la bibliografía que menciono más abajo. Estallido que arrasó con la "soberanía" del papel falsificado en gran escala y comprometió aun más al "soberano", y, sobre todo, intensificó la liquidación de la única y genuina soberanía cual es la de los gobernados (considerados súbditos *de jure* por el gobierno de entonces y súbditos *de facto* por los de nuestros tiempos).

Pero lo interesante para esta nota periodística es resaltar la argumentación y la terminología que empleaba John Law y su correlato con la utilizada hoy por las "autoridades monetarias" y sus apologistas. Subrayaba Law la trascendencia de "cuidar el valor de la moneda" y en esa dirección de estar atentos a "los ratios clave" en un contexto de "absoluta independencia de la banca central y su cuidadoso manejo del sistema de reserva fraccional". Vale la pena abundar en algunos pasajes de los escritos de Law a los efectos de ilustrar lo dicho.

En su *Money and Trade Considered with a Proposal for Supplying the Nation with Money* escribe que "se reconocerá que no hay otro medio para mejorar nuestra condición que el aumento de nuestro numerario [...] Los objetos dependen del comercio y el comercio depende del numerario y así, para ser potentes y ricos con relación a las otras naciones, deberíamos tener numerario en la misma proporción [de esas naciones y de la producción]".

En *Considérations sur le Comerse et sur l'Argent* afirma que "El crédito que promete un pago en moneda metálica no puede extenderse más allá de una cierta proporción que debe observar con esta moneda metálica y de tal moneda sólo tenemos una cantidad tan módica que el crédito al que ella podría servir sería muy poco considerable".

En *Lettres sur le Nouveau Systéme des Monnaies* dice que "Es como si hubieran substraído una parte de las lanas o sedas que hay en el Reino para convertirlas en signos de transacciones: ¿no sería más fácil que se las devolviera a sus usos naturales y que se aplicaran como signos de transacciones materias que por si mismas no sirvieran para nada? Aun habría una mayor ventaja en estos signos aplicados a esta clase de materias y es que nadie estaría nunca tentado de desviarlas de su verdadero uso que es el de circular [...] ¿Para que emplear la moneda metálica? Cualquier papel hará el mismo servicio y más barato".

En *Mémoires sur les Banques* señala que "Todas las monedas del Reino pertenecen al Estado, representado en Francia por el Rey y le pertenecen precisamente como las carreteras y grandes caminos, no para encerrarlas en sus dominios, sino, al contrario, para impedir que nadie las encierre en los suyos". Por último, en *Troisiéme Letrre sur le Nouveau Systéme des Finances* explica que "el curso forzoso es superior al curso libre".

Charles Gide en la obra que cito enseguida concluye respecto a los trabajos de Law que "Nunca se ha rechazado con un cinismo más completo el derecho de propiedad de la moneda ni se ha afirmado con menos hipocresía el derecho eminente del Estado sobre los bienes de los súbditos".

En resumen, como ha escrito Juan Bautista Alberdi en *Estudios económicos*: "No hay más que una esperanza de que el papel-moneda de Estado, una vez establecido y convertido en hábito, desaparezca, y es la de que arruine y entierre al gobierno que lo ha creado".

Como señala Murray Rothbard en el primer tomo de *An Austrian Perspective on the History of Economic Thought* los dos discípulos más destacados de John Law fueron George Berkeley y John Maynard Keynes. Además de esta obra, por si interesara indagar en consideraciones sobre Law y, especialmente su vinculación con Keynes, puede consultarse de Charles Rist *Historia de las doctrinas relativas al crédito y la moneda. Desde John Law hasta la actualidad*, de José Antonio Aguirre *El poder de emitir dinero. De J. Law a J. M. Keynes*, de Elgin Groseclose *Money and Man. A Survey of Monetary Experience*, el ensayo de Charles Mackay "The Mississippi Scheme" y el libro de Martin A. Larson *The Federal Reserve and our Manipulated Dollar*. Cualquier coincidencia actual con John Law no es casual sino más bien causal.

*Mayo 24, 2014.*

# Marcos institucionales: el origen

Hoy en los países civilizados se da por sentado que los marcos institucionales compatibles con una sociedad abierta resultan esenciales para el progreso. Desarrollos como el tronco principal de las tradiciones de pensamiento de *Law & Economics* y *Public Choice* parten de ese supuesto al efecto dar paso a la estrecha vinculación ente el derecho y la economía. Escuelas como la Austríaca y la de Chicago se basan –con criterios distintos– en la estrecha conexión entre esas áreas vitales.

Es interesante entonces indagar acerca del origen del tratamiento sistemático de aquellos marcos. Habitualmente se sitúa en John Locke, pero si bien fue un inicio decisivo en la historia no es el origen del referido tratamiento sistemático donde más bien debe ubicarse a Algernon Sidney quien escribió antes que Locke sobre algunos de los mismos temas, aunque una obra no tan ordenada y con divergencias como en el caso del llamado "estado de naturaleza", el modo de presentar asuntos como la tributación, el abuso de poder en las asambleas populares y el mayor refinamiento por parte de Locke de asuntos como el origen de la propiedad y los poderes del gobierno.

Sidney y Locke por conductos separados conspiraron contra Carlos II (que fue repuesto en el trono después de Cromwell), el primero fue sentenciado a muerte mientras que el segundo pudo escapar de Londres antes que se precipitaran los acontecimientos. Por esto es que se demoró hasta 1698 la publicación del libro de Sidney titulado *Discources Concerning Government* (escrito entre los años 1681 y 1683), quince años después de la muerte de su autor y diez años después de la obra cumbre de Locke, la que como es sabido fue complementada posteriormente por Montesquieu y tantas otras contribuciones hasta el presente.

Sin duda que hay antecedentes que se remontan a la antigüedad: las agudas consideraciones de Cicerón 50 AC, los escritos de miembros de la Escolástica Tardía, especialmente los de Francisco Suárez y Francisco de Vitoria, los tratados de Richard Hooker y Hugo Grotius y en la práctica del derecho, con suerte diversa, el Código de Hamurabi (*circa* 1750 AC), los Mandamientos (especialmente el "no matar", "no robar" y "no codiciar los bienes ajenos", circa 1250 AC), la democracia ateniense, el *common law*, el derecho romano, la Carta Magna de 1215 y los Fueros de Aragón de 1283 donde se estableció el *juicio de manifestación* más de veinte años antes del *habeas corpus* en Inglaterra (aunque las bases se sentaron con el *interdictio*, también en la Roma antigua).

Sidney escribió su obra también como una refutación a *Patriarcha: A Defence of the Natural Power of Kings against the Unnatural Liberty of the People* de Robert Filmer. Así, Sidney resume con ironía su posición respecto al derecho divino de los reyes al escribir que "como ha dicho no hace mucho una persona ingeniosa [Richard Rumbold] hay algunos que han nacido con coronas en sus cabezas y todas las demás con monturas sobre sus espaldas".

La obra se divide en tres grandes capítulos subdivididos en secciones en 600 páginas correspondientes a la edición de 1990 (Indianapolis, Indiana, Liberty Fund). En el primer capítulo –especialmente en las secciones quinta y sexta– el autor se detiene a considerar el fundamento de los derechos de las personas quienes a través de la razón y la experiencia descubren lo que está en la naturaleza de las cosas y que las formas de gobierno deben ser consistentes con la protección de esos derechos. En este sentido escribe que "La libertad consiste solamente en la independencia respecto a la voluntad de otros" y "por el nombre de esclavo entendemos a aquel que no puede disponer de su persona ni de sus bienes porque está a la disposición de los deseos de su amo" y subraya la importancia de limitar el poder del gobierno porque "si estuviera dotado de poder ilimitado para hacer lo que le plazca y no fuera restringido por ninguna ley, si se vive bajo tamaño gobierno me pregunto que es la esclavitud".

Sostiene que es un contrasentido utilizarlo a Dios como respaldo de monarquías absolutas y otros gobiernos despóticos que ponen a la par "el gobierno de Calígula con la democracia de Atenas", ni falsear la interpretación bíblicas para suscribir atropellos al derecho de los gobernados "puesto que la violencia y el fraude no pueden crear derechos" ya que "Aquello que es injusto no puede nunca cambiar su naturaleza" por el hecho de ser un gobierno el que dictamine.

En el transcurso del segundo capítulo, Sidney se explaya en la necesidad de normas o reglas generales para la convivencia, lo cual no debe confundirse con decretos reales que avasallan derechos. En esta línea argumental el autor inicia una confrontación con lo que después se denominaría positivismo legal. En este sentido sostiene que el renegar de mojones extramuros de la ley positiva "abjuran" del sentido de las normas justas y las "usurpan lo cual no es más que una violación abominable y escandalosa de las leyes de la naturaleza". Destaca que "Aquello que no es justo no es Ley; y aquello que no es Ley no debe ser obedecido" (fórmula tomista). Vincula también la Justicia con la institución de la propiedad en línea con el "dar a cada uno lo suyo", en cuyo contexto enfatiza que "La propiedad es un apéndice de la libertad; es imposible que un hombre tenga derechos a la tierra y a los bienes si no goza de libertad".

Finalmente, en el tercer y último capítulo surge el tema del derecho de resistencia a los gobiernos opresivos, tema que más adelante fue recogido en la Declaración de la Independencia estadounidense y de todos los gobiernos liberales. En este sentido, declara que "El único fin por el que se constituye un gobierno y por lo que se reclama obediencia es la obtención de justicia y protección, y si no puede proveer ambos servicios, el pueblo tiene el derecho de adoptar los pasos necesarios para su propia seguridad".

Y sigue diciendo que "El magistrado [...] es por y para la gente y la gente no es por y para él. La obediencia por parte de los privados está sustentada y medida por las leyes generales y el bienestar de la gente y no puede regirse por el interés de una persona o de unos pocos contra el interés del público. Por tanto, el cuerpo de una nación no puede estar atado a ninguna obediencia que no esté vinculada al bien común".

Concluye que "sería una locura pensar que una nación puede estar obligada a soportar cualquier cosa que los magistrados piensen oportuno contra ella".

Sidney influyó sobre William Penn en cuanto a la necesaria tolerancia y libertad religiosa, quien luego fundó Pennsylvania en Estados Unidos donde propugnó la completa separación entre el poder y la religión como antecedente fundamental para la "doctrina de la muralla" jeffersoniana y bregó por el respeto irrestricto a los derechos individuales.

Thomas Jefferson, en carta dirigida a John Trumbull el 18 de enero de 1789 escribió que la obra que comentamos de Sidney "es probablemente el mejor libro sobre los principios del buen gobierno fundado en el derecho natural que haya sido publicado en cualquier idioma". Y, a su vez, John Adams el 17 de septiembre de 1823 le escribió a Jefferson sobre el mismo libro en donde consigna que constituye "un iluminación en moral, filosofía y política". Friedrich Hayek en *Los fundamentos de la libertad* manifiesta que "Entre los puntos que toca Sidney en *Discourses Concerning Government*, esenciales para nuestro problema [y se refiere a su definición de libertad ya citada en esta artículo]".

El día de su ejecución sus verdugos leyeron párrafos de su *Discourses* como pretendidas pruebas de su sentencia a muerte y Sidney les entregó una nota en la que, entre otras cosas, subraya que "Vivimos una era en la que la verdad significa traición".

Para cerrar esta nota, recordemos que, como se ha dicho, es el único caso en el que actúan como patrones quienes reciben sus sueldos de otros, es decir, los gobernantes proceden como dueños cuando son los gobernados los que financian sus emolumentos.

*Mayo 31, 2014.*

# La dimensión ética del liberalismo

El término más empleado es "capitalismo" pero personalmente prefiero el de "liberalismo" puesto que el primero remite a lo material, al capital, aunque hay quienes derivan la expresión de *caput*, es decir, de mente y de creatividad en todos los órdenes. Por otro lado, la aparición de esta palabra fue debida a Marx quien es el responsable del bautismo correspondiente, lo cual no me parece especialmente atractivo. De todas maneras, en la literatura corriente y en la especializada los dos vocablos se usan como sinónimos y, por ende, de modo indistinto (incluso en el mundo anglosajón –especialmente en Estados Unidos– se recurre con mucho más frecuencia a capitalismo ya que, con el tiempo, liberalismo adquirió la significación opuesta a la original aunque los maestros de esa tradición del pensamiento la siguen utilizando, algunas veces con la aclaración de "in the classic sense, not in the american corrupted sense").

La moral alude a lo prescriptivo y no a lo descriptivo, a lo que debe ser y no a lo que es. Si bien es una noción evolutiva como todo conocimiento humano, deriva de que la experiencia muestra que no es conducente para la cooperación social y la supervivencia de la especie que unos se estén matando a otros, que se estén robando, haciendo trampas y fraudes, incumpliendo la palabra empeñada y demás valores y principios que hacen a la sociedad civilizada. Incluso los relativistas éticos o los nihilistas morales se molestan cuando a ellos los asaltan o violan. La antedicha evolución procede del mismo modo en que lo hace el lenguaje y tantos otros fenómenos en el ámbito social.

El liberalismo abarca todos los aspectos del hombre que hacen a las relaciones sociales puesto que alude a la libertad como su condición distintiva y como pilar fundamental de su dignidad. No se refiere a lo intraindividual que es otro aspecto crucial de la vida humana reservada al fuero íntimo, hace alusión a lo interindivudual que se concreta en el respeto recíproco. Robert Nozick define muy bien lo dicho en su obra titulada Invariances. *The Structure of the Objective World* (Harvard University Press, 2001, p. 282) cuando escribe que "Todo lo que la sociedad debe demandar coercitivamente es la adhesión a la ética del respeto. Los otros aspectos deben ser materia de la decisión individual".

Todos los ingenieros sociales que pretenden manipular vidas y haciendas ajenas en el contexto de una arrogancia superlativa deberían repasar la definición de Nozick una y otra vez. Recordemos también que el último libro de Friedrich Hayek se titula *La arrogancia fatal. Los errores del socialismo* (Madrid, Unión Editorial, 1992) donde reitera que el conocimiento está disperso entre millones de personas y que inexorablemente se concentra ignorancia cuando los aparatos estatales se arrogan la pretensión de "planificar" aquello que se encuentre fuera de la órbita de la estricta protección a los derechos de las personas.

Además hay un asunto de suma importancia respecto a la llamada planificación gubernamental y es la formidable contribución de Ludwig von Mises de hace más de ochenta años que está referida al insalvable problema del cálculo económico en el sistema socialista ("Economic Calculation in the Socialist Commonwealth", Kelley Publisher, 1929/1954). Esto significa que si no hay propiedad no hay precios y, por ende, no hay contabilidad ni evaluación de proyectos lo cual quiere a su vez decir que no hay tal cosa como "economía socialista", es simplemente un sistema impuesto por la fuerza. Y esta contribución es aplicable a un sistema intervencionista: en la medida de la intervención se afecta la propiedad y, consiguientemente, los precios se desdibujan lo cual desfigura el cálculo económico.

El derecho de propiedad está estrechamente vinculado a la ética del liberalismo puesto que se traduce en primer término en el uso y disposición de la propia mente y del propio cuerpo y, luego, al uso y la disposición de lo adquirido lícitamente, es decir, del fruto del trabajo propio o de las personas que voluntariamente lo han donado. Esto implica la libertad de expresar el propio pensamiento, el derecho de reunión, el del debido proceso, el de peticionar, el de profesar la religión o no religión que se desee, el de elegir autoridades, todo en un ámbito de igualdad ante la ley.

Además, como los recursos son escasos en relación a las necesidades la forma en que se aprovechen es que sean administrados por quienes obtienen apoyo de sus semejantes debido a que, a sus juicios, atienden de la mejor manera sus demandas y los que no dan en la tecla deben incurrir en quebrantos como señales necesarias para asignar recursos de modo productivo. Todo lo cual en un contexto de normas y marcos institucionales que garanticen los derechos de todos.

Los derechos de propiedad incluyen el de intercambiarlos libremente que es lo mismo que aludir al mercado en un clima de competencia, es decir, una situación en la que no hay restricciones gubernamentales a la libre entrada para ofrecer bienes y servicios de todo tipo. A su vez, el respeto a la propiedad se vincula a la Justicia al efecto de "dar a cada uno lo suyo". En resumen, lo consignado en las Constituciones liberales: el derecho a la vida, a la libertad y a la propiedad.

La solidaridad y la caridad son por definición realizadas allí donde tiene vigencia el derecho de propiedad, puesto que entregar lo que no le pertenece a quien entrega no es en modo alguno una manifestación de caridad ni de solidaridad.

En sociedades abiertas el interés personal coincide con el interés general ya que éste quiere decir que cada uno puede perseguir sus intereses particulares siempre y cuando no se lesionen iguales derechos de terceros. En sociedades abiertas, se protege el individualismo lo cual es equivalente a preservar las autonomías individuales y las relaciones entre las personas, precisamente lo que es bloqueado por las distintas variantes de socialismos que apuntan a sistemas alambrados y autárquicos.

Es que las fuerzas socialistas siempre significan el recurrir a la violencia institucionalizada para diseñar sociedades, a contramano de lo que prefiere la gente en libertad. De la idea original de contar con un gobierno para garantizar derechos anteriores y superiores a su establecimiento se ha pasado a un Leviatán que atropella derechos en base a supuestas sabidurías de burócratas que no pueden resistir la tentación de fabricar el hombre nuevo en base a sus elucubraciones.

Desafortunadamente, no se trata solo de socialistas sino de los denominados conservadores que apuntan a gobernar sustentados en base a procedimientos del todo incompatibles con el respeto recíproco diseñados por estatistas que les han corrido el eje del debate y los acompleja encarar el fondo de los problemas al efecto de revertir aquellas políticas. No hace falta más que observar las propuestas de las llamadas oposiciones en diversos países para verificar lo infiltrada de estatismo que se encuentran las ideas. Se necesita un gran esfuerzo educativo para explicar las enormes ventajas de una sociedad abierta, no solo desde el punto de vista de la elemental consideración a la dignidad de las personas sino desde la perspectiva de su eficiencia para mejorar las condiciones de vida de todos, muy especialmente de los más necesitados.

Lo que antaño era democracia ha mutado en dictaduras electas en una carrera desenfrenada por ver quien le mete más la mano en el bolsillo al prójimo. Profesionales de la política que se enriquecen del poder y que compiten para la ejecución de sus planes siempre dirigidos a la imposición de medidas "para el bien de los demás", falacia que ya fue nuevamente refutada por el *Public Choice* de James Buchanan y Gordon Tullock, entre otros. Por no prestar debida atención a estas refutaciones es que Fréderic Bastiat ha consignado que "el Estado es la ficción por la que todos pretenden vivir a expensas de todos los demás" (en "El Estado", *Journal des débats*, septiembre 25, 1848). Es que cuando se dice que el aparato estatal debe hacer tal o cual cosa no se tiene en cuenta que es el vecino que lo hace por la fuerza ya que ningún gobernante sufraga esas actividades de su propio peculio.

Todas las manifestaciones culturales tan apreciadas en países que han superado lo puramente animal: libros, teatro, poesía, escultura, cine y música están vinculadas al espíritu de libertad y a las facilidades materiales. No tiene sentido declamar sobre "lo sublime" mientras se ataca la sociedad abierta, sea por parte de quien la juega de intelectual y luego pide jugosos aumentos en sus emolumentos o sea desde el púlpito de iglesias que despotrican contra el mercado y luego piden en la colecta y donaciones varias para adquirir lo que necesitan en el mercado.

En resumen, la ética del liberalismo consiste en el respeto irrestricto por los proyectos de vida de otros, esto es, dejar en paz a la gente y no afectar su autoestima para que cada uno pueda seguir su camino asumiendo sus responsabilidades y no tener la petulancia de la omnisciencia aniquilando en el proceso el derecho, la libertad y la justicia con lo que se anula la posibilidad de progresar en cualquier sentido que fuere.

*Junio 7, 2014.*

# ¿Hay oposición en la Argentina?

Siempre es difícil generalizar, recuerdo haber leído la respuesta muy significativa de Chesterton cuando le preguntaron que opinaba de los franceses: "No sé porque no los conozco a todos".

De cualquier manera, salvo muy honrosas excepciones de aquellos que por el momento no tienen posibilidad de estar bien posicionados en una carrera electoral, en última instancia, la llamada oposición no es tal.

Decimos esto porque en las reiteradas declaraciones los supuestos opositores revelan su disgusto por los modales, la arrogancia y el espíritu confrontativo del actual gobierno pero, en la práctica, adhieren con entusiasmo al eje central de las medidas adoptadas. Esto se ha mostrado una y otra vez en muy diversas circunstancias.

Estimo que esto puede ilustrarse con lo sucedido la noche anterior a la redacción de la presente nota. No quiero hacer nombres propios puesto que la batalla cultural debe debatirse en el plano de las ideas y no en el plano personal. Fue en un programa televisivo de gran audiencia y el entrevistado era un político muy relevante de un partido tradicional.

El conductor abrió el programa preguntándole al personaje de marras que opinaba de lo que había dicho la titular del Poder Ejecutivo en cuanto a lo que esperaba se preserve de su legado y enumeró algunas de sus medidas. El político entrevistado dijo con énfasis que la lista que detalló la mandataria le pareció corta y que podía alargar a ese *racconto* otras medidas "pero con la condición que sean bien administradas y no haya corrupción".

Como este artículo no es solo para argentinos, ilustraré lo dicho con un solo ejemplo que será comprendido por todos y, además, si tuviera que analizar todos los puntos mencionados en esa entrevista necesitaría mucho más espacio del que brinda una nota periodística. El ejemplo alude a la estatización de Aerolíneas Argentinas como "línea de bandera" que actualmente arroja pérdidas diarias millonarias. A esto se refirió el entrevistado: sostuvo que le parecía muy bien la estatización de la empresa de aeronavegación puesto que el país no debía renunciar a la soberanía pero, como queda dicho, "bien administrada".

Con esto queda claro que no se ha entendido nada de nada. En primer lugar, empresa estatal constituye una contradicción en términos. Una empresa no es un simulacro o un pasatiempo: o se asuenen riesgos con patrimonios propios y se gana o se pierde según se satisfaga o no las necesidades del prójimo, o se está ubicado en una entidad política que asigna recursos fuera de los rigores del mercado, es decir, según criterios de la burocracia del momento.

En segundo término, esa entidad política, mal llamada empresa estatal, inexorablemente significa en el momento de su constitución un derroche de capital, esto es, habrá utilizado los recursos en una forma distinta de lo que lo hubieran hecho sus titulares, lo cual, a su vez, se traduce en reducción de salarios e ingresos en términos reales puesto que éstos dependen de las tasas de capitalización. Entonces, por la naturaleza misma de este burdo simulacro, no puede estar "bien administrada"...y a raíz de estas declaraciones grandilocuentes, recordemos al pasar que "entre lo sublime y lo ridículo hay solo un paso".

Tercero, si se sostiene que la entidad política de marras no hará daño porque "compite" con empresas de igual ramo, debe aclararse que no hay tal cosa ni puede haberlo. Esto es así porque la entidad política, por definición, cuenta con privilegios de muy diversa naturaleza y si se contra-argumenta que se prohibirán los privilegios y que, por tanto, habrá genuina competencia, debe responderse que, entonces, no tiene ningún sentido que dicha entidad opere en el ámbito político y que, para probar el punto de la real competencia el único modo es competir, es decir, zambullirse en el mercado con todos los antedichos rigores.

Cuarto, si se señala que esa entidad arroja ganancias y presta buenos servicios debe puntualizarse que –si los balances están bien confeccionados y no adolecen de la denominada "contabilidad creativa" llena de fraudes– y exhibe beneficios netos, la pregunta debe estar dirigida a indagar si las tarifas correspondientes no estarán demasiado altas. El único modo de conocer el nivel de tarifas reales es en el contexto del proceso de mercado. En esta misma línea argumental, por ello es que la proliferación de entidades políticas del tipo de las que venimos comentando necesariamente distorsionan precios. Y como los precios son los únicos indicadores en el mercado, su desfiguración redunda en contabilidades irreales, las cuales bloquean la posibilidad de cálculo económico.

En cuanto a que "el servicio es bueno", la conclusión carece de base se sustentación ya que el tema central radica en visualizar cuales son los sectores que la gente hubiera preferido si no se hubieran esterilizado sus recursos en la prestación de un servicio o la producción de un bien que, dadas las circunstancias, no es prioritario a los ojos de los consumidores.

Quinto, el tan vapuleado tema sobre la conveniencia de constituir las entidades políticas bajo el disfraz de empresa debido a que se trata de sectores estratégicos o vitales es autodestructivo ya que cuanto más estratégico y vital el sector, mayores son las razones que funcionen bien. Es cierto que desafortunadamente en ciertos países avanzados existen algunas empresas estatales para mal de sus habitantes, pero ésta política se diluye entre muchas otras de corte civilizado. En nuestro caso, en cambio, se acumulan esperpentos.

Y, por último, sexto, como se ha señalado, la soberanía es aplicable solo a los individuos como indicación de sus derechos inalienables que son superiores y anteriores a la misma existencia del gobierno, aparato cuya misión en una sociedad abierta es velar por su protección y garantía. La "soberanía" de la zanahoria, de un avión, de un dique o de un trozo de tierra es tan estúpido que no resiste análisis serio. En realidad hay un estrecho correlato entre la lesión de derechos y la tan cacareada "soberanía" de las cosas y los artefactos.

Y, de más está decir, no se trata de insinuar que en el sector privado están los "buenos" y en el gubernamental los "malos", muy lejos de ello, se trata nada más y nada menos que de los incentivos: la forma en que se enciende la luz y se toma café en una repartición estatal es muy distinta de lo que ocurre en una empresa privada.

¡Ah no! se exclama, aun admitiendo todo lo demás lo que quiere la oposición es una buena calidad institucional. Pero es que si se admite lo demás, no hay forma de contar con marcos institucionales civilizados ¿o es que cuentan con que el Poder Judicial dictará la inconstitucionalidad de todas las medidas estatistas "bien administradas" que suscriben?

Con esto no quiero cargar excesivamente las tintas contra la supuesta oposición, solo muestro la coincidencia con el eje central de lo que viene sucediendo descartando los modales, la soberbia y el espíritu confrontativo.

Tampoco quiero cargar las tintas por otro motivo más de fondo y es que los políticos fuera del gobierno tampoco pueden recurrir a un discurso que la opinión pública no puede digerir puesto que convengamos que propuestas alberdianas hoy en la Argentina (aludiendo al autor intelectual de nuestra Constitución fundadora, Juan Bautista Alberdi) serían masivamente rechazadas y repudiadas.

Por esto, como resumen de esta nota, enfatizo una vez más en la imperiosa necesidad de preocuparse y ocuparse de la educación y el debate abierto de ideas como único camino para permitir que los políticos del futuro puedan articular un discurso compatible con la libertad. Un estatismo sin corrupción sigue generando todos los daños del estatismo aun sin caer en la indecencia y la desfachatez del robo desde las instancias encargadas de velar por los derechos de la gente.

Para terminar, lo voy a parafasear a mi estimadísmo James Buchanan en las últimas líneas de su libro (con Richard Wagner) dedicado a criticar las propuestas clave de Keynes: ¿estará próximo el día en que elijamos el sentido común del liberalismo y transitaremos "el camino menos frecuentado" que se consigna en los célebres versos de Robert Frost, o insistiremos en la senda más recorrida de la pobreza colectiva?

*Junio 14, 2014.*

# Sobre pruebas y retroactividades

Los extraordinarios adelantos en las ciencias físico-naturales (denominada "filosofía de la naturaleza" en la época de Newton) han sido tan notables que las ciencias sociales (denominadas "ciencias morales" en la época de Adam Smith) han tendido a copiar sus métodos, lo cual ha conducido a tremendos errores ya que se trata de dos planos de análisis completamente distintos.

Son indiscutibles los notables progresos desde Copérnico a Hawking pero de allí no se sigue que sea legítima la extrapolación metodológica de una rama del conocimiento a otra. En el primer caso, el método hipotético-deductivo se base en datos disponibles "desde afuera" sujetos a experimentación. En cambio, en el segundo caso, no hay datos disponibles antes de la acción. Las piedras y las rosas no tienen propósito deliberado, en ese campo hay reacción, mientras que en las ciencias sociales hay acción (por definición, humana), hay decisión, elección y preferencia, lo cual no ocurre en las ciencias naturales.

En esta línea argumental es que Fritz Machlup declara que "El cientista social aparentemente está avergonzado de lo que en verdad distingue las ciencias sociales de las naturales; es decir, el hecho de que el estudioso de la acción humana es en si mismo un sujeto actuante y, por ende, posee una fuente de conocimiento que no se encuentra disponible para el estudioso de las ciencias naturales". En este mismo sentido, Friedrich A. Hayek explica que "La razón por la que nuestro campo de conocimiento [la economía] resulta de tanta perplejidad es, desde luego debido a que nunca puede ser establecido por medio del experimento, solo puede adquirirse a través de un razonamiento difícil". Por su parte, Ludwig von Mises enfatiza que "No es posible conformar las ciencias de la acción humana con la metodología de la física y las demás ciencias naturales" y Edmund Husserl concluye que "Seguir el modelo de la ciencia de la naturaleza implica casi inevitablemente cosificar la conciencia, lo que desde un principio nos lleva a un absurdo, de donde surge siempre de nuevo una propensión a planteos absurdos del problema y direcciones erróneas de la investigación".

El positivismo metodológico sostiene que las proposiciones que no pueden verificarse carecen de significación, pero como ha señalado Morris Cohen "esa misma proposición no es verificable" y, por otro lado, como ha enseñado Karl Popper, *nada* en la ciencia es verificable, todo conocimiento es provisional sujeto a refutaciones. Por más numerosas que sean las experiencias de casos particulares, no resulta posible extrapolar los resultados a lo universal. *No hay necesidad lógica* que se repita lo anterior, ese es el problema de la inducción que, en la vida diaria, frente a sucesos singulares, se suple con el *verstehen* conjeturando lo mismo que ocurrió en el pasado (al efecto de poder actuar, se supone la reiteración).

Por esto es que en economía las series estadísticas y los gráficos no prueban nada, de lo contrario hace rato que en este plano hubiera quedado en evidencia la superioridad de la sociedad abierta (por ejemplo, la comparación entre la Alemania occidental y la oriental o actualmente la establecida entre Corea del Sur de la del Norte y así sucesivamente). El debate radica en los razonamientos y en los fundamentos, es decir, en el esqueleto conceptual que interpreta la realidad. Es allí donde se dilucida el problema y es allí donde deben concentrarse los esfuerzos, lo cual lo vienen haciendo con éxito las izquierdas hasta el presente.

No hay gobernante que no abrume a la audiencia con estadísticas con la pretensión de justificar su gestión. Si hay quienes objetan esas series deben remitirse al andamiaje conceptual y, nuevamente, es allí donde reside el debate de fondo.

Ahora bien, suponiendo que primero y antes que nada se hayan entendido las ventajas del liberalismo, teniendo en cuenta lo dicho pensemos en voz alta sobre lo que debería hacerse cuando se intenta abandonar el sistema estatista respecto a los llamados derechos adquiridos y las posibles retroactividades, en el contexto del apunte hayekiano de razonamientos complejos en ausencia de toda posibilidad de recurrir al laboratorio.

El planteo del problema es como sigue: qué hacer con los privilegios legales que han obtenido empresarios de la época anterior a las reformas liberales. Entiendo que no puede alegarse derecho contra el derecho, es decir, si se han otorgado facultades para expoliar al prójimo vía la dádiva, ésta debe suspenderse sin miramientos puesto que afecta derechos de terceros. Pongamos un ejemplo por cierto extremo: seguramente quedará claro que en el fin de la era de los asesinos nazis, nadie en su sano juicio permitiría que se aleguen derechos adquiridos para seguir construyendo cámaras de gas y menos aún que se sigan masacrando judíos. Sin llegar a este extremo pavoroso, todos aquellos que pretendan continuar con las succiones del fruto del trabajo ajeno deben abandonar esa posibilidad sin gradualismos que permiten lesionar escalonadamente derechos de otros, lo cual queda evidente en el caso de las cámaras de gas pero también debería resultar claro en todos los demás ejemplos.

Ahora viene el tema de la retroactividad. Seguramente se concluirá sin margen al titubeo que los que asesinaron judíos (o a cualquier persona) deben ser juzgados y penados aunque hayan procedido conforme a las leyes vigentes al momento de producirse el hecho criminal. Nuevamente, esto se ve con claridad en el caso planteado, pero qué hacer con los subsidios, mercados cautivos y similares. Estimo que el juicio prudencial indica que no debe aplicarse la retroactividad puesto que judicializar políticas de este tipo pueden producir un efecto boomerang para la propia seguridad jurídica.

Distinto es el caso si se procedió fuera de la ley, en ese caso debe actuarse tal como se hace en un país civilizado frente a las usurpaciones de propiedades, es decir, proceder al desalojo. Del mismo modo debe procederse con todos aquellos que se han apoderado ilegalmente de propiedades, léase, las víctimas deben obtener resarcimiento. Es pertinente decir que hay un repudio generalizado a las usurpaciones, pero, en verdad, los privilegios otorgados a empresarios constituyen usurpaciones encubiertas, la diferencia radica en que uno opera fuera de la ley y el otro conforme a la ley del momento.

Como es sabido, el óptimo de Pareto señala como requerimiento en los cambios de políticas que "mejore una o más personas sin que empeore ninguna" lo cual no ocurre en el tránsito de un sistema estatista a uno liberal debido a los intereses creados en el régimen anterior, y el denominado principio de compensación no resuelve el entuerto en el sentido de que "los gananciosos compensen a los perdidosos y aun se mantenga una dosis de utilidad neta", puesto que no son posibles las comparaciones de utilidades intersubjetivas ni el sumar ni restar utilidades ya que los observadores no pueden conocer las utilidades subjetivas de otros (ni el propio sujeto actuante las puede expresar en números cardinales, recordemos que el precio expresa –no mide– valoraciones cruzadas y distintas entre vendedores y compradores) y, además, en este contexto, tampoco las cotizaciones de mercado revelan ninguna información sobre los que no venden porque, precisamente, otorgan a sus activos valores superiores a los que al momento aparecen en el mercado.

En resumen, dada la imposibilidad de laboratorio en las ciencias sociales y dadas sus ventajas sobre las naturales en cuanto a la información "desde adentro", como ha puntualizado James Buchanan "mientras los intercambios se mantengan abiertos y mientras no haya fraude ni el uso de la fuerza, lo que se acuerda entre las partes es, por definición, lo que puede clasificarse como eficiente". En otros términos, la guía para la mayor prosperidad consiste en la libertad y los juicios y conclusiones para el tránsito entre un sistema y otro deben ser cuidadosamente debatidos, para lo cual tal vez esta nota periodística sirva de pretexto para discutir el tema y eventualmente revisar algunos de los razonamientos aquí esgrimidos en esa materia.

*Junio 21, 2014.*

# El problema de tener dos caras

La integridad moral y la honestidad intelectual exigen que quien habla muestre lo que estima es lo correcto. Desde luego que puede haber error, es parte de la condición humana, lo que es reprobable es la doblez, la hipocresía y la mentira. La persona –la personalidad– es lo individual, lo exclusivo, es lo que distingue a tal o cual ser humano, es su capital más valioso y distintivo.

Es de interés recordar el célebre experimento del psicólogo Solomon Asch que consistió en reunir en una habitación a un grupo de personas a quienes se les muestra gráficos con bastones de distinta altura y se les pregunta opiniones sobre comparaciones de tamaño impresos en esos gráficos. Se les dice a todos menos a una persona que en cierto momento se pronuncien sobre equivalencias falsas. El experimento se base en observar la reacción de la única persona que no está complotada para sostener falsedades y ésta, en la inmensa mayoría de los casos, en sucesivas muestras, primero revela desconcierto frente a la opinión de los demás, luego el tono de voz va cambiando revelando inseguridad hasta que finalmente se pronuncia como el resto de las personas, es decir, se inclina por un veredicto falso.

Este conocido experimento y otros similares son para poner de manifiesto la enorme influencia del grupo mayoritario sobre grupos minoritarios tal como primero expresó John Stuart Mill en el siglo XIX. Este problema grave que desdibuja por completo la personalidad se refleja en conductas que son arrastradas por la opinión dominante que desembocan en seres humanos que renuncian a lo más preciado de cada cual con lo que se disuelve la persona que de tanto decir y hacer lo que hacen y dicen los demás, ingresa a un terreno vertiginoso que aterriza en una crisis existencial fruto del correspondiente vacío.

Carl Rogers explica que muchas de las personas que atiende en su consultorio manifiestan problemas en el trabajo, en el matrimonio, en las reuniones sociales, angustias, falta de proyectos, asuntos sexuales, relaciones interpersonales de diversas características y así sucesivamente, pero subraya que estas cuestiones son en verdad pantallas que ocultan un tema de mayor envergadura, cual es, el más completo desconocimiento de quienes son. De tanto hacer y decir lo que estiman que los hará quedar bien ante los demás pierden la brújula de lo que en realidad son sus valores y principios.

Como ha dicho Julián Marías, la persona no es solo lo que se ve en el espejo ni el que dice "yo" cuando golpea a la puerta y se le pregunta quien es. Tal como reza el precepto bíblico, somos nuestros pensamientos y si los distorsionamos para satisfacer al público con lo "políticamente correcto", quedamos a la intemperie, nos perdemos en un desierto implacable que no permite reconocer lo más relevante de nuestro ser. En verdad lo más desolador y triste imaginable puesto que habremos renunciado nada más y nada menos que a la condición humana: renunciamos a la actualización de nuestras potencialidades para internarnos en un oscuro callejón sin salida.

No nos estamos refiriendo a la discreción sobre nuestros pecados (nadie puede tirar la primera piedra), cuando hablamos de la doble cara estamos aludiendo a discursos de cosmética para calzar con el gusto de la opinión mayoritaria. Este es el sentido de la sabia sentencia pronunciada por Nathaniel Hawthorne en *La letra escarlata*: "Ningún hombre, por un considerable período de tiempo, puede recurrir a una cara para sí mismo y otra para la multitud sin finalmente confundirse sobre cual es la verdadera".

Que horrible es nacer para no ser nadie y dejar que la vida flote en una nube anodina mientras alrededor se desploman aspectos vitales. Esto es lo que sucede con los que se limitan a ir a la oficina, hacer sus necesidades, dormir, alimentarse y copular sin ninguna contribución al mundo en que viven en cuanto a las ideas prevalentes al efecto de mejorar el clima y el futuro de sus hijos. Todos naturalmente quieren que se los deje en paz para hacer sus cosas, pero para tener paz hay que poner manos a la obra.

En otro sentido, se deslizan por la vida los mequetrefes del *status quo* que hoy pululan por los pasillos del poder y en general los de las llamadas oposiciones, con las mismas sonrisas obscenas e idénticas propuestas aunque siempre bajo los rótulos de que la economía será floreciente, que no habrá más corrupción, que la herencia recibida será corregida y que se implementará justicia y seguridad. También están en la misma bolsa los economistas que ansían el poder y la juegan de intelectuales con aquella meta subalterna bajo el poncho. En este contexto, Borges consignó que "ya se había adiestrado en el hábito de simular que era alguien para que no se descubriera su condición de nadie".

Es sabido que en el mundo hay problemas que se han acentuado. Las dictaduras electas en América latina, el desbarranque estadounidense respecto a los consejos de los Padres Fundadores, el resurgimiento de los nacionalismos en Europa, el golpe en Tailandía, la reincidencia de Irak, el fundamentalismo en Irán, los sucesos en Egipto, el régimen de Siria y el sistema gangsteril en Rusia. Pero los problemas se agravan de modo exponencial cuando quienes dicen simpatizar con el liberalismo caen en el síndrome de Asch según el experimento descripto más arriba.

Esta es una nota preocupante puesto que los supuestos defensores de la sociedad abierta abdican de su responsabilidad y adhieren a lo que proponen los enemigos del sistema, bajo el curioso pretexto que el patrocinar concesiones son conducentes al efecto frenar la avalancha autoritaria, sin percatarse que los de la vereda de enfrente les están moviendo el piso y así corriendo el eje del debate en dirección al estatismo.

No hay que cansarse de repetir lo importantísimo que Friedrich Hayek ha escrito en *Los intelectuales y el socialismo* (hay que leer detenidamente puesto que es un pasaje de notable calado): "Necesitamos líderes intelectuales que estén preparados para resistir los halagos del poder y la influencia y que estén dispuestos a trabajar por un ideal, independientemente de lo reducidas que sean las posibilidades de su realización inmediata. Tiene que haber hombres que estén dispuestos a apegarse a principios y luchar por su completa realización por más que al momento resulten remotas […] Aquellos que se ocupan exclusivamente por lo que aparece como práctico según el estado de la opinión pública del momento se encuentran que incluso esto se ha convertido en políticamente imposible como resultado de cambios en la opinión pública que no han hecho nada por guiar. A menos que hagamos de los fundamentos filosóficos de la sociedad libre una vez más una meta intelectual y su implementación un objetivo que desafía la imaginación de nuestras mejores mentes, las perspectivas de la libertad son en verdad oscuras".

No puede tenerse la ridícula pretensión de corregir el mundo, de lo que se trata es de poner el granito de arena en todos los ámbitos sin disfraz y hablando claramente para así tener una conciencia tranquila de haber hecho lo posible para que en los círculos que a cada uno le toque actuar se haya contribuido a que el mundo mejore aunque más no sea milimétricamente en el transcurso de la corta experiencia terrenal. Bien ha subrayado T. S. Elliot que "nuestro deber es intentar lo mejor, el resto no es de nuestra incumbencia".

Es frecuente que se diga que quienes operan de un modo abierto y sincero son muy poco prácticos sin ver que los que en realidad desconocen por completo la practicidad son ellos ya que con sus recetas retroceden a pasos agigantados: en todo caso los prácticos, en el otro campo, son los socialistas que van al fondo de los temas en todos los terrenos y le corren el eje del debate por minutos a los ingenuos e infantiles que se autoconsideran prácticos. Muchas veces "los prácticos" se burlan de los resultados electorales de las izquierdas pero son los que en gran medida marcan la agenda. En los medios resulta un espectáculo bastante bochornoso el observar debates entre representantes de las izquierdas y los llamados "prácticos" que quedan descolocados al borde del papelón quienes finalmente optan por quedarse callados bajo el pretendido comodín de que "son demasiado radicales para contestarles", pero en verdad carecen de argumentos por haber dedicado tiempo a la "practicidad" de la componenda y solo atinan a esbozar alguna estadística (inmediatamente refutada) ya que no son capaces de escudriñar en los fundamentos.

Por supuesto que el abrirse camino con opiniones personales contrarias a las comunes acarrea costos como toda acción humana (a pesar de las versiones marxistas de sostener que la economía se circunscribe a lo puramente material) pero las ganancias psíquicas son muy grandes. John Wimmer explica muy bien en *No Pain, No Gain* que los que argumentan a contracorriente a veces se sienten tentados a abandonar la faena pero que en definitiva, de ceder, significa "esconder basura bajo la alfombra" y autoengañarse. Como apunta Aldous Huxley, no pueden obtenerse objetivos caminando en la dirección opuesta. Todos deben dedicar tiempo para que se los respete, no es cuestión de atrincherarse en los negocios conjeturando que otros harán de escudo y resolverán los entuertos.

El tema de lo que aquí denominamos el síndrome Asch comienza en los colegios cuando el docente impone una sola bibliografía y rechaza otras y lo toma a mal cuando un estudiante cuestiona lo dicho. El espíritu contestatario en el aula resulta vital para formar seres humanos y no autómatas. La honestidad intelectual es probablemente la virtud más excelsa y es lo que permite sacar partida de tradiciones de pensamiento distintas.

*Junio 18, 2014.*

*Sentido del humor,*
*reputación y estadísticas*

# La importancia del sentido del humor

No es muy fácil escribir sobre el tema de esta nota dadas las trifulcas y turbulencias del momento algunas sobre las cuales también hemos escrito, pero de todos modos puede ser saludable un ejercicio de concentración y prestar un instante de atención a este asunto que abre un paréntesis a las preocupaciones cotidianas.

Debemos tener muy presente que nos encontramos ubicados en un universo en el que existen millones de galaxias con altísimas probabilidades de vida inteligente en otros mundos y concientes de nuestra inmensa ignorancia de casi todo. Estas son poderosas razones para no tomarnos demasiado en serio y andar con pies de plomo.

El sentido del humor es esencialísimo para la vida, no solo por lo dicho sino por respeto a uno mismo que demanda la debida humildad y también por razones de salud ya que reduce el nivel de hormonas vinculadas al stress, mejora la digestión, aumenta el volumen respiratorio, mejora la circulación de la sangre y potencia los factores inmunológicos. Pero el motivo central es que mejora la calidad de vida con alegría y contrarresta los problemas que a todos les circundan.

Se dice que hay dos puntos clave para evitar el stress: primero no preocuparse por nimiedades y segundo, tener en la mira que, bien visto, todo es una nimiedad. Esto está bien como chiste pero el sentido del humor no significa para nada frivolidad, es decir aquel que se toma todo con superficialidad y descarta y desestima los temas graves. Es un irresponsable que resulta incómodo para encarar temas que por su naturaleza requieren análisis prudentes y atentos. Tampoco el sentido del humor alude a lo hiriente y agresivo, ni las referencias a temas que no son susceptibles de risa.

Es de interés el experimento de contar en reuniones sociales las estupideces que uno hace, no solo para liberar tensiones sino para observar la reacción de los demás que en general son de dos tipos. Unos se manifiestan sorprendidos en el sentido de que como puede ser que se comentan determinados errores garrafales. Son los amargos de la reunión, los que miran desde arriba los acontecimientos como si ellos fueran incapaces de una equivocación. Es bueno tenerlos en cuenta para no mantener una conversación seria con ellos. Los hay también que se ríen a sus anchas del tropiezo y relatan acontecimientos similares que les han sucedido a ellos. Con estos puede conjeturarse una conversación fértil.

En cuanto a la humildad de la que, como queda dicho, el humor es una manifestación (y muy especialmente bienhechora si incluye la capacidad de reírse de uno mismo), lo cual no debe ser confundido con la falsa humildad que oculta una gran soberbia. "La humildad, siempre que no sea ostentosa" ha sentenciado bien Borges.

Cultivar el sentido del humor no significa que se sea alegremente optimista, más aun el pesimista del presente es en verdad un optimista del futuro porque ve posibilidades de mejorar en un contexto en el que atribuye potencialidades de excelencia para lograr metas. El optimista del presente, en cambio, es un pesimista del futuro porque estima que no es posible mejorar y, por ende, se conforma con lo que sucede. Se puede ser realista y al mismo tiempo tener muy buen sentido del humor.

Platón sostenía en *La República* que "los guardianes del Estado" debían controlar que la gente no se ría puesto que eso derivaría en desorden (lo mismo sostuvo Calvino). De esta tradición proceden las prohibiciones de mofas a los gobernantes autoritarios en funciones. Nada más contundente para gobernantes que se burlen de ellos, por ejemplo, en nuestra época probablemente lo más filoso haya sido la producción cinematográfica *El gran dictador* de Charles Chaplin para ridiculizar a la bestia de Hitler. Y más recientemente, los chistes en torno a los discursos de Nicolás Maduro con respecto a "la multiplicación de los penes" o a "los millones y millonas", Cristina Kirchner que habla de "oficiales y oficialas" o, en pleno mundial, destacó que los equipos de football tienen "once jugadores y un arquero" y en sendas conferencias de prensa, primero en Oregon y luego en Jordania, Obama manifestó que "he visitado 57 estados de mi país, creo que me falta uno" y "quiero ser absolutamente claro, Israel tiene estrechos lazos de amistad con Israel". Estos tropiezos –unos más grotescos que otros– ocurren desde tiempo inmemorial, más graves aun si recordamos que había que tomar seriamente el justificativo de los incestos de Calígula "para preservar la pureza de la sangre". El ridículo es lo que más afecta a los megalómanos porque consideran que están más allá "del llano" y del error; cuando son sorprendidos con "las manos en la masa" robando dineros públicos, se disgustan, cuando son descubiertos en otros delitos, se quejan y buscan subterfugios, pero cuando los ponen en ridículo estallan en rabietas que no pueden absorber ni digerir. Los gobernantes suelen adoptar actitudes de estar haciendo cosas sublimes pero lo que no tienen en cuenta es que "entre lo sublime y lo ridículo hay solo un paso".

Muchos han sido los estudios detallados sobre aspectos filosóficos del humor, comenzando por Henri Bergson, pero es relevante subrayar que, de lo conocido, es una característica solo humana puesto que requiere comprensión de lo dicho. La hiena no tiene humor, no se ríe –hace ruidos que se asemejan a la risa– del mismo modo que puede hacerlo un ser humano cuando le hacen cosquillas donde solo existen fenómenos musculares y nerviosos. Por otra parte, no necesariamente se sigue la risa del humor, sin embargo, a la inversa, cada vez que hay risa está presente el humor.

En otro orden de cosas, como parte de la educación familiar, no es pertinente reírse delante de los hijos de temas que tienen gracia pero están cargados de contravalores ya que la educación, precisamente consiste en la trasmisión de valores. Asimismo, chanzas que intercalan lenguaje soez, contribuyen al deterioro de valores básicos. No es que los que se abstienen de recurrir a improperios y equivalentes carezcan de imaginación, sino que no lo hacen para evitar que todo se convierta en una cloaca.

El sentido del humor entonces refleja un aspecto sustancial de la personalidad, en realidad, por las razones apuntadas, se hace muy difícil que transcurra la vida sin el valiosísimo ingrediente del humor y, además, de muchos chistes contestatarios al *status quo* surgen ideas novedosas y de gran utilidad para sustituir lo vigente por otras perspectivas de gran calado. En no pocas ocasiones la fina ironía ha permitido poner al descubierto grandes verdades. En otros casos, la comedia ha desentrañado aspectos ocultos que era necesario develar.

Pocas cosas son más cómicas –tragicómicas– que observar funcionarios gubernamentales con rostros adustos y gestos graves portando gráficos (generalmente mentirosos), pontificando acerca de cómo debe el aparato estatal administrar los bolsillos ajenos, siempre con resultados calamitosos pero adjudicando las culpas a "la especulación", a "golpes de mercado" y otras gansadas que, según ellos, oscurecen el panorama a pesar de la supuesta sapiencia de los burócratas.

De todos modos, somos mortales y la vida es corta y hay que contribuir en lo que se pueda para mejorarla en cuanto expandir los espacios de libertad para que cada uno se encamine hacia su proyecto. Respecto al final de los días, Woody Allen en un arranque de humor negro escribió: "Me gustaría morir como mi padre que se quedó dormido y no como los otros que iban gritando en el automóvil".

En lo que fue la primera vez que dictaba clase en la universidad, después de desarrollar una tesis del autor que mencionaba a continuación, quise decir que la elucubración pertenecía a "Hans Sennholz, que es un alemán…" pero dije "Hans Sennholz, que es un animal…", con lo que quedé un tanto estupefacto, estado que inmediatamente se intensificó a raíz de las sonoras carcajadas de mis incipientes alumnos.

Cierro este apunte sobre el humor con cuatro chistes (y no tan chistes) de economistas y uno de política:

> "La economía es el único ejemplo en el que pueden obtenerse premios Nobel por decir cosas opuestas entre si" (y a veces en el mismo acto, como fue el caso de Hayek y Myrdal).

> "Un economista es quien se hace rico explicando porqué otros son pobres".

> "¿Porqué Dios creó a los economistas? Porque de esa manera los pronosticadores de meteorología no quedan tan mal parados".

> "¿Qué tienen que hacer esos hombres con trajes grises en este desfile militar? Son economistas, no saben el daño de que son capaces".

> "Los políticos en funciones son como los pañales, tienen que cambiarse y por los mismos motivos".

*Julio 4, 2014.*

# Meditaciones sobre la ley

De un largo tiempo a esta parte la noción original de la ley se ha deteriorado significativamente. En la tradición del *common law* y en buena parte del derecho romano, especialmente durante la República y la primera parte del Imperio, el equivalente al Poder Legislativo era para administrar las finanzas de los gobernantes mientras que el derecho era el resultado de un proceso de descubrimiento que surgía de otro campo: los fallos de árbitros según los convenios entre partes que el poder de policía se encargaba de hacer cumplir.

El jurisconsulto italiano Bruno Leoni en su célebre obra *La libertad y la ley*, traducida a muchos idiomas, explica que "Estamos tan acostumbrados a pensar en el sistema del derecho romano en términos del *Corpus Juris* de Justiniano, esto es, en términos de una ley escrita en un libro, que hemos perdido de vista como operaba el derecho romano […] El derecho romano privado, que los romanos llamaban *jus civile*, en la práctica, no estuvo al alcance del legislador […] por tanto, los romanos disponían de una certidumbre respecto de la ley que permitía a los ciudadanos hacer planes para el futuro de modo libre y confiado y esto sin que exista para nada derecho escrito en el sentido de legislaciones y códigos" a diferencia de lo que hoy ocurre en cuanto a que cualquier legislación puede modificarse abruptamente en cualquier dirección, en cualquier área o abarcando extensos territorios.

El filósofo del derecho Lon Fuller en *The Principles of Social Order* concluye que "el juez que tiene claramente en su mente que el principio del contrato puede, sin su ayuda, servir como ordenamiento social abordará su materia con un espíritu diferente de aquel juez que supone que la influencia del contrato en los asuntos humanos deriva enteramente de la legislación fabricada por el Estado", lo cual expande en su libro titulado *The Morality of Law* en la que crítica muy documentadamente al positivismo legal (corriente que desafortunadamente hoy predomina en la mayor parte de las Facultades de Derecho en la que los egresados citan legislaciones, incisos y párrafos pero desconocen los fundamentos de la norma extramuros de la ley positiva).

Por su parte, Harold Berman muestra detalladamente el proceso evolutivo y abierto de las distintas ramas del derecho con independencia del poder político en el voluminoso estudio *Law and Revolution. The*

*Formation of the Western Legal Tradition* y Richard Epstein explica los graves daños al derecho que surgen a raíz de la acumulación de las así llamadas leyes surgidas en avalancha de los Parlamentos, en su trabajo titulado *Simple Rules for a Complex World*. Y esta es precisamente la preocupación de Friedrich Hayek en sus tres volúmenes de *Derecho, Legislación y Libertad* al efecto de distinguir lo que es el derecho de lo que es mera legislación. En este último sentido, era la preocupación también de Marco Aurelio Risolía en su tesis doctoral titulada *Soberanía y crisis del contrato* en la que marca los peligros legislativos de las llamadas teorías del abuso del derecho, la lesión, la imprevisión y la penetración que lamentablemente fueron luego incorporadas al Código Civil argentino, y es la preocupación de Bruno Leoni quien en la obra antes referida escribe que "la importancia creciente de la legislación en la mayor parte de los sistemas legales en el mundo contemporáneo es, posiblemente, el acontecimiento más chocante de nuestra era".

En sus múltiples publicaciones, Bruce Benson pone de manifiesto el carácter espontáneo del derecho y su evolución equivalente al lenguaje que es tan esencial para el hombre que no puede pensar ni trasmitir pensamientos sin esa herramienta vital. El lenguaje es un proceso que no surge de disposiciones legales sino que se va construyendo a través del tiempo (Borges decía que el inglés contaba con más palabras que el castellano porque en este último caso existía la Academia de la Lengua que, además, es un *ex post facto*). Hay mucho más en las elucubraciones sofisticadas de Benson y otros autores, especialmente en cuanto al tema de los bienes públicos, las externalidades y el dilema del prisionero vinculados al derecho, pero, en esta instancia, bastan los comentarios sintetizados en esta nota periodística para plantear el problema general.

Tras la avalancha del Leviatán se encuentra la idea completamente desfigurada del derecho. Como hemos dicho y repetido, las políticas nocivas de "la redistribución de ingresos", los gastos públicos siderales, las astronómicas deudas estatales, los impuestos insoportables, las regulaciones asfixiantes, déficit presupuestarios descomunales y demás parafernalia, no se suceden por casualidad. Son consecuencia inexorable de una visión estatista que demuele las bases del derecho para entronizar aparatos gubernamentales que manejan a su arbitrio las vidas y las haciendas de la gente, en el contexto de marcos institucionales desvirtuados de su misión específica de garantizar autonomías individuales.

Veamos más de cerca la idea del derecho. Se sustenta en la propiedad comenzando por la facultad de usar y disponer del propio cuerpo y la manifestación del pensamiento de cada cual, todo en el contexto de no lesionar iguales derechos de terceros. Esto como la contratara de la condición humana, seres libres y, por ende, moralmente responsables. Si estuviéramos en Jauja, el derecho se limitaría a lo mencionado, pero como el caso no es evidentemente éste, el derecho se extiende al uso y disposición de lo adquirido lícitamente, sea del fruto del propio trabajo, de lo recibido en carácter de donación o de haberse ganado la lotería.

Independientemente del monto de la propiedad, el mantenerla, acrecentarla o consumirla, depende en la sociedad abierta del grado de apoyo del prójimo respecto a la calidad del bien o servicio que se ofrezca. Si el sujeto en cuestión se equivoca en los deseos o preferencias de los demás, incurrirá en quebrantos y si acierta obtendrá beneficios. Las desigualdades de ingresos y patrimonios son en este contexto resultado de las opiniones de terceros. De este modo, se aprovechan los siempre escasos recursos para que estén en las mejores manos. Como queda dicho, no son posiciones irrevocables, sino cambiantes según las necesidades de otros.

Como los bienes y servicios no crecen en los árboles, la asignación de factores productivos opera del modo señalado y, al aprovechar de la mejor manera los escasos recursos disponibles, se permite la maximización de los salarios e ingresos en términos reales y, asimismo, estirar el valor de las cosas en un proceso dinámico de riqueza (al contrario de la versión cavernaria de los que la ven con lentes de la suma cero).

Por el contrario, toda medida que atente contra esta asignación de derechos de propiedad inexorablemente disminuye salarios e ingresos en términos reales. Desde luego, que esto ocurre también cuando se pervierte el rol empresarial estableciendo vínculos privilegiados con el poder de turno. Eso no solo significa explotación de la gente por parte de esa casta de pseudoempresarios, sino que las desigualdades de ingresos y patrimonio resultan a todas luces injustas y el consiguiente derroche de capital reduce salarios.

Es por todo esto que Marx escribía que "todo nuestro programa se puede resumir en esto: la abolición de la propiedad privada" y es por eso que el fascismo y el nacionalsocialismo, como una mejor estrategia para una más eficaz penetración del colectivismo, propone dejar la propiedad registrada en manos particulares pero usar y disponer de ella desde el aparato estatal.

También como hemos recordado antes, Ludwig von Mises demostró que sin propiedad privada no hay precios (los precios surgen de contratos de intercambios de propiedad) y, por ende, no hay posibilidad de evaluación de proyectos, contabilidad ni cálculo económico en general con lo que, en rigor, no existe tal cosa como la "economía socialista".

Vivimos la era de los pseudoderechos ya que significan atropellos sobre los derechos de otros con lo que se demuelen los marcos institucionales civilizados y, consecuentemente, se perjudica a todos pero muy especialmente a los más necesitados. Sin que se elimine de cuajo la propiedad, en la medida en que se la afecta tiende a debilitarse el significado del cálculo con las consecuencias apuntadas. El pretendido voluntarismo de otorgar facultades por decreto contra el fruto del trabajo ajeno, demuele la noción de derecho junto al andamiaje de una sociedad libre. En la media en que tenga vigencia "la tragedia de los comunes", es decir, que finalmente se apunta a que la propiedad sea "de todos" en verdad no es de nadie con incentivos perversos del mal uso.

Hoy frente a cualquier problema se lo pretende resolver en el Congreso con "una ley", situación que desconoce los fundamentos del derecho y de las mismas facultades legislativas en la tradición constitucional desde 1215.

*Julio 12, 2014.*

# Otra visión del aparato estatal

Como es sabido, en Estados Unidos tuvo lugar el experimento más extraordinario en lo que va de la historia de la humanidad respecto a la libertad y a los magníficos resultados que ello produjo en los campos más diversos.

El objetivo consistió en limitar las funciones de los aparatos estatales al mínimo indispensable y al solo efecto de garantizar los derechos individuales de la gente y aun así siempre inculcando estrictos controles y severas desconfianzas al poder (como reiteraban los Padres Fundadores "el costo de la libertad es su eterna vigilancia").

Se estableció lo que se denominó "un sistema mixto" que consistía en fraccionar el poder a través de muy diversos procedimientos. Se dividió en cuatro grandes partes: la Cámara de Representantes, la Cámara de Senadores, la Presidencia y la Corte Suprema de Justicia. La primera era elegida por los estados miembros, a su vez divididos en distritos electorales. El Senado sería elegido sería elegido de modo indirecto a través de las Legislaturas locales que, además, votarían un gobernador y una Corte según los mecanismos dispuestos por la Constitución local, todo ello en el contexto del federalismo al efecto de maximizar la descentralización del poder, la más absoluta libertad de prensa como "cuarto poder", el respeto irrestricto al debido proceso y una tajante separación entre religión y gobierno ("la doctrina de la muralla"). Por otro lado, los procesos electorales se llevarían a cabo en distintos períodos para distintas funciones, incluyendo rotaciones parciales en diferentes cuerpos al efecto de separar e independizar los diversos roles.

James Wilson, el redactor del primer borrador de la Constitución y profesor de derecho en la Universidad de Pennsylvania escribió que "el gobierno se establece para asegurar y extender el ejercicio de los derechos naturales de los miembros y todo gobierno que no tiene esto en la mira como objeto principal, no es un gobierno legítimo". Del mismo modo, James Madison, el padre de la Constitución, sostuvo que "el gobierno ha sido instituido para proteger la propiedad de todo tipo [...] Éste es el fin del gobierno, solo un gobierno es justo cuando imparcialmente asegura a todo hombre lo que es suyo" y Samuel Chase –uno de los signatarios de la Declaración de la Independencia donde se subrayó el derecho a la resistencia frente gobiernos opresivos– escribió que "Un acto de la legislatura (ya que no puedo llamarla ley) contrario a los grandes primeros principios no puede considerarse el ejercicio legítimo de autoridad legislativa".

Como he recordado antes, el origen del Poder Legislativo y sus equivalentes era para administrar las finanzas del rey o el emperador puesto que la ley propiamente dicha surgía de fallos de árbitros en un proceso abierto y evolutivo y de descubrimiento del derecho y de ninguna manera como un acto de ingeniería social ni de diseño por parte de legisladores que fabrican leyes cada vez más adiposas y contraproducentes, es "la tiranía legal" de que nos habla Jean-Marc Varaut en su obra *El derecho al derecho*.

Ahora bien, es de interés centrar la atención en el Poder Ejecutivo en el contexto de la concepción estadounidense que Edmund Randolph y Elbridge Gerry originalmente propusieron (en la Convención Constituyente) que fuera un cuerpo colegiado: un triunvirato, al efecto de filtrar decisiones y ejercer contralores recíprocos también en ese nivel. Esto fue así a pesar de que la idea sobre el Poder Ejecutivo era limitarlo a ejecutar lo que establece el Congreso. En este último sentido, Jorge Labanca publicó un interesante trabajo titulado "El que preside no gobierna" donde destaca y desarrolla ese punto (en *Ensayos en honor de Alberto Benegas Lynch, padre* - escritos compilados y prólogo por Ezequiel Gallo). Por su parte, Leonard E. Read en su obra titulada *Governmet, An Ideal Concept* explica que ha sido un gran error el denominar "gobierno" al aparato estatal norteamericano del mismo modo que no se denomina "gerente general" al guardián de una fábrica.

En esta línea argumental entonces, la concepción estadounidense del aparato de la fuerza fue mucho más modesta y recatada que la que se tiene hoy en día, tanto actualmente en Estados Unidos como en otras partes del mundo, situaciones que hacen aparecer a gobernantes como si fueran directores de una empresa comercial en lugar de circunscribirse a cumplir con las resoluciones administrativas que promulga el Congreso sobre entradas y salidas de fondos públicos y, en realidad no gobernar, esto es, mandar (salvo instruir circunstancialmente a los agentes de seguridad y equivalentes). De allí la sabia sentencia de Jefferson en cuanto a que "el mejor gobierno es el que menos gobierna".

Hoy en día hay una carrera desenfrenada por ocupar cargos públicos revestidos de adjetivos inauditos como el de "estadista" (para no decir nada de las expresiones trogloditas como la de "excelentísimo") y otras sandeces cuando en realidad, en una sociedad abierta, se trata de meros empleados que cumplen la función de guardianes de derechos igual que el guardián de una fábrica mencionado por Read. Y si se pretende introducir la ironía de Lasalle en cuanto al "vigilante nocturno", hay que agregar que también debe ser vigilante diurno pero no constituir megalómanos que manejan a su arbitrio vidas y haciendas ajenas rodeados de todo tipo de ridícula pompa pronunciando discursos que apuntan a detentar facultades que atropellan a quienes financian sus cargos.

En el caso de la referida experiencia estadounidense, es relevante recordar que, cuando el poder tributario se excedía, la rebelión fiscal constituyó un camino muy saludable para ponerle bridas al Leviatán. Si a esto se agrega la independencia de la moneda del gobierno y la reflexión de Jefferson en cuando a la conveniencia de prohibir la contratación de deuda pública al efecto de no comprometer patrimonios de futuras generaciones que no han participado en el proceso electoral para elegir a los funcionarios que contrajeron la deuda, se habrán minimizado los atropellos del agente encargado de velar por los derechos individuales. La aludida prohibición implica asignación de derechos de propiedad a los llamados servicios públicos y comprender que la intervención en áreas inviables necesariamente hace que éstas se extienden debido al carácter antieconómico de esas intervenciones. Y no se diga que la contrapartida de la deuda estatal para futuras generaciones son los servicios de las inversiones correspondientes puesto que no hay tal cosa como "inversión forzosa". En rigor, las finanzas públicas compatibles con una sociedad abierta no contempla tal cosa como "inversión pública" sino gastos en activos fijos para distinguirlos de los gastos corrientes (la inversión es fruto de la abstención *voluntaria* de consumo, lo cual significa ahorro cuyo destino es la inversión debido a que el titular estima mayor valor en el futuro que en el presente). Desde luego que la prohibición de contratar deuda por parte de los aparatos estatales no significa que les esté vedado negociar pasivos.

De cualquier modo, en términos contemporáneos, es de interés tomar en cuenta las sugerencias que he mencionado en detalle en otras oportunidades de Hayek, Leoni y Montesquieu para los poderes legislativo, judicial y ejecutivo respectivamente para así minimizar los riesgos de "tiranías electas" tan temidas por Jefferson.

Hoy estamos instalados en regímenes cleptocráticos con fachadas democráticas y esto se debe a los incentivos que quedan en pie para el desbarranque a que asistimos. Como también he dicho antes, no se trata de esperar milagros con el sistema vigente, sino de proponer vallas adicionales para controlar el poder. Hayek en las primeras líneas con que abre su libro *Law, Legislation and Liberty* sostiene que, hasta el presente, todos los grandes esfuerzos realizados por la tradición de pensamiento liberal han sido un fracaso, precisamente, por eso propone nuevas limitaciones al poder, porque como ha dicho Einsten no pueden esperarse resultado distintos con las mismas recetas.

Albert V. Dicey, uno de los referentes tradicionales de mayor envergadura del constitucionalismo no escrito en Inglaterra y escrito en Estados Unidos, advierte en *Lectures on the Relation Between Law and Public Opinion* del peligro inmenso y el deterioro de la concepción gubernamental debido "al crecimiento de la legislación que tiende al socialismo". Demás está decir que el asunto no estriba en elegir gente "buena" y sustituirla por la "mala" y caer así en la trampa de Platón del "filósofo rey", el tema consiste en introducir fuertes incentivos al efecto de poner coto a los reiterados abusos por parte de los aparatos estatales. Está en juego el futuro de la civilización y la supervivencia de los más necesitados. Es perentorio abrir debates sobre estos temas cruciales esbozados en esta nota.

*Julio 19, 2014.*

# En torno a la reputación

Muchas veces por error se piensa que los aparatos estatales son garantía para la calidad en la prestación de servicios y en la compraventa de bienes. Sin embargo, como se ha señalado desde Adam Smith, los intercambios comerciales en gran medida se basan en los fuertes incentivos presentes en la sociedad abierta que permiten lograr los objetivos.

Por ejemplo, sobre la calidad de alimentos nada más efectivo que la prestación del servicio para garantizarla que el abrir la posibilidad que empresas en competencia hagan la tarea, con lo cual existen auditorías cruzadas. Digamos que tal o cual consultora ofrece la "cinta azul de calidad": si llega a producirse una intoxicación, la consultora en cuestión y la marca correspondiente desparecen del mercado y son sustituidas por otra u otras. Por el contrario, si se trata de una repartición estatal, como último recurso se reemplaza un funcionario por otro dentro de la misma repartición y todo queda igual en cuanto a incentivos y procedimientos. A las empresas que ofrecen servicios que garantizan calidad le va la vida si las cosas salen mal, en cambio, los aparatos políticos del caso siguen en pie.

Se suele alegar la asimetría de la información para introducir el aparato estatal en estas lides, pero, precisamente, debido a que la gente no entiende de los procesos implícitos en la producción del alimento (en nuestro ejemplo) es que eligen de entre las ofertas existentes una marca de confianza que garantiza la calidad del producto preferido y la posibilidad, además, de que esté avalada por el sistema de auditoría mencionado. En un mercado abierto, por definición, no politizado, estas entidades de contralor compiten entre sí para ofrecer el mejor servicio posible dados los conocimientos existentes.

Lo mismo puede aplicarse a campos complejos como el área bancaria y financiera. La gente no necesita conocer los vericuetos del sistema bancario ni lo que ocurre dentro de las respectivas instituciones (asimetría de la información) puesto que con solo asegurar sus depósitos basta, puesto que las subas en las primas correspondientes ponen de manifiesto el riesgo del caso (sin perjuicio, si se prefiere, de utilizar también las antes referidas empresas que garantizan calidad en cuanto a que se cumpla con lo convenido con el cliente). Es curioso pero los gobiernos se inclinan por la utilización forzosa de la "garantía estatal de los depósitos", lo cual naturalmente incentiva a la irresponsable colocación de fondos, total se garantizan con los recursos extraídos del vecino.

La reputación no es algo que se obtiene por decreto, inexorablemente depende de la opinión libre e independiente de los demás. En este sentido, autores como Daniel Klein, Gordon Tullock, Douglass North, Harry Chase Bearly, Avner Grief, Jeremy Shearmur y tantos otros economistas que han trabajado el territorio de la reputación, enfatizan en la natural (y benéfica) descentralización del conocimiento por lo que, como queda dicho, el mercado provee de los instrumentos e incentivos para lograr las metas respecto a la calidad y el respectivo cumplimiento. Y cuando se alude al mercado, demás está decir que no se alude a un lugar ni a una cosa sino a los millones de arreglos contractuales preferidos por la gente al efecto de coordinar resultados.

Uno de los tantísimos ejemplos del funcionamiento de lo dicho es el sitio en Internet denominado Mercado Libre donde múltiples operaciones se llevan a cabo diariamente de todo lo concebible sin ninguna intervención política de ningún tipo. Los arreglos entre las partes funcionan espléndidamente, al tiempo que se califican y certifican las transacciones según el grado de cumplimiento de lo convenido en un clima de amabilidad y respeto recíproco. Éstas calificaciones y certificaciones van formando la reputación de cada cual que es el mayor capital de los participantes puesto que condicionan su vida comercial.

En este mismo contexto, Harold Berman y Bruce Benson muestran el proceso evolutivo, abierto y espontáneo del mismo derecho comercial (*lex mercatoria*) a través de la historia, sin que haya sido diseñado por el poder político tal como hemos escrito recientemente sobre el sentido original de la ley. Carl Menger ha demostrado lo mismo respecto al origen del dinero y los lingüistas más destacados subrayan el carácter libre de toda decisión política del lenguaje. Como la perfección no está al alcance de los mortales, la ética también es un concepto evolutivo que no involucra a los políticos (o en todo caso lo hacen para corromperla) y, desde luego la ciencia misma es independiente de las decisiones políticas (afortunadamente para la ciencia) y, por su lado, el conocimiento es siempre provisional sujeto a refutaciones.

Todos estos ejemplos de peso están atados a la noción libre de la reputación extramuros del ámbito político, en este sentido las corroboraciones en cada campo dependen del mercado de las ideas que, en el contexto de la mencionada evolución, va estableciendo la reputación de cada teoría expuesta, de modo equivalente a lo que sucede con la calidad y cumplimiento en el ámbito comercial.

El mercado libre de restricciones gubernamentales estimula a la concordia, enseña a cumplir con la palabra empeñada y mueve a la cooperación social. En cada transacción libre las dos partes se agradecen recíprocamente puesto que ambas obtienen ganancias, lo cual es precisamente el motivo del intercambio. Ambas partes saben que uno depende del otro para lograr sus objetivos personales. Las dos partes saben que si no cumplen con lo estipulado se corta la relación comercial. El mercado necesariamente implica cooperación social, es decir, cada participante, para mejorar su situación, debe atender los requerimientos de la contraparte.

La trampa, el engaño y el fraude se traducen en ostracismo comercial y social puesto que la reputación descalifica a quien procede de esa manera. Significan la muerte cívica. Solo la politización intenta tapar malversaciones. En la sociedad abierta, el cuidado del nombre o, para el caso, la marca, resultan cruciales para mantener relaciones interpersonales.

Los derechos de propiedad permiten delimitar lo que es de cada uno y consiguientemente permiten establecer con claridad las transacciones. Por el contrario, la definición difusa y ambigua de esos derechos y, más aun, la "tragedia de los comunes" inexorablemente provocan conflictos y se opaca la contabilidad con lo que se dificulta la posibilidad de conocer resultados. En libertad cada uno da lo mejor de si en interés personal, en la sociedad cerrada cada uno saca lo peor de si para sacar partida de la reglamentación estatista por la que el uso de los siempre escasos recursos resultan siempre subóptimos.

John Stossel en su programa televisivo en Fox subraya las enormes ventajas del contralor privado frente al estatal. Al mismo tiempo destaca como las regulaciones gubernamentales, que bajo el pretexto de una mejor calidad, cierran el mercado para que privilegiados operen, a pesar de que si hubiera libertad contractual otros serían los proveedores de bienes y servicios. Así ejemplifica con los permisos otorgados por gobiernos estadounidenses que dejan a los mejores afuera en muchos gremios, como se ha destruido la medicina, como se han creado las burbujas inmobiliarias, financieras y tecnológicas al crear reputaciones falsas, lo cual sostiene es también lo ocurrido con los *bailouts* a empresas irresponsables en perjuicio de los trabajadores que no tienen poder de lobby.

Un ejemplo paradigmático de lo que estamos abordando es el oscurecimiento de la reputación de casas de estudio debido a la politización de sellos oficiales y absurdos "ministerios de educación", en lugar de hacer lugar a la acreditación por parte de academias e instituciones internacionales especializadas y en competencia, a su vez, cuyas reputaciones dependen de la calidad de sus veredictos y sus procederes. Tal vez el ejemplo más chocante y extremo de nuestra época respecto a lo consignado –de ningún modo el único– es la acreditación argentina de la llamada Universidad de las Madres de Plaza de Mayo. En cualquier caso, constituye siempre un reaseguro el separar drásticamente la cultura de los aparatos políticos (cultura oficial es una contradicción en los términos, lo mismo que periodismo o arte oficial). Esto con independencia de las respectivas inclinaciones de los políticos del momento, puesto que la educación formal requiere puertas y ventanas abiertas al efecto de que el proceso de prueba y error tenga lugar en el contexto de la máxima competitividad y apertura mental.

Por último, Walter Block objeta parte de las visiones convencionales relativas a la opinión que terceros puedan tener sobre la reputación de ciertas personas consideradas por el titular como injustificadas, puesto que reafirma que la reputación no es algo que posea en propiedad el titular sino que, como queda expresado, deriva de la opinión de otros. Por nuestra parte, consideramos que este razonamiento no es óbice para que se recurra a las figuras de injurias y calumnias si puede demostrarse la falsedad de lo dicho públicamente.

*Julio 25, 2014.*

# Un ejemplo de honestidad intelectual

David Theroux, el presidente del Independent Institute, me invitó a presenciar por la vía cibernética la conferencia en vivo de Ron Paul copatrocinada por esa entidad y pronunciada en el auditorio de la Universidad de California en East Bay el 9 de abril del corriente año.

Como es sabido, Ron Paul fue elegido por cuatro períodos consecutivos miembro del Congreso en Washington DC y en tres oportunidades fue candidato presidencial (una por el Partido Libertario y dos por el Partido Republicano). Es médico y autor de veinte libros sobre economía, educación y filosofía política, la mitad de ellos estuvieron en la lista de "best-sellers" durante varios meses en *The New York Times*. Actualmente conduce un programa de televisión y preside varias fundaciones.

Muchos son los temas que el orador abordó en la mencionada ocasión, pero para esta nota periodística selecciono algunos de lo que estimo fueron los puntos sobresalientes de su disertación. En primer lugar, se mostró alarmado por lo que dijo viene ocurriendo en la configuración social en su país. Señaló que en este sentido que la característica tradicional en Estados Unidos ha sido una amplísima franja de personas de ingresos medios y en las puntas los más exitosos y, por ende, muy prósperos por haber sabido satisfacer las necesidades de sus semejantes y en la otra los de menores ingresos con grandes aspiraciones y posibilidades de ascender en la escala social debido a su dedicación, esmero y cultura del trabajo.

Sin embargo, manifestó que lo que viene sucediendo es realmente alarmante: en una punta se destacan nítidamente los amigos del poder que se han enriquecido como consecuencia del privilegio otorgado por el aparato gubernamental de turno, la franja del medio, en gran medida se ha erosionado y el extremo más bajo se ha engrosado exponencialmente con pocas perspectivas de mejorar. Esto dijo se debe a las políticas intervencionistas de las últimas largas décadas que básicamente se tradujeron en subas extraordinarias de impuestos, incrementos impagables de la deuda pública, déficits fiscales esporádicos pero incompatibles con la prudencia financiera más elemental y regulaciones crecientes que recortan peligrosamente las libertades individuales, en un contexto de dependencia cada vez mayor del gobierno central y desmoronamiento del federalismo.

Ahora se publicó un libro de David Stockman en el que enfatiza lo dicho por Ron Paul en cuanto a los peligros de la modificación del cuadro social debido a los inmorales *bailouts* y equivalentes realizados con el fruto del trabajo de quienes no tienen poder de lobby. El libro se titula *The Great Deformation. The Corruption of Capitalism in America*. Es parecido a lo que señala Dinesh D'Souza en el también reciente libro titulado *America: Imagine a World Without Her* y a la colección de Thomas Sowell bajo el muy sugestivo título *Desmantling America*. Esta triada se ha traducido en un muy llamativo y gratificante éxito editorial en el mercado estadounidense.

En la referida exposición, Ron Paul subrayó que a los habitantes de su país se los perjudica dos veces todos los días: cuando se les cobra impuestos desmedidos y cuando se les da destino a esos ingresos tributarios dirigidos a recortar los espacios de libertad de cada uno, en cuyo contexto se detuvo a considerar numerosos ejemplos de lo que consideró un inaceptable desborde de las funciones del aparato de la fuerza incompatibles con los preceptos constitucionales.

Se detuvo a analizar el escandaloso programa de espionaje a ciudadanos pacíficos denunciados por quienes calificó como héroes por denunciar a quienes violaron de modo grotesco el espíritu y la letra de la Constitución estadounidense. En esta línea argumental subrayó que los rechazos mayores a esta política partieron de gobernantes de otros países al verificar que estaban siendo espiados pero poco se dijo de lo más bochornoso, como queda dicho, el ataque a la privacidad de los mandantes, es decir, los gobernados que de este modo se convierten meros súbitos.

Destacó la irresponsabilidad del gobierno al insistir en la frustrada e inconveniente guerra contra las drogas alucinógenas para usos no medicinales en el contexto de la fenomenal corrupción de políticos, policías, jueces y miembros de oficinas encargadas de combatir la producción, distribución y consumo de las drogas en cuestión (salvo la Guerra del Opio en China debido precisamente a los controles, desde 2000 AC no hubo problemas con las drogas hasta que Nixon impuso la prohibición en 1971 que, además, los márgenes operativos justifican la irrupción de las sintéticas). Se quejó de la impertinencia que los gobiernos consideraran vicios como crímenes y del encarcelamiento de personas que nunca lesionaron derechos de terceros así como también del crecimiento de la drogadicción debido al estímulo de márgenes operativos enormes resultado de la prohibición, todo lo cual mantuvo que se genera por las mismas causas a que condujo la llamada Ley Seca (ahora hay un *push* para liberar el consumo solamente, lo cual favorece aun más a las mafias del narcotráfico).

Se extendió en la malsana tendencia al igualitarismo de ingresos y recalcó que se debe no solo a la ignorancia en temas económicos puesto que las diferencias dependen de las decisiones de los consumidores en el mercado libre cuando no hay privilegios ni empresarios prebendarios, sino también al resentimiento y la envidia que finalmente producen igualdad en la pobreza de la que principalmente escapan los burócratas y sus amigos.

Volvió sobre los resultados catastróficos de la política exterior estadounidense en cuanto a las intervenciones militares en otros países que han perjudicado gravemente las vidas de los soldados y sus familias, han desmembrado la economía local, han exterminado a inocentes y torturado y han creado una muy mala predisposición contra Estados Unidos debido a sus arbitrariedades difundidas con una propaganda digna de la Gestapo. En este capítulo manifestó que no deberíamos hacer a otros lo que no nos gusta que nos hagan a nosotros.

Se detuvo a analizar la política monetaria que apuntó nos conducirá tarde o temprano a otra crisis severa. Resaltó lo contraproducente de la Reserva Federal y sus nefastas decisiones, lo cual dijo es advertido cada vez por una mayor cantidad de economistas apoyados en una nutrida bibliografía y en investigaciones de envergadura.

Aludió a la importancia de trabajar en el terreno educativo al efecto de que se comprendan y acepten los valores y principios que son consubstanciales a la mejor tradición de Estados Unidos para obligar a los políticos a exponer un discurso muy distinto a la demagogia que se viene practicando hace ya muchas décadas.

Apuntó que la idea de la libertad es en realidad reciente en la muy larga historia de la humanidad, lo corriente era el despotismo. Dijo que solo hacen ochocientos años que comenzó una lucha abierta y sistemática a favor de la protección de los derechos individuales, pero, comentó que de un tiempo a esta parte se ha tendido a revertir esa dirección para aceptar nuevamente el autoritarismo. En este contexto puso en evidencia que en los momentos que corren hay mucha gente que se ha percatado de este serio problema y hacen esfuerzos muy fértiles para frenar la avalancha y volver a las fuentes de la libertad y no solo en Estados Unidos sino en muy diferentes países. Consignó que esto último constituye indudablemente una esperanza cierta y muy vigorosa para el futuro.

Lo mencionó a Leonard Read que en la década de los cuarenta comenzó la lucha intelectual de modo sistemático y metódico a favor de la libertad al crear la Foundation for Economic Education en New York, pero estaba muy solo. Hoy, en cambio, pasó revista a una larga serie de nuevas instituciones y cátedras que le dan sustento al optimismo del distinguido orador. En sentido opuesto, se explayó sobre las buenas intenciones de tantas personas que para salir de la pobreza aconsejan recetas dañinas para la gente y sus posibilidades de progreso, pero dijo que las intenciones nunca resuelven los problemas si no se ha entendido cual es el diagnóstico y su correspondiente tratamiento.

Finalmente, en el período de preguntas luego de la disertación tuvo la oportunidad de ampliar los fundamentos de sus sugerencias y agregar otros temas como el último punto que encaró sobre la llamada ayuda externa a países denominados subdesarrolados, lo cual criticó con vehemencia al mostrar los perjuicios de apoderarse de recursos coactivamente a través de organismos internacionales para entregarlos a gobiernos estatistas y, muchas veces, corruptos. Luego de lo cual obtuvo de la nutrida audiencia una larga ovación de pie.

Por nuestra parte observamos tal como lo habíamos hecho en otras oportunidades, que la honestidad intelectual de Ron Paul se destaca nítidamente en las épocas que corren: es un ejemplo de integridad y conducta frente a todos los cómplices de la decadencia y timoratos que les da pánico pronunciarse por algo "políticamente incorrecto", incapaces de abrir cauce a ideas nobles.

*Agosto 2, 2014.*

# La batalla de las estadísticas

En general, en los medios de comunicación lo más frecuente es la exhibición de una carga inusitada de series estadísticas al efecto de defender una u otra política. Es extenuante y exasperante sin que se ponga de manifiesto prácticamente ningún razonamiento de fondo ni fundamento alguno, excepto en algunos círculos de izquierda con lo que provocan un corrimiento significativo en el eje del debate y así logran que, en gran medida, se adopten las políticas a las que adhieren.

Dejando de lado las fraudulentas o las que pretenden demostrar puntos en base a ratios mal concebidos (por ejemplo, la relación déficit-producto como si el crecimiento del producto justificara un desequilibrio presupuestario mayor) o comparaciones improcedentes (como el denominado deterioro de los términos de intercambio sin tomar en cuenta que en la serie se compara el valor del trigo con el de los tractores sin contemplar que estos últimos cambian de modelo por lo que permiten rendimientos de trigo mayores, además de que esas comparaciones no prueban nada ya que, por ejemplo, la relación de intercambio de los automotores con la cebada fue desfavorable para el primer rubro desde su invento y, sin embargo, los balances de las empresas automotrices revelaron notables mejoras). La sola mención de estadísticas no logra objetivo alguno como no sea una efímera impresión que en realidad no conduce a nada relevante.

Desde el locuaz y prepotente Nicolás Maduro en adelante, todos los gobernantes se empeñan en cubrir sus agujeros negros con una regadera de estadísticas. No son pocos los que entran por la variante respondiendo con otras estadísticas, pero, en última instancia, para demostrar las ventajas o desventajas de un sistema se hace necesario argumentar y desarrollar silogismos consistentes. Básicamente, eliminar la barrera mental de que es posible que el aparato estatal planifique lo que no se conoce de antemano, como la innovación que es la esencia del progreso y todos los millones de arreglos contractuales que solo se ponen en evidencia en el momento de actuar ("preferencia revelada" decimos los economistas), por lo que los datos no están disponibles *ex ante*.

Prácticamente no hay rincón del quehacer humano que no está sujeto a la estadística. Así, escuchamos cifras y más cifras sobre la asistencia de niños y niñas a salitas de cuatro, kilómetros de carreteras construidas, fuerzas policiales por número de habitantes, coparticipación federal de las estructuras tributarias, libros vendidos, barras bravas por equipo de football, stock de bicicletas, porcentual de convictos que cumplen la pena, precipitación pluvial, incremento de neurosis, densidad poblacional, ponderación interanual de porteros sindicalizados, índice de precios al consumidor, muertes por cáncer, ascensores por edificio, evolución del balance comercial, escolaridad, manicuras por ciudad, gasto y endeudamiento públicos, rendimiento de cosechas, suicidios de jubilados y tantísimos otros datos que diariamente se arrojan sin misericordia sobre televidentes, radioescuchas y lectores de la prensa escrita.

Pero para una información de mayor envergadura resulta más didáctico si se exponen los fundamentos y las bases conceptuales de tal o cual política si es que se desea lograr aprobaciones y una mejor comprensión de los entretelones que marcan la dirección de lo que se propone hacer o de lo que se está haciendo.

Esto va para cualquier tradición de pensamiento, pero en esta ocasión me detengo en el liberalismo. En lugar de mostrar cuadros y series estadísticas, conviene decir en que consiste esta corriente intelectual y que se propone. Tengamos muy en cuenta que si de estadísticas se tratara hace mucho tiempo que este ideario se hubiera aceptado con aplausos por doquier. Pero evidentemente este no es el caso ni lo será nunca por la sencilla razón que al fin y al cabo las estadísticas prueban poco, se necesitan argumentos, razonamientos y fundamentaciones de diverso tenor. Por esto es que la cátedra ha demostrado su enorme fertilidad cuando los alumnos tienen la oportunidad de escuchar, discutir, tamizar y digerir argumentos sólidos dirigidos a espíritus nobles, receptivos y hospitalarios de quienes no son oportunistas y quieren saber.

Estimo que en esta línea de pensamiento viene muy bien reproducir una de las aseveraciones de Tocqueville que encierran una gran verdad: "quienes le piden a la libertad más que ella misma, ha nacido para ser esclavo". Esto es trascendental. La característica medular del ser humano es el libre albedrío, la capacidad de pensar y decidir, de tener propósito deliberado, a diferencia de lo que ocurre con los animales, vegetales y minerales. Las piedras, las rosas y las serpientes no son responsables, carece de sentido la ponderación moral, no deciden, están determinados por cadenas inexorables de nexos causales. Si esto fuera así en la condición humana no serían seres racionales y, por tanto, lo que dicen no podría ser juzgado en el contexto de proposiciones verdaderas o falsas. La misma afirmación del determinismo en los humanos carece de todo sentido puesto que no podría argumentarse en su favor sino simplemente repetir lo que se estaría compelido a decir. No habría posibilidad de debatir nada con un ser no-racional.

Ahora bien, la libertad de que nos habla Tocqueville es la característica más preciada y, como queda dicho, la que distingue al ser humano. Es lo que permite que cada uno decida sobre el camino que prefiere seguir. Esos caminos son subjetivos y no son susceptibles de trasladarse a números cardinales (declarar que el observar una puesta de sol produce una satisfacción de 5.768 no tiene el menor sentido), solo puede referirse a números ordinales, es decir, el establecimiento de prioridades (que son cambiantes según las circunstancias y los deseos del sujeto actuante). Tampoco las preferencias son susceptibles de comparaciones intersubjetivas por las mismas razones de la imposibilidad de mediciones y referencias a números cardinales.

Entonces, no es cuestión de estadísticas ni de la extrapolación ilegítima de un gobierno a una empresa comercial. En este último caso, todos los intereses deben estar alineados con el propósito de la empresa, en el primero cada gobernado tiene sus fines particulares que deben ser respetados a rajatabla siempre que no lesionen derechos de terceros. Las estadísticas de lo ocurrido son una consecuencia y el resultado de las respectivas decisiones individuales que, como decimos, deben ser respetadas en una sociedad abierta, sea la preferencia de tocar el arpa o la producción de tomates.

Los precios trasmiten informaciones sustanciales para saber donde asignar recursos pero *no miden* nada puesto que expresan estructuras valorativas cruzadas entre compradores y vendedores (decir que un tomate *es igual* a diez pesos contradice el hecho que las valoraciones de las partes son *desiguales* respecto al bien y al dinero objeto de transacción).

Antes subrayamos que incluso las estadísticas del producto bruto tienen sus bemoles. Se pretende sostener que muestran grados de bienestar, lo cual se descarta al percibir que la mayor parte de lo que genera bienestar no es cuantificable en términos de precios monetarios. Entonces se afirma que alude al bienestar material, pero esto también es objetable puesto que lo producido coactivamente por los gobiernos no refleja las preferencia de lo que hubiera decidido la gente si hubiera podido elegir. A raíz de esta consideración se excluye la participación estatal, pero sigue en pie la observación en el sentido de preguntarse sobre el motivo de que los gobiernos compilen esas estadísticas por tres motivos básicos. En primer lugar, la misma proyección del producto para que tenga sentido significa que el aparato estatal establecerá políticas al efecto de lograr el cometido, he ahí el problema puesto que esas políticas desvían los siempre escasos factores de producción del curso que hubieran tomado de no haber mediado la imposición, esa es la diferencia con la empresa privada que proyecta para lograr la meta. Segundo, los agregados macroeconómicos esconden el origen de la producción de bienes y servicios: aparece un bulto llamado renta nacional que tienta a la redistribución y tercero, es del todo improcedente que el gobierno lleve esas estadísticas ya que si fueran necesarias las provee el sector privado en la medida que se considere que existe cierto correlato con determinado abastecimiento o similares.

Es crucial tener en cuenta que *los hechos* en ciencias sociales no tienen las mismas características que en ciencias naturales. En este último caso son "fenómenos de afuera" sujetos a la experiencia de laboratorio, mientras que en el primero son procesos sujetos a interpretación (no son "dados") por lo que la selección de lo que describirá la estadística depende de esa interpretación por eso es que remite al campo conceptual. Por esto quienes mantienen que se limitan a señalar "hechos objetivos" absteniéndose de lo que puedan estimar son nexos causales no saben de que están hablando puesto que equiparan las piedras y las rosas con el propósito deliberado de los seres humanos. Sin duda que hay interpretaciones que se acercan más a la realidad que otras pero, reiteramos, es el andamiaje conceptual el que define el tema en base al cual se seleccionan las estadísticas.

En resumen, son los grados de libertad los que muestran una mejora o un empeoramiento de la situación general al efecto de que cada uno siga su proyecto de vida sin ser molestado y no ocupar espacio con estadísticas que son meros instrumentos de la referida interpretación (y allí es donde está la raíz del debate). Esto es útil tenerlo en cuenta para no caer en aquello de que "hay tres tipos de mentiras: las blancas, las perversas y las estadísticas".

*Agosto 16, 2014.*

# Leyes de abastecimiento y de terrorismo

No soy muy afecto a escribir sobre coyunturas por dos motivos. Primero, porque la mayoría de los columnistas lo hace y segundo porque sostengo que al efecto de influir sobre el pensamiento de fondo hay que trabajar sobre las ideas, valores y principios que están detrás de tal o cual coyuntura. Limitarse a exhibir la coyuntura se circunscribe a un trocito de la realidad del caso sin explicar nexos causales que permiten entender los daños o los beneficios de tal o cual política ni permiten contar con un panorama más amplio para escudriñar lo que ocurre.

El relato de la coyuntura no escarba en el fondo del asunto, se limita a mostrar el suceso lo cual ni siquiera puede interpretarse si no se dispone de un adecuando esqueleto conceptual. Más bien es pertinente subrayar que la buena coyuntura se dará por añadidura si se comprende y comparte la teoría que permite corregir lo que haya que corregir. "Nada más práctico que una buena teoría" ha dicho Paul Painlavé. Hay una alarmante escasez en el debate de ideas y un sobrante de comentarios superficiales de coyunturas.

Sin embargo, hay coyunturas de tal gravedad que no puede eludirse su mención lo cual simultáneamente requiere detenerse en la explicación de su significado en cuanto a ideas, valores y principios que acarrean. En este caso se trata de las recientes declaraciones del gobierno argentino. Me refiero a las aplicaciones de la leyes de abastecimiento y de antiterrorismo.

En el primer caso, es el resurgimiento de la norma autoritaria impuesta en el tercer período presidencial de Perón en 1974 reeditando medidas similares de sus dos gobiernos anteriores (leyes de "agio y especulación") con la que había amenazado varias veces durante su tercer mandato antes de ser finalmente promulgada en su gobierno, también fue utilizada primero como amenaza por el último gobierno militar para luego establecer precios máximos, en los hechos vuelta a aplicar la ley de abastecimiento por el ex Secretario de Comercio de la actual gestión gubernamental, ley que ahora se proyecta modificar acentuando aun más la grosería estatista. Se trata de una norma que permite al aparato estatal clausurar, multar, incautar mercadería, imponer márgenes operativos y precios, allanar sin orden judicial actividades comerciales, industriales y agropecuarias (es decir, confiscaciones *de facto*).

Resulta cansador (agotador) tener que reiterar los efectos devastadores de tales normas, las cuales vienen fracasando estrepitosamente desde 18 siglos antes de Cristo con el Código de Hammurabi y 300 años antes de Cristo en la época de Dioclesiano en la Roma antigua y siempre con la intención de encubrir los desaguisados generados por los gobiernos a través de controles absurdos que ellos mismos imponen y la falsificación monetaria que provocan.

Veamos sumariamente los efectos que generan los precios máximos ("precios cuidados" le dicen ahora en los pasillos burocráticos argentinos) ocurridos en todos lados y en todas las circunstancias que en las que se han aplicado.

Primero, al bajar artificialmente el precio se expande la demanda. Segundo, sacando una fotografía de ese instante por el hecho de incrementarse la demanda no aumenta la oferta por lo que aparece faltante artificial. Tercero, los productores marginales (los menos eficientes) incurren en quebrantos por lo que se retiran del mercado. Cuarto, debido a lo señalado en el punto anterior se contrae la oferta con lo cual se intensifica el referido faltante artificial. Quinto, se alteran los precios relativos convirtiendo a otros reglones en más atractivos artificialmente (es decir, los bienes sujetos a los precios máximos son generalmente de primera necesidad y, sin embargo, aparecen artificialmente como menos atractivos debido a los precios políticos achatados). Y sexto, surge el mercado negro al efecto de abastecer el mercado (con precios que incluyen la prima por el riesgo de operar en ese campo).

En no pocas ocasiones se sostiene que en medio de una catástrofe debe hacerse una excepción e imponerse precios máximos. Por ejemplo frente a una epidemia se sugiere establecer precios máximos a productos farmacéuticos. Pero incluso en este caso lamentable, si el aparato estatal se entromete estableciendo precios máximo se reproducirán los efectos apuntados. En otros términos, debido a esa política no estarán disponibles los fármacos para los que lo demandan (demanda es necesidad más poder de compra) y no solo eso sino que se estará comprometiendo el futuro ya que por lo dicho disminuirá la oferta, lo cual significa que se estará matando a más gente. Es que cuanto más desesperante sea la situación, más razón para que los precios pongan de manifiesto la realidad. En resumen, las leyes de "abastecimiento" desabastecen.

Por otra parte los "precios" políticos no son precios, son simples números que dicta la autoridad ya que un precio expresa las valorizaciones cruzadas entre compradores y vendedores. El llamado precio político no es relevante al efecto contable o para la evaluación de proyectos. Cuanto más se aparte del precio real, menor será la posibilidad de cálculo económico.

La otra ley aludida –la antiterrorista– promulgada por el Parlamento argentino en 2007 y ampliada en 2011 e incrustada en el Código Penal se refiere a varios asuntos como para ocultar el eje central de esa norma cual es las penas por "aterrorizar a la población", pero henos aquí que no apunta a terroristas (como algunos pone-bombas de los que han ejercido y ejercen funciones gubernamentales sin haber redimido sus delitos) sino que hace de operación pinza con la ley de abastecimiento para combatir a los que se oponen al gobierno o los que no proceden del modo que agrada a los gobernantes sin que las personas a las que se pretende aplicar esta ley hayan cometido delito alguno, esto es, sin que se hayan lesionado derechos de terceros.

Esto se ve por la aplicación en línea con esa norma en el caso de un periodista de Santiago del Estero y se constata con el caso de una empresa que se declaró en quiebra y por tanto ha debido despedir a su personal (cuando hay operaciones fraudulentas, es otro el canal comercial y penal que pretender por la "ley antiterrorista" que el tribunal revoque el auto de quiebra). Ahora parece que esto –anunciado con bombos y platillos por cadena nacional– quedará sin efecto debido a que el ridículo resultó patente, pero de todos modos el anuncio debe poner en guardia a empresarios que por la difícil situación por la que atraviesa el país se vean amenazados por tener que despedir personal, a protestas varias que intentan ser bloqueadas y, debido a reiterados ataques a la prensa independiente, debe poner en guardia periódicos que con sus informaciones fidedignas pueden "aterrar a la población".

Lo que verdaderamente *aterra* es la conducta de los actuales gobernantes que han acentuado el populismo que viene aplicándose en el país desde hace siete décadas. El gasto público astronómico, los impuestos insoportables, el déficit sideral, la inflación galopante y las regulaciones asfixiantes provocan *terror* en la población diariamente junto con la inseguridad también *aterradora* lo cual se extiende a no pocos ámbitos de la justicia.

Es por cierto muy desafortunado que hayan "constitucionalistas" que se pronunciaron contra la ley antiterrorisata en el sentido de que "no aplica" al caso de la mencionada empresa que se declaró en quiebra y se retiró del país, puesto que lo que no aplica es la existencia misma de semejante ley en el aspecto referido.

Estas dos leyes propias de un gobierno autoritario tienen su raíz más cercana en el chavismo con los horrendos efectos que son del dominio público. Estos ataques a las bases de la sociedad abierta deben ser repelidos con la mayor energía. Lamentablemente se ha visto la cobardía de muchos empresarios-aplaudidores (muchos pseudoempresarios amigos del poder que operan sustentados en privilegios y mercados cautivos que explotan a la gente) y respecto al rol esencialísimo del cuarto poder, da tristeza que ciertos periodistas mendiguen pautas oficiales de publicidad a raíz de la discriminación desde el poder, en lugar de combatir la existencia fascista de agencias estatales de noticias, tema sobre el cual personalmente he mantenido discusiones fértiles con algunos editores.

*Agosto 22, 2014.*

# Origen de la propiedad

Con total desconocimiento de la realidad social, se dice que todos los humanos tienen derecho sobre la Tierra por el solo hecho de haber nacido. Si ese fuera el caso, si todos tuvieran derecho sobre la Tierra aparecería de inmediato "la tragedia de los comunes" primero expuesta conceptualmente por Aristóteles, un fenómeno así bautizado por Garret Hardin. Es decir, si fuera de todos en verdad no sería de nadie y necesariamente mal utilizada puesto que los incentivos de utilizar lo propio es completamente distinto a lo que teóricamente pertenece a todos, tal como revela reiteradamente la experiencia cotidiana.

Dado que los recursos son escasos en relación a las necesidades se hace imperioso asignar derechos de propiedad a los efectos de darle el mejor uso posible a criterio de quienes compran o se abstienen de comprar en el supermercado y equivalentes. En ese contexto el que mejor uso le da a su propiedad está mejor sirviendo los deseos y preferencias del prójimo. En otros términos, cada propietario para mejorar o mantener su propiedad debe ofrecer bienes y servicios que agraden a los demás. Si deja inexplorados sus recursos o los explota mal a criterio de otros, incurrirá en quebrantos y se consumirá el capital. Es decir, las posiciones patrimoniales no son irrevocables, cambian de manos según sea su uso y los que dan en la tecla en el gusto de los demás preservarán o incrementarán su patrimonio.

Como hemos apuntado antes, las diferencias de ingresos y patrimonios son, en el mercado abierto, el resultado de las votaciones en el plebiscito que tiene lugar con las transacciones cotidianas. Ahora bien, debe destacarse muy especialmente que nada de lo dicho tiene lugar si en vez de operar el mercado los operadores reciben privilegios gubernamentales de cualquier naturaleza que sean. En este caso las diferencias de ingresos y patrimonios son el resultado de una tremenda injusticia debido a que proceden de la vil explotación de llamados empresarios a sus congéneres puesto que nada tiene que ver con la competencia y el favor de la gente sino del favor de los aparatos estatales que, como queda dicho, otorgan dádivas a los amigos del poder.

En cambio, la asignación de derechos de propiedad hace que los más meritorios administren los escasos recursos para bien de los demás, lo cual, simultáneamente aprovecha al máximo el capital y maximiza las inversiones que es el único factor que hace que los salarios e ingresos en términos reales aumente. Y esto último es el fin y el propósito de la sociedad abierta desde la perspectiva económica y que permite en el contexto del respeto recíproco que cada uno siga su camino sin lesionar derechos de terceros.

Los fundamentos del derecho de propiedad se han ido solidificando a través del tiempo con innumerables contribuciones, básicamente con los trabajos notables de John Locke, Robert Nozick e Israel Kirzner (en ese orden). Paso a resumir esta triada pero antes subrayo que para los empecinados en que la Tierra es de todos, estas elucubraciones no resultarán relevantes puesto que lo que les interesa no es la fundamentación de la propiedad a través de la historia, en cambio tal vez los convenza lo dicho hasta aquí en cuanto a la conveniencia de la institución para obtener el máximo provecho de los escasos factores productivos para todos, pero muy especialmente para los más necesitados. De lo contrario, en ausencia de propiedad privada (nadie sembrará para que otros cosechen y así sucesivamente) que es lo que produjo, por ejemplo, las hambrunas horribles en el nuevo continente a raíz del experimento comunista de los primeros 102 colonos instalados en Plymouth en lo que luego sería Estados Unidos que desembarcaron del Mayflower en 1620. Hambrunas detalladas en el célebre informe del Gobernador William Bradford (*Of Plymouth Plantation*) donde resultan claras las razones por las que se abandonó la idea de la propiedad colectiva, cambio también señalado por no pocos economistas y cientistas políticos.

En *The Second Treatise on Government* Locke fundamenta el origen de la propiedad del siguiente modo "cada hombre tiene la propiedad de su propia persona, a esto nade tiene derecho más que él mismo. El trabajo de su cuerpo y el trabajo de sus manos podemos decir que son propiamente suyos. Entonces, cualquier cosa que remueva el estado de naturaleza significa que ha mezclado su trabajo y lo ha juntado con algo que es suyo, y, por tanto, lo hace de su propiedad. Lo ha removido del estado común y le ha agregado trabajo lo cual excluye eso del derecho común de otros hombres". Es decir, el derecho de cada cual sobre sí mismo se extiende a lo que obtiene lícitamente, el derecho a la vida supone el de mantenerlo sin lesionar derechos de terceros. Pero aparece una complicación cuando Locke agrega lo que se conoce como el lockean proviso y es que "esta trabajo es incuestionablemente la propiedad del trabajador, ningún hombre sino él tiene el derecho sobre aquello que ha sido de este modo anexado *por lo menos allí donde hay suficiente que queda para otros*" (la cursiva es nuestra).

Y aquí es donde viene la crítica de Nozick en su *Anarchy, State and Utopia* quien sostiene que este *lockean proviso* es un absurdo puesto que aquella limitación hace imposible el derecho de propiedad ya que al invertir la secuencia partiendo de la persona que "no dispone de lo suficiente" no se debería permitir que la persona más próxima anterior pueda apropiarse de lo que le falta, por tanto, esa otra persona no podría ejercer su derecho. A su vez, la situación de esa otra persona "fue afectada" por una tercera persona al apropiarse de cierta propiedad, por lo que ésta tercera persona no tendría derecho a la propiedad y así sucesivamente hasta llegar al ocupante original. En base a esta secuencia argumental el propietario original es el causante de todo lo demás, lo cual conduce a que no podría existir el derecho de propiedad mientras hayan indigentes.

Este análisis Kirzner, en *Discovery, Capitalism and Distributive Justice*, lo reemplaza al enfatizar el elemento del descubrimiento de un valor por parte del propietario original expresado por medio de signos por el que le resulte claro a terceros quien descubrió ese valor del cual se apropia sin que haya tenido propietarios anteriores. Se elimina así el *lockean proviso* y las objeciones adicionales de Nozick que mencionaremos más abajo, mostrando como el proceso de mercado optimiza la productividad, especialmente para los más necesitados. Los usos y costumbres harán que varíen los aludidos signos exteriores, los cuales deben ser renovados periódicamente al efecto de que resulte claro a quien pertenece esa propiedad.

En la obra mencionada de Nozick también descarta la noción lockeana de "mezclar el trabajo" puesto que sostiene que no resulta claro, por ejemplo, hasta donde se extiende la propiedad de un astronauta que decide limpiar una parcela en Marte: no es claro si es dueño de la parcela o de todo ese planeta. También escribe que no resulta claro que la construcción de un cerco es solo dueño de la tierra bajo el cerco o si es dueño de toda la tierra cercada (añade que tampoco es claro que tipo de trabajo debe realizar para ser propietario en cada grano de tierra, para no decir nada del subsuelo). Asimismo, se pregunta cual es la razón de que el mezclar trabajo lo hace propietario en lugar de perder ese esfuerzo y se cuestiona el motivo por el que quien arroja una lata de jugo de tomate al mar se adueña del océano al mezclarse con sus moléculas. Por último, se cuestiona el porqué mantener que agregar trabajo incrementa el valor del bien, lo cual no sucede, por ejemplo, con un cuadro al que se le tira una lata de pintura encima.

Antes de cerrar esta nota periodística aludo a dos temas adicionales. En primer lugar, algunos que han leído el trabajo de Thomas Sowell en el que apunta que el problema de la sobrepoblación malthusiana no es tal puesto que en los setenta toda la población del planeta cabría solo en el estado de Texas con 670 metros cuadrados por familia tipo de cuatro personas y que Manhattan tiene la misma densidad poblacional que Calcuta y lo mismo Somalia respecto a Estados Unidos, al efecto de destacar que el problema no es la población sino la calidad de los marcos institucionales. En este contexto equivocadamente se ha propuesto que se otorgue tierra a todos en propiedad con lo que se desconoce que si se expropia para tal fin en realidad no hay propiedad ya que esta institución requiere continuidad en el uso y disposición en un marco de seguridad jurídica.

En segundo lugar, al margen señalo que hay quienes siguen a Henry George sosteniendo que las cargas fiscales deben concentrarse en el factor tierra ya que argumentan que el valor de éste crece con el tiempo cuando se incrementa la población "sin que tenga mérito alguno el propietario", lo cual –la tesis de la "renta inmerecida" – desconoce que esto está atado a todos nuestros ingresos que son fruto de las tasas de capitalización que generan otros, con el lenguaje que de hecho existía antes de nuestro nacimiento, lo mismo con las diversas instituciones y demás externalidades positivas. La renta de la tierra y nuestros ingresos son consecuencia principal del modo en que asignemos recursos y la productividad en línea con las preferencias de terceros y, como queda dicho, según las acciones de otros en el mercado que derivan en el valor de los activos. Pero no importa el valor que esos otros le atribuyan a un factor de producción, si el titular no le da el uso adecuado, no podrá retener el bien.

Por último, invito a mis lectores a que observen los abultadísimos patrimonios –casi siempre malhabidos– de quienes atacan la propiedad desde el poder político, es "la nueva clase" de que nos habla Milovan Djilas.

*Agosto 30, 2014.*

# La paradoja de las ideas

Resulta paradójico en verdad que se diga que la suficiente difusión de las buenas ideas son el único camino para retomar un camino de cordura y, sin embargo, se concluye que es altamente inconveniente pretender expresarlas ante multitudes. Parecería que estamos frente a un callejón sin salida, pero, mirado de cerca, este derrotismo es solo aparente.

Muchas han sido las obras que directa o indirectamente aluden a este fenómeno. Tal vez las más conocidas sean *The Lonely Crowd* de David Riesman, *The Courage to Create* de Rollo May, *La rebelión de las masas* de Ortega, la horripilante antiutopía de Huxley (especialmente en su versión revisada) y, sobre todo, *La psicología de las multitudes* de Gustave Le Bon.

Ortega escribe en el prólogo para franceses de la obra mencionada, (once años después de publicada) que "mi trabajo es oscura labor subterránea de minero. La misión del intelectual es, en cierto modo, opuesta a la del político. La obra intelectual aspira, con frecuencia en vano, a aclarar un poco las cosas, mientras que el político suele, por el contrario, consistir en confundirlas más de lo que estaban" y en el cuerpo del libro precisa que en el hombre masa "no hay protagonistas, hay coro" y en el apartado titulado "El mayor peligro, el Estado" concluye que "El resultado de esta tendencia será fatal. La espontaneidad social quedará violentada una vez y otra por la intervención del Estado; ninguna nueva simiente podrá fructificar. La sociedad tendrá que vivir para el Estado; el hombre, para la máquina del Gobierno".

Por su parte, Le Bon –autor también de *La psicología del socialismo* sistema al cual tendería el poder de las muchedumbres y *La civilización de los árabes* donde pone de manifiesto las extraordinarias contribuciones que en su momento realizó esa civilización en cuanto a tolerancia religiosa, derecho, medicina, arquitectura, economía, música, filosofía y gastronomía– en el trabajo citado sobre las multitudes afirma que "las transformaciones importantes en que se opera realmente un cambio de civilización, son aquellas realizadas en las ideas" pero que, al mismo tiempo, "poco aptas para el razonamiento, las multitudes son, por el contrario, muy aptas para la acción" y, en general, "solo tienen poder para destruir" puesto que "cuando el edificio de una civilización está ya carcomido, las muchedumbres son siempre las que determinan el hundimiento" ya que "en las muchedumbres lo que se acumula no es el talento sino la estupidez".

Entonces, como enfrentar la disyuntiva. Los problemas sociales se resuelven si se entienden y comparte las ideas y los fundamentos de la sociedad abierta pero frente a las multitudes la respuesta no solo es negativa porque la agitación presente en las muchedumbres no permite digerir aquellas ideas, sino que necesariamente el discurso dirigido a esas audiencias demanda buscar el mínimo común denominador lo cual baja al sótano de las pasiones. Como explica Ortega en la obra referida, "el hombre-masa ve en el Estado un poder anónimo y como él se siente a si mismo anónimo –vulgo– cree que el Estado es cosa suya" y lo mismo señala Hayek en *Camino de servidumbre* en el capítulo titulado "Porqué los peores se ponen a la cabeza".

Desde luego que, como hemos apuntado en otras ocasiones, la paradoja no se resuelve repitiendo los mismos procedimientos puesto que naturalmente los resultados serán los mismos. El asunto es despejar telarañas mentales y proponer otros caminos para consolidar la democracia y no permitir que degenere el cleptocracias como viene ocurriendo de un largo tiempo a esta parte.

En este sentido, hemos tomado las ideas de varios intelectuales de fuste que sugieren adoptar diversos métodos a través de los cuales se agregan vallas de peso para limitar el poder. Si lo sugerido no se acepta deben adoptarse otras medidas pero no quedarse de brazos cruzados esperando magias de la más baja estofa. Uno de los puntos que hemos reiterado es la propuesta de Montesquieu en el capítulo segundo del libro segundo de su *El espíritu de las leyes* donde escribe que "el sufragio por sorteo está en la índole de la democracia" a lo que puede añadirse con provecho la idea propuesta por Edmund Randolph y Elbridge Gerry en la Convención Constituyente estadounidense en cuanto al establecimiento de un triunvirato en el Poder Ejecutivo con lo que, además de los incentivos que genera el sorteo para que se limite el poder (ya que cualquiera que se postule puede eventualmente acceder al cargo), desaparecen en esta área los discursos demagógicos de energúmenos gritones, enojados y transpirados dirigidos a multitudes vociferantes y se abrirían espacios adicionales para que el debate de ideas se circunscriba a audiencias interesadas en mejorar la marca y no en corear lugares comunes alejados de la excelencia.

La perfección no está al alcance de los mortales, de lo que se trata en esta instancia del proceso electoral es minimizar los desbordes del Leviatán. Tal como ha dicho John Stuart Mill "toda buena idea pasa por tres etapas: la ridiculización, la discusión y la adopción" el asunto es no tener miedo a lo "políticamente incorrecto" y actuar conforme a la honestidad intelectual y, desde luego, estar abierto a enmiendas pero no quedarse paralizado esperando un milagro para revertir los problemas que a todas luces son provocados por deficiencias institucionales que surgen de incentivos perversos en cuanto a coaliciones y alianzas que desnaturalizan la idea original de proteger derechos de la gente.

Hay quienes en vista de este panorama la emprenden irresponsablemente contra la democracia sin percatarse que en esta etapa cultural la alternativa a la democracia es la dictadura con lo que la prepotencia se arroga un papel avasallador y se liquidan las pocas garantías a los derechos que quedan en pie. Confunden el ideal democrático cuyo eje central es el respeto de las mayorías por el derecho de las minorías, con lo que viene ocurriendo situación que nada tiene que ver con la democracia sino más bien con dictaduras electas.

Como también hemos subrayado antes, en última instancia, los políticos son cazadores de votos (son cuasi megáfonos) por lo que están inhibidos de pronunciar discursos que los votantes no comprenden y, en su caso, no comparten. Para abrirles un plafón a los políticos al efecto de que puedan modificar la articulación de sus discursos, es menester trabajar sobre las ideas para que la opinión pública cambie la dirección de sus demandas, alejados de muchedumbres que exigen frases cortas y lugares comunes que no admiten razonamientos serios.

Y para fortalecer las ideas lo último que se necesita es un *líder* puesto que, precisamente, cada uno debe liderarse a sí mismo lo cual es completamente distinto de contar con *ejemplos* que es muy diferente por la emulación a que invitan no solo en el terreno de las ideas sino en todos los aspectos de la vida (esto a pesar de los múltiples cursos sobre liderazgo que, en el sentido de mandar y dirigir, están fuera de lugar, incluso en el mundo de los negocios donde se ha comprendido el valor de la dispersión del conocimiento y el daño que hace el énfasis en el verticalismo).

Para terminar, relato una anécdota al efecto de ilustrar lo que ocurre con una persona atenta a ideas distintas y, sobre todo, honesta intelectualmente. En una oportunidad cuando diserté en la Universidad de las Américas en Washington DC, como un anexo al programa de disertantes sobre economía y ciencia política, la embajada argentina pidió autorización para que hablara el agregado militar a esa embajada. Así, hizo uso de la palabra el general Jorge Martínez Quiroga quien se refirió al terrorismo en la Argentina.

Para mi sorpresa en su presentación no mencionó a los Montoneros. Luego de la disertación, en el período de preguntas, le dije a Ricardo Zinn, quien estaba sentado al lado mío, que no se podía dejar pasar esa grave omisión, con lo cual estuvo de acuerdo. Entonces pedí la palabra y le expresé al referido general que me llamaba la atención que no haya aludido a ese grupo terrorista, más habiendo asesinado a su camarada de armas el general Pedro Eugenio Aramburu. La respuesta fue muy insatisfactoria y plagada de ambigüedades, vacilaciones y nerviosismos. Luego del acto, el general Martínez Quiroga me llamó al efecto de mostrar su disgusto con mi reflexión pública y agregó que tenía expresas instrucciones del general Videla, entonces presidente *de facto* de la nación, de que no mencionara al peronismo en el contexto de la agresión terrorista de Montoneros (en esa breve y agitada conversación me percaté de sus ideas nacionalistas-estatistas).

Al tiempo, ya en la Argentina, curiosamente me invitó a almorzar el general Martínez Quiroga quien había sido designado Director de la Escuela de Defensa Nacional, almuerzo que se prolongó hasta bien entrada la tarde y que se repitió dos veces más. Llamativamente para mí, después de transcurridos unos meses del último almuerzo me designó profesor titular de economía en la institución que dirigía a la cual asistían civiles y militares, donde en el ejercicio de la cátedra tuve varias trifulcas con algunos participantes. A partir de esa época, el general Martínez Quiroga comenzó a asistir a todos los actos académicos de colación de grados en ESEADE al efecto de escuchar al profesor invitado de la ocasión y, más adelante, escribió un libro titulado *El Poder* que me envió con una muy afectuosa dedicatoria. En otros términos, una persona que venía de una tradición ubicada en las antípodas del liberalismo, fue modificando su pensamiento en una forma que puso de manifiesto su honestidad intelectual a pesar de verse comprometido en posturas contrarias a las que sustentaban sus jefes. Hablamos con él de los bochornosos e inaceptables procedimientos a que se recurrió en nuestro país en la lucha antiterrorista.

*Septiembre 6, 2014.*

# ¿Para que es el gobierno?

En realidad, el rol y las funciones del monopolio de la fuerza que llamamos gobierno se instituyó luego de que buena parte de la humanidad pudo sacarse de encima los faraones, sátrapas, emperadores y similares, para en su lugar ofrecer seguridad y justicia, es decir, para proteger los derechos a la vida, la libertad y la propiedad, tal como rezan todos los documentos fundamentales de las sociedades abiertas.

Pero henos aquí que de un largo tiempo a esta parte, las funciones de los aparatos estatales se han ido ensanchando hasta cubrir los espacios más íntimos de las personas, con lo cual, en lugar de proteger derechos, los gobiernos se han convertido en los principales enemigos de los gobernados y estos, siempre encerrados en el dilema del "menos malo", sufren los embates de forma reiterada.

El tema medular consiste en que se confunde la naturaleza del debate. Se discute si es bueno o malo para las personas tal o cual decisión y de allí irrumpe un salto lógico inaceptable: si se piensa que es bueno se concluye que el monopolio de la fuerza lo debe imponer. Esto es inaceptable para la dignidad y la autoestima de personas cuya característica central es rechazar el entrometimiento de una niñera forzosa que anula la imprescindible libertad de cada uno, lo cual conlleva la responsabilidad individual.

En la dieta alimenticia, en las finanzas, en el deporte, en el mundo cibernético, en la educación, en la cinematografía, en el periodismo, en la agricultura, en el comercio y en todo cuanto pueda ocurrirse está presente el Leviatán con sus garras demoledoras y todo "para el bien de la gente". Un ejemplo es la insolencia, impertinencia y el atropello de prohibir a los restaurantes a que pongan saleros en las mesas.

En una sociedad abierta, este plano de análisis es del todo impropio. El aparato estatal es para proteger a la gente en sus derechos que son anteriores y superiores a la existencia misma del gobierno y no para jugar al papá (además, generalmente golpeador) de la persona de que se trate. Más aun, en la sociedad abierta se respeta de modo irrestricto que cada uno maneje su vida y su hacienda como le parezca mejor, como decimos, asumiendo cada uno su responsabilidad, lo cual incluye las asociaciones caritativas con recursos propios y así hablar en la primera persona del singular y no vociferar en la tercera del plural, es decir, proceder coactivamente con el fruto del trabajo ajeno. Tal como reza el adagio anglosajón: "Put your money where your mouth is".

Con razón el decimonónico Bastiat decía que el aparato estatal "es la ficción por la que todos pretenden vivir a expensas de todos los demás". Cada vez que se dice que el aparato estatal debe hacer tal o cual cosa hay que preguntarse a quienes de los vecinos hay que arrancarles recursos puesto que ningún gobernante aporta de su peculio para proyecto político alguno (más bien tienen una manifiesta inclinación por quedarse con lo ajeno).

Lo dicho para nada desconoce la posibilidad que algunas personas decidan ser manejadas por otros designando tutores o curadores y estableciendo sistemas colectivistas conviviendo dentro de un mismo país, pero nada autoriza a que ese sistema lo impongan a personas que mantienen su autoestima y su sentido de dignidad y quieran vivir como humanos, a saber, haciendo uso de su libertad.

Aparecen sujetos en el ámbito político en atriles diversos, casi siempre con el dedo índice en alto declamando que ellos no persiguen intereses electorales ni componendas sino que defienden principios. Pues no saben de que están hablando ya que la política busca votos de lo contrario se esfuman los candidatos y si no se acuerda pierden apoyo y si se mantienen tercos en principios son barridos del escenario. El político de una u otra inclinación es en última instancia un megáfono de lo que ausculta está demandando su clientela. Por eso es tan importante el debate de ideas y la educación: va al fondo de las cosas y determina lo que aplaudirá o rechazará la opinión pública que es la que, a su vez, permitirá que se articule tal o cual discursos desde los estrados políticos.

Repasar los documentos originales de todas las sociedades libres nos recuerda la idea de gobierno por la que se establecieron esas sociedades. Con el tiempo, debido a una muy exitosa faena educativa (más bien des-educativa) la idea del monopolio de la fuerza y sus consiguientes funciones ha variado radicalmente desde la idea jeffersoniana de que "el mejor gobierno es el que menos gobierna" a la idea leninista de abarcarlo todo en manos del gobierno. Es que se dejó de lado el principio defensivo básico de que "el costo de la libertad es su eterna vigilancia" pero no meramente por parte de algunos sino de todas las personas independientemente de sus obligaciones y tareas cotidianas. Si se pretende el respeto hay que hacer algo *diariamente* para lograr y mantener ese objetivo noble. No es como si algunos estuvieran en la platea esperando que actúen otros que deben estar en el escenario.

Esta actitud conduce a que se demuela la platea, se caiga el escenario y finalmente se incendie el teatro en manos de hordas anti-civilización.

Ayuda a profundizar estas reflexiones, por ejemplo, el releer algunos pasajes de Alexander Herzen que Isaiah Berlin considera "un escritor genial" que "detestaba el conformismo, la cobardía, la sumisión a la tiranía de la fuerza bruta o las presiones de la opinión [...] odiaba el culto al poder".

Las obras completas de Herzen ocupan treinta volúmenes en la edición rusa, el repaso de ciertos pasajes puede inspirar y también reencauzar algunos de los acontecimientos de nuestra época. En su autobiografía titulada *Mi pasado y mis ideas* consigna que "Desde los trece años he servido a una idea marchando bajo una bandera: la de la guerra a toda autoridad impuesta, a toda clase de privación de la libertad, en nombre de la absoluta independencia del individuo".

En su *Desde la otra orilla* nos dice –en el sentido orteguiano– que "Las masas aman la autoridad. Siguen cegadas por el arrogante brillo del poder [...] Por igualdad entienden igualdad de opresión [...] Pero no se les pasa por la cabeza gobernarse a si mismas". Y también, en la misma obra, apunta que "El individuo que es la verdadera y auténtica realidad de la sociedad, siempre ha sido sacrificado a un concepto general, a algún nombre colectivo".

Sin duda este constituye uno de los tantísmos ejemplos de pensadores que han dejado magníficos testimonios de su veneración por la libertad y sus ventajas sobre la prepotencia estatal. Testimonios que es imperativo estudiar al efecto de juntar fuerzas frente a la barbarie que pretende reducir a la humanidad en una majada de los siempre obedientes y sumisos lanares.

Como queda dicho, resulta del todo inconducente entrar por la variante de discutir si tal o cual medida le hará bien o mal a las personas, de lo que se trata es de respetar su radio de acción para que cada uno pueda seguir su camino y no depender del paternalismo autoritario que se arroga facultades que exceden en mucho la misión específica por la cual, en el contexto de la sociedad abierta, fue establecido el monopolio de la fuerza. Opinión que es naturalmente rechazada por los burócratas de turno porque les resta poder y canonjías propias del ámbito político.

Todo lo que se piensa le hace bien a otros pude ser difundido por los canales que se estimen convenientes, pero en ningún caso está moral ni jurídicamente justificado a que se recurra a la fuerza para que se proceda de un modo u otro si el titular prefiere operar de otra manera, siempre y cuando no se lesionen derechos en cuyo caso es deber del gobierno defender a la víctima del atropello.

Claro que si los gobiernos abarcan todos los espacios privativos de las personas no pueden defender la vida, la libertad y la propiedad, no por falta de recursos ni de tiempo sino porque es absolutamente incompatible con sus propósitos de estatismo rampante. No tiene sentido defender el derecho y al mismo tiempo atacarlo. Hoy la seguridad personal está en riesgo cuando no en franco peligro de ser asaltado o muerto, la libertad estrangulada por los gobiernos y la propiedad debilitada por la destrucción de los contratos y las intervenciones directas en los procesos de mercado con lo que se pierde la brújula del cálculo económico y la consiguiente dilapidación de los siempre escasos recursos.

En esta instancia del proceso evolutivo se ha adoptado el monopolio de la fuerza para proteger a los integrantes de la sociedad de lesiones a sus derechos, por eso resulta sumamente paradójico que, como queda consignado, ese supuesto defensor se haya convertido en el agresor de mayor envergadura de quienes financian sus actividades. Por ello, mientras otros debates tienen lugar en el mundo académico, es de gran importancia agregar nuevas limitaciones y controles para ponerle bridas al Leviatán, ejemplos de lo cual hemos sugerido en otras columnas.

Por último, invito a mis lectores a pensar cuidadosamente en lo que nos ha recordado el Ing. Alejo Lopez Lecube respecto a la siguiente conclusión de Thomas Jefferson –uno de los Padres Fundadores de Estados Unidos, redactor de la Declaración de la Independencia y el tercer Presidente de ese país– que expresó en 1790, después de finiquitada su misión diplomática en Francia y antes de asumir como Secretario de Estado de George Washington: "Los dos enemigos de la gente son los criminales y el gobierno, de modo que atemos el segundo con las cadenas de la Constitución para que no se convierta en la versión legalizada del primero".

*Septiembre 13, 2014.*

*Evolucionismo, asalto legal y realidad*

# La lección de Isaías

Parte de las clases de Albert Jay Nock en la Universidad de Virginia fueron publicadas en forma de un libro que tuvo gran difusión titulado *The Theory of Education in the United States*, al que se sumaron otras numerosas obras y artículos de su autoría. Escribió un ensayo en 1937 reproducido en castellano en Buenos Aires (*Libertas*, Año xv, octubre de 1998, No. 29) titulado "La tarea de Isaías" ("Isaiah´s Job"). En ese trabajo subraya la faena encargada al mencionado profeta bíblico de centrar su atención en influir sobre la reducida reserva moral (*remnant* en inglés): "De no habernos dejado Yahvéh un residuo minúsculo, como Sodoma seríamos, a Gomorra nos pareceríamos" (Isaías, 1-9).

A partir de lo consignado, Nock elabora sobre lo decisivo del *remnant* al efecto de modificar el clima de ideas y conductas y lo inconducente de consumir energías con las masas. Así, escribe nuestro autor que, a diferencia de las reservas morales, siempre reducidas en número, "el hombre-masa es el que no tiene la fuerza intelectual para aprehender los principios que resultan en lo que conocemos como la vida humana, ni la fuerza de carácter para adherir firme y estrictamente a esos principios como normas de conducta, y como esas personas constituyen la abrumadora mayoría de la humanidad, se las conoce como las masas". Y lo dice en el mismo sentido orteguiano y de Gustav Le Bon, pueden ser pobres o ricos, profesionales o sin oficio, ubicados en una u otra posición social, "se trata de un concepto cualitativo y no de circunstancia".

Esta tarea clave encomendada a Isaías, se aleja de aquellos que no son personas íntegras ni honestas intelectuales sino timoratas que tienen pánico de ir contra la corriente aun a sabiendas que lo "políticamente correcto" se encamina a una trampa fatal. Necesitan el aplauso, de lo contrario tienen la sensación de la inexistencia. Ponen la carreta delante de los caballos y su sueño (y su fantasía) es dirigirse a la aprobación de multitudes y no les preocupa la satisfacción moral de sostener la verdad. Nunca avanzan en nada puesto que en último análisis se someten a los subsuelos reclamados por la mayoría en lugar de intentar revertir la decadencia. Son manipulados en constantes corrimientos en el eje del debate que no han sido capaces de administrar. Cada vez más se ven obligados a modificar su lenguaje y propuestas en un declive sin fin mientras no encuentren la voluntad y la fuerza para influir en el movimiento de ese eje crucial. No manejan la agenda, son obligados a tratar lo que otros indican y del modo que los establecen.

Estos son los que la juegan de "líderes", los demás aparecen como bultos exaltados con promesas demagógicas pero que en definitiva dirigen los acontecimientos y empujan a los supuestos líderes a la bancarrota.

Hay incluso quienes podrían ofrecer contribuciones de valor si fueran capaces de ponerse los pantalones y enfrentar lo que ocurre con argumentos sólidos y no con mentiras a medias, pero sucumben a la tentación de seguir lo que en general es aceptado. No se percatan de la inmensa gratificación de opinar de acuerdo a la conciencia y de la fenomenal retribución cuando aunque sea un alumno, un oyente o un lector dice que lo escuchado o leído le abrió nuevos horizontes y le cambió la vida. Prefieren seguir en la calesita donde en el fondo son despreciados por una y otra tradición de pensamiento puesto que es evidente su renuncia a ser personas íntegras que pueden mirarse al espejo con objetividad.

Y no es cuestión de alardear de sapiencia, todos somos muy ignorantes y a mediada que indagamos y estudiamos confirmamos nuestro formidable desconocimiento. Se trata de decencia y sinceridad y, sobre todo, de enfatizar en la imperiosa necesidad del respeto recíproco, entre otras cosas, por la referida ignorancia superlativa que es una de las razones por la que no podemos tener la arrogancia de manejar vidas y haciendas ajenas.

Este razonamiento excluye a los políticos puesto que en esta instancia del proceso de evolución cultural su función en la democracia es la de atender lo que demanda la gente. Hay aquí un posible correlato con el empresario quien, para tener éxito, debe entregar los bienes y servicios que requiere la gente y no lo que le agrada al gerente. Uno y otro deben dirigirse a su público a riesgo de perecer. Los personajes a que nos referíamos con anterioridad son simples secundones de los políticos, en lugar de asumir un rol independiente y digno al efecto de contribuir al encauzamiento de las cosas por una senda fértil.

Por otro lado, si nos quejamos de los acontecimientos, cualquiera éstos sean, el modo de corregir el rumbo es desde el costado intelectual, en el debate de ideas y en la educación. Y este plano no está subordinado a los deseos del público sino que por su naturaleza debe seguir las elucubraciones que honestamente piensan sus actores. Es desde ese nivel que produce lástima y vergüenza el bastante generalizado renunciamiento a valores y principios que se saben ciertos.

Como se ha señalado en incontables oportunidades, los socialismos son en general más honestos que supuestos liberales en cuanto a que los primeros se mantienen firmes en sus ideales, mientras que los segundos suelen retroceder entregando valores a sabiendas de su veracidad, muchas veces a cambio de prebendas inaceptables por parte del poder político o simplemente en la esperanza de contar con la simpatía de las mayorías conquistadas por aquellos socialistas debido a su perseverancia.

Ya he puesto de manifiesto en otra ocasión que la obsesión por "vender mejor las ideas para tener más llegada a las masas" es una tarea condenada al fracaso, principalmente por dos razones. La primera queda resumida en la preocupación de Nock en el contexto de "la tarea de Isaías". El segundo motivo radica en que en la venta propiamente dicha no es necesario detenerse a explicar el proceso productivo para que el consumidor adquiera el producto. Es más que suficiente si entiende las ventajas de su uso. Cuando se vende una bicicleta o un automóvil, el vendedor no le explica al público todos los cientos de miles de procesos involucrados en la producción del respectivo bien, centra su atención en los servicios que le brindará el producto al consumidor potencial. Sin embargo, en el terreno de las ideas no se trata solo de enunciarlas sino que es necesario exponer todo el hilo argumental desde su raíz (el proceso de producción) que conduce a esta o aquella conclusión. Por eso resulta más lenta y trabajosa la faena intelectual. Solo un fanático acepta una idea sin la argumentación que conduce a lo propuesto. Además, los socialismos tienen la ventaja sobre el liberalismo que van a lo sentimental con frases cortas sin indagar las últimas consecuencias de lo dicho (como enfatizaba Hayek, "la economía es contraintuitiva" y como señalaba Bastiat "es necesario analizar lo que se ve y lo que no se ve").

Por eso es que el aludido hombre-masa siempre demanda razonamientos escasos, apuntar al común denominador en la articulación del discurso y absorbe efectismos varios. Por eso la importancia del *remnant* que, a su vez, genera un efecto multiplicador que finalmente (subrayo *finalmente*, no al comienzo equivocando las prioridades y los tiempos) llega a la gente en general que a esa altura toma el asunto como "obvio". Este es el sentido por el que hemos citado a John Sturat Mill en cuanto que toda idea buena que recién se inaugura invariablemente se le pronostican tres etapas: "la ridiculización, la discusión y la adopción". Y si la idea no llega a cuajar debido a la descomposición reinante, no quita la bondad del testimonio, son semillas que siempre fructifican en espíritus atentos aunque por el momento no puedan abrirse paso.

Es por esto que se ponen de manifiesto culturas distintas; en un pueblo primitivo (no en cuanto a que es antiguo sino en cuanto a incivilizado, en cuanto a "cerrado" para recurrir a terminología popperiana) no concibe principios y valores que adopta una "sociedad abierta". La secuencia que comienza con el *remnant* no tuvo lugar en el primer caso y sí se produjo en el segundo.

En relación al indispensable respeto a que nos hemos referido más arriba, sostengo que es conveniente que reemplace a la expresión "tolerancia" ya que ésta conlleva cierto tufillo inquisitorial debido a que deriva de una gracia o un permiso de la autoridad para profesar el culto de cada cual (o de ninguno). Tuvieron que lidiar con estos asuntos escabrosos pensadores como Erasmo, Samuel Pufendorf, John Locke, Voltaire y Castalion (pensemos que hasta Sto. Tomás de Aquino justificó en la *Suma Teológica* que "la herejía es un pecado por el que merecieron no sólo ser separados de la Iglesia por la excomunión, sino también ser excluidos del mundo por la muerte"; 2da. 2da., q.xi, art. iii). El reemplazo sugerido evita la absurda noción de autorizaciones como el bienintencionado Edicto de Nantes (abrogado a poco andar) y es por todo esto que en la primera línea de la primera enmienda de la Constitución estadounidense se elude el empleo de aquella palabra. *Los derechos se respetan no se toleran*, lo contrario trasmite el mensaje del error en la conducta del tolerado, que se "tolera" desde un plano "superior" que dictamina sobre si debe o no tolerarse determinada creencia. De más está decir que el respetar la conducta del otro que no lesiona derechos no significa suscribir su proceder ni adherir al relativismo epistemológico.

En resumen, creo que es pertinente para ilustrar como es que nunca se desperdician las contribuciones bienhechoras de las personas íntegras –aun operando en soledad– lo apuntado por la Madre Teresa de Calcuta cuando le dijeron que su tarea era de poca monta puesto que "es solo una gota de agua en el océano" a lo que respondió "efectivamente, pero el océano no sería el mismo sin esa gota".

*Septiembre 21, 2014.*

# Un trabajo notable de Emil Ludwig

Como es sabido, el gran Emil Ludwig se exilió del régimen nazi y primero se nacionalizó suizo y luego viajó a Estados Unidos donde escribió la mayor parte de sus numerosas obras. Entre muchos otros trabajos, es autor de las célebres (y voluminosas) biografías de Beethoven y de Goethe. En esta oportunidad aludo a su libro titulado *El Mediterráneo*, mar en torno del cual el autor relata la historia de pueblos que han resultado clave para la civilización ("el Mediterráneo ha sido el centro de la historia cultural" escribe Ludwig en el Prefacio).

Es uno de los libros de historia más profundos que he abordado hasta el presente, fruto de una magnífica pluma (y un extraordinario traductor: Federico López Cruz) con la mira puesta en las ocurrencias de lo privado y no circunscripto a los menesteres de los gobernantes. Su ejemplo favorito de civilización son los fenicios quienes no buscaban conquistas militares sino las ventajas del libre comercio y la consiguiente expansión de la riqueza recíproca y el conocimiento que brinda el contacto con otras poblaciones, los modales que enseñan las relaciones mercantiles como el cumplimiento de la palabra empeñada y la cortesía junto al abandono de los siempre destructivos sentimientos nacionalistas y con un adecuado sistema de pesas y medidas en el contexto de un lenguaje propicio para la comunicación eficaz (ellos fueron los fundadores de los puertos-ciudades más descollantes de la época como Cartago, Cádiz y Trípoli). Es en realidad llamativo y resultado de las ideas socialistas que muchas veces se recurre a la expresión "fenicio" para hacer referencia peyorativa al espíritu empresarial (de la misma manera que se usa con ironía la expresión "burgués" para aludir a una persona sin iniciativas, cuando en verdad los burgos eran los pueblos liberados del sistema feudal en donde los valores supremos eran los de la propiedad privada, la familia y el fomento a la creatividad).

En esta ocasión, en lugar de glosar la obra, he optado por limitarme a citar algunos pocos pasajes del libro al efecto de trasmitirle al lector una idea más directa del trabajo aunque naturalmente no pueden transcribirse párrafos largos y razonamientos y explicaciones extensas y solo mostrar apenas retazos muy salteados y fragmentarios, no solo por el tema de los derechos de autor sino porque esta nota periodística se convertiría en algo tedioso y contradeciría el objeto de interesar al lector en que explore la obra completa. Dejo mis comentarios para el final (especialmente la aplicación de la utilidad marginal a la financiación de procesos educativos oficiales).

"Bajo la superficie de este libro se observará una filosofía política definida. Está escrito desde el punto de vista de un individualista que siempre ha creído en el predominio de la inteligencia sobre la fuerza".

"Las obras de la mente y del arte sobreviven a sus creadores; pero las acciones de los reyes y estadistas, papas, presidentes y generales cuyos nombres llenan algunos períodos de la historia, perecen con sus autores o poco después de ellos".

"Cualquiera que viva a la orilla del mar, cuya mirada se vuelva constantemente hacia la inconmensurable distancia, captará mucho más profundamente las grandes emociones porque no tiene la costumbre de desviar los ojos hacia pequeñeces".

"La historia de Atenas demostró que una nación puede entender y cultivar al mismo tiempo la riqueza y el intelecto, el comercio y la belleza. La voluntad pura de poder es lo que, a la larga, convierte en bárbaro a un pueblo".

"Una consecuencia fatal de sojuzgar a los vecinos es que esa determinación tenía que aumentar forzosamente el poder del estado sobre el individuo".

"Esparta presenta un modelo perfecto de los ideales que predican y para los cuales viven los estados totalitarios. En efecto, era una nación en armas, en la cual la única educación era la guerra; se desdeñaba la inteligencia; se dictaban disposiciones estableciendo cuando debía casarse un ciudadano y cuando el estado debía sustraerlo de su familia; se restringía todo movimiento y existía un estado autárquico".

"Y así la libertad, la belleza y los goces de la vida desaparecieron en el estado militar mediterráneo de Esparta, en el cual, andando el tiempo, no quedó nada. En el estado marítimo de Atenas, por el contrario, todo deriva de la libertad, inmortalizando el concepto de Grecia. El hecho de que un día Esparta fuera victoriosa [en las guerras del Peloponeso que duraron veintisiete años], sólo produjo un muy breve interludio en la imperecedera gloria de Atenas".

"El sentido romano del estado, construido sobre la base de la libertad y el orden se convirtió en el verdadero cimiento de un creciente imperio mundial".

"Diocleciano fue el primer socialista de estado y, puesto que era hijo de esclavo y también dictador nos recuerda doblemente a varios de sus colegas de nuestros días: como éstos, privó a sus súbditos de libertad, a cambio de una especie de garantía de alimentos y albergue a cargo del estado [...] La primera lista de precios máximos de la historia, de la cual poseemos fragmentos, regulaba salarios y precios de los artículos, desde el oro y la púrpura hasta los huevos de gallina".

"De las tres religiones [monoteístas] la islámica fue la más tolerante", lo cual naturalmente no quita que hayan islámicos que faltan el respeto a creencias diferentes a la suya, igual que en otras denominaciones, por ejemplo, la cristiana en épocas de la Inquisición y las "guerras santas", pero no son *por* la religión sino debido al espíritu criminal de la persona que comete el crimen.

En resumen, Ludwig pasa revista a los sucesos más relevantes de la historia antigua haciendo gala de una nutrida documentación y con observaciones de gran calado que son del todo aplicables a nuestros días. Describe una y otra vez como "el cerebro de un solo sabio o poeta puede producir el derrumbe de una época y el encumbramiento de otra, pero ningún conquistador ha podido hacerlo" por eso es que los derrumbes tipo el romano (y todos los demás) no fueron ni son el resultado de "invasiones bárbaras" sino consecuencia del deterioro y la descomposición moral interna fruto de la decadencia de valores sobreponiendo otras ideas a contracorriente de las republicanas, puesto que "la opresión embota a los individuos".

Es de desear que se reflexione sobre aspectos del pasado en base a consideraciones como las que proporciona Ludwig en el tratado que hemos comentado a vuelapluma, al efecto de evitar lo dicho por Cicerón en cuanto a que estamos condenados a repetir problemas si no decantamos con esmerada atención lo ocurrido a través de la historia. Tropezar con la misma piedra no parece una manifestación de inteligencia. Y, sin embargo, es lo que sucede una y otra vez como si el ser humano fuera incapaz de mirar por el espejo retrovisor al efecto de continuar el rumbo sin recaer en viejos errores.

En este sentido, es del caso recordar la reiterada sentencia de los Padres Fundadores en Estados Unidos en cuanto a que "el costo de la libertad es su eterna vigilancia". Nada puede darse por sentado, si queremos ser respetados debemos contribuir diariamente a que se entiendan los fundamentos de una sociedad abierta. Tal como escribía Alexis de Tocqueville, "es frecuente que los países que han disfrutado de progreso moral y material lo den por sentado, este es el momento fatal" porque ocupan espacios tradiciones de pensamiento autoritarias que desplazan al espíritu liberal con lo que se arremete contra las autonomías individuales y los consiguientes derechos.

Dado que en este contexto lo más importante es la educación a los efectos de fortalecer los valores y principios a que alude Emil Ludwig, debemos evitar la repetición de la falacia grotesca de la "educación gratuita" puesto que nada es gratis, siempre alguien paga y, en este caso, la educación estatal *siempre la pagan principalmente los más pobres*. Esto es así debido a que las cargas fiscales que pagan los relativamente más ricos recaen sobre los más pobres ya que la retracción en las inversiones repercute directamente sobre sus salarios. Si aplicamos el concepto de la utilidad marginal comprenderemos que –aunque en estos terrenos no hay posibilidad de referencia a números cardinales ni comparaciones intersubjetivas– en general un peso para un pobre no es lo mismo que un peso para un rico por lo que concluimos que el sacrificio de la referida educación estatal recae mayormente sobre los pobres que la deben financiar compulsivamente auque no la usen, lo cual implica que se hacen cargo de los estudios de los más pudientes.

Por otra parte y por último, tengamos presente que Ludwig escribe "estado" con minúscula por respeto al individuo puesto que el aparato gubernamental está subordinado a quienes representa para proteger sus vidas, libertades y propiedades y no para conculcar, atropellar y aplastar esos derechos. En todo caso habría que escribir "Individuo" con mayúscula. Como ha consignado Collingwood, el célebre historiador de Oxford, toda la historia es la historia del pensamiento y el pensamiento lleva implícita la libertad. Por eso aquello de Benedetto Croce de "la historia como hazaña de libertad".

*Septiembre 27, 2014.*

# Evolucionismo: una apostilla

Es difícil entender la postura de quien se declara opuesto al evolucionismo. Dado que los seres humanos estamos años luz de la perfección en todas las materias posibles, entre otras cosas, debido a nuestra colosal ignorancia, la evolución es el camino para intentar la mejora de la marca respecto de nuestra posición anterior, en cualquier campo de que se trate. Lo contrario es estancarnos en el empecinamiento al mostrarnos satisfechos con nuestros raquíticos conocimientos. Es cierto que en el transcurso de la vida, tomando como punto de referencia el universo, en términos relativos es poco lo que podemos avanzar, pero algo es algo. No hay tema humano que no sea susceptible de mejorarse.

Pero aquí viene un tema crucial: el simple paso del tiempo no garantiza nada, se requiere esfuerzo de la mente para progresar, básicamente en cuanto a la excelencia de los valores. También en la ciencia que no abre juicios de valor (simplemente describe), en su terreno específico, el científico genuino tiene presente la ética ya que sin el valor de la honestidad intelectual se convierte en una impostura. El progreso es sinónimo de evolución pero no es un proceso automático, como queda expresado, hay que lograr la meta con trabajo.

En el siglo xviii, especialmente John Priestley y Richard Price, sostuvieron que, si existe libertad, el hombre *inexorablemente* progresaría. Este es un punto que debe clarificarse. La libertad es una condición *necesaria* para el progreso, más no es *suficiente*. La libertad implica respeto recíproco, lo cual puede existir pero si el hombre se degrada inexorablemente habrá involución y, en última instancia, un ser degradado a niveles del subsuelo, un monstruo cuyo objetivo es, por ejemplo, sistemáticamente perder el conocimiento, tampoco respetará a su prójimo (ni sabrá de que estamos hablando, lo cual, por ejemplo, está sucediendo cada vez con mayor intensidad a raíz de los incentivos perversos que genera la llamada "guerra contra las drogas", y debe tenerse presente que el tema no es limitarse a abrir el consumo sino especialmente la producción sin lo cual empeora la situación, un aspecto medular que se llevó a cabo para terminar con la catástrofe de la Ley Seca que ha sido reiteradamente enfatizado, entre otros, por Milton Friedman en el contexto de las drogas).

Hans Zbiden nos recuerda la novela de Saltykow –*La conciencia perdida*– en la que todos los personajes deciden desprenderse de sus respectivas conciencias como algo inútil a los efectos de "sentirse liberados". Sin embargo, los esfuerzos resultaron contraproducentes puesto que un misterioso desasosiego los empuja a retomar la voz interior y la brújula para que la conducta tenga sentido. El tema se repite en el conocido personaje de Papini, un engendro que la degradación más escalofriante hizo que ni siquiera tuviera un nombre ya que se lo identificaba con un número, igual que en *El innombrable* de Samuel Beckett.

De cualquier modo, es de gran interés introducir el concepto de la *involución* al efecto de percatarse de que el cambio no necesariamente significa evolución. En el medio está la conducta del ser humano que puede destruir o construir.

Entre muchos otros, Clarence Carson en *The Fateful Turn* alude al célebre profesor de filosofía de Harvard, Josiah Royce que en sus obras incluye aspectos de lo que estamos tratando en esta nota, lo hace especialmente en *The Word and the Individual* y en *The Spirit of Modern Philosophy*.

Royce se detiene a enfatizar que muchas veces se piensa que el progreso equivale a lo nuevo y que hay que adaptarse para pasar por un "ser ajustado" (políticamente correcto diríamos hoy). Esta visión, dice el autor, conduce al fracaso y al retroceso. Aunque en sus primeros trabajos no fue claro al analizar el determinismo en el plano humano, en su última etapa resulta contundente al salirse del *cul-de-sac* a que inexorablemente conduce ese tema para recostarse en el libre albedrío, en la capacidad de la mente para elegir entre distintos caminos, para refutar a los que sostienen que todo está previamente programado en el ser humano. De este modo obvió las contradicciones de aquella postura puesto que la racionalidad carece de sentido si la razón no juega un rol decisivo, lo cual implica libertad y, en este contexto, vincula estas consideraciones con el evolucionismo que proviene de sujetos pensantes (lo cual no debe interpretarse en el contexto del constructivismo) y no como algo imposible de modificarse, lo cual ocurre en el campo de la biología.

Darwin tomó la idea del evolucionismo de Mandeville que la desarrolló en el campo cultural, dos territorios bien distintos, por ello es que resulta ilegítima la extrapolación de un área a otra como cuando se hace referencia al "darwinismo social", sin percatarse que el evolucionismo humano trata de selección de normas no de especies y, lo más importante, a diferencia de la biología, los más fuertes trasmiten su fortaleza a los más débiles vía las tasas de capitalización como una consecuencia necesaria aunque no buscada y, a veces, no querida. Todo lo cual es bien distinto de la sandez del llamado "efecto derrame" como si el proceso consistiera en que los menesterosos recibieran algo después de que el vaso de los opulentos rebalse.

En términos más generales, el progreso está atado al nivel axiológico puesto que inexorablemente descansa en un esqueleto de valores cuya consideración es ineludible para mejorar (aunque "mejorar" es, en otro plano, una estimación subjetiva, desde el punto de vista de cualquier escala de valores es inescindible del respeto recíproco, precisamente para que todos puedan encaminarse a las metas que estimen pertinentes).

Siempre tras el progreso hay ideas que lo sustentan y explican. No hay tal cosa como los ciclos irreversibles de la historia ni "las leyes históricas", todo depende de lo que hagan diariamente los seres humanos. De lo contrario sería aconsejable descansar y esperar el ciclo favorable. La posición de los Fukuyama son marxismos al revés. Paul Johnson ha escrito con mucha razón que "Una de las lecciones de la historia que uno tiene que aprender, a pesar de ser muy desagradable, es que ninguna civilización puede tomarse por segura. Su permanencia nunca puede considerarse inamovible: siempre habrá una era oscura esperando a la vuelta de cada esquina".

Por su parte, Arnold Toynbee también insiste en que la civilización es un esfuerzo "hacia una especie más alta de vida espiritual. No puede uno describir la meta porque nunca se la ha alcanzado o, más bien, nunca la ha alcanzado ninguna sociedad humana […] la civilización es un movimiento no una condición, es un viaje y no un puerto".

Una receta básica en dirección al progreso es el fortalecimiento de las autonomías individuales, es decir, el individualismo. En no pocas ocasiones se interpreta el individualismo como sinónimo de seres autárquicos que se miran el ombligo cuando, precisamente, significa el respeto recíproco a los efectos de poder interactuar con otras personas de la forma más abierta y fluida posible.

Son los socialismos en sus diversas vertientes los que bloquean y coartan las relaciones interpersonales alegando "proteccionismos", "culturas nacionales y populares" y similares al tiempo que se le otorgan poderes ilimitados a los gobernantes del momento para atropellar los derechos de la gente, con lo que se quiebra la cooperación social y la dignidad de las personas.

El trabajo en equipo surge del individualismo, a saber, que las personas para progresar descubren que logran mucho más eficientemente sus propósitos que si procedieran en soledad y asilados. Por el contrario, los estatismos al intervenir en los acuerdos libres y voluntarios para cooperar, crean fricciones y conflictos cuando imponen esquemas que contradicen las preferencias de quienes deciden arreglos diferentes y que cumplen con la sola condición de no lesionar derechos de terceros.

Las evoluciones humanas son procesos complejos y lentos que son detenidos o desfigurados cuando el Leviatán se entromete, y cuesta mucho recomponer los desaguisados. Como hemos dicho, el mojón o punto de referencia es siempre el valor moral que cuando se lo decide ignorar por cuenta propia o por entrometimientos del aparato estatal se desmorona la evolución para convertirse en involución como han apuntado autores de la talla de C. S. Lewis en *The Abolition of Man*.

Un ejemplo de involución en marcha que interesa a todo el mundo libre es la amenaza que significa la deuda gubernamental estadounidense que algunos tratan como si pudieran expandir el techo de la deuda *ad infinitum* sin problemas, para lo cual podría directamente eliminarse el tope legal de marras que resulta una parodia, como si se pudiera vivir gastando más de lo que entra para siempre (hoy es de 17 billones o 17 millones de millones de dólares –doce ceros– el 105% del producto).

Por último, un punto muy controvertido en el que desafortunadamente la mayor parte de los literatos no coincide. Es la importancia, al escribir, de dejar algún testimonio de los valores con que se sustenta la sociedad abierta aunque más no sea por alguna hendija colateral (incluso para la supervivencia de los mismos literatos). En este sentido, por ejemplo, comparten enfáticamente lo dicho el citado Giovanni Papini, T. S. Eliot y Victoria Ocampo. No necesito decir que de ningún modo esto debe surgir de una disposición de cualquier índole que sea, lo cual ofendería a todo espíritu libre, se trata de un simple comentario para ser considerado como un andarivel para la defensa propia.

*Octubre 4, 2014.*

# Novela dentro de la novela

El último escrito de Valdimir Nabokov fue *El original de Laura* que no pudo completar antes de morir y le pidió a su mujer que quemara el manuscrito, lo cual no se atrevió a hacer cuando se produjo el desenlace fatal y, en cambio, delegó en su hijo la faena, quien tampoco procedió en consecuencia y lo publicó reproduciendo las fichas que conservaba su padre bajo el argumento de la conjetura que su progenitor procedió como Kafka con Max Brod. Una extraña psicología que suponía que el encargo no se llevaría a cabo debido a que la persona indicada no tendría el coraje de incendiar, en este último caso, las tres obras encomendadas para las llamas. Situaciones en realidad sumamente extrañas desde la perspectiva psicológica: querer y no querer al mismo tiempo, ¿piromaniacos o bomberos? Si en verdad hubo autores que querían deshacerse de sus manuscritos ¿por qué no los destruyeron ellos mismos?

En realidad, el caso de Kafka no es el mismo que el de Nabokov puesto que en el primer caso el autor ya había completado las obras, mientras que en el segundo la indicación consistía en que el destino debía ser el fuego siempre y cuando la novela quedara inconclusa por su muerte (debida a un virus intrahospitalario que contrajo en una internación). De todos modos, queda el galimatías para eventualmente ser descifrado por psicólogos.

La referida novela póstuma e inconclusa de Nabokov consiste en una novela dentro de otra novela, una construcción también borgeana de bastante atractivo. Pero no es a esta narrativa a la que quiero aludir en esta nota sino a su formidable *Curso de literatura rusa* (sus clases en la Universidad de Cornell) que junto con *Pensadores rusos* de Isaiah Berlin estimo es lo mejor sobre la materia.

También en el curso de Nabokov hay "una novela dentro de una novela" en sentido figurado puesto que al dirigirse a los alumnos, describir autores y pensamientos varios, deja testimonio de su rechazo radical a los sistemas totalitarios. Sin duda no es el único escritor ruso que ha renegado con vehemencia de los sistemas donde prima la fuerza bruta y, por tanto, la negación de los derechos individuales. Lo han hecho de diferentes modos y en diferentes épocas, pero siempre con gran calado, Mandelstam, Herzen, Dostoyevski, Sakharov, Bukouvsky, Tolstoy,

Solzhenistyn, Chéjov y tantos otros; unos contra el terror blanco, otros contra el terror rojo y ahora contra el estado gangsteril. En el caso de Tolstoy está implícito en sus célebres novelas, excepto en el segundo epílogo de *La guerra y la paz* donde se explicita pero muchos más expuestas sus ideas en *Confessions* y en *The Kingdom of God is Within You*.

Es largo de explicar pero Tolstoy siendo un muy aguerrido opositor a toda manifestación de poder político en una forma sumamente didáctica y enfática, se inclinaba por rechazar la institución de la propiedad con lo que su tesis necesariamente se derrumbaría. Consideraba que la propiedad derivaba de un inaceptable privilegio otorgado por los gobiernos sin percatarse del rol fundamental de esa institución en el contexto de su origen en el trabajo (véase Locke, Nozick y Kirzner en ese orden). Es que en verdad, en su país, en gran medida, efectivamente la propiedad la daba y la quitaba el poder político (hoy sigue igual en Rusia y en otros lares). Esta incongruencia no fue óbice para los magníficos razonamientos de Tolstoy que no son ni remotamente el caso del marxismo, inconsistencia aquella que no tuvieron autores como Dostoyevski sobre quien se conjetura influyeron los dos becados por Catalina la Grande a la cátedra de Adam Smith en Glasgow (Iván Tretyyakov y Seymon Desnitsky).

Es de interés detenerse en algunos pasajes de Nabokov en el aludido curso, especialmente en dos de sus apartados titulados respectivamente "Escritores, censores y lectores rusos" y "Filisteos y filisteísmo".

En el primer ensayo el autor se detiene a comentar las severas restricciones a los escritores en la época zarista pero consigna que nada es comparable a la insoportable y constante persecución policíaca de la pesadilla soviética. En la etapa de los zares "en sus tratos con la musa rusa fue en los peores momentos un matón, en los mejores un payaso" mientras que los soviéticos "instauraron el reinado del terror [por lo que] la mayoría de los escritores rusos marchó al extranjero [...] El gobierno soviético, con una franqueza admirable, muy distinta de lo que fueron las tentativas tímidas, desganadas y confusas de la antigua administración, proclamó que la literatura era un arma del Estado".

Nabokov explica un punto que a veces parece que les cuesta entender a muchos, lo cual ha sido reiterado por distinguidos pensadores como J. F. Revel y es que en lo substancial no hay diferencia entre los socialistas y los fascistas. En un caso se apunta a limitar grandemente la propiedad privada o eliminarla para que los aparatos estatales usen y dispongan de ella transformándola en "la tragedia de los comunes", mientras que los fascistas permiten en registro nominal de la propiedad en manos de particulares pero usa y dispone el aparato estatal.

Este último camino es el más empleado en el mal llamado mundo libre con el natural resultado de una socialización creciente. Pues Nabokov, referido al campo literario, nos dice que "no existe verdadera diferencia entre lo que los fascistas occidentales pedían de la literatura y lo que piden los bolcheviques [...] que planifican el trabajo del escritor con el mismo rigor con que se planificaba el sistema económico del país [...], a lo largo de cuarenta años de dominio absoluto, [estas clases universitarias fueron dictadas en 1958] el gobierno soviético no ha dejado de controlar las artes jamás".

En todos los regímenes autoritarios siempre se sospecha de la creatividad, de que se exploren nuevas avenidas, de la independencia de criterio. Se combate todo aquello que se desvíe de los parámetros limitados y empobrecedores impuestos por las mentes liliputenses de los jerarcas de turno. En definitiva se sospecha del pensamiento, se induce al coro y al aplauso de las nimiedades de megalómanos siempre temerosos de la libertad.

En este sentido, nuestro autor proclama que "En la filosofía del Estado no cambió un tilde cuando Lenin fue sustituido por Stalin, no ha cambiado ahora, con la llegada al poder de Jruchev, o Jruschov, o como se llame. Permítaseme citar una palabras de Jruchov sobre literatura, pronunciadas en una reciente asamblea del partido (junio de 1957). He aquí lo que decía: 'Es preciso que la actividad creadora en el terreno de la literatura y el arte esté impregnada del espíritu y la lucha por el comunismo, que infunda en los ánimos la confianza, la fuerza de las convicciones, que desarrolle la conciencia socialista y la disciplina de grupo'. A mi me encanta este estilo de grupo, estas entonaciones retóricas, estas cláusulas didácticas, esta jerga periodística en avalancha [...] el verdadero protagonista de toda novela soviética es el Estado soviético".

No son pocos los que admiraban el régimen comunista que comenzó en 1917 en Rusia hasta que se percataron de las purgas, las hambrunas, los campos de concentración, el pacto con el nacionalsocialismo hitleriano y las matanzas a escala desconocida hasta entonces, pero que siguen adhiriendo al socialismo sin ver que la raíz del autoritarismo estriba en facultades otorgadas al monopolio de la fuerza para manejar vidas y haciendas ajenas, con lo que se estrangulan libertades que hacen a la condición humana y perjudican a todos, especialmente a los más necesitados.

Da por terminada esta clase de la siguiente manera: "Mi espíritu de lucha [...] es no rendir cuantas a nadie, ser vasallo y señor de mi mismo, no doblegar ni la testuz, ni el proyecto interior, ni la conciencia, a cambio de lo que parece poder y no es sino librea de lacayo; seguir tranquilo la propia senda".

En el segundo ensayo anunciado –muy para el momento– el autor centra su atención (y su desprecio) en los mediocres, en los timoratos, en la vulgaridad, en los conformistas, a los "loritos" que "repiten perogrulladas y lugares comunes", a los desesperados por la figuración en cualquier lado como sinónimo de existir, para concluir que "El filisteísmo no supone sólo una colección de ideas banales, sino también el uso de frases hechas, clichés, trivialidades expresadas en palabras manidas. El auténtico filisteo no lleva dentro más que esas ideas triviales que componen todo su ser" (recuerdo la sentencia de Mario Vargas Llosa para estos sujetos: "un hombre de superficie sin mayor trastienda").

El motivo central del libro consiste en los largos y jugosos comentarios de otros autores rusos y sus obras lo cual le ganó merecidamente gran prestigio a Nabokov a lo que también agrega un estudio pormenorizado del arte de la traducción, todo en casi seiscientas páginas de la edición española de Barcelona (Zeta), escrita originalmente en inglés igual que la novela a que aludimos más arriba: "la más dulce de las lenguas" según este celebrado pensador ruso.

Es que el oficio de escritor, el oficio del pensamiento, resulta incompatible con la cópula hedionda que se concreta con el poder político, la independencia, que es una manifestación de la libertad, no puede escindirse del espíritu de quien escribe por vocación profesional (ni de cualquier persona decente). Los que no proceden en consecuencia son impostores que manejan la pluma para la degradación personal y para la vergüenza de los demás. Milan Kundera en *La fiesta de la insignificancia* le hace decir a uno de sus personajes, dirigido a casi todos los políticos y generales: "Me importan un bledo los llamados grandes hombres cuyos nombres coronan nuestras calles. Se volvieron célebres gracias a su ambición, su vanidad, sus mentiras y su crueldad".

*Octubre 12, 2014.*

# Asalto legal

En esta nota me refiero a los políticos que permanentemente recurren a la fuerza para expandir las funciones gubernamentales que dicen es para el bien de la gente, no solo más allá de los atributos esenciales en el contexto de un sistema republicano sino en abierta contraposición a esas facultades puesto que no se limitan a proteger derechos sino que los invaden.

Es del caso recordar al abrir esta nota que la primera moneda de un centavo estadounidense (el *penny*) que fue diseñada por Benjamin Franklin y acuñada en cobre en 1787 tenía como leyenda *mind your business* (ocúpese de lo suyo), léase no se entrometa en lo que es de otros, un consejo, sabio por cierto, aplicable a todos y especialmente dirigido a los gobernantes para que se circunscribieran a garantizar derechos de los gobernados en consonancia con el espíritu y la letra de los Padres Fundadores de aquella nación.

Según el célebre Robert A. Nisbet en su ensayo titulado "El nuevo despotismo", nada hay más peligroso para las libertades de la gente que cuando un gobierno expande sus funciones en nombre del humanitarismo y la bondad. Consigna que habitualmente la gente está muy guardia frente a los avances del mal declarado pero los encuentran desarmados física y moralmente cuando se sostiene que la política que se encara es para el bien de la sociedad. Sostiene que se prepara el camino al despotismo cuando se ceden libertades frente al discurso político de la comisión y el desinterés con que se invaden espacios privados supuestamente para el bien de los receptores (por supuesto, siempre con coactivamente con el fruto del trabajo ajeno).

Nada hay más destructivo que los consejos de quienes apoyan y fomentan nuevas incursiones del Leviatán en las vidas y haciendas de los demás y, como queda dicho, más peligroso aun si se envuelven en el manto de la misericordia y la benevolencia. Estos sujetos siempre hablan recurriendo a la tercera persona del plural, nunca asumen directa responsabilidad por lo que consideran hay que hacer, no usan la primera persona del singular.

Es de esta vertiente de donde surgen medidas tales como la guerra contra las drogas, la seguridad social obligatoria, la manipulación monetaria, el incremento de los impuestos, la deuda pública, las mal denominadas "empresas" estatales, la redistribución de ingresos, los aranceles aduaneros, el control de precios, el matrimonio civil consagrado por el gobierno y demás sandeces que nada tienen que ver con gobiernos limitados a proteger derechos. Ya autores como James Buchanan y Gordon Tullock han puesto al descubierto el cinismo de los políticos que se dicen sacrificados por los intereses de la gente y que denominan "gestionar" el desconocimiento más grosero de los derechos a la vida, a la libertad y a la propiedad tal como rezaban todos los documentos de una sociedad abierta.

Es de desear que finalmente produzcan cansancio y repugnancia los carteles que pululan por doquier de políticos con sonrisas estúpidas siempre prometiendo que se terminará con la corrupción, la injusticia y la inseguridad que han promovido sus antecesores en una rutina demoledora de calesita perpetua.

El principio básico de una sociedad abierta consiste en que cada uno asume la responsabilidad por lo que hace y por lo que no hace. Los gobiernos no son tutores o curadores de los ciudadanos, existen solo para proteger derechos, es decir, que cada uno pueda hacer lo que le plazca con su vida y propiedad siempre y cuando no lesione derechos de terceros. Tengamos presentes los experimentos mortales de los maoísmos, nazis, stalinistas, guerrillas-terroristas latinoamericanas y sus múltiples imitadores, todo para fabricar "el hombre nuevo" y la felicidad terrenal (que como ha escrito Hölderlin: "Lo que siempre ha convertido al Estado en un infierno en la tierra ha sido precisamente que el hombre lo ha tratado de convertir en el cielo").

Igual que argumentaban Burke, Spencer, Tocqueville, de Jouvenel, Hayek, Friedman, George Stigler, von Mises, Rothbard, Kirzner, Sartori y tantos otros economistas y filósofos políticos, es perentorio pensar en nuevos y más eficaces límites al poder al efecto de minimizar los abusos del poder político que estamos viendo en todas partes para que el "nuevo despotismo" que sigue las líneas principales de la "vieja monarquía absolutista" no termine por imponer dictaduras electas o no electas que aniquilen las autonomías individuales y, por ende, la condición humana.

Vamos a la raíz de tema considerado. En el instante en que en esferas gubernamentales comienza el debate sobre la conveniencia para las personas de manejar sus vidas de tal o cual manera, el tema se ha salido de madre: es del todo improcedente y es impertinente e insolente que tal discusión tenga lugar desde el vértice del poder. En todo caso son temas a tratar en el seno de la familia, de amigos, consultores o eventualmente con los médicos que la persona elija (si es que decide consultar al facultativo) pero no es tema de debate en las esferas políticas para concluir como administrar las vidas de otros compulsivamente: la administración de sus finanzas, su salud y demás asuntos personales. Y no es cuestión de si es verdad o no que la elección de activos monetarios o tal o cual dieta es o no perjudicial para el presupuesto personal o para la salud, hay un asunto de orden previo y es el respeto irrestricto por la forma en que cada cual maneja sus asuntos personales.

La arrogancia del poder es fenomenal, no solo pretenden jugar a Dios sino ser más que Dios puesto que en las religiones convencionales nos da libre albedrío al efecto de la salvación o la condena, mientras que los megalómanos instalados en la burocracia teóricamente quieren la salvación (o, por lo menos, alegan tal fin)…es, en definitiva, un asalto legal. Nadie puede ser usado como medio para los fines de otro no importa cuan bondadoso se crea quien procede de ese modo y lo mucho que estime está haciendo el bien, si actúa contra la voluntad de una persona pacífica la está violando en sus derechos y ha recurrido a la fuerza agresiva lo cual es inaceptable.

Para tomar solo una parte pequeña de *El hombre rebelde* de Albert Camus es conveniente subrayar que el autor apunta que "hay crímenes de pasión y crímenes de lógica" y en este último caso se pone como coartada la filosofía para sustentar la tiranía que se impone en nombre de la libertad. Asimismo, señala que muchos pretendidos cambios que aseguran es para bien de la gente en verdad liquidan derechos, como cuando describe el alarido de Marat: "¡Oh, que injusticia! ¿Quien no ve que quiero cortar un pequeño número de cabezas para salvar muchas más? […] El *filántropo* escribía así".

Reiteramos que los espacios privativos del individuo no están sujetos a procesos electorales sino reservados al entendimiento y a la conciencia de cada cual. Para convivir civilizadamente se requiere respeto recíproco, lo cual a su vez reclama marcos institucionales que protejan y garanticen derechos para que cada uno administre su vida, pero de ningún modo para que los gobernantes –no importa el número de votos con los que hayan asumido– son para manejar los destinos individuales de quienes no infringen iguales derechos del prójimo. Nuevamente decimos que lo que le hace bien o mal a los mandantes no es materia de discusión en las esferas políticas.

Como hemos puntualizado antes, cabe en una sociedad abierta que se establezcan asociaciones de socialistas que lleven a la práctica sus ideas en la zona que hayan adquirido lícitamente, pero sin comprometer la suerte de quienes mantienen el sentido de autorrespeto, respeto a los derechos inalienables del prójimo y, sobre todo, de dignidad (ser digno de la condición humana), es decir, la imperiosa necesidad de ser libres que consideran como su oxígeno vital e irrenunciable. Es en esta dirección del pensamiento que con toda razón ha sentenciado Tocqueville y que tantas veces hemos citado: "El hombre que le pide a la liberad más que ella misma, ha nacido para ser esclavo". Es en dirección opuesta a la adoración de leyes mal paridas y contrarias al derecho que en la obra *A Man for all Seasons* de Robert Bolt, donde se apunta que en definitiva los gobernantes no pueden decidir en dirección opuesta a la realidad (aunque lo intentan permanentemente). Además, como se ha escrito desde tiempo inmemorial, la ley injusta no es ley, es atropello, un asalto con apariencia de legalidad.

Para finiquitar esta nota subrayo la imperiosa necesidad de atender la indelegable faena de cada cual de salir al cruce de las falacias comentadas, y no limitarse como dice uno de los personajes de García Márquez a "hablar mucho de nada" o alabar la insignificancia como expresa uno de los de Milan Kundera en su última obra a la que aludí al pasar en mi columna de la semana pasada. Todo en el contexto de lo que ha consignado Marx (no Karl que, en la práctica, estaba convencido de la infalibilidad del monopolio de la fuerza en manos de lo que serían sus secuaces…hasta la próxima purga, se trata en cambio de Groucho): "La política es el arte de buscar problemas, encontrarlos, hacer un diagnóstico falso y aplicar después remedios equivocados".

*Octubre 18, 2014.*

# Diálogo de sordos

Se ha establecido una telegráfica pero muy jugosa conversación entre un economista (E) y un jurista (J) "modernos" que intentan poner algo de luz en el camino para la concreción de políticas a los efectos de aplicarlas a los sufridos pueblos de la acuciante realidad del momento. Sin embargo, a pesar de que el diálogo que sigue puesto en su versión más cruda es cada vez más frecuente (aunque habitualmente con un léxico que disimula en algo el fondo del asunto), las recomendaciones que surgen del intercambio que a continuación se expone, insiste en recetas y consideraciones absolutamente contrarias al bienestar general. De más está decir que lo que sigue no cubre ni remotamente todo el territorio de las iniciativas "modernas". Son apenas una muestra.

E: Sugiero que al efecto de este diálogo dejemos de lado por completo toda expresión técnica para que tenga la mayor difusión posible. Mi primer punto es que la compleja actualidad inexorablemente requiere la eliminación de cuajo del espíritu egoísta de los agentes económicos que solo se interesan en su bienestar personal sin importarles la situación de los necesitados. En este sentido, propongo la completa sustitución de la idea de comercio privado por la administración desinteresada de los gobiernos.

J: Me parece institucionalmente sensato y muy claro lo que dice, pero es de interés agregar que la tradicional división de poderes como si se tratara de una competencia en el contexto de una independencia suicida debe verse, en cambio, como un equipo que, en forma conjunta, se dedique a suplir los intereses mezquinos y contradictorios del liberalismo, de este modo desaparecerá la nefasta especulación y se estimulará la solidaridad entre las personas.

E: Naturalmente, la economía y las instituciones deben operar en tándem para que no quede vestigio del interés privado siempre disociado de la comunidad. En esta dirección y para lograr tan noble propósito debe sustituirse todo el cuadro de precios establecidos en base a la anarquía del mercado por indicadores fieles que obedezcan a las necesidades reales y no a fuerzas hegemónicas desarticuladas.

J: Interesante y valiosa propuesta pero no puede llevarse a cabo sin una aceptación por parte de los medios de comunicación, puesto que con una prensa basada en el negocio la dirección del tratamiento de las noticias irá a contracorriente de lo genuinamente popular. En este sentido, comparto las políticas que han clausurado medios orales y escritos que no son afines a lo que le hace bien a la gente.

E: No solo eso, sino que las empresas estatales se apartan por completo de las fuerzas irracionales y ciegas del mercado para abocarse a lo que es prioritario según planificadores debidamente entrenados. Más aun, la publicidad debe reemplazarse por consejos de las distintas ramas gubernamentales para que puedan abastecer necesidades reales y no las impuestas por la publicidad.

J: También en línea con la sana institucionalidad y para hacer de apoyo logístico a lo que usted recomienda respecto a planificadores capacitados, las cátedras de leyes deberían unificarse en una universidad estatal, de lo contrario los reiterados debates y opiniones dispares conducen a la dispersión de esfuerzos y desperdicio de recursos.

E: Así es, idéntico proceso debería aplicarse a las cátedras de economía para reducir costos de transacción y para no caer en los problemas que usted destaca. La educación es un bien público que nunca debió cederse a los particulares ya que con ello se cae en el escepticismo, se entroniza al rey dinero y el descrédito de los programas de gobierno.

J: Retomo mi elaboración sobre el daño de la división de poderes y propongo que el Legislativo se convierta en el Comité del Partido con lo que también se evitará la competencia malsana entre legisladores para trabajar al unísono en pos del bienestar general sin palos en la rueda y así facilitar el diseño adecuado de las normas.

E: Sin duda que todo el esquema en el que estamos pensando debe tener muy presente la redistribución de ingresos, no en base a criterios individualistas sino fundamentados en la justicia social. Un canal muy productivo para tal fin consiste en la utilización de las valiosas herramientas fiscales progresivas para mantener en brete a los acaparadores y abrir cauce a la eficiente asignación de los recursos disponibles al tiempo que se fortalece el igualitarismo que es el basamento de la armonía comunitaria y de los estímulos más potentes para trabajar, todo lo cual solo puede llevarse a cabo recurriendo al instrumental y la visión de largo plazo macroeconómicas que proporcionan las políticas solventes de Estado.

J: En esta misma línea argumental, debe modificarse de raíz la noción liberal del derecho y reemplazarla por el derecho colectivista al efecto de dar cabida a los más necesitados hoy explotados por el capitalismo salvaje. Es indispensable ampliar derechos a los de la vivienda digna pero no meramente para pernoctar sino con los adecuados espacios con dormitorios amplios y bien iluminados y refrigerados, la alimentación nutrida con los suficientes hidratos de carbono, vitaminas y minerales presentados en forma de platos con cierta sofisticación en concordancia con la mejor gastronomía del momento, la recreación y el deporte en grandes estadios con todas las instalaciones más modernas, salarios al nivel de los mejores del mundo con jornadas cortas y gratificantes a lo que debe agregarse bonus trimestrales sustanciosos, música funcional de alta calidad, refrescos disponibles y así sucesivamente.

E: No debe permitirse el contagio de otros países que adoptan políticas de especulación y negadoras de la dignidad del ser humano, por ende, el comercio exterior debe operar solamente para ingresar lo indispensable y establecer tipos de cambio favorables para exportar productos hechos en el país como manifestación de orgullo nacional.

J: En este contexto, la propiedad con función eminentemente social debe establecerse en lugar de la irracional propiedad privada que ha servido para explotar a los más necesitados bajo el paraguas devastador de la competencia que hunde a las sociedades en la desesperación y el abandono con lo que cunde la iniquidad institucionalizada.

E: Afortunadamente hay en la actualidad una cantidad notable de tesis doctorales, papers y presentaciones en congresos que concuerdan con nuestros puntos de vista pero desarrollados extensamente y en un lenguaje profesional y no meramente coloquial como hemos hecho en esta tan fructífera conversación.

J: Como usted abrió este diálogo lo cierro enfatizando la inmensa alegría del pueblo que tendrá lugar el día en que se apliquen rigurosamente y en su plenitud las políticas aquí apenas esbozadas a vuelapluma. En esta situación debe abandonarse la trampa liberal de los derechos individuales que solo sirven para que inescrupulosos arrebaten tajadas suculentas y, en su lugar, entronizar los derechos colectivos y la sujetividad plural.

Nota: este diálogo no es entre sordos porque los interlocutores no se escuchen, sino porque nos da la impresión que no prestan la más mínima atención al estudio de nexos causales y sobreimprimen fantasías que desembocan en curiosas y contradictorias conclusiones y porque las presentan como si fueran originales. De todos modos, agradecemos que en esta oportunidad no se hayan insertado integrales y derivadas ni se hayan utilizado términos considerados "técnicos" porque en los discursos no es infrecuente que aparezcan expresiones como las archiconocidas "programación funcional sistemática", "estrategia operacional integrada", "proyección logística paralela" y equivalentes que impresionan vivamente al lego y dan aliento a los planificadores de vidas y haciendas ajenas.

Para meditar con algún detenimiento, termino con una sesuda reflexión dirigida a aquellos que limitan la idea de la democracia a los números. Reflexión de Niall Ferguson en *Civilizations. The West and the Rest*: "Algunas personas cometen el error de llamar esa idea 'democracia' e imaginan que cualquier país puede adoptarla simplemente convocando a elecciones. En realidad, la democracia obedece a un edificio que tuvo su piedra fundamental en el Estado de Derecho, para ser preciso, en la santidad de las libertades individuales y en la garantía de los derechos de propiedad privada asegurada por gobiernos representativos y constitucionales".

*Octubre 25, 2014.*

# Debate sobre la realidad

El tema que aquí abordamos es de extrema importancia puesto que, entre otras cosas, si no hay realidad objetiva la idea de "la justicia" la impone quien tiene más fuerza sin mojón de referencia extramuros de la norma positiva. Como escribe Emanuel Sieyes en *Ensayo sobre el privilegio*, en ese caso, no habrá defensa contra el "ansia insaciable de dominación" financiada "por estúpidos ciudadanos que pagan tan caro para ser insultados" ya que "se ha establecido la existencia del legislador, no para conceder, sino para proteger nuestro derechos".

Ahora resucita un debate en medios académicos sobre si la realidad tiene o no existencia ontológicamente independiente. Ya en otra oportunidad escribí sobre el relativismo para intentar la clarificación de que las cosas son independientemente de lo que opinamos que son (además de la conocida conclusión en cuanto a que la afirmación del relativismo hace que esa misma afirmación sea relativa). Una cosa es el esfuerzo por descubrir verdades que se traduce en que el conocimiento es provisorio sujeto a refutaciones y otra bien distinta es el relativismo (epistemológico, hermenéutico, cultural y ético tal como puse de manifiesto en el mencionado trabajo titulado "Las contradicciones del relativismo"). En esta ocasión enfatizo en el primer punto señalado sobre la realidad, en relación a lo cual debatimos hace unos días en una reunión de colegas.

En este sentido, se dice que lo que no es percibido no es real, es decir, la tesis originalmente expuesta por Berkeley. Pero eso habría que extenderlo al mismo sujeto que observa, esto es, que no existiría si no lo percibe otro y así sucesivamente lo cual no termina en la Primera Causa ya que, paradójicamente, no tendría existencia real si no es percibida por otro, situación que conduce a la inexistencia de todo (incluso de la afirmación del no-realismo).

Por otra parte, hay cosas que se estiman percibidas como, por ejemplo, los espejismos, las ilusiones y las estrellas que creemos observar cuyas luces navegan en el espacio pero que pueden haber dejado de existir hace tiempo.

Por el principio de no-contradicción, una proposición no pude corresponderse y no corresponderse simultáneamente con el objeto juzgado (como queda dicho, el relativista toma como verdad su relativismo).

También cabe destacar que, sin duda, todo lo que entendemos es subjetivo en el sentido de que es el sujeto que entiende, pero cuando hacemos referencia a la objetividad o a la verdad aludimos a las cosas, hechos, atributos y procesos que existen o tienen lugar independientemente de lo que opine el sujeto sobre aquellas ocurrencias y fenómenos que son ontológicamente autónomos. Lo antedicho en nada se contradice con el pluralismo y los diversos fines que persiguen las personas, dado que las apreciaciones subjetivas en nada se contraponen a la objetividad del mundo. Constituye un grosero *non sequitur* afirmar que del hecho de que las valorizaciones y gustos son diversos, se desprende la inexistencia de lo que es.

Cuando se dice que no puede tomarse partido por tal o cual posición debe tenerse en claro que quien eso dice está de hecho tomando partido por no tomar partido, del mismo modo que quien sostiene que no debe juzgarse está abriendo un juicio. Como explicita Konrad Lorenz, si no hubiera tal cosa como proposiciones verdaderas no tendría sentido ninguna investigación científica puesto que no habría nada que investigar.

Paul Watzlawick en su libro titulado *¿Es real la realidad?* concluye que "la tesis básica del libro [el que escribe] según la cual no existe una realidad absoluta, sino solo visiones o concepciones subjetivas, y en parte totalmente opuestas [de lo que es] la realidad, de las que se supone ingenuamente que responden a la realidad 'real', a la 'verdadera' realidad".

Nos parece que aquí se confunden planos de análisis. El juicio subjetivo en nada cambia la existencia de las cosas, sus propiedades y atributos. Ese juicio podrá desde luego estar más cerca o más lejos de describir al objeto juzgado puesto que la proposición verdadera consiste en la concordancia o correspondencia del juicio con el objeto juzgado. Pero nuevamente decimos que esto no significa que las dificultades de lograr el cometido se hayan disipado: el camino para captar la realidad es siempre uno sinuoso y lleno de obstáculos. Nunca el ser humano llegará a una situación en que pueda ufanarse de haber completado su faena de haber abarcado la totalidad de lo real ya que estamos hablando de seres imperfectos, limitados y sumamente ignorantes.

Lo dicho no quita para nada lo certera de la observación de Watslawick en cuanto a la influencia del grupo en el individuo. En esta línea argumental, alude al experimento realizado por el psicólogo Asch en el que reunía un grupo de unos nueve estudiantes a quienes se les mostraba un par de tablas. En la primera se veía una línea vertical y en la segunda tres líneas también verticales de distinto tamaño y se les pregunta cual de las líneas de la segunda tabla coincide con la primera.

Para entrar en confianza se hacen varias rondas en las que hay unanimidad en las coincidencias (la línea del medio de la segunda tabla es idéntica a la de la primera). Luego viene el truco: a todos los estudiantes *menos a uno* se los instruye para que den una respuesta falsa. Se observa al disidente que en las primeras rondas opina con seguridad pero a media en que se repiten va perdiendo seguridad (esto se nota hasta en el tono de su voz cada vez más baja y poco convincente), hasta que finalmente en gran parte de los experimentos el sujeto en cuestión opina como los demás aun sabiendo que su respuesta es evidentemente falsa. Esto revela la influencia que ejerce el grupo sobre la opinión de los menos.

Pero esto no modifica nuestros comentarios sobre la realidad, solo que demuestra la enorme presión de la multitud sobre quienes opinan distinto, lo cual puede comprobarse a diario con personas que no se atreven a opinar lo que se considera "políticamente incorrecto" y, por ende, dejan de cumplir con sus obligación moral de comportarse de acuerdo con la integridad elemental y la honestidad intelectual por cobardía, y así los timoratos dejan cada vez más espacio a la corriente dominante para que imponga su visión.

Para poner el asunto de otra manera, una cosa es afirmar erróneamente que la realidad depende de la opinión y que, por tanto, no hay verdad objetiva y otra bien diferente es reconocer que cada uno tiene el derecho de interpretar, debatir, exponer y mostrar según su criterio cual es la realidad de tal o cual cosa. Precisamente, en esto consiste la posibilidad de progreso y acercamiento a la captación de diferentes realidades. Las sucesivas refutaciones parciales o totales permiten el avance en el conocimiento.

La duda (no de todo puesto que no dudamos que dudamos) y el racionalismo crítico son buenos ejercicios: *ubi dubiun ibi libertas* (si no hay duda, no hay libertad) puesto que en un mundo de dogmáticos no se requiere libertad ya que todo sería certezas. Pero lo contrario no significa escepticismo en el sentido de desconfianza en nuestra capacidad perceptual, sino que la conciencia del error nos da la pauta que somos capaces de distinguirlo de la verdad.

El realismo –también crítico– profesa la existencia del mundo exterior al sujeto que observa que es, por ende, distinto al sujeto que conoce. La ciencia se refiere a la expansión del conocimiento de ese mundo exterior que presupone para sus estudios y experimentos. La inteligencia, el *inter-legum*, apunta a expandir el conocimiento que no se refiere solo a lo que puede comprobarse en el laboratorio sino a fenómenos no verificables en la experimentación sensible sino en el razonamiento de procesos complejos.

John Hospers en el primero tomo de su *Introducción al análisis filosófico* explica que "una proposición verdadera describe un estado de cosas que ocurre; o en el caso de una proposición sobre el pasado, un estado de cosas que ocurrió; o en el caso del futuro, que ocurrirá" por el contrario "una proposición falsa da cuenta de un estado de cosas que no ocurre (o no ocurrió en el caso del pasado, o no ocurrirá en el caso del futuro)", todo lo cual naturalmente alude a lo que existe o no existe en la realidad.

Por su parte, Nicholas Rescher en su obra *Objetivity* escribe que "La independencia ontológica de las cosas –su objetividad y autonomía de las maquinaciones de la mente– constituye un aspecto crucial del realismo" de lo cual no se sigue que la mente pueda captar *toda la realidad* del universo, por lo que "coincidimos con el realismo en el énfasis de la independencia del carácter de la realidad, pero sabiendo que la realidad tiene una profundidad y complejidad que sobrepasa el alcance de la mente". Esto, nuevamente recalcamos, es debido a las limitaciones de los humanos: el esfuerzo por captar la realidad para nada elimina la posibilidad de captar fragmentos de lo que existe.

*Octubre 30, 2014.*

# Una obra maestra de Gottfried Dietze

De más está decir que muchos son los libros que resplandecen en las bibliotecas cuya influencia perdura por generaciones y generaciones, pero hay obras como las del profesor Dietze que exigen ser leídas y estudiadas una y otra vez si es que se desea entender lo que viene ocurriendo en el llamado mundo libre.

Dietze obtuvo tres doctorados: uno en derecho en la Universidad de Heidelberg, otro en ciencia política de Princeton y el tercero en ciencia jurídica en la de Virginia. Enseñó durante décadas en la Universidad Johns Hopkins. Su triada más difundida está compuesta por *Amercia´s Political Dilemma. From Limited to Unlimited Democracy, The Federalist. A Classic on Federalism and Free Government* y *In Defense of Property*, libro éste ultimo traducido al castellano y publicado por mi padre en Buenos Aires, hace ya más de cuarenta años, con el título de *En defensa de la propiedad*, obra que tuvo notable difusión, no solo en Argentina sino también en Chile y México.

Lo conocí al profesor Dietze con motivo de mi conferencia en la reunión anual de la Foundation for Economic Education en New York, en mayo de 1981, y luego tuve la ocasión de escucharlo personalmente con motivo de su visita a ESEADE. Ahora dedico estas líneas a escribir sobre el último de los libros mencionados de Gottfried Dietze con lo cual no pretendo hacer del todo justicia en una nota periodística pero sí llamar la atención sobre este libro.

Antes de esto hago una breve introducción bifronte. Por un lado consigno que la existencia de la institución de la propiedad privada se debe a la escasez de bienes en relación a las necesidades que hay por ellos. Si estuviéramos en un mundo sobreabundante donde habría de todo para todos todo el tiempo no será necesaria aquella institución ya que con solo estirar la mano se obtendría lo necesario. Pero como la naturaleza de las cosas no es así y no pueden simultáneamente utilizarse los mismos bienes (sean de consumo o de factores de producción) deben asignarse derechos de propiedad (el origen está explicado por la secuencia Locke-Nozick-Kirzner) y a partir de allí cada uno debe servir al prójimo para incrementar su patrimonio y si no lo logra incurre en quebrantos.

En el segundo punto reiteramos que sin propiedad privada no hay precios ya que estos surgen como consecuencia de arreglos contractuales en los que se ponen en evidencia las respectivas valorizaciones (si el Leviatán pretende controlar precios, estos se convierten en simples números sin relevancia ya que no reflejan las antedichas valorizaciones). Pues bien, en la media en que se debilite la propiedad privada (para no decir nada si se la elimina) los precios dejan de expresar las apreciaciones de cada bien o servicio con lo que se dificulta (o se imposibilita según el grado de entrometimiento de los aparatos estatales) la evaluación de proyectos, la contabilidad y el cálculo económico en general. Como es sabido carece de sentido sostener que se procederá en tal o cual dirección "según marquen las razones técnicas" puesto que de nada sirven si no se las pondera por los precios. Por eso es que he ilustrado tantas veces este dilema diciendo que donde no hay precios no se sabe si conviene construir carreteras con oro o con asfalto.

Vamos ahora muy sucintamente a la obra de Dietze con comentarios "a vuelo de pájaro". Comienza su trabajo con un largo desarrollo de la idea natural de la propiedad en las plantas que necesitan de territorio para subsistir, los animales que reconocen su lugar y las comunidades primitivas en un proceso de prueba y error los condujo a la necesitad de la propiedad para evitar "la tragedia de los comunes" tal como señaló Aristóteles en contraposición a la idea de Platón, lo cual fue reafirmado en Grecia y, sobre todo, en Roma.

El autor muestra las influencias decisivas de Cicerón, Hugo Grotius, Pufendorf, la escolástica tardía, Sidney, Locke, la Escuela Escocesa y todos sus múltiples derivados contemporáneos y también las tendencias contrarias a la propiedad del tipo de las de Rousseau (en su trabajo de 1755, aunque después se haya retractado parcialmente, pero manteniendo su idea de la democracia ilimitada), Hans Kelsen, Marx y sus muchos imitadores con versiones enmascaradas con versiones más suavizadas pero en el fondo más contundentes (tipo Keynes).

Se detiene a subrayar un aspecto crucial: el error de santificar las llamadas "libertades civiles" (por ejemplo, votar) como independientes de las libertades económicas como si la propiedad privada no fuera la libertad civil por antonomasia, es decir, el sostén de la civilización (de donde proviene la expresión "civil"). Como he marcado en otra ocasión resulta por lo menos curioso que se adhiera al las libertades políticas, es decir el continente, y se reniega de las posibilidades de cada uno a hacer lo que estime pertinente con los propio, es decir, el contenido.

Se lamenta que se haya arraigado la expresión "libertad negativa" con las consiguientes connotaciones, para aludir a la libertad en el contexto de las relaciones sociales, a saber, la ausencia de coacción por parte de otros hombres, cuando, en verdad, esa libertad genera efectos positivos.

Se explaya en el origen de los parlamentos como administradores de las finanzas del rey o el emperador y no como legisladores, puesto que esta función estaba en manos de árbitros-jueces en competencia para descubrir el derecho y no con la pretensión de diseño o ingeniería social. Además, en este contexto, refleja la evolución histórica de los parlamentarios como dique de contención a las inclinaciones de los gobernantes a aumentar impuestos.

En definitiva, los "juicios de manifestación" de los fueros españoles (antes que el *habeas corpus* inglés), la Carta Magna, la Petición de Derechos, la Declaración de la Independencia estadounidense y su Constitución, la Declaración de los Derechos del Hombre y el Ciudadano (antes de la contrarrevolución francesa), las Cortes de Cádiz y todas las constituciones que se basaron en estos pilares, fueron elaborados en torno al derecho de propiedad junto al derecho de resistencia cuando el poder despótico se torna irresistible.

Luego de muchas otras consideraciones, concluye Dietze revelando su preocupación por la declinación del respeto a la propiedad en el baluarte del mundo libre: Estados Unidos (la primera edición de su libro es de 1963), lo cual comenzó ya en la época de Woodrow Wilson con "la revolución del año 13" con la implantación del impuesto progresivo y el establecimiento de la banca central que requirieron dos enmiendas constitucionales y siguió con el denominado "New Deal" para continuar en una senda regresiva hasta nuestro días.

Termina su libro afirmando que "Hemos perdido el sentido de la importancia de la propiedad. La relevancia de la propiedad de logró a través de sucesivas luchas y ahora se observa su continuo recorte y limitaciones. Ya que esta situación ocurrió en el seno de lo que se reconoce como "democracia", la cuestión surge en cuanto a preguntarnos si esa forma de gobierno [la democracia ilimitada] no ha perdido legitimidad puesto que ha destruido los pilares de la civilización, es decir, la propiedad privada".

Sin duda que Gottfried Dietze suscribe plenamente el ideal democrático (tal como lo pone una y otra vez de manifiesto en otra de sus ya referidas obras (*America´s Political Dilemma. From Limited to Unlimited Democracy*), pero describe como ese ideal a degenerado en su contrario. En esta instancia del proceso de evolución cultural, urgentemente se requiere pensar en nuevos límites para el Leviatán si es que se perciben las ventajas insustituibles en de la propiedad privada que está siendo corroída por mayorías sin freno, lo cual comenzó en nuestra era con el gobierno criminal de Adolf Hitler.

En otras oportunidades nos hemos referido en detalle a algunas de las propuestas realizadas para limitar el poder al efecto de mantenerse en el ideal democrático, propuestas realizadas por Hayek, Leoni y las que han pasado inadvertidas formuladas por Montesquieu y las expuestas por Randolph y Gerry en la Convención Constituyente estadounidense. Si estas sugerencias no fueran aceptadas, hay que pensar en otras, puesto que de lo contrario los aparatos estatales desbocados terminarán con la sociedad abierta.

*Noviembre 5, 2014.*

# Otra vez, el Papa Francisco

Esta es la sexta vez que me pronuncio sobre las ideas económico-sociales del actual Pontífice de la Iglesia católica: la primera vez, en diciembre de 2011 ("Mensaje del Arzobispo de Buenos Aires" en *Diario de América* de New York), la segunda en marzo de 2013 en un reportaje que me hicieron en CNN, la tercera en octubre de 2013 ("La malvinización del Papa" en *La Nación* de Buenos Aires), la cuarta en noviembre de 2013 ("Teología de la Liberación" en *El Diario de Caracas*), la quinta en otra entrevista en CNN en este mes de diciembre y ahora lo hago nuevamente a raíz de la Exhortación Apostólica "Evangelii Gaudium" recién promulgada.

En este último caso, el Papa Francisco lamentablemente vuelva a insistir con sus ideas estatistas y contrarias a la sociedad abierta reflejada en los mercados libres. Sin duda esto tiene una clara dimensión moral puesto que la tradición del liberalismo clásico y sus continuadores modernos se basan en el respeto recíproco y la asignación de los derechos de propiedad como sustento moral de sus propuestas filosóficas, jurídicas y económicas. De allí es que el primer libro de Adam Smith, ya en 1759, se tituló *The Theory of Moral Sentiments*, preocupación mantenida por los más destacados exponentes de esa noble tradición.

No quiero repetir aquí argumentos que ya consigné en mis antes referidos trabajos, solo me circunscribo a los aspectos más sobresalientes del nuevo documento del actual Papa en materia económico-social.

El aspecto medular del documento (que comentaremos brevemente puesto que el espacio no nos permite abarcar todos los aspectos) se encuentra en el segundo capitulo. Para darnos una idea del espíritu que prima, se hace necesario comenzar con una cita algo extensa para que el lector compruebe lo dicho en palabras del texto oficial.

"Así como el mandamiento de 'no matar' pone un límite claro para asegurar el valor de la vida humana, hoy tenemos que decir 'no a una economía de la exclusión y la inequidad'. Esa economía mata. [...] Hoy todo entra dentro del juego de la competitividad y de la ley del más fuerte, donde el poderoso se come al más débil. Como consecuencia de esta situación, grandes masas de la población se ven excluidas y marginadas: sin trabajo, sin horizontes, sin salida".

En este contexto, algunos todavía defienden las teorías del 'derrame', que suponen que todo crecimiento económico, favorecido por la libertad de mercado, logra provocar por sí mismo mayor equidad e inclusión social en el mundo. Esta opinión, que jamás ha sido confirmada por los hechos, expresa una confianza burda e ingenua en la bondad de quienes detentan el poder económico y en los mecanismos sacralizados del sistema económico imperante. Mientras tanto, los excluidos siguen esperando. Para poder sostener un estilo de vida que excluye a otros, o para poder entusiasmarse con ese ideal egoísta, se ha desarrollado una globalización de la indiferencia. Casi sin advertirlo, nos volvemos incapaces de compadecernos ante los clamores de los otros, ya no lloramos ante el drama de los demás ni nos interesa cuidarlos, como si todo fuera una responsabilidad ajena que no nos incumbe. La cultura del bienestar nos anestesia y perdemos la calma si el mercado ofrece algo que todavía no hemos comprado, mientras todas esas vidas truncadas por falta de posibilidades nos parecen un mero espectáculo que de ninguna manera nos altera".

En verdad, las reflexiones del Papa resultan sorprendentes debido a las inexactitudes que contienen. En primer lugar y antes que nada, debe precisarse que el mundo está muy lejos de vivir sistemas de competencia y mercados abiertos sino que en menor o mayor medida ha adoptado las recetas del estatismo más extremo en cuyo contexto el Leviatán es cada vez más adiposo y cada vez atropella con mayor vehemencia los derechos de las personas a través de múltiples regulaciones absurdas, gastos y deudas públicas colosales, impuestos insoportables e interferencias gubernamentales cada vez más agresivas, todo lo cual no es siquiera mencionado por el Papa en su nuevo documento.

Sin embargo, la emprende contra la competencia y los mercados libres que dice "matan" como consecuencia de la supervivencia de los más aptos, sin percatarse que los que mayores riquezas acumulan hoy, en gran medida no son los empresarios más eficientes para atender las demandas de su prójimo sino, en general, son los profesionales del lobby que, aliados al poder político, explotan miserablemente a los más necesitados. También omite decir que la desocupación es una consecuencia inevitable de legislaciones que demagógicamente pretenden salarios superiores a los que las tasas de capitalización permiten como si se pudiera hacer ricos por decreto. Tasas que desafortunadamente son combatidas por las políticas gubernamentales que prevalecen. Dichas tasas constituyen la única causa de la elevación en el nivel de vida de la gente. Si no somos racistas y nos damos cuenta que las causas no residen en el clima imperante ni en los recursos naturales (recordemos que África es el continente que exhibe la mayor dosis y que Japón es un cascote donde solo el veinte por ciento es habitable), podremos concluir que dichas tasas permiten incrementar salarios e ingresos en términos reales.

Si un pintor de brocha gorda de Angola se muda a Canadá percibirá un aumento en sus ingresos cuatro veces superior al que venía obteniendo. No es que el canadiense sea más generoso que el angolés, es que está obligado a abonar esos salarios debido a las tasas de inversión en su país. Es por ello que en lugares donde las aludidas tasas son elevadas, en general no existe tal cosa como "servicio doméstico". No es que el ama de casa estadounidense no le gustaría contar con ese servicio, es que, salvo contadas excepciones, no lo pueden afrontar.

Llama la atención que el Papa se refiera a la compasión del modo en que lo hace, puesto que, precisamente, aquella contradicción en términos denominada "Estado Benefactor" es lo que no solo ha arruinado especialmente a los más necesitados y provocado la consecuente y creciente exclusión, sino que se ha degradado la noción de caridad que, como es sabido, remite a la entrega voluntaria de recursos propios y no el recurrir a la tercera persona del plural para echar mano compulsivamente al fruto del trabajo ajeno.

En resumen, los valores y principios de una sociedad abierta no matan, lo que aniquila es el estatismo vigente desde hace ya mucho tiempo. Es importante citar el Mandamiento de "no matar", pero debe también recordarse los que se refieren a "no robar" y "no codiciar los bienes ajenos". En este sentido, estimo de una peligrosidad inusual el consejo papal basado en una cita de San Juan Crisóstomo cuando escribe el Papa: "animo a los expertos financieros y a los gobernantes de los países a considerar las palabras de un sabio de la antigüedad: 'No compartir con los pobres los propios bienes es robarles y quitarles la vida. No son nuestros los bienes que tenemos, sino suyos'".

¿Ese es el consejo agresivo al derecho de propiedad que el actual Pontífice les tramite a los líderes políticos del momento? ¿No es suficiente el descalabro que vive el mundo por desconocer los valores de la libertad? ¿Está invitando a que se usurpen las riquezas del Vaticano o solo se refiere a las de quienes están fuera de sus muros y la han adquirido lícitamente?

A continuación el Papa escribe que "Hoy en muchas partes se reclama mayor seguridad. Pero hasta que no se reviertan la exclusión y la inequidad dentro de una sociedad y entre los distintos pueblos será imposible erradicar la violencia. Se acusa de la violencia a los pobres y a los pueblos pobres pero, sin igualdad de oportunidades, las diversas formas de agresión y de guerra encontrarán un caldo de cultivo que tarde o temprano provocará su explosión. [...] Esto no sucede solamente porque la inequidad provoca la reacción violenta de los excluidos del sistema, sino porque el sistema social y económico es injusto en su raíz".

Debe precisarse, por un lado, que en una sociedad libre la desigualdad de rentas y patrimonios es inexorable consecuencia de las compras y abstenciones de comprar que lleva a cabo la gente en los supermercados y equivalentes en la medida que considere lo satisface o no el empresario en cuestión. El comerciante que acierta obtiene beneficios y el que yerra incurre en quebrantos. Por otra parte, las desigualdades fruto del privilegio significan un asalto al fruto del trabajo ajeno por parte de ladrones de guante blanco a través de bailouts y otros fraudes con el apoyo de instituciones nefastas como el FMI, del mismo modo que ocurre con los gobernantes que roban al contribuyente para abrir cuentas numeradas en países más civilizados al efecto de poder salvar su patrimonio mal habido que surge de las políticas irresponsables que ellos mismos ejecutan.

Pero lo que resulta más preocupante es que, puesto todo en contexto, el Papa parece estar insinuando una justificación a la violencia como reacción a lo que estima es el sistema competitivo, de mercados abiertos y del respeto a los derechos de propiedad.

También es pertinente apuntar que la llamada "igualdad de oportunidades" es incompatible con la igualdad ante la ley. Si un jugador de tennis mediocre jugara con un profesional y se pretende otorgarle al primero igualdad de oportunidades, habrá que, por ejemplo, maniatar al segundo con lo que se lesionaría su derecho. La cuestión es que todos mejoren sus oportunidades pero no igualarlas desde que cada uno es diferente, único e irrepetible. La igualdad es *ante* la ley, no *mediante* ella.

En definitiva, la sana preocupación por la pobreza no se resuelve intensificando las recetas estatistas y socializantes sino en aconsejar el establecimiento de marcos institucionales por el que se respeten los derechos de todos. Si se hiciera la alabanza de la pobreza material y no la evangélica referida al espíritu, la beneficencia quedaría excluida puesto que con ello se mejora la condición del receptor. Y si se dice que la Iglesia es de los pobres, debería dedicarse a los ricos puesto que los pobres estarían salvados. Además, todos somos ricos o pobres según con quien nos comparemos. Desde luego que repugna y alarma sobremanera el observar la miseria en la que muchos viven, pero es urgente comprender que esa situación es consecuencia de los permanentes ataques al progreso que infringen los gobiernos que, en lugar de limitarse a garantizar derechos destruyen las posibilidades de elevar la condición de tanta gente herida en su dignidad a través de inflaciones monetarias, presiones fiscales inauditas y tremendos bloqueos a los arreglos contractuales pacíficos que no lesionan derechos de terceros. En la medida en que esas políticas empobrecedoras no han tenido lugar, en esa media es que se ha permitido mejorar la situación de miseria en cuanto a la producción de alimentos, de medicamentos, de educación, de vivienda y tantas otras manifestaciones de progreso que sacaron a nuestros ancestros de la condición original de las cavernas y la miseria que no se logra por arte de magia sino con trabajo, ahorro y perseverancia en el sistema de la libertad que incentiva la creatividad y el respeto al prójimo.

En esta línea argumental, es de gran importancia reiterar una vez más consideraciones bíblicas sobre pobreza y riqueza material para constatar el significado de estos términos en el contexto de los valores morales que deben primar sobre toda otra consideración, en concordancia con los dos Mandamientos antes mencionados que hacen referencia a la trascendencia de la propiedad privada, lo cual es del todo armónico con los postulados de una sociedad abierta. Así, en Deuteronomio (viii-18) "acuérdate que Yahveh tu Dios, es quien te da fuerza para que te proveas de riqueza". En 1 Timoteo (v-8) "si alguno no provee para los que son suyos, y especialmente para los que son miembros de su casa, ha repudiado la fe y es peor que una persona sin fe". En Mateo (v-3) "bienaventurados los pobres de espíritu porque de ellos es el reino de los cielos" fustigando al que anteponga lo material al amor a Dios (amor a la Perfección), en otras palabras al que "no es rico a los ojos de Dios" (Lucas xii-21), lo cual aclara la *Enciclopedia de la Biblia* (con la dirección técnica de R. P. Sebastián Bartina y R. P. Alejandro Díaz Macho bajo la supervisión del Arzobispo de Barcelona): "fuerzan a interpretar las bienaventuranzas de los pobres de espíritu, en sentido moral de renuncia y desprendimiento" y que " la clara fórmula de Mateo —bienaventurados los pobres de espíritu— da a entender que ricos o pobres, lo que han de hacer es despojarse interiormente de toda riqueza" (tomo vi, págs. 240/241). En Proverbios (11-18) "quien confía en su riqueza, ese caerá". En Salmos (62-11) "a las riquezas, cuando aumenten, no apeguéis el corazón". Este es también el sentido de la parábola del joven rico (Marcos x, 24-25) ya que "nadie puede servir a dos señores" (Mateo vi-24).

Se que el Papa está imbuido de las mejores intenciones, pero las intenciones y la bondad de la persona —como es el caso— no son relevantes, lo importante son las políticas que se llevan a cabo. En este cuadro de situación, por último, es de interés tener presente lo estipulado por la

Comisión Teológica Internacional de la Santa Sede que consignó el 30 de junio de 1977 en su *Declaración sobre la promoción humana y la salvación cristiana* que "De por sí, la teología es incapaz de deducir de sus principios específicos normas concretas de acción política; del mismo modo, el teólogo no está habilitado para resolver con sus propias luces los debates fundamentales en materia social [...] Las teorías sociológicas se reducen de hecho a simples conjeturas y no es raro que contengan elementos ideológicos, explícitos o implícitos, fundados sobre presupuestos filosóficos discutibles o sobre una errónea concepción antropológica. Tal es el caso, por ejemplo, de una notable parte de los análisis inspirados por el marxismo y leninismo [...] Si se recurre a análisis de este género, ellos no adquieren suplemento alguno de certeza por el hecho de que una teología los inserte en la trama de sus enunciados".

Los fanáticos que siempre dicen amén a todo son cómplices del problema, puesto que como ha dicho el actual Papa refiriéndose a los cortesanos: "son la lepra de la Iglesia". Si fuera por ellos —salvando las distancias— todavía estaríamos con los Borgia.

*Diciembre 6, 2013.*

*Post-Scriptum*

# Una introducción al "lenguaje" posmoderno[*]

"I may be wrong and you may be right,
and by an effort, we may get nearer to the truth".

Karl R. Popper

*The Open Society and its Enemies*

"Wisdom and goodness to the vile seem vile".

Shakespeare

*King Lear*

Todas las tradiciones de pensamiento revelan distintas avenidas, vericuetos, matices y ramificaciones que hacen difícil su agrupamiento en bloque como si se tratara de una vertiente monolítica y absolutamente homogénea. Lo mismo ocurre con la mayoría de los autores, en proporción a la cantidad de trabajos producidos y la extensión de tiempo en el que han realizado las respectivas faenas intelectuales. En el caso de lo que ha dado en llamarse modernismo y posmodernismo esto ocurre tal vez con más fuerza debido a las distintas interpretaciones que se les han atribuido a través del tiempo e incluso las diversas connotaciones que, simultáneamente, se le han aplicado y se les aplica a estas etiquetas. No se trata de conceptos unívocos, especialmente en lo que se refiere a la "posmodernidad" puesto que la misma naturaleza de esta idea implica la noción del no-significado específico de las cosas, lo cual, claro está, incluye al propio posmodernismo. Habitualmente se recurre a las denominaciones genéricas como una fórmula de simplificación de la tarea para evitar así complejas individualizaciones, con lo que no siempre se hace justicia.

# I

La modernidad es heredera de una larga tradición cuyo comienzo puede situarse en la Grecia clásica, en donde comienza el azaroso proceso del *logos*, esto es, el inquirir el porqué de las cosas y proponerse

---

[*] Ensayo originalmente publicado en *Estudios Públicos*, Santiago de Chile, No. 83, invierno, 2001.

la modificación de lo modificable en lugar de resignarse a aceptarlas sin cuestionamiento. Louis Rougier afirma que en esto precisamente consiste el mito de Prometeo, que expresa el intento de una ruptura con la superstición y que la "contribución de Grecia a la civilización occidental consistió en darle sentido a la palabra 'razón'. En contraste al Oriente, que se sometía en silencio a los mandatos de los dioses y los dictados de los reyes, los griegos trataron de entender el mundo en el que vivían [...] Aparecen palabras nuevas que no tienen equivalente en las antiguas lenguas orientales: teoría, demostración lógica y silogismo. Esto registra un salto cuántico para el espíritu humano logrado en Grecia. Los griegos descubrieron el poder del pensamiento deductivo, las reglas de la demostración. Los griegos de la Escuela Eleática tempranamente distinguieron el campo de la *opinión* del de la *verdad*"[1]. Pero el modernismo propiamente dicho es renacentista aunque pueden rastrearse rasgos más o menos marcados en algunos escolásticos (mal que les pese[2]) y especialmente en la escolástica tardía de la Escuela de Salamanca[3]. En todo caso, el llamado modernismo hace eclosión en la Revolución Francesa[4] antes de sumergirse en la contrarrevolución de los jacobinos, el terror y el racionalismo iluminista.

El posmodernismo, por su parte, irrumpe aparentemente a partir de la sublevación estudiantil de mayo de 1968 en París[5] y encuentra sus raíces

---

1   *The Genius of the West*, Los Angeles: Nash Publishing, 1971, p.2-3. Tanto Rougier como Friedrich A. Hayek (quien escribe la introducción a la mencionada obra) cuando recurren a la expresión "civilización occidental" no lo hacen como un antropomorfismo ni como una idea que se congela en determinada geografía, sino al efecto de ilustrar la característica central de una tradición.

2   Mal que les pese, porque no son pocos los seguidores de la Escolástica que confunden *modernidad* con *iluminismo* (como veremos más adelante, la muy difundida confusión entre racionalismo crítico y racionalismo constructivista); véase Gabriel J. Zanotti "Modernidad e Iluminismo", *Libertas*, Nº 11, octubre de 1989, año VI.

3   *Vid.* Marjorie Grice-Hutchinson *The School of Salamanca*, Oxford: The Clarendon Press, 1952.

4   Para la primera fase de la Revolución Francesa, véase, por ejemplo, George Jellinek *La declaración de los derechos del hombre*, Madrid: Librería General de Victoriano Suárez, [1899] 1908.

5   Según I. Hassan la expresión *posmoderno* la utilizó por vez primera Federico de Onís en los años 30, "The Culture of Postmodernism", *Theory, Culture & Society*, Nº 3, 1985. Roy C. Macridisi y Mark L. Hulliung muestran la heterogeneidad en el movimiento de mayo del 68: entre otros, comunistas, anarquistas, ecologistas, feministas, pacifistas, nueva izquierda, etc. El estallido inicial tuvo lugar en la Sorbona tras la reiterada declaración de que la universidad "pública" (para no decir estatal) es para todos, lo cual hizo crisis cuando 30.000 estudiantes pretendieron irrumpir en la biblioteca que sólo podía acomodar a 300 lo que, a su turno, condujo a los reclamos de una mayor participación estudiantil en la gestión universitaria. *Las ideologías políticas contemporáneas*, Madrid: Alianza Editorial [1996] 1998, cap. 13.

en autores como Nietzsche y Heidegger[6]. Los posmodernistas acusan a sus oponentes de "logocentristas", rechazan la razón, son relativistas epistemológicos (lo cual incluye las variantes de relativismo cultural y

---

6   Para la versión posmoderna de Martin Heidegger puede consultarse, por ejemplo, Gianni Vattimo, *Más allá de la interpretación*, Barcelona: Paidós, 1997, cap. 5 y *Heidegger y la crisis de la época moderna*, Barcelona: Paidós, 1993 (y, en general, sobre las posmodernidad, del mismo autor, *vid. El fin de la modernidad*, Barcelona: Gedisa, 1986); respecto de Friedrich Nietzsche véase, por ejemplo, su *Beyond Good and Evil*, New York: Penguin Books, [1859], 1964. Los tres autores más sobresalientes de la posmodernidad son Richard Rorty, Jacques Derrida, Michel Foucault (que se conocen como pertenecientes a la sub-clasificación de pragmatismo, deconstructivismo y posestructuralismo respectivamente, aunque, en este último caso, además de la influencia lacaniana, la conexión más que con Ferdinand de Saussure (1857-1913) y con Roland Barthes (1915-1980), es más estrecha con el estructuralismo de Claude Levi-Strauss quien, entre otras cosas, destaca su relativismo, por ejemplo, en *Antropología estructural*, París: Librairie Plon, 1958 y, aun antes de haberse acuñado la expresión de lo "posmoderno", los antropólogos Melville Herskovits, Bronislaw Malinowski y Ruth Benedict (a los que siguieron autores como Clifford y Tyler). Menos conocido, aunque muy prolífico, es Don Lavoie quien se declara discípulo del hermeneuta Hans-Georg Gadamer. Para un análisis de Rorty-Derrida-Foucault (además de Jean-Francis Lyotard y de bucear en fuentes tales como Williard Quine, Donald Davison y el primer Wittgenstein), puede consultarse Christopher Norris, *Against Relativism. Philosophy of Science, Deconstruction and Critical Theory*, Oxford: Blackwell Publishers, 1997, obra en la que se ilustran las refutaciones principalmente a través de ejemplos tomados de las ciencias naturales. Para un contexto más amplio véase, también de este último autor, *The Truth About Postmodernism*, Oxford: Blackwell, 1993 y *Reclaiming Truth: Contribution to a Critique of Cultural Relativism*, Oxford: Blackwell, 1996. Para estudiar visiones posmodernas vinculadas a las ciencias sociales, véase, por ejemplo, Fredric Jameson *El posmodernismo o la lógica cultural del capitalismo avanzado*, Buenos Aires: Paidós [1984] 1995, Mike Featherstone *Cultura de consumo y posmodernismo*, Buenos Aires: Amorrortu Editores, [1991] 2000 y Nicolás Casullo, Ricardo Forester y Alejandro Kaufman *Itinerarios de la modernidad. Corrientes del pasado y tradiciones intelectuales desde la ilustración hasta la posmodernidad*, Buenos Aires: Eudeba, 1999. Debe tenerse en cuenta que, si bien muchos autores describen la posmodernidad como una reacción saludable frente al capitalismo, en cambio otros autores estiman que se trata de una consecuencia malsana del capitalismo de la época moderna, en este último sentido, entre otros, además de Jameson *op. cit.* véase Daniel Bell "Beyond Modernism, Beyond Self", *Sociological Journeys*, Londres: Heinemann, 1980 y, en cierta medida, J. Baudrillard *The Mirror of Production*, St. Louis: Telos Press, 1975. Según autores posmodernos el célebre debate Jurgen Habermas-Foucault ha servido para precisar el ámbito y los pro y cons de esta tradición, reproducido en *Theory, Culture & Society* "The Fate of Modernity", 1985, Nº 3, lo cual se completó con respuestas y críticas en los Nº 2 y 3 de 1988 con el título de "Postmodernism". De todos modos, como hemos apuntado, la expresión *posmoderno* resulta ambigua, resbaladiza y por momentos contradictoria según el autor que trate el tema; por ejemplo, no ayuda a precisar el concepto, la definición que ensaya el propio Lyotard: "Posmodernismo indica simplemente un estado de ánimo o, mejor dicho, un estado mental", "Rules and Paradoxes or Svelte Appendix", *Cultural Critique*, 1986-87, Nº 5, p. 209.

ético) y adoptan una hermenéutica de características singulares, también relativista, que, por tanto, no hace lugar para interpretaciones más o menos ajustadas al texto. George B. Madison explica que "una de las cosas que el posmodernismo subraya es que, de hecho, no hay tal cosa como el sentido *propio* de nada [...] es lo que I. A. Richards muy acertadamente ha titulado como 'La superstición del significado propio'. El posmodernismo mantiene que todo significado es dialéctico"[7]. Esto, como queda dicho, en última instancia se aplica también al "significado" del propio posmodernismo. Por eso es que Denis Donoghue señala que a prácticamente todo estudiante de nuestra cultura se le requiere que, entre otras cosas, exponga su posición frente al posmodernismo, aunque en realidad signifique cualquier cosa que queramos que signifique[8]. Featherstone nos dice que "hasta ahora no existe un acuerdo general sobre el significado del término posmoderno". Sin embargo, curiosamente, en la misma página, concluye que "El posmodernismo es de interés para una amplia gama de prácticas artísticas y de disciplinas de las ciencias sociales y las humanidades porque hace que prestemos atención a cambios que se producen en la cultura contemporánea"[9].

En uno de los libros de Isaiah Berlin que reúne una colección de textos[10] se refiere a algunos aspectos que resultan consubstanciales con los del posmodernismo, aunque esta terminología no existía en esa época. Berlin se refiere a un punto de inflexión en la historia que se produce "hacia finales del siglo XVIII, principalmente en Alemania; y aunque es generalmente conocido bajo el nombre de 'romanticismo', su significado e importancia no han sido completamente apreciados incluso hoy día"[11]. Afirma que se trata de "una inversión de la idea de verdad como correspondencia, o en todo caso como relación fija, con la *rerum natura*, que viene dada y es eterna y que constituye la base de la ley natural"[12]. En Fichte se ve que "lo que importa es su tesis de que los valores se construyen, no se descubren"[13]. En resumen, muestra "como

---

7    "Postmodern Philosophy?", *Critical Review*, 2, primavera/verano, 1988, p. 167.
8    "The Promiscuous Cool of Posmodernism", *The New York Times Book Review*, Junio 22, 1986.
9    *Cultura de... op. cit.*, p. 36. Destacamos nuevamente que a las diversas interpretaciones de lo posmoderno se agrega una diferencia de perspectiva: en algunos casos se alude a la posmodernidad como una reacción regenerativa de la modernidad y, en otros, como derivado necesario de ella, pero siempre está presente el rechazo a las raíces de la modernidad.
10   *El sentido de la realidad*, Madrid: Taurus [1996] 1998, "La revolución romántica: una crisis en la historia del pensamiento moderno" [1960].
11   *Op. cit.*, p. 249.
12   *Ib.*, p. 261.
13   *Ib.*, p. 263.

la esencia del hombre se identifica ahora, no con la razón, que debe ser una en todos los hombres, sino con la fuente de la acción, la voluntad; las voluntades de los hombres pueden entrar en pugna de un modo en el que los productos de la razón –afirmaciones descriptivas verdaderas– lógicamente no pueden entrar"[14], es en definitiva "la ruptura con el mundo clásico objetivo"[15]. Dice Berlin que para el romanticismo sólo el grupo existe y no el individuo, lo cual "lleva en su forma socializada la idea de autarquía –la sociedad cerrada, planificada centralmente de Fichte y de Friedrich List y de muchos socialistas– que los aísla de la interferencia exterior para poder ser independientes y expresar su propia personalidad interna sin interferencia de otros hombres"[16]. Insiste Berlin que este modo de ver las cosas significa una "inversión de valores"[17]. "Es en este tiempo cuando la propia palabra 'realismo' se vuelve peyorativa"[18]. "A Napoleón lo representaban sus admiradores románticos haciendo con los seres humanos lo que Beethoven hacía con los sonidos, o Shakespeare con las palabras [...] El imperio de Napoleón es concebido como el equivalente de una sinfonía, una epopeya [...] Esta es la doctrina subyacente al nacionalismo, al fascismo"[19]. Asimismo, Berlin sostiene que "una actitud de este tipo es la que ha revivido en épocas modernas en forma de existencialismo [...] Pues las cosas no tienen, en este sentido, naturaleza alguna; sus propiedades no tienen relación lógica o espiritual con los objetos o la acción humana"[20]. Y concluye que "Ningún movimiento en la opinión humana ha tenido una envergadura y efecto similares. Todavía aguarda a sus historiadores [...] Esto, por sí solo, me parece razón suficiente para prestar atención a ese extraordinario, y a veces siniestro, fenómeno"[21].

Cuando se alude a la razón debe, en primer lugar, precisarse qué se quiere decir con la expresión *racionalismo*. Hay dos vertientes muy distintas y opuestas en esta materia. Por un lado, el racionalismo crítico, para recurrir a una expresión acuñada por Popper, y, por otro, el racionalismo constructivista, término que adopta Hayek. En el primer caso, se hace referencia al rol razonable de la razón[22] como herramienta para hilar

---

14  *Ib.*, p. 264.
15  *Loc. cit.*
16  *Ib.*, p. 264-5.
17  *Ib.*, p. 269.
18  *Ib.*, p. 272.
19  *Ib.*, p. 273.
20  *Ib.*, p. 275.
21  *Ib.*, p. 279.
22  *Vid.* Alberto Benegas Lynch (h), *Poder y razón razonable*, Buenos Aires: Editorial El Ateneo, 1992, Introducción.

proposiciones en la argumentación según las reglas de la lógica[23] en el afán de buscar el mayor rigor posible para incorporar dosis crecientes de verdades ontológicas. En el mar de ignorancia en que nos debatimos, de lo que se trata es de que a través de debates abiertos entre teorías rivales resulte posible incorporar fragmentos de tierra fértil en que sostenernos, en base a corroboraciones provisorias pero siempre sujetas a posibles refutaciones. La conciencia de las limitaciones de la razón y el escribir esta expresión con minúscula, desde luego que no significa tirar por la borda el instrumento fundamental de que disponemos para entendernos a nosotros mismos e intentar el entendimiento del mundo que nos rodea. De la falibilidad no se sigue el escepticismo, que, por otra parte, en contradicción con sus propios postulados, pretende afirmar como verdad que le está vedado a la mente la posibilidad de captar verdades.

La ingeniería social y la planificación de vidas y recursos ajenos proviene de la arrogancia del racionalismo constructivista o del Iluminismo que no considera que la razón tenga límites y que todo lo puede abarcar. Hayek atribuye la inspiración y el inicio de esta vertiente a "Francis Bacon, Thomas Hobbes y particularmente a Rene Descartes [...] esta forma de racionalismo social o constructivismo desemboca en el socialismo moderno, la planificación y el totalitarismo"[24]. Para ilustrar el punto, Hayek cita de la segunda parte del *Discurso del método* dos pensamientos: "raramente hay tanta perfección en los trabajos compuestos por muchas partes separadas en las que se han empleado diferentes manos, como en aquellos que se han completado por una sola persona" y más adelante destaca otra afirmación de Descartes en cuanto a la importancia que se deriva del diseño de "un legislador sabio"[25]. A su vez, Ortega y Gasset, también en su crítica al racionalismo de este tipo (que distingue de lo que denomina la "razón vital"), cita a Descartes de este modo: "Todo lo que la razón concibe –dice en la *Meditación cuarta*– lo concibe según es debido y no es posible que yerre"[26]. Sin duda que resulta natural que a Hayek le parezca inaceptable el racionalismo

---

23  Véase Anthony Flew *Thinking about Thinking*, Londres: Fontana Press, 1989; Henry Hazlitt, *El pensar como ciencia*, Buenos Aires: Editorial Novoa, [1959] 1969 y Francis W. Dauer, *Critical Thinking*, New York: Oxford University Press, 1989.

24  "Kinds of Racionalism", *Studies in Philosophy, Politics and Economics*, Chicago: The University of Chicago Press, [1964] 1967, p. 85.

25  "Individualism: True and False", *Individualism and Economic Order*, Chicago: The University of Chicago Press, [1945] 1963, p. 9.

26  *El tema de nuestro tiempo*, Madrid: Espasa-Calpe, [1938] 1961, p. 29-30. Según Descartes, las equivocaciones serían fruto de un mal uso de la voluntad, véase *El discurso del método* [1637] y *Meditaciones metafísicas* [1641], *Obras completas*, París: Casa Editorial Garnier Hermanos, 1905.

constructivista, especialmente si se declara heredero de Bernard Mandeville, David Hume, Carl Menger[27] y de Adam Ferguson de quien ha tomado la diferencia central entre acción humana y designio humano[28].

Es conveniente, sin embargo, aclarar que las limitaciones de la razón no significan que en el ser humano –el animal racional– puedan tener lugar acciones irracionales. Ludwig von Mises explica este punto cuando sostiene que frecuentemente se utiliza el término "irracionalidad" para aplicarlo a acciones equivocadas en lo que se refiere a la utilización de ciertos medios y métodos con la intención de lograr específicos fines. Afirma que "las prácticas de la magia hoy se califican de irracionales. No eran adecuadas para lograr las metas apetecidas. Sin embargo, las personas que recurrían a ellas creían que eran las técnicas correctas, del mismo modo que, hasta mediados del siglo pasado [XIX], los médicos creían que la afluencia de sangre curaba varias enfermedades. [...]. Resulta confusa la calificación de las acciones de otros como irracionales para aludir a personas cuyos conocimientos están menos perfeccionados respecto de quien hace la descripción"[29]. Esta confusa terminología nos convertiría a todos en irracionales, dado que el conocimiento siempre será incompleto e imperfecto. Distinta es la afirmación que indica que se está usando mal la razón en el sentido de que no se siguen las reglas de la lógica, para lo cual es mejor recurrir a la expresión *ilógico* o, en su caso, que no se la está utilizando con propiedad para apuntar a la verdad ontológica al efecto de señalar la falsedad de una proposición, o cuando las conductas se estiman reprobables, pero, cualquiera sea la situación, el término *irracional* no ayuda a clarificar el problema.

## II

Aunque no resulte novedoso, conviene recordar lo que se conoce desde el siglo VII aC como "la trampa de Epiménides", a saber que dado que el relativista sostiene que todo es relativo, esa aseveración también se transforma en relativa y, por ende, se convierte en una postura autodestructiva. Si el relativista afirmara que todo es relativo *menos* esta aseveración, habría que señalar que para fundamentar la razón de esta excepción, debe contarse con un criterio de verdad, lo cual, a su turno,

---

27  "Kinds..." *op. cit.* p. 84.
28  *Vid.* F.A. Hayek "The results of Human Action but not of Human Design", *Studies in... op. cit.* p. 96 y ss.
29  "Epistemological Relativism in the Sciences of Human Action", *Relativism and the Study of Man,* Princeton: D. Van Nostrand, 1961, Helmut Schoeck y James. W. Wiggins, eds. p.126.

pone de relieve la necesidad de sustentarse en juicios que mantengan correspondencia con el objeto juzgado, es decir, se ven obligados a partir de formulaciones extra-subjetivas u objetivas. Por otra parte, deberían explicar también por qué no recurren a criterios de verdad para todo lo demás que quedaría excluido del conocimiento. A su vez, cualquier afirmación que se haga en dirección a explicar por qué el criterio de verdad puede ser solamente utilizado para revelar las razones por las que "todo es relativo" y excluir este criterio todo lo demás, se daría como *otro* criterio de verdad.

Para incorporar conocimientos se debe recurrir al rigor lógico (a la lógica formal) para que tenga *validez* el razonamiento, esto es, la verificación de los silogismos, lo cual implica que la concatenación e hilación de las proposiciones sean consistentes y, al mismo tiempo, recurrir a los procedimientos de la lógica material para que las proposiciones resulten *verdaderas* (los argumentos son válidos o inválidos, sólo las proposiciones resultan verdaderas o falsas). El relativista posmoderno puede sustituir la expresión "verdad" u "objetividad" por "conveniencia o inconveniencia circunstancial y subjetiva" pero sólo recurriendo a las ideas de verdad o falsedad es que se puede explicar el porqué de la referida "conveniencia". Malcom W. Browne da cuenta de una reunión en la *New York Academy of Sciences* que congregó a más de doscientos científicos de las ciencias sociales y de las ciencias naturales de diferentes partes del mundo que, alarmados, contraargumentaron la "crítica 'posmoderna' a la ciencia que sostiene que la verdad depende del punto de vista de cada uno"[30]. Para recurrir a un ejemplo un tanto pedestre, a un tigre hambriento se lo podrá interpretar como una rosa, pero quien ensaye el acercarse a oler la rosa (en verdad al tigre) difícilmente podrá escapar de las fauces del felino. Semejante experimento pondrá en evidencia que, sencillamente, un tigre es un tigre y una rosa es una rosa. Claro que, como dice Mariano Artigas, "la verdad de un enunciado no implica una semejanza material entre el enunciado y la realidad, puesto que los enunciados se componen de signos, y la realidad está compuesta por entidades, propiedades y procesos. La verdad existe cuando lo que afirmamos corresponde a la realidad, pero esa correspondencia debe valorarse teniendo en cuenta el significado de los signos lingüísticos que utilizamos"[31].

El lenguaje, un instrumento esencial para pensar y trasmitir pensamientos, es el resultado de un orden espontáneo[32], no es el resultado

---

30 "Scientists Deplore Flight from Reason", *New York Times*, junio 6 de 1995, p. C 1.
31 *Filosofía de la ciencia*, Pamplona: EUNSA, 1999, p. 231.
32 Véase, por ejemplo, Thomas Sowell, *A Conflict of Visions*, New York: William Morrow and Co., 1987, p. 87 y ss.

de ningún diseño, se trata de un proceso evolutivo. Los diccionarios son libros de historia, son un *ex post facto*. Cuando se ha diseñado una lengua como el esperanto, no ha servido a sus propósitos. La lengua integra un proceso ininterrumpido de convenciones, pero de allí no se sigue que se pueda interpretar de cualquier modo una palabra, lo cual imposibilitaría la comunicación y significaría la destrucción del lenguaje[33]. No se trata entonces de interpretaciones frívolas según la moda del momento. De la antes mencionada convención no se sigue que pueda impunemente desarticularse o disociarse la definición de una palabra con su correspondencia con la realidad sin caer en el sin-sentido.

Cuando nos referimos a la realidad, debemos hacer una precisión: nos estamos refiriendo a cosas y hechos que son independientemente de lo que opinemos que son[34], incluyendo fenómenos de la imaginación que también *son* (en la mente, como entes de razón), aunque no estén justificados en el mundo exterior. Forman parte de la realidad también las afirmaciones del deber ser, si es que deben ser y si es que los nexos causales subyacentes a la realidad se encuentran bien descriptos. Lo positivo y lo normativo constituyen dos ángulos distintos de mirar la realidad.

Sin duda que todo lo que entendemos es subjetivo en el sentido de que es el sujeto que lo entiende, pero cuando hacemos referencia a la objetividad o a la verdad aludimos a las cosas, hechos, atributos y procesos que existen o tienen lugar independientemente de lo que opine el sujeto sobre aquellas ocurrencias y fenómenos que son ontológicamente autónomos. Lo antedicho en nada se contradice con el pluralismo y los diversos fines que persiguen las personas, dado que las apreciaciones subjetivas en nada se contraponen a la objetividad del mundo[35]. Constituye un grosero *non sequitur* el afirmar que del hecho de que las valorizaciones son diversas, se desprende la inexistencia de la objetividad de lo que es. Se trata de dos planos de análisis completamente distintos: por una parte la subjetividad de las preferencias y las creencias y, por

---

33 Véase John M. Ellis, *Against Deconstruction,* Princeton: Princeton University Press, 1989, p. 118 y ss.

34 Más adelante volvemos sobre esta idea, aunque no nos internaremos en disquisiciones sobre "las mil caras del realismo" al decir de Hilary Putnam y tantos otros autores, digresión que nos sacaría por completo del eje central del presente trabajo. Para el criterio de verdad, véase el concepto de "estado de cosas real" en John Hospers *Introducción al análisis filosófico,* Madrid: Alianza Editorial, [1967] 1976, p. 150 y ss., vol. I.

35 Véase Nicholas Rescher, *Objectivity: The Obligations of Impersonal Reason,* Londres: University of Notre Dame Press, 1997, cap. 4, y, del mismo autor, *Pluralism: Against the Demand for Consensus,* Oxford: The Clarendon Press, 1993.

otro, la objetividad de lo que son las cosas independientemente de las apreciaciones subjetivas y las opiniones que sobre esas cosas se tengan.

Un plano en el que puede ilustrarse una diferenciación entre las ideas de subjetividad y objetividad es a través del ejemplo de la democracia. Cuanto menos generales y objetivamente válidos sean los temas sometidos al proceso electoral, mayores serán los conflictos de intereses y menor la armonía posible. No habría conflictos de intereses si el voto se limitara a aquello que interesa a todos preservar, esto es, el bien común (lo cual significa la preservación de los valores que nos son comunes a todos: que se nos respete). Por esto resulta de tanta trascendencia en esta instancia del proceso de evolución cultural el combinar democracia y liberalismo, ya que esto último significa el respeto irrestricto a los proyectos de vida de otros. Recurrir solamente a la fuerza con carácter defensivo, nunca ofensivo. Cuando se votan particularismos (subjetivismos) necesariamente el sistema abre los cauces al *lobby* y los intereses creados para sacar partida en provecho propio y en perjuicio de los demás. Entre otras razones, ocurre esto debido a que, como bien ha señalado Bruno Leoni[36], en el proceso electoral el legislador opera en un sistema del tipo de todo o nada, no es un proceso bifronte, no puede legislar simultáneamente por esto, aquello y lo de más allá. Ganan las mayorías o primeras minorías y pierden las minorías, por ello es que resulta de gran importancia objetivizar las materias sujetas al voto. Por el contrario, los votos en el mercado abarcan simultáneamente infinidad de bienes y servicios sin que resulten incompatibles o mutuamente excluyentes como en el proceso político. En otros términos, para permitir la convivencia civilizada entre personas con proyectos de vida y valorizaciones muy diversas, resulta necesario limitar el poder. Cuando las democracias extienden las decisiones mayoritarias a sectorialismos y *subjetivismos*, en lugar de *objetivizar* el proceso electoral se degradan y se convierten en una lucha de todos contra todos, en vez de promover la armonía y las relaciones contractuales pacíficas y voluntarias.

Una posición también opuesta al realismo y que resulta de hecho emparentada con la posmodernidad[37] –exclusivamente en este punto pero en las antípodas en otros– es el solipsismo de Berkeley: *esse est percipi*, es decir, ser es lo percibido, para que algo exista debe ser percibido, nada es si no se percibe. En este sentido, Berkeley nos dice que "Es ex-

---

36 "El proceso electoral y el proceso de mercado" *Libertas*, Nº 27, octubre de 1997 [1960], Año XIV.

37 *Vid*. Clarence B. Carson *The Flight from Reality*, New York: The Foundation for Economic Education, 1969, cap. 4 y Stephen Cox "Devices of Deconstruction" *Critical Review*, invierno de 1989, Nº 3.

traño, ciertamente, que prevalezca entre los hombres la opinión de que las casas, las montañas, los ríos y, en una palabra, todos los objetos sensibles tienen una existencia natural o real, distinta de la de su ser percibidos por el entendimiento [...pero] ¿qué son los objetos arriba mencionados sino cosas percibidas por el sentido? ¿Y qué es lo que percibimos que no sean nuestras propias ideas o sensaciones? ¿Y no repugnaría de modo palmario el que algunas de estas, o una combinación de las mismas, existieran sin ser percibidas?"[38]. Y más adelante sostiene que debe distinguirse lo que percibimos de lo que nos imaginamos y que el primer tipo pertenece a un orden más elaborado "pero esto no es argumento en favor de que existan fuera de la mente"[39]. Pero como bien señala C. B. M. Joad, si lo real es lo pensado, hay que preguntarse si esa percepción es a su vez real, lo que a su turno lo será si es pensado por otro y así en una regresión *ad infinitum*, nada existiría[40].

Popper subraya que la "principal tarea filosófica y científica debe ser la búsqueda de la verdad"[41], y mantiene que "el mito del marco común" se basa en "el relativismo (la doctrina según la cual la verdad es relativa a nuestro trasfondo intelectual, del que se supone que de alguna manera determina el marco en el que somos capaces de pensar; esto es que la verdad puede variar de un marco a otro), en particular, la doctrina de la imposibilidad de comprensión mutua entre diferentes culturas, generaciones o períodos históricos, e incluso en la ciencia, comprendida la

---

38  *Tratado sobre los principios del conocimiento humano*, Barcelona: Ediciones Altaya, [1710], 1994, p. 56. Para una discusión sobre esta concepción, *vid.* Alberto Benegas Lynch (h), *El juicio crítico como progreso*, Buenos Aires: Editorial Sudamericana, 1996, p. 617 y ss.

39  Tratado.., loc. cit.

40  *Guide to Philosophy*, New York: Dover Publications, 1936, p. 65. Este análisis incluso derribaría la noción de Berkeley sobre Dios (que desde luego no comparten los posmodernos en sintonía con la declaración nietzscheana de que "Dios ha muerto"), ya que para afirmar su existencia, sus "percepciones" deberían ser percibidas por otro, con lo que dejaría de ser Dios ya que la existencia de dos perfecciones constituye un contrasentido.

41  "Las dos caras del sentido común: argumentos en pro del realismo del sentido común y en contra de la teoría del conocimiento del sentido común", *Conocimiento objetivo*, Madrid: Tecnos [1972], 1974, p. 51.
Para una discusión sobre la ciencia y la filosofía en el contexto del relativismo, véase Edmund Husserl, *La filosofía como ciencia estricta*, Buenos Aires: Editorial Almagesto, [1911], 1992. Aquí agregamos que a pesar de la lectura realista de Edith Stein de la fenomenología, Ludwig Landgrebe, uno de los últimos asistentes de Husserl, le atribuye una interpretación posmodernista en "Husserl's Departure from Cartesianism", R. O. Elveton, ed. *The Phenomenology of Hussserl*, Chicago: Quadrangle Books, 1970.

física"[42], y dice que "no sólo pienso que se trata de un enunciado falso, sino también de un enunciado perverso[...]"[43]. Popper sostiene que no sólo es posible el entendimiento y la mutua comprensión entre personas que proceden de marcos de referencia disímiles, sino que considera que esto resulta especialmente provechoso. En cierto sentido constituye una extensión de su teoría del método científico a las relaciones interculturales. Cuanto más novedosas para las partes las reflexiones que se hagan, tanto mejor puesto que invitan a pensar, a reconsiderar y a pulir las propias presentaciones. En este contexto transcribe un relato de Herodoto sobre un rey persa que quería impresionar a los griegos que vivían en su reino. Los griegos acostumbraban a quemar a sus muertos. El rey preguntó a los griegos qué precio requerirían para comerse a sus padres cuando murieran. Los destinatarios del mensaje se horrorizaron y declinaron considerar un precio. Entonces convocó a los indios calatias quienes acostumbraban a comer los cadáveres de sus padres y les preguntó por cuanto aceptarían enterrar a sus padres cuando murieran, a lo que respondieron con idéntica indignación que los griegos, puesto que consideraban la propuesta una blasfemia inadmisible. Aun en este caso extremo –que no hace a la cuestión de la verdad sino de costumbres diversas– Popper estima que el resultado del intercambio de impresiones resulta útil porque sacude el pensamiento y permite ver la existencia de otros horizontes.

Las traducciones a las diversas lenguas, también permite poner en evidencia que las reglas de la lógica son universales y no circunscriptas a ciertas regiones, por más interferencias que pretenda introducir el polilogismo marxista de la clase o el polilogismo racista. Nunca se explicó concretamente en qué consisten las diferencias entre los silogismos proletarios respecto de el de los burgueses o el de los arios respecto de los semitas, ni tampoco en qué consisten específicamente las modificaciones que se operarían en las estructuras lógicas de un proletario que pasa a la condición de burgués o viceversa, o qué ocurriría en la mente de los hijos de una semita y un ario[44]. Si en el proceso de traducción de una lengua a otra, cierto vocabulario no resultara suficiente para expresar una idea, aparecerán neologismos del mismo modo que la riqueza gradual en los conceptos expande cualquier lenguaje, y si en definitiva no resultara apropiado, se sustituirá por otro.

---

42  "El mito del marco", *El mito del marco común. En defensa de la ciencia y la racionalidad*, Barcelona: Ediciones Paidós, [1994]1997, p. 45.

43  *Ibidem.*p. 46.

44  Véase Ludwig von Mises, *Human Action - A Treatise on Economics*, New Haven: Yale University Press, [1949], 1963. p. 75 y ss. y Alberto Benegas Lynch (h), *Fundamentos de Análisis Económico*, Buenos Aires: Editorial Abeledo-Perrot, undécima edición, [1972] 1998, p. 323 y ss.

Respecto de la utilidad de la vinculación de diversas culturas, en otra de sus obras[45] Popper nos ofrece como ejemplo el siglo de oro de la vieja Austria, a la que también se refiere Stefan Zweig en sus memorias[46]: los célebres cafés vieneses donde se hablaban distintos idiomas, donde había diarios y revistas de todas partes del mundo, donde nadie tenía conciencia de su etnia, época en que la Universidad de Viena produjo notables revoluciones en la economía, el derecho y –con todos los interrogantes del caso– el psicoanálisis. Período en el que la literatura y la música marcaron una época de esplendor. La interconexión de culturas generó nuevas perspectivas enriquecedoras, todo lo cual fue liquidado por Hitler y sus sicarios. Son interesantes, asimismo, las explicaciones popperianas de la influencia que otras culturas ejercieron en los griegos, junto a muchos otros ejemplos que deja consignados[47] y concluye que "nuestra civilización occidental es resultado del choque o confrontación de diferentes culturas y, en consecuencia, del choque o confrontación de diferentes marcos"[48] Popper nos explica como en el origen de las civilizaciones los cuentos y relatos imaginarios se iban puliendo con nuevas versiones a través de una tradición que primero era oral, versiones sometidas sucesivamente a la crítica lo cual permitía ampliar y mejorar el relato original, proceso que se aceleraba cuanto mayores fueran las diferencias de perspectivas entre los oyentes.

Como queda dicho, el análisis del relativismo no se refiere a gustos, preferencias e inclinaciones personales que sin duda son de carácter subjetivo, de lo que se trata es de reconocer el carácter objetivo de lo que ocurre en nuestro cuerpo y nuestra mente y lo que *es* en el mundo exterior[49]. Nada tiene que ver con el relativismo, la importancia del pluralismo y el respeto por los distintos proyectos de vida de otros. En

---

45 "Sobre el choque cultural", *En busca de un mundo mejor*, Barcelona: Ediciones Paidós, [1984] 1994.

46 *The World of Yesterday*, Londres: University of Nebraska Press, [1943] 1964.

47 "El mito..." *op. cit.* p. 49. Entre los múltiples ejemplos que ofrece la humanidad, véase el caso de la influencia bienhechora de los musulmanes en España en Alberto Benegas Lynch (h), "Un bosquejo de la otra España", *Libertas*, N⁰ 32, mayo de 2000, Año XVII.

48 "El mito..." *op. cit.* p. 49.

49 Popper ejemplifica las costumbres y normas que se pueden adoptar indistintamente con el hecho de que en algunos lares se debe manejar por la derecha y en otros por la izquierda. Es en realidad indistinto con tal que exista una norma. Pero agregamos nosotros que, incluso en este caso, en la medida en que se acerquen las dos culturas, se tenderá a un proceso de consolidación. Por ejemplo, si se unieran carreteras en las que existen hábitos distintos, es probable que se busque un procedimiento común a los efectos de evitar maniobras bruscas y cambios súbitos que conducirían a producir accidentes de envergadura.

este sentido, respecto del relativismo cultural, Eliseo Vivas[50] muestra "la falaz inferencia que parte del hecho del pluralismo cultural y llega a la doctrina axiológica de que no podemos discriminar en lo que respecta al mérito de cada una"[51].

Antes de embarcarnos en el análisis del relativismo cultural, detengámonos un instante en la expresión "discriminación". En una sociedad abierta, la discriminación no puede incorporarse al derecho puesto que violaría la igualdad ante la ley[52], lo cual significaría que no se reconoce el mismo derecho a todos. Pero fuera de este ámbito, la discriminación es ineludible ya que toda acción implica diferenciar, seleccionar y preferir. Discriminamos cuando compramos un libro en lugar de otro, cuando elegimos una producción cinematográfica en lugar de otra, cuando conversamos con una persona y no con otras, cuando contraemos nupcias etc., etc. En algunas oportunidades, se ha objetado que se pueda discriminar a quien se contrata para un puesto de trabajo más allá de la eficiencia para el mismo. Pero es perfectamente legítimo que se discrimine entre un pariente y uno que no lo es o entre una rubia y una morocha o entre un musulmán y un budista, entre un flaco y un gordo o lo que consideren oportuno y pertinente las partes contratantes. No aceptar esto contradice la facultad de usar y disponer de lo propio sin que medien lesiones a los derechos de terceros. Es tan racista quien sugiere la segregación por la fuerza como el que propone la integración forzosa, cada persona debiera decidir con quienes desea establecer los distintos tipos de relaciones posibles. Los cupos impuestos por la ley en los centros académicos constituyen un atentado a la excelencia y los que se imponen por la misma vía en el mercado laboral afectan ingresos y salarios en términos reales, puesto que se traducen en trabas para las tasas de capitalización[53].

En las comparaciones interculturales debe tenerse en cuenta la complejidad presente en afirmaciones como que la cultura del país *x* es mejor

---

50   "Reiteraciones y nuevas consideraciones acerca del relativismo cultural", *Libertas*, Nº 24, mayo de 1996 [1961], Año XIII.

51   *Ibidem*. p. 49.

52   Me parece de interés anotar al margen que, a su vez, la igualdad ante la ley es una expresión tomada del mundo anglosajón en donde Law equivalía a Derecho, que el monopolio de la fuerza (el gobierno) *reconoce* y no concede u otorga. En este contexto, el marco jurídico se mira como uno de descubrimiento y no de diseño. Actualmente, un peculiar contrabando conceptual (debido a los estragos del positivismo legal) hace aparecer el derecho como sinónimo de legislación por lo que "igualdad ante la ley" puede significar lesiones al derecho siempre que estas fueran lo suficientemente generalizadas.

53   Véase Alberto Benegas Lynch (h) *Socialismo de mercado: Ensayo sobre un paradigma posmoderno* Rosario: Editorial Ameghino, 1997.

que la del país z. Se trata de una hipóstasis. Del hecho de que objetivamente pueda afirmarse que *a* se acerca más a la verdad que *b* no se concluye que legítimamente pueda englobarse en una categoría uniforme a muchos individuos con muy diversas formas de ver las cosas. Simplifica las cosas si nos referimos a las normas implementadas en el país *x* respecto del *z*, pero el individualismo metodológico más rudimentario no permite sostener que el alemán es de tal o cual manera o que el estadounidense es de tal otra, ya que este modo de proceder desvirtúa grandemente las cosas al pasar por alto las diferencias individuales.

En el ensayo de referencia, Vivas pone de manifiesto algunas consideraciones contradictorias de la antropología relativista. Por ejemplo, "Herskovits dice [en *Man and his Works*] que el antropólogo debe abstenerse de hacer interpretaciones a partir de un marco de referencia preconcebido"[54]. Pero si miramos esta afirmación desde dos costados distintos, observamos, por un lado, que si adoptáramos el relativismo cultural, aquel consejo resultaría imposible de llevarse a la práctica ya que el antropólogo *estaría inexorablemente determinado* a interpretar desde su cultura. Por otro lado, ahora apartándonos del relativismo cultural, para el común de los mortales aquella reflexión resultaría superflua ya que solo es posible interpretar en base al "marco de referencia" que posee quien interpreta (lo cual, en modo alguno quiere decir que no lo pueda modificar cuando percibe que hay criterios más fértiles, es decir, que se acerquen más *a la verdad* de lo que se está describiendo). En todo caso "el marco de referencia preconcebido" de que se dispone al momento, es el único modo que permite juzgar cuando algo es relevante o trivial y es el único modo de elaborar hipótesis, de razonar, de llegar a conclusiones y, en definitiva, de conducir una investigación *objetiva*.

Como observa Vivas, dado que antropólogos también ampliamente reconocidos como Benedict y Malinowski (en *Patterns of Culture* y *The Sexual Life of the Savages in North-Western Melanesia*, respectivamente) requieren que en la profesión se "trascienda las limitaciones de la propia cultura ¿por qué no puede hacerlo cualquier otro?"[55] ¿cuál sería entonces la razón por la que no resulta posible el entendimiento entre personas con marcos comunes diversos en base a *criterios universales*

---

54  "Reiteraciones..." *op. cit.*, p. 69.
55  *Ibidem*, p. 71. Dos años antes de que se recurriera por vez primera a la expresión "posmoderno", Julien Benda afirmaba que "Es obvio que la verdad constituye un gran impedimento para aquellos que quieren colocarse como distintos; desde el mismo momento en que aceptan la verdad, se condenan a ser conscientes de lo universal", *The Treason of the Intellectuals*, New York: W.W. Norton & Co. [1928] 1969, p. 98.

*de verdad*? No parece entonces que pueda sostenerse el eje central del relativismo y determinismo cultural[56].

El determinismo significa el rechazo palmario al libre albedrío. El determinismo físico sostiene que la libertad del hombre es una ilusión, que su herencia genética y su medio ambiente constituiría su *input* y que lo que son sus "acciones" serían su *output*, que surgiría indefectiblemente del "programa" que recibió. Esta interpretación implica que no habría tal cosa como la moralidad de los actos ni la responsabilidad individual ni serían justas las restituciones ni las penas reclamadas por la violación de derechos de otros. Sin duda que la herencia genética y el medio ambiente *influyen* sobre la persona pero no la *determinan* (si estuviéramos determinados culturalmente, posiblemente no hubiéramos salido de la antropofagia).

Si el determinismo fuera correcto, no habría tal cosa como proposiciones verdaderas y proposiciones falsas (tal como asegura el posmodernismo). Sólo puede aludirse a verdad o falsedad si el hombre puede revisar sus propios juicios. Si tiene ideas autogeneradas. Si no repite como el loro. El conocimiento y la misma argumentación carecerían de sentido. Entre otras cosas, no se podría argumentar en favor del determinismo ya que el interlocutor estaría determinado a decir lo que dice. Branden nos explica que "Una mente que no es libre de constatar la validez de sus conclusiones, una mente cuyos juicios no son libres, no tiene manera de distinguir lo lógico de lo ilógico [...] no tiene derecho a sostener que posee conocimiento de ningún tipo [...] Una máquina no razona: realiza las actividades que estableció quien la programó [...] no puede efectuar ninguna contribución independiente [...] ninguna idea que exprese puede pretender objetividad o verdad –incluyendo la idea de que el hombre es una máquina"[57].

---

56  Para una documentada crítica al relativismo cultural véase Alain Finkielkraut *La derrota del pensamiento*, Barcelona: Editorial Anagrama, [1987] 1990, esp. p. 62 y ss. y el trabajo del "marxista proscripto", como se autodefine Juan José Sebreli, en *El asedio a la modernidad*, Buenos Aires: Editorial Sudamericana, 1991 esp. cap. I y VI.

57  Nathaniel Branden "Free Will, Moral Responsibility and the Law", *Southern California Law Review*, 1969, vol. 42. También véase John R. Lucas, *The Freedom of the Will*, Oxford: Clarendon Press, 1970, esp. caps. 1, 2, 6, 11, 21 y 30; John C. Eccles *La psique humana*, Madrid: Tecnos, [1980] 1986, cap. 10, secc. 10.4; Tibor R. Machan, *The Pseudo-Science of B. F. Skinner*, New York: Arlington House, 1974, cap. 6 ; John Thorp, *El libre albedrío. Defensa contra el determinismo neurofisiológico*, Barcelona: Herder, [1980] 1985, John Hospers, *Introducción al...*, vol. I, cap. 5, Gabriel J. Zanotti, "El libre albedrío y sus implicancias lógicas", *Libertas*, Nº 2, mayo de 1985, año II y Alberto Benegas Lynch (h), "Toward a Theory of Autogovernment", *Values and the Social Order*, vol. III, Gerard Radnitzky, ed. Avebury, Inglaterra: Avebury Publishing Company, 1997.

Efectivamente no resulta posible *argumentar* en favor del determinismo ya que, en el contexto determinista, se repite lo que inexorablemente se está determinado a decir. Quien pretenda argumentar está, de hecho, suscribiendo el libre albedrío, a menos que sostenga que está simulando una argumentación (aunque no sepa qué es una argumentación), en cuyo caso deberá admitir que no pretende postular lo que afirma como verdad puesto que, para que tal cosa ocurra, debe poder revisar sus propios juicios y *decidir* acerca de cual considera verdadero, lo que nos retrotrae al libre albedrío. Como hemos indicado, en el mundo determinista[58] no es posible concebir tal cosa como proposiciones verdaderas y proposiciones falsas y, por tanto, tampoco puede aludirse al conocimiento. En este último sentido Adler explica que "El mismo significado de la expresión 'saber' es tener en nuestra mente la verdad acerca del objeto que uno está tratando de conocer [...] 'conocimiento falso' es un imposible. No sería conocimiento si fuera falso. Y 'conocimiento verdadero' resulta redundante. Conocer es incorporar la verdad"[59].

Por otra parte, si el hombre se redujera a kilos de protoplasma como sostiene el materialismo, tampoco habría pensamiento, deliberación, conocimiento, propósito deliberado, ni autoconciencia. Lo metafísico, la psique o la mente y no lo físico es lo que permite argumentar[60]. Los

---

58  Sin la pretensión de internarnos en debates paralelos que nos moverían hacia temas que desviarían la atención de la columna vertebral conformada por los aspectos acotados que venimos tratando, conviene, aunque más no sea al pasar, hacer una aclaración. En algunos estudios se distingue *determinismo* de *fatalismo*. Esto último significaría que la causación universal inexorablemente impone a los humanos a proceder de cierto modo, mientras que "el determinismo", en este otro sentido, significaría que el ser humano no está exento de causas pero que él puede generar algunas, en cuyo caso –estrictamente en este plano de análisis– no habría mayor diferencia con el libre albedrío, se opondría, eso sí, al *indeterminismo* en el sentido de ausencia de causa. De más está decir que esta no es la acepción del determinismo (o determinismo físico para recurrir a una expresión popperiana) que estamos considerando en el cuerpo de este trabajo. Véase C. A. Campell "In Defense of Free Will" en *Ethics*, Chicago: Free Press, 1959, Milton Munitz, comp. y J. Hospers *La conducta humana*, Madrid: Barcelona [1961] 1979, p. 714 y ss.

59  Mortimer J. Adler *The Great Ideas*, Chicago: Open Court, 2000, p. 1, Max Weismann, ed. Por nuestra parte, precisamos que, en este contexto, siempre hay una *presunción* de que se incorpora la verdad desde el momento en que se está abierto a posibles refutaciones.

60  Véase Karl R. Popper y John C. Eccles *El yo y su cerebro*, Barcelona: Editorial Labor, [1977] 1982, esp. cap. P 3, P 4 y E 5 (37, E 7 y diálogo XI), John Eccles *La psique... op. cit.* esp. conferencias 1, 9 y 10 y, del mismo autor, "A Critical Appraisal of Mind-Brain Theories" en *Mind & Brain. The Many-Faceted Problems*, New York: Paragon House, 1977, Sir John Eccles, ed., Karl R. Popper *Knowledge and the Body-Mind Problem*, Londres: Routledge, 1994, esp. cap. 6. Ludwig von Mises dice que "Para la doctrina que sostiene que los pensamientos guardan la misma relación al cerebro

nexos causales propiamente dichos comprenden al mundo físico, en cambio, en la mente hay razones, explicaciones o motivos (a veces llamados causas teleológicas). La física cuántica y la teoría del caos en nada cambian esta aseveración. En el mundo subatómico no hay acción y propósito deliberado, sólo reacción. La falta de información y los obstáculos que crean los propios instrumentos de observación, por el momento no permiten conocer con la suficiente precisión, lo cual también ocurre en el contexto de la teoría del caos debido a la no-linealidad que se aparta de la visión newtoniana. Max Plank explica que "El hecho de que no se cumpla la regla estadística en los casos particulares no es, pues, debido a que no se cumpla la ley de causalidad, sino más bien a que nuestras observaciones no son suficientemente delicadas y exactas para poder aplicar directamente la ley de causalidad en cada caso"[61]. Respecto de la común malinterpretación del principio de Heisenberg, Gerald Holton y Stephen S. Bruch escriben que "El principio de Heisenberg podría interpretarse como una simple restricción de nuestros conocimientos sobre el electrón teniendo en cuenta las limitaciones de los métodos experimentales existentes, sin rechazar, por ello, la creencia de que el electrón, realmente, posee una posición y una cantidad de movimiento definidas. La expresión 'principio de incertidumbre' sería entonces apropiada, pero teniendo en cuenta que el principio se aplica

---

como la bilis al hígado, no puede distinguirse entre las ideas verdaderas y las falsas tal como ocurre entre la bilis verdadera y falsa", *The Ultimate Foundation of Economic Science. An Essay on Method*, Princeton: D. Van Nostrand Co., 1962, p. 30. Para la fuente originaria del estudio de la psique, *vid.* Aristóteles *Tratado del alma* en *Obras completas*, Buenos Aires: Editorial Bibliográfica Argentina [c. 335-325 a.C.] 1967, vol. II, esp. cap. X. Debido a la cantidad de autores posmodernos influidos por los trabajos de Karl Marx, conviene recordar que –a pesar de las contradicciones sobre el determinismo (en este sentido, véase Thomas Sowell *Marxism: Philosophy and Economics*, New York: William Morrow & Co., 1985, esp. p. 69 y ss.)– escribió que "El modo de producción de la vida material determina el proceso de la vida social, política y espiritual en general. No es la conciencia del hombre la que determina su ser, sino, por el contrario, el ser social es lo que determina su conciencia". *Contribución a la crítica de la economía política* en *Introducción a la crítica de la economía política*, Córdoba: Pasado y Presente [1859] 1972, p. 35-6. Y su determinismo lo llevó también a la condena de los judíos (como es sabido, su padre, él y sus hermanos fueron bautizados a pesar de provenir de una familia de rabinos). Los condenó de este modo "¿Cuál es el culto secular practicado por el judío? La *usura*. ¿Cuál es su dios secular? El *dinero*. Pues bien, la emancipación de la *usura* y el *dinero*, es decir, del judaísmo práctico, real, sería la autoemancipación de nuestra época. [...] Nosotros reconocemos, pues, en el judaísmo un elemento *antisocial presente* de carácter general [...] La sociedad burguesa engendra constantemente al judío en su propia entraña", Karl Marx, *La cuestión judía*, México: Ediciones Quinto Sol, [1843] 1969, p. 9 y 11.

61 *¿Hacia donde va la ciencia?*, Buenos Aires: Editorial Losada, [1936] 1947, p. 150.

al conocimiento del observador y no a la propia naturaleza"[62]. El propio Werner Heisenberg dice que "Puede señalarse muy precisamente la posición [de una partícula atómica] pero entonces la influencia del instrumento de observación imposibilita hasta cierto grado el conocimiento de la velocidad [...E]l conocimiento incompleto de un sistema es parte esencial de toda formulación de la teoría cuántica"[63].

Por su parte, Louis V. de Broglie resume el problema de este modo: "a menudo bajo la influencia de ideas preconcebidas, extraídas de la doctrina positivista, han pensado que podían ir más lejos y afirmar que el carácter incierto e incompleto del conocimiento que, sobre lo que sucede realmente en microfísica, nos proporciona la experimentación en su actual fase de desarrollo, es el resultado de una genuina indeterminación de los estados físicos y de su evolución. Semejante extrapolación no parece estar justificada en modo alguno. Es posible que, escrutando el futuro hasta un nivel más profundo de la realidad física, podamos interpretar las leyes de probabilidades y la física del *quantum* como los resultados estadísticos del desarrollo de valores completamente determinados de variables que actualmente permanecen ocultas para nosotros. Puede que los poderosos medios que empezamos a utilizar para romper la estructura del núcleo y hacer aparecer nuevas partículas, nos proporcionen algún día el conocimiento directo que hoy no poseemos de este nivel más profundo"[64]. Por otro lado, como bien ha explicado Paul Johnson, conviene subrayar que la teoría de la relatividad de Einstein no tiene relación alguna con el relativismo[65].

También el relativismo posmoderno se extiende a la ética al afirmar que no hay tal cosa como lo bueno o lo malo. La defraudación por no cumplir con la palabra empeñada no sería algo malo en sí mismo sino circunstancialmente conveniente o inconveniente. No habría tal cosa como actos que apuntan a actualizar potencialidades en busca del bien que deben ser valorados y estimulados, ni normas que en abstracto y para todos los seres humanos operen en dirección al respeto recíproco. Aquí también se aplica el pensamiento de Ortega "La verdad, al reflejar adecuadamente lo que las cosas son, se obliga a ser una e invaria-

---

62  *Introducción a los conceptos y teorías de la ciencia física*, Barcelona: Editorial Reverté, 1984, p. 733.

63  *La imagen de la naturaleza en la física actual*, Madrid: Planeta-De Agostini, [1955] 1994, p. 33-34.

64  Prefacio a *Casuality and Chance in Modern Physics* de N. Bohr, New York: Putnam, 1951.

65  *History of the Modern World*, Londres: Weidenfeld and Nicolson, 1983, p. 4. Para un análisis de la teoría del caos *vid.* David Parker y Ralph Stacey *Chaos, Management and Economics*, Londres: Institute of Economic Affairs, 1995, caps. I y II.

ble"[66]. El posmodernismo, igual que el positivismo, considera que las reflexiones éticas (en el sentido de principios universales) son manifestaciones sin sustento que no pueden verificarse. Cohen explica que "la afirmación de Carnap de que las proposiciones no verificables carecen de significado tampoco es verificable [...] hay muchos casos de significación sin verificación [...] el dominio de la significación es más amplio que el de la verificación [...] La afirmación de que las proposiciones éticas carecen de significación, forma parte de la errónea concepción positivista tradicional del método científico [...] Los juicios éticos se refieren a aquello que los hombres generalmente deben hacer si quieren ser prudentes"[67].

La moral alude al plano normativo: no describe, prescribe. Hazlitt dice que "Es sumamente difícil encontrar a un nihilista ético consistente. Cuando crudamente profesan su nihilismo, piensan en un solo lado del asunto. Ellos no ven porque *ellos* deban guiarse por normas morales tradicionales. Pero una investigación más profunda revela que en realidad ellos esperan que *otros* las cumplan [con ellos, respetándolos]"[68]. El marxismo es también una fuente en la que frecuentemente se nutre el posmodernismo, y no sólo respecto del determinismo a que nos hemos referido más arriba en una nota a pie de página. Por ejemplo, Jean-François Revel lo cita a Marx (de la *Miseria de la filosofía* y de su correspondencia con Engels) del siguiente modo: "El bien es el mal en cierto sentido. Es el que debe ser eliminado. Es el que se opone a un progreso de las relaciones interhumanas. El 'mal' es el bien puesto que produce el movimiento que hace historia al continuar la lucha". A continuación

---

66  *El tema... op. cit.* p. 27. Véase también David Schmidtz *Rational Choice and Moral Agency*, Princeton, NJ: Princeton University Press, 1995.

67  Morris R. Cohen, *Introducción a la lógica*, México: Fondo de Cultura Económica, [1945], 1975, p. 80, 82, 90 y 91. Igual que ocurre con todo conocimiento, la ética también está inmersa en un proceso evolutivo de puntas abiertas. No se trata de un paquete cerrado: requiere de refutaciones y corroboraciones para progresar en un camino que para nosotros no tiene término.

68  Henry Hazlitt, *The Foundations of Morality*, Princeton: D. Van Nostrand, 1964, p. 223. Para una discusión que incluye las diversas posturas en torno a valores objetivos *vid*, Risieri Frondizi, *¿Qué son los valores?*, México: Fondo de Cultura Económica, [1958], 1992, esp. cap. 2 y para ampliar el tema del relativismo moral, *vid*. Octavio N. Derisi, *Los fundamentos metafísicos del orden moral*, Buenos Aires: Universidad Católica Argentina, [1969], 1980, cap. XIII. Para un estudio de los problemas del posmodernismo en el campo de la historia véase, Gertrude Himmelfarb, *On Looking into the Abyss. Untimely Thoughts on Culture and Society*, New York: Alfred A. Knopf, 1994, cap. VII y, en el contexto de la educación, *vid*. Alberto Benegas Lynch (h) "Education in an Open Society", *An Austrian in France: Festschrift in honour of Jacques Garello*, Torino: La Rosa Editrice, 1997, Kurt R. Leube, Angelo M. Petroni y James S. Sadowsky, eds.

Revel señala que cuando la Asociación Internacional de Trabajadores, en 1864, adoptó la redacción de Marx, éste le escribió a Engels enfatizando que "me he visto obligado a aceptar en el preámbulo de los estatutos dos frases en las que se habla de *deber* y de *derecho*, así como de *verdad, moralidad* y *justicia*. Las he puesto de modo tal que no causen demasiado daño"[69].

## III

La hermenéutica posmoderna sostiene que los textos y la comunicación en general deben interpretarse del modo que el intérprete lo considere pertinente sin atenerse a lo que queda consignado en el texto. No habría tal cosa como una interpretación verdadera o ajustada al significado del texto, ni tal cosa como interpretaciones equivocadas[70]. Se trata de una variante más del relativismo. John M. Ellis dice que si bien el lenguaje surge de una *convención*, de ello no se sigue que las palabras sean *arbitrarias* ya que si una expresión no tuviera "un lugar en un sistema de términos, no habría sistema, ni significado y, por tanto, no habría lenguaje ni comunicación" y, más adelante, subraya que la postura posmodernista o deconstructivista "no produce significados más ricos como a sus partidarios les gusta suponer, sino que desaparece el significado. Un símbolo que no se reconoce como algo específico, no significa nada. La *vaguedad* en los símbolos disminuye y no aumenta el sentido"[71]. Las interpretaciones pueden ser, y de hecho son, diversas pero todas no pueden ser simultáneamente correctas respecto de lo que el texto trasmite (lo cual no excluye la posibilidad, lamentablemente cada vez más frecuente, de que el mensaje resulte confuso y ambiguo o que el texto declare explícita o implícitamente que la interpretación no debe ser literal).

Más aún, Ellis sostiene que si el proceso mental no tuviera relación alguna con el texto que pone en marcha ese proceso y se dejara de lado las convenciones "y modos de interpretar el lenguaje común, la comunicación sería imposible [...S]i se trata de argumentar que no hay limitaciones [en la interpretación de textos] se fuerza a abandonar el significado- *todo* significado, no solamente el significado específico,

---

69  Citado en La gran mascarada. Ensayo sobre la supervivencia de la utopía socialista, Madrid: Taurus, 2000, p. 230.
70  La opinión de un crítico literario sería tan válida como la de cualquier persona sin el menor conocimiento de la materia sobre la que está opinando.
71  Against... op. cit. p.50 y 118.

sino también el significado infinito y variable"[72]. Si se separa la relación entre las palabras y las cosas que significan, desaparece el sentido mismo del lenguaje como instrumento fundamental para pensar y para trasmitir nuestros pensamientos[73]. Umberto Eco resume el problema de la hermenéutica posmoderna del siguiente modo: "La iniciativa del lector consiste en formular una conjetura sobre la *intentio operis*. Esta conjetura debe ser aprobada por el conjunto del texto como un todo orgánico. Esto no significa que sobre un texto se pueda formular una y sólo una conjetura interpretativa. En principio se pueden formular infinitas. Pero, al final, las conjeturas deberán ser probadas sobre la coherencia del texto, y la coherencia textual no podrá sino desaprobar algunas conjeturas aventuradas"[74]. En otro trabajo, Eco recomienda "una especie de método popperiano": si bien no puede saberse cual es la interpretación perfecta, al menos se puede saber cuales son las que no corresponden a través de las correspondientes refutaciones. Así alude a interpretaciones "sanas" e interpretaciones "paranoicas". Ilustra la antípoda de la concepción de Eco un pasaje que el cita de T. Todorov publicado en 1987: "un texto es sólo un picnic en el que el autor lleva las palabras, y los lectores, el sentido"[75].

En un ensayo de Don Lavoie[76] aparece como acápite un pensamiento de Gadamer en el que concluye que "Por tanto, la comprensión no es un procedimiento de reproducción sino más bien uno productivo... Es suficiente decir que uno entiende *de modo diferente cuando uno entiende como tal*"[77]. En ese ensayo, tal vez el más representativo de sus ideas hermenéuticas en el que las conecta a la economía, Lavoie mantiene que este enfoque "implica el tratar las acciones humanas como 'textos' sujetos a interpretación. En este plano encontramos no sólo el tema de cómo los economistas entienden las acciones de los agentes de la economía, sino también el tema de cómo los agentes se entienden unos a

---

72  Ib. p. 121-122.
73  Por esto es que en el encabezamiento de este ensayo aparece la palabra lenguaje encomillada en el contexto del posmodernismo.
74  Los límites de la interpretación, Barcelona: Editorial Lumen, [1990] 1992, p. 41. Véase también Emerich Coreth Cuestiones fundamentales de hermenéutica, Barcelona: Herder, [1969] 1972, esp. parte segunda, secc. 2.
75  *Interpretación y sobreinterpretación*, Melburne: Cambridge University Press, [1992] 1995, p. 55, 51 y 26.
76  "Understanding differently: hermeneutics and the spontanous order of communicative process". *Carl Menger and his Legacy in Economics*, Durham: Duke University Press, 1990, Bruce J. Caldwell, ed.
77  Para una crítica a Gadamer, y en general al tipo de hermenéutica a la que adhiere Lavoie, *vid.* E. D. Hirsch, *Validity in Interpretation* New Haven: Yale University Press, 1967.

otros [...Más aún, esta forma de ver las cosas] se concibe como una teoría general de cómo entendemos cualquier asunto [...]. Recurre a la expresión 'texto' no meramente para los textos en *sentido literal* sino para todo lo que tenga significado para alguien, incluyendo, por ejemplo, las palabras utilizadas en las negociaciones en el mercado [y] los precios a que se arriban como consecuencia de aquellas negociaciones. [...] Los contratos son negociados, los diseños de ingeniería son estudiados, las estrategias de marketing son elaboradas, las campañas publicitarias son formuladas, se deciden las ofertas en la bolsa de valores, los estados contables de pérdidas y ganancias deben interpretarse en términos del lenguaje"[78].

A continuación Lavoie la emprende contra quienes sostienen que el hermeneuta debe tomar el texto como un proceso de copia, lo más cercano a lo que es un *scanner* puesto que dice que la comunicación no es un proceso de suma cero por el que se reubica información sino de suma positiva, "un proceso creativo", ya que no se trata de un fenómeno pasivo. Según este criterio se trata de un proceso de "dar y recibir", un fenómeno bidireccional y no meramente unidireccional.

Pero aquí se confunden dos cosas bien distintas. Por un lado el proceso creativo que tiene lugar en un diálogo genuino (no en un monólogo). Jorge Luis Borges lo exhibía a Macedonio Fernández como un ejemplo del buen conversador porque "era un hombre dubitativo", terminaba las frases con puntos suspensivos, mientras que Leopoldo Lugones "era un hombre asertivo" que no daba pie para continuar con la elaboración de la idea, "amonedaba frases, la conversación se hacía difícil con él, porque él resolvía todo con una frase que significaba un punto y aparte [...] y entonces había que empezar, había que buscar otro tema" y así sucesivamente. Es una forma de "aniquilar el pensamiento" como dijo en esa oportunidad el interlocutor de Borges[79]. La comunicación interpersonal resulta fértil no sólo cuando los contertulios hablan por turno, sino cuando permiten que se vayan montando ideas nuevas, cuando se produce el tamiz, la corrección, el aprendizaje recíproco, el adentrarse en la aventura del pensamiento, el explorar distintas avenidas juntos, cuando se es consciente de la propia ignorancia y, finalmente, cuando hay el deseo de aprender. En este sentido, para utilizar un concepto muy central a la teoría de los juegos, la comunicación genera un resultado de suma positiva pero en base *a lo que, dentro de lo posible, resulte lo más cercano a la suma cero de los mensajes que se intercambian.* Nunca

---

78  *Ib.* p. 360-61. Las cursivas son nuestras.
79  Emir Rodríguez Monegal, *Borges por él mismo*, Caracas: Monte Avila Editores, [1970], 1976, p. 179.

aparecería la suma positiva si cada uno interpreta cosas distintas de lo que el otro quiere significar. La conversación fructífera nada tiene que ver con la atrabiliaria idea de interpretar el mensaje como le venga a uno en gana, porque entonces no sería un proceso de "dar y recibir" puesto que lo que se da y lo que se recibe se tornarían en mensajes desfigurados y desdibujados debido a interpretaciones caprichosas. Llama la atención que Lavoie considere que su interpretación de la hermenéutica es *la* interpretación y no meramente *una* interpretación (aparentemente una excepción a su tesis de la interpretación subjetivista) ya que sostiene que "La hermenéutica consiste en un desafío directo a la teoría de la copia en la comunicación. Entender no es una reproducción de algún significado que le es propio, de alguna manera como contenido en el texto, siempre es una *mediación* entre el texto y el lector. De acuerdo a la hermenéutica, una comunicación exitosa necesariamente se lleva a cabo de manera que un agente entiende lo que se comunica de modo diferente al otro. Hablando estrictamente, la precisión no sólo resulta imposible sino que no es deseable"[80].(*sic*)

En la primera cita que hicimos de Lavoie pusimos en cursivas la expresión "sentido literal" para destacar que, al contrario de lo que él mismo sostiene, aparentemente admite, aunque más no sea al pasar, que es posible encontrar un sentido en el propio texto. Ahora, en esta última cita, resulta difícil concebir que se exprese con tanta claridad una aberración como la allí contenida, especialmente en las dos últimas oraciones, las cuales, de tomarse al pie de la letra, terminarían con toda posibilidad de comunicación. Pero más grave aún es la interpretación retorcida que pretende Lavoie de los trabajos de Carl Menger, en gran medida en consonancia con Ludwig Lachmann[81] y Richard Ebeling (también inspirados por Gadamer, Rorty, Paul Ricoeur y William James[82]). Dice Lavoie que "Ser un mengeriano no consiste en (mecánicamente) copiar algo con la mayor fidelidad posible desde la cabeza de Menger a la nuestra, sino (creativamente) interactuar con él y aprender de sus palabras [...] El punto de Menger sobre el subjetivismo puede describirse como un obvio proceso hermenéutico [...] Es un tipo de proceso que Menger, si lo pudiéramos imaginar hoy con nosotros, llamaría de un orden espontáneo [...] Entender la economía de Menger, para parafra-

---

80  "Understanding..." p. 367.
81  Aunque las opiniones de este autor se matizan en Bruce J. Caldwell, "Ludwig M. Lachmann: A Reminiscence", *Critical Review,* invierno de 1991.
82  Respecto de James, tan influyente en el posmodernismo, véase su negación de la idea de la verdad en "Pragmatism and Humanism", *The Writings of William James,* New York: Random House, John J. McDermott, ed., 1967, p. 450.

searlo a Gadamer, necesariamente quiere decir entenderlo de manera diferente de la que Menger lo hubiera entendido cuando escribió"[83].

El esfuerzo mengeriano por explicar la teoría subjetiva del valor que revolucionó la ciencia económica hubiera quedado totalmente opacada si se hubiera seguido la interpretación de Lavoie, quien deriva de la teoría marginalista un relativismo inaceptable para Menger, tal cual como se desprende no sólo en sus dos obras más conocidas[84] sino que expresamente refutó el relativismo en la célebre disputa[85] sobre el método (*Methodenstreit*) con el representante más conspicuo de la Escuela Histórica alemana (Gustav von Schmoller). A través de esta singular interpretación que intenta Lavoie se revertiría uno de los aportes más significativos de Menger y, por tanto, de la Escuela Austríaca respecto de la pretensión de recurrir al caso histórico como sustituto del método de la ciencia económica[86]. El relativismo de la Escuela Histórica negaba la universalidad de los postulados de la ciencia económica y sostenía que, según la nación y la raza, debían aplicarse distintas recetas y, aun en el mismo lugar, las teorías debían ser diferentes según el momento histórico. Rechazaban la posibilidad de conocimientos abstractos, en favor de procedimientos casuísticos.

En cuanto al orden espontáneo a que alude Lavoie, Menger lo refiere de un modo muy distinto. Por ejemplo, cuando aplica el concepto a la evolución del dinero[87], se refiere a procesos consecuencia de millones de arreglos contractuales que no son el fruto del invento o construcción deliberada de nadie y que tienen lugar debido a intereses muy fragmentados que producen como resultado un orden no-diseñado cons-

---

83  "Understanding..." p. 363, 364 y 365.

84  *Principles of Economics*, Glencoe: The Free Press, [1871], 1963 y *Investigations Into the Method of the Social Sciences with Special Reference to Economics*, New York: New York University Press, [1883] 1985, Louis Schneider, ed.

85  *Vid.* Eugene von Böhm-Bawerk "The Austrian Economists", *Annals of the American Academy of Political and Social Science*, 1891, vol. I, Ludwig von Mises *The Historical Setting of the Austrian School of Economics*, New York: Arlington House, 1969, Charles Gide y Charles Rist, *Historia de las Doctrinas Económicas*, Buenos Aires: Editorial Depalma, 1949, tomo I, cap. I, Robert Formaini *The Myth of Scientific Public Policy*, Londres: Transaction Publishers, 1990, cap. 2 y Mark Blaug y Nicholas Marchi *Appraising Economic Theories* Aldershot, Inglaterra: Edward Elgar Pub., 1991. El debate al que se alude en estas referencias bibliográficas se repitió de manera similar, en el siglo siguiente, entre John Bates Clark y los institucionalistas estadounidenses.

86  Para un desarrollo de la perspectiva metodológica mengeriana, *vid.* Alberto Benegas Lynch (h), "Aspectos de la epistemología en la obra de Ludwig von Mises", Madrid: *Moneda y crédito. Revista de Economía*, N⁰ 166, septiembre de 1983.

87  *Vid.* "El origen del dinero" *Libertas*, N⁰ 2, mayo de 1985 [1892], Año II.

cientemente. En el mercado, el orden espontáneo resultante constituye un proceso de coordinación que tiene lugar a través de la información dispersa que trasmiten los precios[88].

Antes de proseguir con la materia objeto de nuestro estudio, dada la importancia del tema, detengámonos un instante en el significado de la mencionada coordinación de información dispersa. Es frecuente que esta coordinación del orden espontáneo no sea percibida y se sostenga que si no interviene el aparato de la fuerza el resultado será el más completo desorden: ¿y si todo el mundo decidiera estudiar ingeniería y no hubieran médicos? ¿y si todos producen pan y no hubiera leche? Estas y otras preguntas se formulan debido al desconocimiento de procesos tipo "mano invisible", sin percibir que el desorden precisamente tiene lugar cuando una junta de planificación concentra ignorancia en lugar de permitir que el sistema de precios recoja la antes aludida información dispersa[89]. Y no se trata de que la información es mucha y muy compleja. No es un problema de almacenamiento de información o de insuficiente memoria en los ordenadores. Esta es una cuestión posible de resolver, el asunto estriba en que la información no está disponible *ex ante*. Si a alguno de nosotros nos pidieran que hiciéramos una conjetura de lo que haríamos en caso de quiebra podríamos, por ejemplo, elaborar una lista de prioridades respecto de los artículos que venderíamos, pero llegada la situación de quiebra cambiaríamos la lista puesto que las circunstancias se modificaron[90]. No sabemos lo que nosotros mismos haríamos en un futuro inmediato, no sabemos qué conocimientos tendremos dentro de cinco minutos, no podemos manejar lo que ocurre en nuestro propio cuerpo porque excede nuestra capacidad analítica y, sin embargo, se tiene la arrogancia de pretender el manejo de vidas ajenas.

Entonces, el orden espontáneo no guarda relación alguna con lo que interpreta Lavoie, haciéndole decir a Menger lo que no ha dicho. Las consecuencias no previstas o no queridas que surgen de la acción, nada tienen que ver con dar rienda suelta a la imaginación para interpretar textos que no dicen lo que el intérprete circunstancial quiere que digan. Se trata de una extrapolación ilegítima de un plano para el cual fue

---

88  Para una explicación especialmente completa del significado del orden espontáneo, véase Michael Polanyi, *The Logic of Liberty*, Chicago: University of Chicago Press, [1951] 1980.

89  Para un estudio sobre una ampliación de las áreas en las que el análisis convencional asigna derechos de propiedad, véase Alberto Benegas Lynch (h), "Bienes públicos, externalidades y los *free-riders*: El argumento reconsiderado", Santiago de Chile: *Estudios Públicos*, Nº 71, invierno de 1998.

90  *Vid.* Thomas Sowell, *Knowledge and Decisions*, New York: Basic Books, 1980, p. 218.

concebida una explicación a otro plano de naturaleza sustancialmente distinta.

# IV

El posmodernismo toca de lleno también al campo de la economía, menospreciando y subestimando esta ciencia. Así, entre otros, Mark Blaug escribe que "Tal vez el síntoma más alarmante del desarrollo del formalismo vacío en la economía moderna es la creciente difusión del 'posmodernismo' en los escritos sobre la metodología de la economía. El posmodernismo en la economía adopta formas diferentes pero siempre comienza con la ridiculización de las pretensiones científicas de la economía tirando agua fría a las creencias de que existe un sistema económico objetivo [...] Arrojando una amplia red sobre la metodología económica, resulta posible establecer una distinción clara entre el 'realismo científico' y el 'posmodernismo' como dos actitudes filosóficas respecto a cuestiones metodológicas que continúan polarizando a los economistas que se preocupan por evaluar teorías rivales y programas de investigación"[91].

Después de comentar el relativismo como el eje posmoderno en sus vertientes epistemológica, cultural, ética y hermenéutica, es de interés aludir a otro aspecto, que si bien no abarca a todos los autores del posmodernismo, está presente en buena parte de ellos. Se trata de sus inclinaciones socialistas[92], cuando no abiertamente marxistas o neomarxistas. Por cierto, resulta llamativo el hecho de suscribir aquellas posturas intelectuales con carácter universal cuando se es relativista. No resulta claro que se adhiera al socialismo cuando, simultáneamente se es determinista cultural. ¿Por qué no se deja en paz, por ejemplo, a los Estados Unidos con su supuesto capitalismo[93], si esa es su cultura que sería tan

---

91  "Disturbing Currents in Modern Economics", Armonk, Inglaterra, *Challenge*, mayo-junio, 1998.

92  Socialismo en el sentido original y más extendido del vocablo de cuestionar la propiedad privada de los medios de producción y adoptar la política redistribucionista con el fruto del trabajo ajeno, lo cual concentra poder en manos del monopolio de la fuerza más allá del necesario respeto a los derechos de cada uno. Sin embargo, ha habido y hay quienes se autotitulan *socialistas* en el sentido de hacer referencia a las relaciones sociales, al tiempo que ponen de manifiesto gran devoción por las autonomías individuales y, por ende, apuntan a la limitación del aparato de la fuerza del poder político a la debida salvaguarda y protección de la justicia y el derecho de las personas, aun manteniendo discusiones sobre el significado y el alcance de estos últimos términos.

93  Decimos "supuesto capitalismo" ya que la participación del estado en la renta nacional en aquel país era, antes de la Primera Guerra Mundial, del 7%, mientras que

válida como cualquier otra? ¿o es que actúan fuerzas exógenas que pretenden subvertir los valores que "realmente" esa cultura determina?

Tomemos las manifestaciones de un autor en el frecuentemente citado por buena parte de los posmodernos y en el que basan muchas de sus teorías sociales. Se trata de Herbert Marcuse. Afirma Marcuse que

"[...N]os enfrentamos con una situación nueva en la historia porque hoy tenemos que liberarnos de una sociedad que funciona relativamente bien, que es rica y poderosa. Me refiero estrictamente a la liberación de la sociedad opulenta, es decir, de las sociedades industriales adelantadas. [...Debemos] insistir sobre las características integrales y radicales de una sociedad socialista, en su diferenciación cualitativa de todas las sociedades constituidas: esa diferencia cualitativa en virtud de la cual el socialismo es realmente la negación de los sistemas constituidos, por más productivos y poderosos que estos sean o puedan parecer [...N]uestro error no es haber sido demasiado inmodestos, sino haber sido modestos en exceso [...L]a transición del capitalismo hacia el socialismo si este es definido en sus términos más utópicos: a saber, entre otros, abolición del trabajo, fin de la lucha por la existencia –es decir, la vida como un medio para un fin– la liberación de la conciencia humana y de la sensibilidad como fuerzas de transformación [...] Existe una nueva sensibilidad contra la racionalidad eficiente e insana. Existe el rechazo en obedecer las reglas de un juego rígido, un juego que sabemos rígido desde el principio, una revuelta contra la limpieza compulsiva de la moralidad puritana [...] Creo que las ideas de un universo así también guió el concepto de socialismo de Marx"[94].

---

en la actualidad es del 32%, guarismo que no incluye gastos fuera del presupuesto, los costos de los trámites para atender las demandas gubernamentales que son gasto público encubierto, los costos de las voluminosas regulaciones y reducciones a los ingresos que se realizan por mandato gubernamental aunque los montos correspondientes no ingresen a las arcas fiscales. La expresión "capitalismo" no es la más adecuada puesto que alude a aspectos puramente crematísticos de una concepción que es en verdad mucho más amplia y que se ilustra mejor con la expresión *liberalismo* (aunque autores como Michael Novak derivan capitalismo de *caput*, de mente, de creatividad). Marx bautizó el sistema de propiedad privada como "capitalista" puesto que adhería a la arcaica visión de la economía limitada al campo de lo material en contraposición a la versión de la economía como el proceso de selección y preferencias entre diversos medios para la consecución de específicos fines, lo cual abarca toda acción humana.

94 "Liberándose de la sociedad opulenta" en *La sociedad carnívora*, Buenos Aires: Editorial Galerna [1967] 1969, p. 31, 33, 46, 58 y 51. Agrega Marcuse que en su utopía se eliminaría "la fealdad" (p. 50) y la "imbecilidad" (p. 57). Véase también, del mismo autor, *El hombre unidimensional*, Buenos Aires: Hyspamerica, [1954] 1984, especialmente el Prefacio a la edición francesa y p. 215 y ss.

No es novedoso sostener que lo que se expresa cuantitativamente en el mercado no se traduce en lo cualitativo. Que el mercado pretende sin éxito lo cualitativo en términos cuantitativos y, por tanto, se necesita del planificador social para evitar la grosería, la vacuidad y la adquisición de bienes impuestos por la manipulación publicitaria[95], que, en definitiva, el socialismo ofrece la solución a todos los males.

Pero lo anterior constituye una mala caricatura del proceso de mercado en el que la gente elige de acuerdo a sus preferencias, dados los siempre limitados recursos en relación a las necesidades. Si la mayoría prefiere una gramática pobre en lugar de literatura de alta calidad o los estruendos en vez de la música sublime o el garabateo como sustituto de la pintura exquisita, no es culpa del proceso de mercado. Se trata simplemente de la estructura axiológica de las personas que votan diariamente en el plebiscito del mercado[96]. Lo contrario es tan atrabiliario como echarle la culpa al martillo porque alguien clavó mal o, como se ha dicho, endosarle la culpa al cartero por el contenido desagradable de una carta. Aludir al mercado es equivalente a referirse a millones de arreglos contractuales libres y voluntarios. El mercado reclama y el mercado ofrece, son formas simplificadoras pero que, tomadas al pie de la letra, constituyen meras hipóstasis y antropomorfismos. Jean-François Revel explica que el lugar común de sostener que "todo no lo arregla el mercado" proviene de la ilegítima extrapolación de la utopía socialista a la sociedad abierta

"[...C]omo el socialismo fue concebido con la ilusión de resolver *todos* los problemas, sus partidarios presentan a sus oponentes la misma pretensión. Ahora bien, felizmente no todo el mundo es megalómano. El liberalismo jamás ha ambicionado construir una sociedad perfecta [...S]e juzga al comunismo por lo que *se suponía* que iba a proporcionar y al capitalismo por lo que efectivamente proporciona [...] Mientras [los socialistas] fingen repudiar el socialismo totalitario, algo que sólo

---

95 Una cosa es la intención de persuadir y otra bien distinta es la imposición. Si con solo invertir en publicidad el resto se da por añadidura, los empresarios de la industria automotriz, por ejemplo, reemplazarían el automóvil por el monopatín cobrando por este bien sumas superiores a la de aquellos. Claro que la trampa publicitaria que condena al consumidor a sórdidas manipulaciones para que adquiera bienes que en realidad no necesita, no es percibida por el común de la gente, sólo se percatan de tamaña maniobra autores como John Kenneth Galbraith en *The Affluent Society*, libro que la gente adquiere, claro está, porque es un bien necesario; véase Alberto Benegas Lynch (h) "La tesis Galbraith: efecto dependencia y balance social", *Pensamiento económico*, tercer trimestre, 1978, N° 414.

96 *Vid.* Alberto Benegas Lynch (h) *Las oligarquías reinantes. Discurso sobre el doble discurso*, Buenos Aires: Editorial Atlántida, 1999, p. 33 y ss.

hace a disgusto y con la boca pequeña, la izquierda se niega a examinar a fondo la validez del socialismo en cuanto a tal, de todo socialismo, por miedo a verse abocada a descubrir, o más bien a reconocer explícitamente, que su esencia misma es totalitaria"[97].

El socialismo no parece aceptar que las imperfecciones de la condición humana se agravan con la planificación social ya que, al debilitar o destruir la institución de la propiedad privada, se distorsionan los precios como información, lo cual, a su vez, conduce a la dificultad y, finalmente, a la imposibilidad de cálculo económico[98]. Marx ha escrito que "pueden sin duda los comunistas resumir toda su teoría en esta sola expresión: abolición de la propiedad privada"[99]. Al eliminar la propiedad desaparecen los precios ya que estos surgen del uso y la disposición de lo propio y, por tanto, deja de tener sentido la contabilidad y la evaluación de proyectos. Sin propiedad y sin precios no resulta posible decidir entre el oro o el pavimento para la construcción de caminos[100]. Dado que los recursos son escasos, la propiedad privada permite asignar factores productivos a las manos de quienes más eficientemente los emplean para atender los requerimientos del público consumidor. El cuadro de resultados opera como un sistema de premios y castigos para dicha asignación. El desconocimiento de los derechos de propiedad es una de las razones centrales del fracaso del socialismo y la caída del muro de Berlín (aunque como muy bien señala Revel el fracaso del socialismo no estuvo marcado por la demolición del muro en 1989 sino por su construcción en 1961[101] para evitar que se escapen los súbditos de un régimen que en verdad empezó a descomponerse en 1917: un terror rojo que hacía empalidecer en mucho al terror blanco).

Después de tanta penuria y pobreza, cuando no de hambrunas y masacres que ha impuesto el socialismo –aunque muchos socialistas bien inspirados nunca hayan avalado ni previsto semejante final debido al

---

97  *La gran... op. cit.*, p. 59, 63 y 307. Para una crítica del modelo absurdo de la "competencia perfecta", *vid.* F. A. Hayek "The Meaning of Competition" [1946], *Individualism and Economic Order*, The University of Chicago Press, 1948.

98  Véase Ludwig von Mises "Economic Calculation in the Socialist Commonwealth" [1920], en *Colectivist Economic Planning*, New York: Augustus M. Kelley, 1964, F.A. Hayek, ed.

99  K. Marx y F. Engels, "Manifiesto del Partido Comunista" en *Los fundamentos del marxismo*, México: Ed. Nacional, [1848] 1971, p. 61.

100 Los fallidos métodos alternativos de cálculo pueden consultarse en Alberto Benegas Lynch (h) *Fundamentos... op. cit.*, p. 188 y ss. Y para una discusión sobre la inconveniencia de asignar derechos de propiedad donde no hay escasez, véase, del mismo autor, "Apuntes sobre el concepto de *copyright*", Buenos Aires: Academia Nacional de Ciencias, 1998.

101 *La gran... op. cit.*, p. 31.

ensanchamiento del monopolio de la fuerza mucho más allá de la misión de proteger derechos– no parece prudente afirmar que el error es "haber sido modestos en exceso" y menos reclamar la opción del socialismo. Se insiste en que no se ha aplicado el verdadero socialismo con rostro humano sin percibir que el socialismo necesariamente implica violencia: concentración y ampliación del poder, eliminación de libertades, aniquilamiento de derechos y, es por ello el sistema anti-humano por antonomasia.

El primer día de clase, los alumnos de la Facultad de Ciencias Sociales de la Universidad de Buenos Aires reciben esta lección de posmodernismo: "Algunos autores, creen fervientemente que la ciencia es el verdadero camino hacia la verdad. La cátedra va a tratar de disuadirlos de esa idea..."[102]. Difícil resulta concebir a qué van los alumnos a la universidad. En la segunda clase, se les dice que hubo dos grandes fracasos en el siglo XX "Uno, afortunado –que es el fracaso de Hitler, el otro que deja infinitas dudas, esperanzas tronchadas que es el fracaso del comunismo"[103]. Infinitas dudas y esperanzas tronchadas no parecen observaciones atinadas para un sistema que corrompió y denigró todo lo que estuvo a su alcance. Pero eso no es todo, en la novena clase, el profesor declara: "Este neoliberalismo de corte salvaje en el cual nosotros estamos viviendo..."[104]. En primer lugar, es menester señalar que contemporáneamente no hay ningún intelectual que se autodenomine *neoliberal* y, en segundo lugar, si se trata de una forma elíptica de referirse al liberalismo, es necesario repetir que allí en donde los empresarios se convierten en barones feudales basados en mercados cautivos, protecciones arancelarias, exenciones fiscales y demás privilegios[105], allí donde aumenta el gasto público, el endeudamiento estatal[106] y el déficit fiscal; allí donde impera la inexistencia de división horizontal de poderes e independencia de la Justicia, en un contexto de corrupción e impunidad generalizada, allí donde tienen lugar algunas o todas estas políticas, mal puede aludirse a liberalismo, cuando en realidad se trata de un sistema socializante.

---

102 Nicolás Casullo "La modernidad como autoreflexión" en Casullo, Forester, Kaufman *Itinerario... op. cit.,* p. 18.

103 *Ibidem,* p. 29.

104 *Ib.,* p. 198.

105 Véase las advertencias que hace Adam Smith respecto de los peligros y distorsiones que significan los privilegios otorgados a empresarios, *Indagación acerca de la naturaleza y las causas de la riqueza de las naciones,* Madrid: Aguilar [1776] 1961, p. 228-29.

106 James M. Buchanan ha sugerido la prohibición constitucional de la deuda pública, por ejemplo, en "The Constitution of Economic Policy", *American Economic Review,* 77 (3).

La preocupación central de los autores posmodernos que simpatizan con la tradición de pensamiento socialista consiste en la desigualdad de rentas y patrimonios. Sin embargo, dicha desigualdad cumple una función social de trascendental importancia[107]. Como hemos dicho, en un mercado abierto, la distribución del ingreso opera según la eficiencia de cada cual para atender las necesidades del prójimo. Cada peso que se asigna bien significa una ganancia, cada peso que se asigna mal implica un quebranto. A su vez, las consiguientes tasas de capitalización hacen que los salarios e ingresos en términos reales se eleven, lo cual permite la incorporación de un mayor número de votos en el proceso de mercado[108]. James Buchanan explica que "Si no hay criterio objetivo para el uso de los recursos que pueda aplicarse a los resultados como un modo indirecto de verificar la eficiencia del proceso de intercambio, entonces, mientras los intercambios se mantengan abiertos y mientras no tenga lugar la fuerza y el fraude, aquello sobre lo cual se acuerde es, por definición, aquello que puede clasificarse como eficiente"[109].

La única igualdad inherente a una sociedad abierta es la igualdad ante la ley. La llamada "igualdad de oportunidades" se basa en la idea de que cada uno perciba ingresos acordes con sus propios méritos y no según los méritos de sus ancestros como es el caso de los que nacen en hogares pudientes. Pero aquí caben dos objeciones. En primer lugar, la igualdad de oportunidades necesariamente significa desigualdad de derechos ya que para otorgar lo primero debe necesariamente conculcarse el derecho. La igualdad es *ante* la ley y no *mediante* ella. Dadas las diferencias de cada persona, necesariamente éstas se traducirán en diferentes resultados. Si se otorgara igualdad de oportunidades habría que establecer un sistema en el cual no todos gozan de los mismos derechos. En segundo lugar, como enseña Anthony de Jasay[110], la metáfora tomada del deporte para sustentar la igualdad de oportunidades es autodestructiva ya que si se nivela a todos en la largada de la carrera por la vida, habrá que nivelarlos también a la llegada puesto que los

---

107  *Vid.* Israel M. Kirzner, *The Meaning of Market Process*, New York: Routledge, 1992, p. 73 y ss. y Robert Nozick, *Anarchy, State and Utopia*, New York: Basic Books, 1974, p. 155 y ss. y cap. 8.

108  Véase Alberto Benegas Lynch (h) y Martín Krause *En defensa de los más necesitados*, Buenos Aires: Editorial Atlántida, 1998, cap. I.

109  "Rights, Efficiency and Exchange: The Irrelevance of Transaction Costs" [1983] en *Liberty, Market and State*, New York: New York University Press, 1985.

110  *Market Socialism: A Scruting*, Londres: Institute of Economic Affairs, 1990, p. 28-9. Sobre la confusión entre libertad (negativa) y oportunidad ("libertad positiva") en Isaiah Berlin, véase Murray N. Rothbard "Algunas teorías alternativas sobre la libertad", *Libertas*, Nº 31 [1982], octubre de 1999, año XVI. Acerca del uso metafórico de la libertad véase Alberto Benegas Lynch (h) *Fundamentos... op. cit.*, p. 124 y ss.

descendientes no podrán usufructuar de los recursos de quienes hicieron una buena performance y así sucesivamente, lo cual elimina los incentivos para el esfuerzo durante la carrera.

Hay otro costado desde el cual se puede mirar la desigualdad, el cual es en gran medida estudiado por Simon Green[111] quien critica autores que elaboran sobre esta perspectiva distinta a la tradicional, tales como G. A. Cohen, Amartya Sen, Jon Elster, John E. Roemer, Ronald Dworkin y John Rawls[112]. Autores todos estos que no integran las filas de la posmodernidad pero que, a juzgar por las respectivas referencias bibliográficas que aparecen publicadas, la nutren abundantemente con sus propuestas. En estos casos, la atención se centra en la desigualdad de talentos que la naturaleza ha puesto en cada persona lo cual no resulta de sus respectivos méritos. Básicamente, aquellos autores sostienen que sería injusta una sociedad que no redistribuyera los frutos de esos talentos desiguales, descontados los que surgen como consecuencia del esfuerzo individual, es decir, se limitan a los talentos innatos[113].

Hay varios problemas con este modo de analizar la desigualdad. En primer término, los talentos que resultan del esfuerzo individual están también conectados con lo innato en cuanto a las potencialidades o capacidades para realizar el esfuerzo en cuestión. El sujeto actuante puede decidir la utilización o no de esas potencialidades pero éstas se encuentran distribuidas de distintos modos entre las diversas personas. Por tanto, para seguir con el hilo argumental de aquellos autores, habría que redistribuir el fruto de *todos* los talentos[114].

En segundo lugar, como también explica Green, la información que pretende tener el planificador social respecto de los talentos no se encuentra disponible *ex ante*, ni siquiera para el propio sujeto. Los talentos se van revelando a medida que se presentan oportunidades e incentivos varios. Si los incentivos no existen, por ejemplo, porque los resultados

---

111 "Talents Reconsidered", *Critical Review*, vol. I, N° 2 y 3, 1988.

112 Por nuestra parte además de estos últimos tres autores, hemos analizado autores como James Tobin, Lester C. Thurow, David Winter, Frank Roosevelt y David Miller en *Socialismo de mercado... op. cit.*

113 Sin perjuicio de lo que enseguida diremos en el cuerpo, es oportuno anotar que pareciera que pocos atributos resultan más estrechamente asociados a la propia persona que sus talentos.

114 Nicholas Rescher dice que "nuestras aptitudes innatas dependen de la buena fortuna; las oportunidades que el azar pone en nuestro camino y nos permiten desarrollarlas suelen depender de la suerte" (*oportunidades* que podemos o no aprovechar en grados muy diversos y *suerte* en el sentido de nexos causales que no hemos anticipado), *La suerte*, Santiago de Chile: Editorial Andrés Bello, 1997, p. 41.

de su aplicación serían expropiados, esos talentos no aparecerán[115]. Por su parte, Hayek[116] señala que en la sociedad libre se abre la posibilidad de que cada uno utilice sus conocimientos los cuales no son conocidos por otros, por tanto, no resulta tampoco posible conocer los méritos de cada uno, es decir, tampoco podemos saber cómo utilizó y con qué esfuerzo esos conocimientos, lo cual conduciría a la arbitrariedad (además de la que ocurre respecto de la propia categorización del mérito).

En tercer lugar, no hay posibilidad de comparación de talentos intersubjetivamente ni de establecer medidas (montos posibles) entre el talento de un ingeniero y un pianista. Si se respondiera que la valuación y la correspondiente diferenciación podría realizarse a través de lo que se remunera en el mercado, quedarían en pie dos objeciones. En primer lugar, seguiría sin saberse en qué proporción utilizaron sus talentos y cuales fueron los méritos respectivos. Uno podría haberse esforzado en el 5% de su capacidad y obtener más que el otro que se esforzó al máximo. En segundo término, no parece congruente desconfiar del mercado para traducir lo cualitativo y finalmente recurrir a ese proceso para la evaluación.

Cuarto, si fuera posible la equiparación de los frutos de los talentos, es decir, la nivelación de ingresos y patrimonios, se derrumbaría la función social a que nos hemos referido respecto de la asignación de recursos según sean las respectivas eficiencias, con lo que la antes mencionada capitalización tampoco tendrá lugar con el resultado de una mayor pobreza generalizada, especialmente para los de menores talentos y los más indefensos frente a la vida. Por eso es que Green afirma que esos "métodos fracasan y que la ambición subyacente [de aquellos autores] es incoherente. [En última instancia, l]a distinción entre igualdad de ingresos e igualdad de talentos no puede sostenerse: la segunda se convierte en la primera. Más aún, apuntar a la igualdad de talentos disminuirá necesariamente la cantidad y calidad de aquellos recursos disponibles para toda la comunidad y para beneficio de todos. El igualitarismo radical [el de los autores mencionados] resulta ser, después de todo, igualitarismo milenario [el tradicional redistribucionismo] y

---

115 Jean Guitton afirma que "es una dicha que Balzac haya vivido acribillado por las deudas; de no haber sido así, sus novelas dormirían el sueño eterno con él. Jamás llegaría uno a expresarse si no estuviera obligado a exteriorizar sus embates interiores", *El trabajo intelectual*, México: Editorial Porrúa, [1951] 1984, p. 157.

116 F. A. Hayek, *The Constitution of Liberty*, Chicago: The University of Chicago Press, 1960, p. 95.

con los mismos resultados desastrosos"[117]. Por su parte, independientemente de lo que hemos dicho, Rescher nos dice que "los esfuerzos en este sentido [la compensación por la suerte diversa] suelen estar destinados al fracaso. Si tratáramos de compensar a las personas por su mala suerte, simplemente crearíamos mayor margen para la intervención de la suerte. Pues sea cual fuere la forma de compensación que se adopte –dinero, mayores privilegios, oportunidades especiales–, lo cierto es que algunas personas están en mejor posición de aprovecharlas que otras, de modo que la suerte que echamos por la puerta regresa por la ventana"[118].

Por último, también vinculado al punto anterior, Hayek[119] señala que la pretendida igualación por los méritos induciría al derroche y revertiría la máxima del mayor resultado con el menor esfuerzo y haría que se remunere de distinta manera por el mismo servicio (según lo que se estime subjetivamente es el mérito).

Antes de referirnos muy brevemente a una de las obras de John Rawls –el pionero de esta forma de análisis– es de interés enfatizar que el proceso producción-distribución es inescindible. La distribución es la contracara de la producción, por ello es que se alude a la re-distribución para señalar que se vuelve a distribuir por medios políticos lo que ya distribuyó el mercado por medios pacíficos acorde a la eficiencia de cada cual en su participación en la producción de bienes y servicios. En la medida en que se intente nivelar rentas y patrimonios, los que producen sobre la marca niveladora tenderán a abstenerse de producir y los que se encuentren por debajo de esa línea no se esforzarán esperando la redistribución que nunca llegará debido a la abstención referida. A continuación lo citamos a John Stuart Mill, al solo efecto de puntualizar que fue quien abrió el cauce para que producción y distribución se estudiaran como si se tratara de dos procesos aislados. Tampoco a este autor puede asimilárselo a lo que mucho después se denominó "posmodernismo", pero Mill en este capítulo tambien ha servido de alimento para el desarrollo posterior del redistribucionismo posmodernista (y no-posmodernista). Afirmaba que

---

117 *Ibidem*. Véase también Richard A. Epstein "Luck", *Social Philosophy and Policy*, 1988, vol. 6.

118 *La suerte, op. cit.*, p. 161. También en el contexto de la diferente distribución de la suerte y los "merecimientos" Rescher dice que "si las loterías estuvieran destinadas a ser ganadas por los más dignos, se venderían muchos menos billetes", *Ib.* p. 157.

119 *The Constitution... op. cit.*, p. 96.

"Quiéralo o no el hombre, su producción estará limitada por la magnitud de su acumulación previa y, partiendo de esta, será proporcional a su actividad, a su habilidad y a la perfección de su maquinaria y al prudente uso de las ventajas de la combinación del trabajo […] No sucede lo propio con la distribución de la riqueza. Esta depende tan solo de las instituciones humanas. Una vez que existen las cosas, la humanidad, individual o colectivamente, puede disponer de ellas como le plazca. Puede ponerlas a disposición de quien le plazca y en las condiciones que se le antojen"[120].

Respecto de Rawls, cabe destacar, independientemente de la figura muy fértil a que recurre del "velo de ignorancia" como un instrumento conceptual para estudiar distintas propuestas en la que los participantes no saben en qué posición quedarán colocados al aplicar ciertos principios generales, el autor subraya la importancia de lo que él denomina el "principio de diferencia" y el "principio de compensación". El primero alude a la diferente distribución natural de los talentos y, el segundo, se traduciría en la política tendiente a redistribuir los resultados de aquella desigual distribución de talentos. Dice Rawls que "La distribución natural no es ni justa ni injusta, como tampoco es injusto que las personas nazcan en una determinada posición social. Estos son hechos meramente naturales. Lo que puede ser justo o injusto es el modo en que las instituciones actúan respecto de esos hechos […] La estructura básica de estas sociedades incorpora la arbitrariedad de la naturaleza. Sin embargo, no es necesario que los hombres se sometan a estas contingencias. El sistema social no es un orden inmodificable colocado más allá del control de los hombres, sino un patrón de acción humana"[121]. En última instancia, Rawls no acepta el proceso de externalidades positivas que redunda en aumentos de salarios e ingresos en términos reales como consecuencia de incrementos en las tasas de capitalización, ya que si esto fuera así no encontraría necesario el principio de compensación[122]. Es por ello que la propiedad de los medios de producción y la libertad contractual no están incluidas en la lista de libertades básicas rawlsianas. Así dice "Por supuesto que las libertades que no estuviesen en la lista, por ejemplo, el derecho a poseer ciertos tipos de propiedad (por ejemplo, los medios de producción) y la libertad

---

120 *Principios de economía política*, México: Fondo de Cultura Económica, [1848] 1951, p. 191. Para críticas a esta concepción en el contexto de la igualdad, véase, desde distintos ángulos, Helmut Schoeck *La envidia. Una teoría de la sociedad*, Buenos Aires: Club de lectores, [1959] 1969, cap. XIV y Thomas Sowell *The Quest for Cosmic Justice*, New York: The Free Press, 1999, cap. II.

121 *Teoría de la justicia*, México: Fondo de Cultura Económica, [1971] 1978, p. 124-5.

122 "Las expectativas más elevadas de quienes están mejor situados son justas si y sólo si funcionan como parte de un esquema que mejora las expectativas de los miembros menos favorecidos de la sociedad", *Ibidem*, p. 97.

contractual, tal como es entendida por la doctrina del *laissez-faire,* no son básicas, y por tanto no están protegidas por la prioridad del primer principio"[123]. El primer principio de la justicia de Rawls consiste en que las libertades de uno sean iguales a las libertades de otros[124].

La preocupación por el igualitarismo le hizo decir a Tocqueville que "El despotismo me parece particularmente temible en las edades democráticas"[125]. Y en las últimas líneas de una de las obras de Herbert Spencer se lee que: "La función del liberalismo en el pasado consistió en poner límites a los poderes de los reyes. La función del liberalismo en el futuro será la de poner límites a los poderes de los parlamentos"[126]. La magnitud de las diferencias de rentas y patrimonios resulta irrelevante, como ha dicho Buchanan en la definición de eficiencia que hemos consignado, en este caso, las desigualdades en el mercado (no en base a privilegios o fraudes) son necesariamente óptimas, lo cual permite mejorar a todos. Los socialismos, aun aquellos en los que se alega "humanismo", significan el agrandamiento del poder del monopolio de la fuerza con las inexorables consecuencias morales y materiales que reiteradamente ha exhibido la historia, por más buenas intenciones que hayan tenido y tengan muchos de sus propagadores. Incluso en nombre del igualitarismo se impone la peor y más grande de las desigualdades: la de la gente frente a la *nomenklatura* que concentra la suma del poder político. Debe subrayarse una vez más el carácter autoritario o, en su caso, totalitario que se encuentra en las raíces mismas del socialismo admirado por tantos posmodernos[127].

---

123 *Ibid.,* p. 83.

124 *Ibid,* p. 82.

125 Alexis de Tocqueville, *La democracia en América,* México: Fondo de Cultura Económica [1835] 1963, p. 636. Véase también Erik R. V. Kuehnelt-Leddihn, *Libertad o igualdad: la disyuntiva de nuestro tiempo,* Madrid: Ediciones Rialp, 1962.

126 *The Man vs. the State,* Caldwell, Idaho: The Caxton Printers, [1884], 1960, p. 209.

127 Algunos de los cuales incluso profesan admiración por la isla-cárcel cubana, en este sentido *vid.* Carlos Alberto Montaner, *Viaje al corazón de Cuba,* Barcelona: Plaza & Janés Editores, 1999. Como bien apunta Jean-François Revel respecto del embargo (que sirve de burdo pretexto al régimen para justificar su bancarrota), si los socialistas fueran consecuentes deberían proponer su extensión y no pretender su levantamiento ¿acaso el librecambio no es "la encarnación diabólica del capitalismo mundial [que] se convierte de repente en un bien cuando se trata de que funcione a favor de Cuba o del Irak de Saddam Hussein?" *La gran... op. cit.,* p. 313. También hay quienes contemporáneamente alaban al régimen cubano por el nivel de "educación" que proporciona sin percibir la contradicción en términos: cuando se impone un régimen totalitario sólo hay lavado de cerebro, la educación sólo florece donde hay el oxígeno que proporciona la libertad. Para un contexto más amplio, véase, Rubén Zorrilla *La sociedad del mal,* Buenos Aires: Nuevohacer, Grupo Editores Latinoamericano, 2000. Tal vez a los marxistas y

# V

Este trabajo está básicamente dirigido a quienes no están convencidos de los méritos del posmodernismo, puesto que, en los casos de quienes participan de estas concepciones, me parece difícil entablar un diálogo *razonable*. Por este motivo estuve tentado a ensayar una refutación a la tesis popperiana del mito del marco común, hasta que percibí que el posmodernismo no es en definitiva un marco distinto sino que representa el anti-marco por antonomasia, puesto que desconoce las reglas de la lógica y, por ende, resulta similar a una conversación con alguien que se limitara a emitir sonidos guturales inarticulados. No es que no se entienda lo que quieren decir, es que si al menor razonamiento los oponentes al posmodernismo serán tildados de logocentristas y si se relativiza la verdad y la razón y, por tanto, la argumentación, no parece que hubiera acuerdo posible. Más aún, por más optimista que se sea, aparentemente se trata de un caso perdido. No en cuanto a la refutación de la tesis, sino a la aparente imposibilidad de mantener un diálogo con el posmodernismo que, por otra parte, considera "intolerante" a quien no adhiere a las distintas manifestaciones de relativismo. Tiene mucha razón Sebreli cuando afirma que "Lo que se presenta hoy como *post* sólo es un *pre*"[128] ya que, en verdad, el posmodernismo involuciona a una situación anterior aún a la Grecia clásica; en este sentido son premodernos.

Por otro lado, es de interés enfatizar el hecho de que habitualmente el debate sobre cuestiones sociales y económicas resulta más fácil de llevar a cabo con los posmodernistas ya que generalmente, en este plano de la discusión, están despojados de las cuestiones filosóficas presentes en el análisis que gira en torno al relativismo.

Si uno navega por Internet en busca de bibliografía posmoderna, encontrará que la mayor parte de los títulos son del tenor de *Beyond Truth, Beyond Goodness, Beyond Reason, Beyond Virtue, Beyond Epistemology, Beyond Beauty* o sino *The End of Philosophy, The End of Culture, The End of Religion, The End of Art, The End of Family, The End of Capitalism* y hasta *The End of Man*, todo lo cual no resulta especialmente estimulante.

---

neomarxistas que participan del relativismo posmoderno convenga recordarles lo escrito por Hermann Rauschling en *Hitler me dijo*: "No existe la verdad, ni en el terreno de la moral ni el de la ciencia. La idea de una ciencia separada de toda idea preconcebida sólo ha podido nacer en la época del liberalismo: es absurda [...] El slogan de la 'objetividad científica' es sólo un argumento inventado por los queridos profesores", Madrid: Atlas, [1939] 1946, p. 38.

128 El asedio... op. cit., p. 14.

Bruce Caldwell nos invita a encarar un debate tomando en cuenta las premisas y la fundamentación de las premisas del adversario y probar desde ese costado la eventual inconsistencia del razonamiento o la falsedad de las proposiciones[129]. En este caso, el esfuerzo lo hemos encaminado en esa dirección. Confiamos en que los propósitos se hayan logrado aunque más no sea parcialmente, pero debemos tener presente que para los posmodernistas carece de sentido aludir a "inconsistencia" (que alude a la lógica formal) o a la "falsedad" (que alude a la lógica material).

Dos profesores de física pertenecientes a una tradición de pensamiento que proviene de la izquierda –Alan Sokal y Jean Bricmont– publicaron un libro de extraordinaria repercusión en el mundo intelectual[130]. El primero de los autores mencionados, después de pasar por la aprobación de los *referees* del caso, publicó en 1996, en *Social Text*, un largo ensayo cargado del correspondiente trabajo artesanal de notas a pie de página y abundantes referencias bibliográficas, titulado "Transgressing the Boundaries: Toward a Formative Hermeneutics of Quantum Gravity". Luego de publicado, Sokal declaró que con ese ensayo en realidad se estaba burlando de los impostores del mundo intelectual que con un lenguaje sibilino y plagados de inconsistencias y errores pululan por centros académicos haciendo gala de una falsa erudición y sapiencia digna de mejor causa. Intentó publicar en el mismo *journal* su propia refutación, pero le denegaron el privilegio alegando que el nuevo ensayo no tenía altura académica y, por tanto, lo publicó en otra parte. El libro de referencia amplía el tema tratado en el ensayo, que se publica junto a la propia refutación en sendos apéndices. La obra está precisamente dirigida a criticar el relativismo posmoderno con argumentos de peso y dirigidos a una gama amplia de autores (en última instancia, el relativismo cognitivo también debilita al marxismo ya que no permite aconsejar su aplicación universal, aun después de la consabida desaparición de las clases[131]).

A propósito del lenguaje sibilino, quisiera terminar este trabajo con otro pensamiento de Popper: "Ahora bien, la búsqueda de la verdad sólo es posible si hablamos sencilla y claramente, evitando complicaciones y tecnicismos innecesarios. Para mí, buscar la sencillez y lucidez

---

129 *Beyond Positivism. Economics Methodology in the Twentieth Century* [finalmente un "beyond" gratificante], Londres: George Allen & Unwin, 1982, p. 124.
130 *Imposturas intelectuales*, Barcelona: Ediciones Paidós, [1998] 1999.
131 *Vid*. Thomas Sowell, *Marxism... op. cit.* p. 126 y ss.

es un deber moral de todos los intelectuales: la falta de claridad es un pecado y la presunción un crímen[132].

---

132 "Las dos caras..." op. cit. p. 51. Wilhelm Roepke nos dice que "Cuando uno trata de leer un journal de economía en estos días, frecuentemente uno se pregunta si uno no ha tomado inadvertidamente un journal de química o hidráulica. [...]Los asuntos cruciales en economía son tan matemáticamente abordables como una carta de amor o la celebración de Navidad. [...T]ras los agregados pseudo-mecánicos hay gente individual, con sus pensamientos, sentimientos y juicios de valor. [..] No sorprende la cadena de derrotas humillantes que han sufrido las profecías econométricas. Lo que es sorprendente es la negativa de los derrotados a admitir la derrota y aprender una mayor modestia. [...]Algunas personas aparentemente creen que la función principal de la economía es preparar el dominio de la sociedad por los 'especialistas' en economía, estadística y planeamiento, esto es, una situación que describo como economicracia –una palabra horrible para una cosa horrible", A Humane Economy. The Social Framework of the Free Market, Chicago: Henry Regenery, [1958] 1960, p. 247, 248, 249, 250 y 149.

# Reflexiones sobre la guerra[*]

En la antigüedad, los vencidos eran masacrados por las fuerzas victoriosas en la contienda. Los adultos eran degollados, las mujeres profetizaban con las entrañas de los muertos, se construían cercos con los huesos de los derrotados y los niños eran sacrificados para rendir culto a los dioses. Luego, en un proceso evolutivo, los ejércitos vencedores tomaban como esclavos a sus prisioneros ("herramientas parlantes" como se los denominaba, haciendo uso de una terminología que revelaba la barbarie del procedimiento).

Mucho mas adelante, se fueron estableciendo normas para el trato de prisioneros de guerra que finalmente fueron plasmadas en las Convenciones de Ginebra y, asimismo, fueron suscitándose debates aun no resueltos sobre temas tales como la "obediencia debida" y los "daños colaterales". En el primer caso, algunos sostienen con razón que si bien en la cadena de mando no tiene sentido permitir la deliberación y la discusión de las ordenes emanadas de la jerarquía militar y menos en plena trifulca, hay un límite que no puede sobrepasarse. Es decir, tratándose de órdenes aberrantes no puede alegarse la "obediencia debida" como excusa para cometer actos inaceptables para cualquier conducta decente, aun en la guerra.

El segundo caso alude a la matanza, la mutilación o el daño a personas que nada tienen que ver en la contienda y la destrucción de bienes que pertenecen a inocentes. Esto se ha dado en llamar "daños colaterales" por los que se argumenta deben responder penalmente los agresores. Porque solo se justifica la defensa propia, esto es, el repeler un ataque pero nunca se justifica una acción ofensiva y tras la máscara de los daños colaterales se esconde no simplemente la mera acción defensiva, sino el uso de la fuerza para propósitos de agresión. En este sentido, el cuadro de situación es el mismo que cuando se asalta un domicilio: los dueños del lugar tienen el derecho a la defensa propia pero si llegaran a matar o herir a vecinos que nada tienen que ver con el atraco, se convierten de defensores en agresores por lo que naturalmente deben hacerse responsables.

---

[*] Trabajo originalmente publicado por la Fundación Libertad y Democracia, Santa Cruz, Bolivia, 9 de enero de 2008.

Resulta que en medio de estos debates para limitar y, si fuera posible, eliminar las acciones extremas que ocurren en lo que de por sí ya es la maldición de una guerra, aparece la justificación de la tortura por parte de gobiernos considerados baluartes del mundo libre, ya sea estableciendo zonas fuera de sus territorios para tales propósitos o expresamente delegando la tortura en terceros países, con lo que se retrocede al salvajismo mas cavernario.

Cesare Beccaria (1764/1994:52-3), el pionero del derecho penal, afirmaba en *De los delitos y de las penas* que "Un hombre no puede ser llamado reo antes de la sentencia del juez [...] ¿Qué derecho sino el de la fuerza será el que de potestad al juez para imponer pena a un ciudadano mientras se duda si es reo o inocente? No es nuevo este dilema: o el delito es cierto o es incierto; si es cierto, no le conviene otra pena que la establecida por las leyes y son inútiles los tormentos porque es inútil la confesión del reo; si es incierto, no se debe atormentar a un inocente, porque tal es, según las leyes, un hombre cuyos delitos no están probados [...] Este abuso no se debería tolerar". Y continúa con la crítica a quienes alegan contradicciones en las que incurren personas torturadas "como si las contradicciones comunes en los hombres cuando están tranquilos no deban multiplicarse en la turbación del ánimo todo embebido con el pensamiento de salvarse de un inminente peligro [...] No vale la confesión dictada durante la tortura" (*ib.*:54 y 56).

Los fines no justifican los medios. En el fin están presentes los medios. No es posible escindir fines y medios. Descender al nivel de la canallada para combatir a la canallada terrorista, convierte también en canallas a quienes proclaman la lucha contra el terror. Por este camino se pierde autoridad moral y la consecuente legitimidad. Incluso si se creyera que una persona posee la información sobre la colocación de una bomba que hará estallar el planeta –aún bajo la sospecha que el sujeto en cuestión fuera cómplice– no es justificable abusar de una persona. No caben análisis utilitarios sopesando unas vidas frente a otras. Nadie puede ser usado como medio para los fines de otros. Toda persona tiene un valor en si misma. No pueden sacrificarse algunos para salvar a muchos otros. Una vez que se acepta colocar a seres humanos en balanzas como si se tratara de una carnicería, se habrá perdido el sentido de humanidad y los valores éticos sobre los que descansa la sociedad abierta. Una vez aceptados estos balances se abren las puertas para aberraciones tales como que se exterminen jubilados en beneficio de la población joven mas numerosa y así sucesivamente. Permitir el abuso extremo del poder provoca daños irreparables en la sociedad ya que se dejan de lado los signos mas elementales de civilización.

El caso hipotético de la bomba que hará estallar el planeta supone mas de lo permisible. Supone que el torturado en verdad posee la información, que la bomba realmente existe, que no es una falsa alarma, que se puede remediar la situación, que el torturado trasmitirá la información correcta etc. Como ha escrito Beccaria si no se sabe que una persona ha cometido un delito no es permisible sancionarlo antes de sentencia judicial y si se sabe es superflua la tortura (además de lo que también señala en cuanto a que la información recabada durante la tortura no es confiable, lo cual es confirmado por quienes manejan detectores de mentiras).

Michael Ignatieff nos dice (2004) que "La democracia liberal se opone a la tortura porque se opone a cualquier uso ilimitado de la autoridad pública contra seres humanos y la tortura es la mas ilimitada, la forma mas desenfrenada de poder que una persona puede ejercer contra otra". Explica que en situaciones límite es perfectamente legítima la defensa propia pero la tortura no solo ofende al torturado sino que degrada al torturador. Ignatieff sugiere que para evitar discusiones inconducentes sobre lo que es y lo que no es una tortura, deberían filmarse los interrogatorios y archivarse en los correspondientes departamentos de auditoria gubernamentales.

No cabe la pregunta tramposa de que haría una persona frente a un sospechoso de haber secuestrado a su hijo. Este tipo de escenarios desdibujan lo que debe ser una norma civilizada y la sustituyen por lo que podría hacer una persona en el contexto de una situación de extrema conmoción. Una cosa es lo que debería hacerse y otra la que eventualmente resulta de lo que hace un ser humano en una situación límite. Por ejemplo, en medio de un naufragio una persona puede no atender los requerimientos del dueño del único bote disponible en cuanto al orden de prelación de quienes pueden hacer uso de el y, en cambio, imponer la salvación de su familia. Pero, nuevamente, a lo que apuntamos es a lo que debería hacerse y no lo que hace determinada persona en ciertas circunstancias. Del mismo modo, en nuestro caso, estamos pensando sobre la posición civilizada frente al abuso de una persona a través de la tortura.

También en la actualidad se recurre a las figuras de "testigo material" y de "enemigo combatiente" para obviar las disposiciones de la antes mencionada Convención de Ginebra. Según el juez estadounidense Andrew Napolitano (2004:154,159 y ss.) el primer caso se traduce en una vil táctica gubernamental para encarcelar a personas a quienes no se les ha probado nada pero que son detenidas según el criterio de algún funcionario del poder ejecutivo y, en el segundo caso, nos explica que al efecto de despojar a personas de sus derechos constitucionales se recurre a un subterfugio también ilegal que elude de manera burda las expresas resoluciones de la Convención de Ginebra que se aplican tanto para los prisioneros de ejércitos regulares como a combatientes que no pertenecen a una nación.

En diferentes lares se ha recurrido a procedimientos terroristas para combatir a las bandas terroristas. En lugar de la implementación de juicios sumarios, con la firma de actas y responsables, se optó por el asesinato y la inadmisible figura del "desaparecido" y la apropiación de bebes falsificando identidades. A través de estas formas tremebundas, eventualmente se podrá ganar una guerra en el terreno militar pero indefectiblemente se pierde en el terreno moral. El procedimiento de los encapuchados y la clandestinidad no solo conduce a que los supuestos defensores del derecho se equiparen a los terroristas sino que desaparece toda posibilidad de control una vez que se da carta blanca a la impunidad, con lo que los abusos se extienden en grado exponencial en todas direcciones (Benegas Lynch, 1999:133 y ss.).

De mas está decir que lo dicho no justifica la bochornosa actitud de ocultar y apañar la acción criminal del terrorismo que no solo tiene la iniciativa sino que pretende imponer el totalitarismo cruel y despiadado que aniquila todo vestigio de respeto recíproco. No solo esto, sino que estos felones tampoco reconocen ciertos terrorismos de estado, por ejemplo el impuesto a rajatabla en la isla-cárcel cubana durante el último medio siglo. Esta grotesca hemiplegia moral está basada en el desconocimiento mas palmario del derecho y en una burla truculenta a la convivencia civilizada. Por otro lado, no pocos de los que adhieren a estas posiciones de muy baja estofa aluden a los "derechos humanos" como si no advirtieran el pleonasmo, ya que las rosas y las piedras no son sujetos de derecho.

Curiosamente, en algunos casos, para combatir al terrorismo que, como queda dicho, apunta a la liquidación de las libertades individuales, se opta por aniquilar anticipadamente dichas libertades a través de la detención sin juicio previo, el desconocimiento del debido proceso, se vulnera el secreto bancario, se permiten escuchas telefónicas y la invasión al domicilio sin orden de juez competente. En toda sociedad libre existen riesgos de que alguien introduzca súbitamente un cuchillo en el abdomen del vecino, pero para evitar riesgos semejantes habría que destinar un policía a cada persona (incluso mientras duerme) con lo que se habrá perdido la seguridad y la libertad al entronizar un estado policial bajo la permanente mirada del "gran hermano" orwelliano. Incluso se pretenden disminuir riesgos imponiendo documentos gubernamentales de identidad únicos, sin percibir que es el mejor método para acentuar la inseguridad ya que con solo falsificar esa documentación quedan franqueadas todas las puertas en lugar de aceptar registros cruzados y de múltiples procedencias. Tal como explica Harper (2006:189), posiblemente se perciba este error si se sugiere que el gobierno establezca obligatoriamente una llave única para abrir la puerta de nuestro domicilio, la caja fuerte, la oficina, el automóvil y, además, provisto por una cerrajería estatal.

En el contexto de la defensa propia, puede presentarse el caso extremo y horripilante que el agresor recurra a escudos humanos para perpetrar su ataque. El derecho a la vida supone el de preservarla a través de los derechos de propiedad y de defenderla vía la antedicha defensa propia. En el caso que ahora nos ocupa, si no fuera aceptable moralmente contrarrestar el ataque debido a los escudos humanos, desaparecería la posibilidad de la defensa propia con lo que desaparece el derecho a la vida, lo cual, a su vez, torna imposible la existencia de todo derecho. Sin duda que árbitros y jueces imparciales analizarán el caso y si resultaba posible ejercer el derecho a la defensa propia sin afectar a los escudos humanos, pero el recurrir a semejante medio para agredir responsabiliza al agresor por las consecuencias de la acción doblemente criminal puesto que está agrediendo a las víctimas del asalto y a los escudos humanos.

En algunas oportunidades se suele hacer referencia a las sociedades primitivas con cierto dejo peyorativo, sin embargo, algunas de ellas ofrecen ejemplos de civilidad como es el caso de los aborígenes australianos que circunscribían los conflictos armados a las luchas entre los jefes, o los esquimales que los resolvían recitando frente a la asamblea popular según la resistencia de cada bando en pugna, tal como relata Martin van Creveld (1999:6-7). Es para atender con cuidado lo de los aborígenes australianos porque si hoy se aplicara esa tesitura las guerras serían prácticamente inexistentes ya que a los comandantes en jefe por lo general les gusta estar bien pertrechados y a buen resguardo mientras alardean sobre las bienaventuranzas del arrojo y el espíritu de lucha. No es novedoso este proceder, ya Kant había consignado (1795/1972:104) que, habitualmente, en la práctica "El jefe del Estado no es un conciudadano, sino un amo y la guerra no perturba en lo mas mínimo su vida regalada".

Las guerras aparecen hoy entre naciones, no sabemos si en el futuro tendrán cabida estas concepciones políticas ya que la aventura humana es un proceso en constante estado de ebullición y abierto a posibles refutaciones. Solo podemos conjeturar que las divisiones y fraccionamiento del planeta en jurisdicciones territoriales, por el momento, a pesar de las extralimitaciones observadas (lo relevante es imaginarse los contrafácticos), hacen de reaseguro para los fenomenales riesgos de concentración de poder que habría en caso de un gobierno universal. Desde luego que de este hecho para nada se desprende la absurda xenofobia por la que las fronteras se toman como culturas alambradas e infranqueables para el tránsito de personas y el comercio de bienes.

En 1869 la Ligue Internationale et Permanénté de la Paix de Francia, organizó un concurso para premiar al mejor libro sobre la guerra. Juan Bautista Alberdi preparó *El crimen de la guerra* para tal fin pero no llegó a completar la obra y, a su muerte, en París, el escrito fue encontrado entre sus papeles personales y fue publicado. En ese trabajo, entre otras cosas, leemos (1869/1934:37,41-2 y 47) que "el derecho de la guerra, es decir el derecho del homicidio, del robo, del incendio, de la devastación en la mas grande escala posible; porque esto es la guerra, y si no es esto la guerra no es guerra. Estos actos son crímenes por las leyes de todas las naciones de mundo. La guerra los sanciona y convierte en actos honestos y legítimos, viniendo a ser en realidad la guerra el derecho del crimen, contrasentido espantoso y sacrílego, que es un sarcasmo contra la civilización [...] La guerra es el crimen de los soberanos [...] Que el crimen sea cometido por uno o por mil, contra uno o contra mil, el crimen es en si mismo siempre crimen [...] el proceder debe ser el mismo que el derecho penal emplea diariamente para probar la criminalidad de un hecho y de un hombre [...L]a guerra no tiene mas que un objeto y un fin, aunque lo cubran mil pretextos: es el interés de ocupar y poseer mas poder".

Respecto de la defensa propia, Alberdi escribe (*op.cit.*:51-3) que "La guerra no puede tener mas que un fundamento legítimo, y es el derecho de defender la propia existencia. En este sentido del derecho de matar, se funda en el derecho de vivir, y solo en defensa de la vida se puede quitar la vida", pero advierte que "Nadie se confiesa agresor, lo mismo en las querellas individuales, que en las de pueblo a pueblo [...] La defensa se convierte en agresión, el derecho en un crimen, desde que el tamaño del mal hecho por la necesidad de la defensa, excede del tamaño del mal hecho por vía de agresión no provocada. Hay o debe haber una escala proporcional de penas y delitos, en el derecho internacional criminal, como la hay en el derecho criminal interno o doméstico". Contemporáneamente el ejemplo mas patético de la defensa convertida en agresión probablemente esté constituido por la llamada "invasión preventiva" que, por otra parte, marca un pésimo precedente internacional ya que abre las puertas a las mayores arbitrariedades.

No ayuda para nada al clima de pacificación que a los niños cotidianamente se los haga cantar a voz en cuello himnos guerreros en los colegios y que sus padres suelan regalarles soldaditos, ametralladoras de juguete y granadas para divertirse con sus amiguitos, quienes, en sus ratos de esparcimiento, y después de las tareas escolares –que no es infrecuente que consistan en memorizar la enumeración de armamentos con que contaban distintos ejércitos en conflicto– muchas veces se encierran en locales de videojuegos donde se desatan competencias desenfrenadas para ver quien extermina a mas gente.

En el magnífico segundo epílogo de *La guerra y la paz* (1869/1942:1313), Tolstoy se queja por la costumbre de historiadores que se limitan a "describir la actividad de individuos que gobiernan a la gente y consideran que la actividad de esos hombres representan la actividad de toda la nación [...] La historia moderna no debería estudiar la manifestación del poder sino las causas que lo engendran".

En las plazas de buena parte de las ciudades aparecen intranquilizadoras efigies de generales a caballo blandiendo espadas en actitudes nada conciliadoras. Para ilustrar el tema, en París, para cualquier observador liberal, hay demasiado Napoleón y muy poco Voltaire. En la sección mencionada de la obra de Tolstoy (*ib.*:1315) se alude a Napoleón de este modo: "Conquistó a todos en todas partes, esto es, mató a mucha gente porque era un gran genio. Por alguna razón se fue a matar africanos y los mató tan bien y de una manera tan astuta e inteligente que cuando retornó a Francia ordenó que todos lo obedecieran y todos lo obedecieron. Cuando fue emperador otra vez se fue a matar gente a Italia, Austria y Prusia".

Por su parte, Paul Johnson escribe en su libro sobre Napoleón (2002:186) que "Albert Speer, el asesor y arquitecto de Hitler era bonapartista y la relación con su amo tenía extraños paralelos con la de Denon [Dominique Vivant] y el emperador. Ningún dictador del trágico siglo veinte desde Lenin, Stalin y Mao a los tiranos pigmeos como Kim Il Sung, Castro, Perón, Mengistu, Saddam Hussein, Ceausescu y Kadafi estaban exentos de los ecos distintivos del prototipo napoleónico [...] Los grandes males del bonapartismo: la deificación de la fuerza y la guerra, la todopoderosa centralización del estado, el uso de la propaganda cultural para ensalzar al autócrata y la dominación de pueblos enteros en busca de poder personal, obtuvo su odiosa maduración en el siglo veinte que se conocerá como la era de la infamia". Porque como dice el mismo autor en otro de sus ensayos históricos (1983:729): "El estado ha probado ser un gastador insaciable, un derrochador sin paralelo. En verdad, en el siglo veinte también probó ser el gran matador de todos los tiempos. Para 1980 la acción estatal fue responsable de la muerte violenta de mas de cien millones de personas, mas quizás que lo que logró destruir durante toda la historia de la humanidad hasta 1900".

El ansia de poder político, los nacionalismos y la intolerancia religiosa han sido y son las causas principales de las guerras. Las delimitaciones territoriales de aquel concepto dieciochesco de nación fueron y son establecidas por las acciones bélicas, cuando no los meros accidentes de la geografía. Aldous Huxley apunta (1959/1977:94-5) que "No podemos decir que un país es una población que ocupa un área geográfica determinada, porque se dan casos de países que ocupan áreas vastamente separadas [...] No podemos decir que un país está necesariamente relacionado con una sola lengua, porque hay muchos países que la gente habla muchas lenguas [...] Tenemos la definición de un país como algo compuesto de una sola estirpe racial, pero es harto evidente que esto resulta inadecuado, aun si pasamos por alto el hecho que nadie conoce exactamente que es una raza [...] Por último, la única definición que la antigua Liga de Naciones pudo encontrar para una nación era que es una sociedad que posee los medios para hacer la guerra". Es por ello que Arthur Koestler concluye (1983:257) que, a pesar de que se vocifera que las guerras se hacen "para que no hayan mas guerras, [...] no se puede jugar indefinidamente a la ruleta rusa".

Dejando ahora de lado los tremendos horrores presentes en toda guerra y los indecibles padecimientos perpetrados por diferentes gobiernos, quisiera terminar estas líneas con dos notas de humor. La primera al recordar la celebrada producción cienematográfica de Woody Allen titulada *Bananas*. Allí, antes de involucrarse en un conflicto armado ya desatado, el comandante les comunica a sus soldados que, esta vez, no asumirá ningún riesgo de una posible derrota ("I will not take any chances"), por tanto, decide que la mitad de sus fuerzas lucharán por un bando y la otra peleará en el sector opuesto.

La siguiente nota humorística se refiere a una secuencia de uno de los libros de quien peleó en la Segunda Guerra y en Corea, ascendió al rango de coronel en el ejército norteamericano y fue dos veces condecorado con la Legión de Mérito. Se trata de Richard Armour quien recapacita sobre la guerra en *Todo empezó con piedras y palos* que, a pesar de ser un escrito de carácter histriónico, revela profundidad en sus observaciones (1972/1974:11-12): "Cuando un hombre mata a otro hombre es asesinato [...] ¿Quién ha oído hablar de exhortaciones al asesinato, de canciones al asesinato, de alianzas de asesinato? El hombre primitivo era demasiado obtuso para darse cuenta de que si suficiente cantidad de gente mataba a suficiente cantidad de gente ya no sería asesinato sino guerra. Entonces, en vez de ser mal mirado, daría lugar a vivas y discursos. Otra diferencia entre el asesinato y la guerra es donde y cuando tienen lugar. El asesinato se lleva a cabo en callejones oscuros y detrás de puertas cerradas y cuando nadie está mirando. La guerra en los campos de batalla, al aire libre, con reporteros de periódicos y fotógrafos y aun cámaras de televisión para tomar nota. Evidentemente, hay algo hipócrita en el asesinato que contrasta con la guerra. El hombre primitivo, sin advertir las ventajas morales y sociales de la guerra, a pesar de todo, hizo algún progreso. Aunque continuaba matando a la manera antigua, un persona por vez, avanzó bastante en la fabricación de armas"... y, en este último sentido, tengamos muy en cuenta que, como bien dice el actor en *Lord of War*, "nada hay mas costoso para un traficante de armas de guerra que la paz".

# Referencias bibliográficas

Alberdi, Juan Bautista (1869/1934) *El crimen de la guerra*, Buenos Aires, Consejo Deliberante de la Capital.

Armour, Richard (1972/1974) *Todo comenzó con piedras y palos*, Buenos Aires, Edición La Isla.

Beccaria, Cesare (1764/1994) *De los delitos y de las penas*, Barcelona, Ediciones Atalaya.

Benegas Lynch, Alberto (h) (1999) *Las oligarquías reinantes*, Buenos Aires, Editorial Atlántida.

Creveld, Martin van (1999) *Rise and Decline of the State*, Cambridge University Press.

Harper, James (2006) *Identity Crisis*, Washington DC, Cato Institute.

Huxley, Aldous (1959/1977) *La situación humana*, Buenos Aires, Editorial Sudamericana.

Ignatieff, Michael (2004) "Evil under Interrogation: Is Torture ever Permissible?", Londres, *Financial Times*, mayo 15.

Johnson, Paul (1983) *A History of the Modern World*, Londres, Weidenfeld and Nicolson.

-----. (2002) *Napoleon*, Toronto, Pinguin Book.

Kant, Emmanuel (1795/1972) *La paz perpetua*, Madrid, Austral.

Napolitano, Andrew (2006) *Constitutional Chaos*, New York, Nelson Current.

Koestler, Arthur (1983) *En busca de lo absoluto*, Barcelona, Kairós.

Tolstoy, Leo (1869/1942) *War and Peace*, New York, Simon and Schuster.

# Hacia una teoría de autogobierno[*]

Hay que decirlo: hay en el mundo exceso de "grandes" hombres; hay demasiados legisladores, organizadores, instituyentes de sociedad, conductores de pueblos, padres de naciones, etc. Demasiada gente que se coloca por encima de la humanidad para regentearla, demasiada gente que hace oficio de ocuparse de la humanidad. Se me dirá: usted que habla, bastante se ocupa de ella. Cierto es. Pero habrá de convenirse que lo hago en un sentido y desde un punto de vista muy diferente y que si me entrometo con los reformadores es únicamente con el propósito de que suelten el bocado.

*Frédéric Bastiat, 1850*

## I

El hombre actúa con la intención de pasar de un estado menos satisfactorio a uno que le proporcione mayor satisfacción (Mises, 1949/1963: 13 y ss.). En este proceso, el hombre busca la mayor incorporación posible de valores. Su óptimo sería la perfección, situación en la que poseería todos los valores posibles. El hombre actúa porque está insatisfecho, porque es limitado e imperfecto. La búsqueda de la perfección –o, si se quiere, la felicidad– constituye un camino sin término para los mortales, sin embargo, esta búsqueda tiende a un valor referencial, un valor en sí mismo o un "valor intrínseco" (Moore, 1912: cap. 6 y 1922: 253-275; Blanshard, 1961). El resto de los valores forman una cadena instrumental de diversa jerarquía. Pero no parece posible que todos los valores sean instrumentales *ad infinitum* sin que exista algún valor último de donde emana la razón de dichas valoraciones (Brentano, 1869/1969: 10; Scheler, 1913/1948: secc. ii; Williams, 1962: 289-296).

[*] Versión española del capítulo preparado para el libro *Values and Social Order: Voluntary vs. Coerced Orders* (England, Aldershot, Ashgate Pub., 1997) en el que también colaboran Gordon Tullock, Anthony de Jasay, Angelo Petroni, Peter Bernholz, Arthur Seldon, Bruce Benson, Hans-Hermann Hoppe, Antony Flew y el editor, Gerard Radnitzky, quien autorizó la traducción del inglés y la publicación en *Libertas* (Buenos Aires, año xii, No. 23, octubre de 1995).

Deben distinguirse dos planos de análisis en este campo. Por una parte, la apreciación subjetiva de las cosas, es decir, la utilidad que el sujeto estima que le reportará el objeto (más precisamente, lo que considera es su utilidad marginal). Por otra, las características y los nexos causales subyacentes en la realidad, es decir, el mundo objetivo o la verdad objetiva (aunque "verdad objetiva" sea un pleonasmo), lo cual incluye las valorizaciones subjetivas que, una vez expresadas, forman parte de la realidad. Este plano es objetivo en el sentido que las cosas son independientemente de la opinión que de ellas se tenga (Santayana, 1905/1958: 423 y ss.; Popper, 1984: 144 y 147), mientras que el primer plano es puramente subjetivo y, por tanto, de apreciación y de gusto personal (Menger, 1871/1950: cap. iii; Böhm Bawerk, 1884/1959: vol. ii, libro iii, parte A).

Los esfuerzos del ser humano por reducir su ignorancia abren diversos caminos hacia la posibilidad de que cada uno realice sus potencialidades, lo cual pone de manifiesto los diversos gustos, preferencias, talentos y vocaciones que conforman muy distintos proyectos de vida. Pero estas diferencias reclaman un orden que haga posible que cada persona siga su camino sin que se lesionen iguales derechos de otros. La forma civilizada de convivir consiste en que los diferentes valores de cada uno sean respetados por otros, aunque estos otros no entiendan aquellos valores (Szasz, 1974) o no los compartan. En esto consiste la tolerancia, aunque con más propiedad debería aludirse al respeto puesto que los derechos no se toleran sino que deben respetarse, ya que no constituye una gracia o un favor el abstenerse de invadir autonomías individuales, ni se trata necesariamente de la aceptación de un error que deba ser tolerado. El uso de la expresión "tolerancia" lleva consigo cierta dosis de soberbia y más bien deriva de una extrapolación ilegítima del campo de la religión al del derecho. Desde luego que el aprecio de valores diferentes por parte de distintas personas y el consecuente respeto recíproco, no quiere decir que sea relativa la verdad o falsedad de las proposiciones y la validez o invalidez de la argumentación. Además de que el relativismo convierte en relativo al propio relativismo, por el principio de no contradicción un juicio no puede ser conforme y simultáneamente no conforme con el objeto juzgado. La ciencia se convertiría en inútil pasatiempo si no existiera tal cosa como verdad y error (Lorenz, 1974: 9). Como queda dicho, las distintas apreciaciones sobre la realidad no contradicen la existencia de la verdad y el error.

A través de métodos de prueba y error, en el contexto de un proceso evolutivo abierto, diversas teorías en competencia permiten incorporar fragmentos de conocimiento y así reducir el mar de ignorancia en el que nos debatimos (Popper, 1972: introducción). En toda acción humana ocurre un proceso de intercambio de valores: se debe renunciar a unos para incorporar otros que el sujeto actuante considera de mayor jerarquía. Este proceso de intercambio de valores constituye el proceso económico que es inherente a toda acción humana (Mises, 1961: 122-123; Hayek, 1976: vol. ii, 113; Sowell, 1980: 79-80). Dicha acción, economización, preferencia, opción o selección entre valores forman una cadena de medios que apuntan al logro de valores-metas que, a su turno, son medios respecto al valor último a que hemos aludido. Este no es un proceso mecánico y automático. Muy lejos de ello, la acción implica libre elección. Si el hombre fuera una máquina en la que su input (herencia genética y medio ambiente) determinara su output (acción), no habría tal cosa como proposiciones verdaderas o proposiciones falsas (para lo cual se requiere de un juicio independiente que sea capaz de revisar las propias conclusiones), tampoco habría tal cosa como ideas autogeneradas, responsabilidad individual ni argumentación (Mises, 1962: 28-33; Popper, 1974: cap. 6; Polanyi, 1959/1969: cap. iii; Chomsky, 1993; Eccles, 1986: caps. 9 y 10).

Ahora bien, de lo que se trata es de descubrir un orden social en el que se produzcan las mejores normas de convivencia posibles a los efectos de permitir que cada uno incorpore la mayor dosis de valores de que sea capaz, sin que se le impongan valores de terceros. No hay sin embargo posibilidad alguna de llegar a una instancia definitiva. Se trata de correr el eje del debate hacia posiciones siempre mejores, teniendo en cuenta que la historia no es lineal ni contiene leyes de ninguna naturaleza (Toynbee, 1946/1987: vol. i, cap. xiv; Popper, 1957/1984; Johnson, 1983: 694-695). En este sentido, nada es inexorable, todo dependerá de las características que tengan lugar en el debate de ideas que influirá para que se adopte tal o cual concepción o sistema para la producción y ejecución de normas.

Algunos autores han hecho referencia a diversas manifestaciones y características de sociedades que operaron sin el monopolio de la fuerza (Friedman: 1979; Penden, 1971; Anderson y Hill, 1979; Lowie, 1962; Graver, 1968; de Coulanges, 1920: libro iii; Popsil, 1971; Southall, 1965; Kramer, 1963; LeVine, 1960; Durant, 1959: 408 y ss.; Miller, 1990). Tarde o temprano, el aparato estatal siempre se impuso por medio de la usurpación y la conquista (Oppenheimer, 1975: 7; Carneiro, 1970; Nock, 1973: 20). La administración estatal resultó en mezclas de períodos absolutistas, monarquías constitucionales y democracias. Los parlamentos hicieron decir a Herbert Spencer que "La función del liberalismo en el pasado consistió en establecer límites al poder de los reyes. La función del verdadero liberal en el presente será la de establecer límites a los poderes del Parlamento" (1884/1960: 209) y Benjamin Constant, quien ha hecho hincapié en las ventajas que presenta "la libertad de los modernos" respecto de la de "los antiguos" –generalización no compartida por autores como Jellinek (1935: cap. x)– afirmaba que "Los ciudadanos poseen derechos individuales independientes de toda autoridad social o política y toda autoridad que viola estos derechos se hace ilegítima [...] la voluntad de todo un pueblo no puede hacer justo lo que es injusto" (1813/1968: 9 y 11). Más adelante, entre otros, Friedrich, Leoni, de Jouvenel, Hayek y Sartori se han preocupado por distinguir la legislación del derecho y de señalar los inconvenientes y peligros de la democracia "ilimitada" que no reconoce frenos a la voluntad mayoritaria y del positivismo legal que no reconoce parámetros ni puntos de referencia extramuros de la disposición promulgada por la autoridad estatal (1955/1969: cap. xxi; 1961/1972: cap. 5; 1957: 302 y ss.; 1959/1975: cap. xvi; 1988: vol. 2, 400 y ss.).

# II

Para que el hombre pueda pasar de lo que considera es un estado menos satisfactorio a uno que estima le reportará mayor satisfacción, resulta necesario que otros hombres no se interpongan en su camino recurriendo a la fuerza. Deben existir normas de conducta que tiendan a imposibilitar dicha obstaculización. Estas normas reconocen la facultad de cada uno de hacer con lo propio lo que considere pertinente, respetando iguales facultades de terceros. Esta facultad es otra forma de aludir al derecho, el cual está referido a la propiedad: al uso y disposición de lo propio, comenzando por la propia mente y el propio cuerpo y por lo que se ha obtenido originalmente a través del descubrimiento de un valor que no pertenece a otro o a través de transacciones libres y voluntarias (Kirzner, 1989: cap. 5; Nozick, 1974: cap. 7). La razón de la ley o las normas consiste en proteger el derecho de las personas, lo cual surge de un proceso de descubrimiento respecto de las formas de producir las que más adecuadamente preserven las facultades de las personas y faciliten la cooperación social. En paralelo con el avance del conocimiento, las referidas normas van evolucionando. La preservación de la intimidad frente a sofisticados dispositivos tecnológicos, los progresos en materia de ecología, la posibilidad de adjudicar ondas electromagnéticas y, en general, las nuevas ideas para mejor delimitar los derechos a través de la experiencia acumulada, hacen que el referido proceso de descubrimiento deba operar en un contexto evolutivo abierto. En este sentido, la ley no se inventa ni se diseña como pretenden los legisladores contemporáneos, sino que se descubre como era el caso en los comienzos del *common law* en Inglaterra y en el derecho romano durante el período más próspero de la república y la primera época del imperio (Leoni: 1961/1972: 82-4). Hoy, en gran medida, se considera que el poder legislativo cumple sus funciones en proporción directa con el número de leyes que promulga, sin percibir, como ha señalado Ripert, que la inflación legislativa deprecia la ley.

Contemporáneamente se entiende la ley como un conjunto de disposiciones, mandatos y códigos. Frente a cualquier problema se propone la promulgación de una nueva ley por la asamblea legislativa. De este modo, además de adulterarse el concepto del derecho, se crea una gran inseguridad jurídica ya que si el legislador puede rápidamente promulgar una ley también la puede abrogar o modificar con la misma celeridad. Los resultados eran distintos en los comienzos de los mencionados casos del *common law* y del derecho romano en que los jueces eran espectadores más que actores de un proceso competitivo en el que se iban tamizando y contrastando resultados y en el que se conjugaban elementos dinámicos en un contexto de permanencia de principios generales del derecho (Epstein, 1980: 255-6 y 266). El criterio y la perspectiva con que se analiza el derecho es distinta si se piensa que los contratos tienen lugar porque hay una ley que, desde arriba, concibe, diseña e inventa los correspondientes mecanismos (Fullner, 1981: 174-5) sin percibir, por ejemplo, que el derecho comercial durante la Edad Media, en Inglaterra, se elaboró y ejecutó de modo totalmente privado (Wooldrige, 1970: cap.5; Buckland, 1952; Berman, 1983: 333-356).

Se ha hecho un paralelo entre el derecho, el mercado y el lenguaje para resaltar como, en este último caso, algo de tanta trascendencia que resulta esencial para pensar y para transmitir pensamientos –salvo el Esperanto que resultó un fiasco– está íntegramente tejido y elaborado de modo espontáneo (Mandeville, 1714/1982: parte ii, sexto diálogo; Hayek, 1948: 88; Sowell, 1987: 68-70; Leoni, 1961/1972: 88; Bally, 1977: 18).

# III

Como hemos dicho, las facultades de las personas para usar y disponer de lo propio constituyen sus derechos, los cuales provienen de la naturaleza de las cosas en el sentido a que se refiere David Hume: "[...] si por naturaleza entendemos lo que es común a cualquier especie e incluso si lo circunscribimos a lo que es inseparable de la especie" (1739-40/1898: vol. ii, 258). Una de las tradiciones del *iusnaturalismo* (Veatch,

1978 y 1985: cap. ii; d'Entreves, 1977; Finnis, 1986: cap. xii) toma como punto de partida interpretaciones de este tipo referidas al significado de la naturaleza. En este contexto, "natural" no se refiere a leyes físicas ni a la condición original y no cultivada del ser humano sino a aquellos derechos que surgen de las características que son propias del ser humano y no derivan del decreto y la decisión de la autoridad. Tampoco derivan de cálculos utilitarios en el sentido de "el mayor beneficio para el mayor número" puesto que, según la célebre formula kantiana, no es lícito que unos utilicen a otros como medios para sus fines personales.

Que la naturaleza de la acción humana estribe en pasar de una situación menos satisfactoria a una que se estima le proporcionará mayor satisfacción no es debido a invento alguno, del mismo modo que no lo es la ley de gravedad. No existe tal cosa como un "bien social" independiente del individuo como pretende el utilitarismo (Nozick, 1974: 32-33). En una sociedad abierta –pluralista por definición– el único "bien común" se concreta en el respeto recíproco (Novak, 1989: 19-21), es decir, el proceder de acuerdo a normas que hagan posible la convivencia entre seres distintos y que tienen diferentes proyectos de vida. Claro que, en un sentido más lato, se puede decir que el acatar este tipo de normas que surgen de la naturaleza de las cosas "es útil" puesto que permite la cooperación social, en otros términos, con este aserto se subraya la utilidad de reconocer las propiedades naturales del ser humano. Pero este no es un criterio típicamente utilitario, por ejemplo, en el sentido de preguntarse si conviene o no torturar a una persona inocente que tiene la información acerca de quien hará explotar el planeta con una bomba. En este ejemplo se pretende balancear el sacrificio de una persona frente al bienestar de todas las demás, sin percibir que el principio de sacrificar minorías invalida el derecho e introduce la arbitrariedad, lo cual no sólo perjudica a las personas afectadas (a quienes les resulta irrelevante si son perjudicadas por disposición de la mayoría o si se debe a modificaciones de la astrología), sino que tiende a que se generalice el mal. El caso de la bomba que se presenta como una situación única y excepcional, es en verdad una situación cotidiana. Vivimos en "lifeboat situations": hay infinidad de situaciones desesperantes que cuando se pretenden resolver sacrificando los derechos del individuo, terminan por empeorar la situación, muchas veces incluso de aquellos que se pretendía consolar. Hay gente que perece porque no cuenta con los antibióticos necesarios o con la intervención quirúrgica oportuna. Hay gente que padece hambre etc., de lo cual no se deduce que se pueda esquilmar impunemente a quienes han obtenido recursos legítimamente. Y en los lugares que se permite semejante política –sea directamente, o indirectamente a través del aparato estatal– la situación empeora incluso para aquellos que se pretendía mejorar puesto que esas situaciones desesperantes se multiplican por los incentivos a no producir, puesto que el productor finalmente resulta expoliado (Benegas Lynch, 1972/1990: 503 y ss.).

El respeto al derecho crea armonía de intereses, mientras que el ignorarlo conduce al conflicto. Todo derecho tiene como contrapartida una obligación. El que una persona obtenga un salario de mil hace que exista una obligación universal por parte de terceros de respetar esos mil. Sin embargo, si al que obtiene mil se le otorgará el "derecho" a percibir dos mil quiere decir que a otros se les impondrá la obligación de proporcionar la suma adicional, con lo que se lesionará el derecho de esos otros. Por eso es que, en este contexto, los llamados "derechos" a la educación, a una vivienda digna, a un salario decoroso y a la salud no son más que pseudoderechos que crean conflictos irreconciliables (Benegas Lynch, 1991: cap. xix). Pero una vez que se han comprendido los problemas involucrados en la legislación y se opta por un proceso de jueces en competencia para proveer de fallos que solucionan problemas y sientan precedentes de interés, aparece el riesgo de la "tiranía de los jueces" allí donde hay una *ultima ratio* impuesta por la fuerza, habitualmente conocida con el nombre de Corte Suprema de Justicia. De este modo se trasladaría el problema de la legislación a la esfera de los jueces, a menos que se suprima la *ultima ratio* coactiva (Leoni, 1961/1972: 23 y 164). Si no hay Corte Suprema el sistema queda abierto y la cantidad de instancias y quien ha de ser la última se resuelve entre las partes. En ese caso no hay peligro de que el problema de la legislación se traslade a los jueces debido a que no hay una imposición de criterios inapelables coactivamente impuestos.

Pero este paso nos obliga a considerar el aparato de la fuerza que debe acompañar a las resoluciones judiciales para que tengan efectiva validez. Si las partes acuerdan las instancias y acatan el fallo no aparece problema alguno. Pero debe clarificarse el procedimiento si una de las partes no se somete al cumplimiento del respectivo fallo o si se produce una lesión al derecho sin que medie contrato previo. En este último caso, es preciso establecer la forma en que se utilizará la fuerza y a que jueces se recurrirá.

# IV

El sistema republicano ha establecido sistemas de controles, frenos y contrapesos a través del llamado régimen mixto, división horizontal de poderes, sistemas de partidos de oposición y elecciones en momentos distintos para las distintas ramas del gobierno con la idea de descentralizar y fraccionar el poder y así brindar el mejor servicio de seguridad y justicia. Las experiencias más exitosas fraccionaron el gobierno federal en cuatro partes: la Cámara de Representantes, el Senado, la Presidencia y la Corte Suprema de Justicia. Se estableció que los integrantes de la Cámara de Representantes fueran elegidos directamente por el pueblo cada dos años, dividiendo la población según los diversos estados. Por su parte, el Senado se elige a través de las legislaturas estatales, esto es, el sistema de elección indirecta. Se estableció que el Presidente fuera elegido a través de un Colegio Electoral. Por último, se estableció que los integrantes de la Corte de Justicia sean elegidos por el Presidente de por vida con la aprobación del Senado. Todas estas precauciones no resultaron suficientes para prevenir la expansión del poder político y la consecuente sobredimensión del estado ni aun en los lugares donde el sistema se aplicó con mayor rigor (Johnson, 1991: 906). Por otra parte, todo el sistema se sustenta en la contradictoria idea de proteger derechos en base a su lesión ya que la financiación compulsiva a través de impuestos implica el uso de la fuerza agresiva. En resumen, el sistema mostró ser no sólo inconsistente con sus propias premisas sino ineficiente para los propósitos de proteger derechos. Paul Johnson ha dicho que "El Estado se ha revelado como un gastador insaciable, un derrochador sin paralelo, en verdad, en el siglo veinte también se reveló como el mayor responsable de matanzas de todos los tiempos" (1983: 729). En relación a esto último, Alvin Toffler señala que en el mundo solamente durante 3 semanas no hubieron guerras de las 2.340 que transcurrieron desde la finalización de la segunda guerra mundial hasta 1990, período en el que se mataron aproximadamente 40 millones de personas, un costo astronómico de esta etapa de las guerras que no toma en cuenta torturados ni mutilados (1994: 29-30), por todo esto concluye que "Así pues, denominar era de la 'posguerra' a los años que median entre 1945 y el presente es combinar la tragedia con la ironía" (*ib.*: 30).

La antedicha ineficiencia se debe a que los incentivos del monopolio de la fuerza –habitualmente llamado gobierno– operan naturalmente en una dirección contraria a la buscada. Al garantizar el monopolio, el monopolista saca ventaja de su posición y necesariamente se degradan sus servicios. Se degradan respecto de la calidad de servicios que hubiera prestado si hubiera operado en competencia. Si a un eficiente panadero de barrio se le otorga una patente monopolista y, por ende, cuenta con un mercado cautivo, sus servicios desmejorarán respecto de lo que hubieran sido si hubiera contado con los incentivos naturales de la competencia sea esta real o potencial. Los controles ideados para el sistema republicano no son eficientes porque no crean los incentivos necesarios. El liberalismo clásico, con todos sus notables aportes en pro de la libertad de las personas, no ha podido resolver el dilema del *quis custodiet ipsos custodes* (cfr. de Jasay, 1994a: 36). Las auditorias en las empresas revisten gran importancia pero la auditoría de mayor relevancia es la que ejerce el público consumidor a través de la competencia. Esto aparentemente se comprende cuando se trata de bienes y servicios en el mercado, pero no parece comprenderse cuando se trata de los servicios de seguridad y justicia que, sin duda, revisten gran importancia y, por ende, requieren incentivos fuertes.

Cuando se realiza un contrato, para evitar dificultades si hay interpretaciones distintas o si se presentan conflictos de diversa naturaleza, se pueden designar árbitros que por su prestigio y antecedentes significan una garantía de seriedad y probidad a criterio de las partes involucradas, lo cual incluye la posibilidad de establecer diversas instancias. Estos jueces o árbitros cobran por sus servicios y se esmeran en producir fallos justos puesto que de ello depende su futuro en el ramo. En un sistema privado nadie está obligado a recurrir a determinados árbitros, estos son elegidos según sea su eficiencia para cumplir con los propósitos que se les asigna. Sus incentivos son de características completamente distintas de aquellos jueces que son impuestos en un sistema del monopolio de la fuerza. Por otra parte, los fallos correspondientes van formando el cuerpo de normas que otros jueces tomarán en cuenta. La experiencia acumulada constituye un antecedente de mucho valor. Si un juez decide apartarse de los precedentes deberá fundamentar adecuadamente su fallo si quiere conservar su puesto.

Un fallo judicial debe estar respaldado por la fuerza para que se cumpla lo estipulado. Los mismos incentivos que operan en el caso de los árbitros operan en el caso del uso de la fuerza. En los sistemas estatales, el monopolista eventualmente tiene asegurado un mercado cautivo hasta las próximas elecciones, después de las cuales el monopolista podrá ser sustituido por otro monopolista. En ningún caso la gente tiene la posibilidad de elegir en cada situación el servicio de protección de su agrado y revocarlo o sustituirlo en el momento que lo considere pertinente. No se presenta la posibilidad de alternativas diversas para atender opiniones diversas. Cuando opera el monopolio de la fuerza es para todos, no se puede elegir. El caso sería similar a la venta de pollos en el que por turnos sucesivos se fueran otorgando monopolios a diversos proveedores. Con este procedimiento se habrá privado al sistema de la mejor garantía de funcionamiento cual es la competencia. Según Bertrand de Jouvenel en el cuadro político "[...] todos son pretendientes [del poder], ninguno tiene interés en disminuir una posesión a la cual espera un día acceder, ni paralizar una máquina que un día le llegará en turno de usar. De ahí viene el que se encuentre en los círculos políticos de la sociedad moderna una gran complicidad en favor de la extensión del Poder" (1956: 26-7). Esto es así debido a los incentivos naturales de extender la esfera del poder en el sector público (Bastiat, 1848/1964: cap. 5; Radnitzky, 1993) que contrasta con los incentivos naturales de servir al prójimo que operan en el privado (Ferguson, 1767/1966: 14; Smith, 1776/1937: 14).

En el sector privado, para obtener algo libre y voluntariamente de otro se le debe ofrecer a cambio algo que ese otro prefiera respecto de lo que va a entregar. Está en interés personal de los sujetos que participan en intercambios el satisfacer a la otra parte para así lograr sus propósitos. El interés personal es siempre el móvil de toda acción. El acto podrá juzgarse reprobable o laudable pero siempre es realizado en interés personal del sujeto actuante. Tanto el filántropo como el criminal actúan en su interés personal de acuerdo a sus respectivas escalas de valores. La diferencia con el sector público estriba en que los incentivos operan en un sentido distinto de los intereses que supuestamente sirven. El monopolio de la fuerza hace posible la suma cero: extrae recursos de alguien aunque ese alguien no considere que se le está prestando un servicio, lo cual no sucede en la esfera de los acuerdos libres y voluntarios. Tomando una figura de Brennan y Buchanan (1987: 98) pero aplicada de un modo distinto, podemos decir que el monopolio de la fuerza conduce a una especie de ley de Gresham política, es decir, en el monopolio de la fuerza los incentivos operan en dirección a que la mala conducta desplaza a la buena. Sin duda, no es que en ausencia del monopolio de la fuerza desaparecerán las malas conductas, sino que los incentivos harán que las conductas buenas tiendan a desplazar a las malas.

Las agencias de protección en competencia pueden ser contratadas por los clientes directamente o indirectamente a través de la contratación del árbitro quien, a su vez, puede formar parte de una agencia defensiva que incorpore una sección referida a la protección, es decir, al uso de la fuerza para respaldar los respectivos fallos, todo lo cual incluye la posibilidad de que las personas estén afiliadas a ciertas agencias, del mismo modo que sucede con los seguros de salud, seguros contra robos, incendios etc. (de Molinari, 1849; Rothbard, 1973: cap. xi; Friedman, 1973: cap. xxix; Benson, 1990: cap. 8). Es posible, aunque no necesario, que estos procesos abiertos revelen que resulta más fértil la separación de las funciones de arbitraje y protección. De todos modos, si una persona no acata el fallo será detenida y obligada a restituir e indemnizar, lo cual, a su vez, eventualmente se realizará en casas de detención que también cobrarán de sus clientes (en este caso descontando los gastos y honorarios del trabajo realizado por el reo). Los sistemas de seguridad requieren el empleo de recursos: en el caso del monopolio de la fuerza no es posible conocer cuanto deberán ser los montos destinados a tal fin. Tampoco se conoce en qué tipos de seguridad deberá invertirse, ni cuales serán las partidas que eficientemente convenga asignarse a cada rubro (como deberán ser las remuneraciones, en qué medida conviene confiar en alarmas, si son útiles los patrulleros y, en su caso, cuántos y dónde es prioritario patrullar etc.etc.). Estos dilemas se presentan debido a que el monopolio de la fuerza opera fuera del mercado y, por ende, no se cuenta con la información necesaria. El sistema de ganancias y pérdidas no tiene vigencia en la órbita del monopolio de la fuerza coercitivamente impuesto (si fuera un monopolio naturalmente surgido en el mercado operaría en base a los requerimientos de la gente, puesto que debe su posición a los dictámenes del consumidor).

Si no ha habido contrato previo y se produce una lesión al derecho, cada uno recurre a su agencia, las cuales sortearán árbitros para distintas instancias o cualquier otro procedimiento anunciado al contratar con su clientela. Si una de las partes no cuenta con agencia deberá contratar una, someterse a lo que resuelva la otra, apelar a la buena voluntad de alguien que provea el financiamiento o que una tercera agencia acepte arbitrar sin cargo (esto último puede fortalecer el prestigio de una agencia, del mismo modo que sucede respecto a los médicos que destinan parte de su tiempo para atender pacientes gratuitamente que al mismo tiempo les permite investigar y estudiar casos nuevos). Supongamos ahora que una de las partes pertenece a una agencia "defensiva" que cambia su rol y decide agredir a otros, o que frente a un litigio decide apoyar la sinrazón de su cliente. En este caso, si la agencia en cuestión está en minoría en lo que hace al poder disuasivo respecto del resto, será sometida. No sólo el cliente será obligado a acatar el fallo sino que será castigada la agencia de referencia, la cual perderá negocios debido a su mala reputación. Pero supongamos que la agencia en cuestión es mayoritaria en fuerza respecto de todas las demás. Supongamos que se trata de una fuerza devastadora que proviene de Marte. Si es devastadora y se propone tiranizar al resto no parece que haya salvación. Sin embargo, es útil analizar de qué modo se le puede oponer una mayor resistencia: con un monopolio de la fuerza que, como hemos dicho, opera en base a incentivos débiles o enfrentándose con una serie de agencias en base a incentivos fuertes. Como se ha señalado, hoy en día, este planeta no opera en base a un gobierno universal (lo cual, desde la perspectiva del liberalismo clásico, significaría mayor riesgo de abuso de poder del que actualmente existe) y, sin embargo, a pesar de las deficiencias del sistema, no se produce una permanente guerra de todos contra todos a raíz de cada contrato. Es cotidiana la experiencia de la realización de contratos entre personas que actúan en distintas jurisdicciones nacionales lo cual implica distintas estructuras judiciales, normas distintas etc. sin que por ello se hayan producido guerras como consecuencia de cada contrato. Más bien podemos decir que las guerras ocurren debido a que los estados obstaculizan, interfieren y prohiben contratos libres y voluntarios basados en legislaciones deficientes que provienen del monopolio de la fuerza. En este contexto, es interesante dejar consignado al margen que muchas de las llamadas comunidades primitivas elegían una persona por bando para pelear y dirimir conflictos en lugar de producir matanzas y destrucciones masivas (Davie, 1929: cap. i).

Lo que hemos puesto de manifiesto respecto de los procedimientos para la defensa de derechos en un sistema privado también es válido para las guerras (las cuales, en la medida en que se extienda el sistema, no serían "internacionales", ni habría rendiciones de "gobiernos" ya que, en este supuesto, no existirían tal cosa como naciones ni gobiernos en el sentido del monopolio de la fuerza y, por tanto, no habría tal cosa como rendiciones masivas ya que los conflictos serían localizados). Compañías de seguros vinculadas a las agencias defensivas y de protección cubrirán con las primas correspondientes los riesgos de ataques, ya se trate de misiles, aviones y carros de combate no tripulados, armas químicas y biológicas, generadores de infrasonido, las llamadas "hormigas robóticas" y toda la estructura militar moderna convencional y no convencional (Tanehill, 1984: caps. xiii y xiv). Contratarán esos seguros quienes deseen preservar plantas industriales, información valiosa o en general activos que ameriten la cobertura contra riesgos de este tipo, y el resto de la gente pagará su parte del seguro vía los mayores precios de mercado consecuencia de la mayor erogación por unidad de producto en que incurren aquellos que se hacen cargo del seguro de modo directo.

Se han hecho muchas conjeturas en torno a la maldad o bondad inherente a las personas. En verdad, el ser humano no nace malo ni bueno, nace libre y esa libertad la usa en proporciones diversas para hacer el bien y para hacer mal. En el contexto de las relaciones sociales, como antes se ha señalado, de lo que se trata es de minimizar el daño que se pueda hacer a otros en cuanto a la lesión de derechos. El mal o el bien que exceda ese campo no incumbe a la normas de convivencia civilizada, estará en la esfera de la conciencia de cada uno y de las actitudes que cada uno considere debe asumir respecto de su prójimo.

En realidad no caben maniqueismos de los buenos puros o de los malos puros. Las mezclas son de muy diverso calibre. En las relaciones sociales de lo que se trata es de establecer incentivos que muevan al bien y alejen del mal. Si el supuesto fuera que el hombre naturalmente desea hacerle mal a su prójimo, esta sería una razón adicional para no otorgarle el monopolio de la fuerza a un grupo de malvados (Barnett, 1985). Si se dijera que la mayoría son malvados, las conclusiones serían las mismas si se eligiera al gobernante por mayoría. De todos modos el sistema privado minimiza la maldad por las razones antes apuntadas. Si el supuesto fuera de que el hombre es naturalmente bueno, tampoco debe otorgársele el monopolio de la fuerza puesto que esos buenos se degradarán en cuanto a la prestación de servicios por no contar con la auditoría, el parámetro y la guía que proporciona la competencia.

Se ha sostenido que los servicios de justicia y seguridad son el *sine qua non* para el funcionamiento de todo lo demás. En realidad, estrictamente considerado, la alimentación es el *sine qua non* de todo lo demás, sin embargo pocos son los que sugieren la estatización de los medios de alimentación, puesto que, como es sabido, ese método conduce a las hambrunas mas espeluznantes.

# V

El argumento clásico en pro del monopolio de la fuerza se centra en los llamados bienes públicos. Las características de los bienes públicos son, por una parte, que no resulta posible proveer el bien o el servicio separadamente para uno excluyendo a otros. O se provee para todos o no se provee para ninguno. En segundo término, el bien o el servicio no se consume más por el hecho de que un número mayor de personas lo utilice. Por ejemplo, la iluminación de las calles. No resulta posible darle luz a algunos en la calle y excluir a otros. También resulta que la luz no aumenta su consumo por el hecho de que haya más gente o menos gente en la calle. De esto se sigue que muchas personas actuarán como "free riders", es decir, especularán con que otros pagarán por el servicio y, en consecuencia, ellos disfrutarán del bien o el servicio gratuitamente. Esto se ha tomado como el argumento central para el establecimiento del monopolio de la fuerza, ya que servicios tales como la seguridad y la justicia se dice que producirán el efecto del "free rider" y, por tanto, el bien o el servicio en cuestión no se producirá o, en el mejor de los casos, la producción estará en niveles sub-óptimos. En este sentido, Mancur Olson ha dicho que "Obviamente no sería factible, si fuera posible, negar la protección de los servicios militares, de la policía y de los tribunales a quienes no han pagado voluntariamente su parte de los costos del gobierno; de manera que los impuestos son necesarios [...] Un Estado es antes que nada una organización que proporciona bienes públicos a sus miembros, los ciudadanos" (1965/1992: 24 y 26).

Bien se ha puntualizado que prácticamente todas las actividades contienen algún elemento de "bien público" (Rothbard, 1970: vol. ii, 886-89; Friedman, 1973: 291). Los ingresos que percibimos son consecuencia de la acumulación de capital que otros han generado, lo mismo puede decirse respecto de los transeúntes que disfrutan la elegancia de edificios que otros han decorado y jardines que otros han cultivado. Si no fuera por la división del trabajo y el talento de otros no podríamos dedicarnos a las actividades a que nos dedicamos ni podríamos adquirir los bienes y servicios que adquirimos. En otros términos, los beneficios externos son una manifestación de la civilización.

La afirmación de que si no existe coerción los bienes públicos estarán sub-producidos carece de sentido a menos que se explicite respecto de que estarán sub-producidos. Lo que sí se puede afirmar con justeza es que si hay coerción la producción será necesariamente distinta de la que hubiera sido si la gente hubiera podido elegir libre y voluntariamente. Si en la producción de cierto bien o la prestación de determinado servicio se prevé la aparición de "free riders" y esto provoca disgusto en los que producirán el bien o el servicio en cuestión, estos deberán balancear ese disgusto frente a la satisfacción de las necesidades correspondientes como consecuencia de haber producido tal o cual bien o servicio. Por otra parte, para asegurarse la financiación del bien o servicio en cuestión, en el caso que se necesite el concurso de varias personas, se puede convenir que los fondos que demande la operación serán utilizados sólo en caso de conseguirse el monto total requerido para la financiación del proyecto (Schmidtz, 1991: 66).

El alegado sub-óptimo debido a los arreglos libres y voluntarios puede ilustrarse con un grupo de amigos que salen a comer y saben que la cuenta será dividida por el número de comensales, en cuyo caso algunos (o todos) comerán más de lo que hubieran comido si se hubieran hecho cargo de la cuenta individualmente. Pero es que, precisamente, esta situación es tomada en cuenta por quienes aceptan comer junto a otros y les compensa el pagar más teniendo en cuenta el rato agradable que estiman pasar. En un sentido análogo puede también ilustrarse otra alegada "falla de mercado" en el caso de una persona a quien se le roba una cajita que le atribuía un valor de diez mil dólares, pero como en el mercado se cotiza a diez dólares, la restitución que dictaminará el juez lógicamente será en base al valor de mercado. En este ejemplo, si el titular quiere proteger su cajita por un valor mayor al de mercado, la puede asegurar por la diferencia. El mercado ofrece la solución.

También debe recalcarse que en una sociedad abierta tiende a internalizarse aquello que se estime conveniente internalizar y de acuerdo a los costos de transacción (probablemente una mujer atractiva no quiera internalizar su belleza sino que, por el contrario, se esmerará en su físico especulando con que atraerá la atención de "free riders"). Ejemplos de internalización lo constituyen la televisión codificada o por cable, los censores en las ballenas y procedimientos que hoy parecen tan naturales pero que en su época fueron revolucionarios como el alambrado y los cercos para delimitar derechos de propiedad (Benegas Lynch-Krause, 1993a: vol. i, cap. iii). También debe incluirse el caso de los servicios de protección en los que se colocan carteles en las propiedades de quienes se han hecho cargo del pago correspondiente (Friedman, 1979: 402-3). En cualquier caso, un bien o un servicio que se provee con recursos coactivamente detraídos de la gente siempre significa derroche, puesto que de no haber mediado esa interferencia la gente le hubiera dado otro destino a sus siempre escasos recursos. Debemos tener en cuenta también que lo que algunos consideran un bien otros pueden considerarlo un desvalor, en cuyo caso el imponer la financiación "[...] requiere que justifiquemos el usar a unos como medio para los fines de otros [...] Si queremos que todos contribuyan y estamos dispuestos a recurrir a la coacción, nos encontraremos frente a un territorio moral difícil que debería ser cubierto" (Schmidtz, 1991: 87). En este contexto, debe tenerse presente que el "óptimo pareteano" resulta imposible si hay una persona que no considera que deba imponerse el monopolio de la fuerza ya que su enunciado alude a cambios que mejoran la situación de por lo menos una persona sin empeorar la situación de nadie.

Como es sabido, el argumento de los bienes públicos se asimila al llamado "dilema del prisionero". Los términos de este dilema, tal cual fue presentado a mediados de la década del '50, se plantea entre dos personas detenidas y acusadas de un delito, cada una es alojada en una celda separada y los prisioneros están incomunicados entre si. El fiscal los visita y a los dos les dice lo mismo: si uno no acusa a su cómplice y éste tampoco lo acusa a aquel, ambos quedarán libres; si se acusan mutuamente recaerá sobre ellos la mitad de la pena total que les corresponde; por último, si uno acusa al otro y este no lo acusa al primero, saldrá en libertad quien no es acusado y al otro se le aplicará la totalidad la pena correspondiente. Se asimila al argumento de los bienes públicos en el sentido de sostener que nadie (o pocos) cooperara(n) especulando con ser "free riders", esto es: uno acusa al otro en la esperanza que el otro no lo acuse y así saldrá en libertad, pero el otro procede de la misma manera y por eso ambos quedarán presos.

Sin duda que habrá una confrontación si el cliente que entra a un supermercado pretende llevarse la mercadería que seleccionó y, al mismo tiempo, retener los recursos que debería haber pagado por el valor de la mercancía. Esto significa un asalto. Hay aquí una lesión de derechos. Se agravará el conflicto si el dueño del supermercado también tiene la idea de apropiarse de los recursos de su cliente sin entregarle mercancía a cambio. Pero cualquiera sea la magnitud del conflicto, de allí no se desprende que deba imponerse un monopolio de la fuerza para proteger los respectivos derechos.

En realidad, en el contexto del dilema del prisionero, la jungla hobbesiana de la guerra de todos contra todos no permitiría la elección de un soberano. Si es posible la cooperación para la elección de un soberano, es preferible cooperar para obtener servicios que no se impongan a través del monopolio de la fuerza (Narveson, 1988: 139-40). La perspectiva inherente al dilema del prisionero "[...] se empecina en mantener la tesis que la mejor estrategia consiste en aceptar aquella que se sabe es peor respecto de una alternativa conocida. Una paradoja en verdad" (Narveson, *op. cit.:* 142).

Por último, se ha objetado el sentido mismo de la clasificación general de bienes públicos y bienes privados sosteniendo que, según cambian las valoraciones subjetivas individuales, un bien puede tener externalidades positivas en un momento dado, negativas en otro y ser neutrales o indiferentes en otras circunstancias, de lo cual se desprendería que, en rigor, aun desde la perspectiva de los partidarios del monopolio de la fuerza, no se sabría a ciencia cierta qué bien es público y cuál privado a los efectos de que el aparato estatal se ocupe del asunto (Hoppe, 1993: 7-8; Foldvary, 1994: 9-15).

# VI

Con la intención de justificar la aparición del monopolio de la fuerza se ha recurrido a la figura del contrato original. Con esta figura se pretende dar sustento a la violencia institucionalizada ya que la imposición del monopolio de la fuerza debe financiarse a través de impuestos que se recaudan contra la voluntad del titular de los recursos (impuestos voluntarios constituye una contradicción en términos). No hay constancia alguna de aquel contrato original, más bien resulta claro que el aparato estatal se origina en la fuerza. Jacob Burkhardt afirma que "La hipótesis contractual para explicar la fundación del estado es absurda" (1971: 71). Friedrich Hayek atribuye la idea del contrato social a concepciones del racionalismo construtivista (1973: vol.i, 45). En sus clases de historia en la Universidad de Columbia, Albert J. Nock concluía que "El testimonio positivo de la historia es que el Estado invariablemente se ha originado en la conquista y la confiscación. Ningún estado conocido históricamente se originó de otra manera. [...] El Estado no es [...] una institución social administrada de un modo anti-social. Es una institución anti-social, administrada de la única manera que una institución anti-social puede ser administrada y por el tipo de personas que, según la naturaleza de las cosas, están mejor adaptadas para ese servicio" (1973: 20 y 77-8).

Por su parte, David Hume rechaza la posibilidad de un contrato original sea este explícito o tácito (1758/1987: 468 y 471) pero, por otro lado, justifica la existencia del aparato gubernamental en un argumento basado en la preferencia temporal. Es correcto aseverar que el hombre prefiere un valor en el presente a ese mismo valor en el futuro, pero no es correcto sostener –como lo hace Hume– que debido a que el hombre presta más atención a lo que está más cerca suyo tiende a desatender valores futuros. Dice Hume que "[...] los requerimientos de nuestras pasiones siempre se inclinan en favor de lo que está cerca y próximo. Esta es la razón por la cual los hombres fácilmente actúan en contradicción con lo que saben es su interés; y en particular porque prefieren cualquier ventaja trivial en el presente que el mantenimiento del orden en la sociedad el cual depende del cumplimiento de la justicia. La consecuencia de cada incumplimiento de la equidad aparece como remoto y no resulta posible contrabalancear la ventaja inmediata que puede obtenerse de ello. Sin embargo [las ventajas] no son menos reales por ser remotas y como todos los hombres están sujetos en algún grado a la misma debilidad, necesariamente ocurrirán violaciones a la equidad de modo muy frecuente en la sociedad y, debido a eso, la conveniencia entre los hombres se torna muy peligrosa e incierta" (1739-40/1898: vol. ii, 301). De la preferencia temporal y de la existencia de pasiones en el hombre (lo cual debe incluir a los políticos) no se desprende que los particulares no puedan concebir y ejecutar proyectos de largo aliento. Portentosos emprendimientos empresarios atestiguan el aserto. Más aún, puede afirmarse que en rigor son los políticos los que distorsionan la relación presente-futuro. El político apunta a sacar rédito electoral, a sacar partida mientras está en funciones y, por ende, subestima el futuro: sobrevalúa el presente y subestima el futuro respecto de lo que hubiera hecho la gente si hubiera podido elegir en un sistema en donde no se le impone un monopolista de la fuerza. Pero, curiosamente, Hume concluye que:

"[...] si los hombres son incapaces de preferir lo remoto a lo cercano, nunca consentirán a nada [...]. En consecuencia, la única dificultad es encontrar el procedimiento por el que los hombres subsanen esta debilidad natural y se encuentren en la necesidad de observar las leyes de la justicia y la equidad a pesar de su propensión violenta a preferir lo cercano a lo remoto. Resulta evidente que el remedio nunca será efectivo si no se corrige esa propensión [...] pero como esto resulta impracticable respecto de toda la humanidad, sólo puede tener lugar respecto de unos pocos, a quienes interesamos de modo inmediato en la ejecución de la justicia. Estas personas que denominamos magistrados, reyes y sus ministros, nuestros gobernantes, quienes siendo indiferentes a la gran parte del estado, no tienen ningún interés, o lo tienen alejado, respecto de los actos injustos y debido a su rol en la sociedad tienen un interés inmediato en la ejecución de la justicia que resulta tan necesaria para la sociedad. He aquí el origen del gobierno civil y de la sociedad" (*ibid.*: 301-2-3).

Parecería que Hume se está refiriendo a seres humanos de naturaleza distinta: los que operan en los gobiernos y los gobernados. Parecería también que sus reflexiones son independientes de largas y reiteradas experiencias históricas y de los incentivos naturales del hombre a los que hemos aludido con detenimiento más arriba. En este sentido, es como si los esfuerzos de Hume estuvieran encaminados a establecer incentivos para que un tigre se convierta al vegetarianismo.

En última instancia, las diversas corrientes de pensamiento que adhieren a la imposición del monopolio de la fuerza están influidas en mayor o menor grado por lo que podríamos llamar "el síndrome Hobbes". Thomas Hobbes afirma que "[...] donde no hay organización política no hay nada que pueda ser injusto"(1651/1962: 114) puesto que "[...] el legislador es quien hace el derecho" (*ib.* 199). Con razón Hayek ubica "[...] el comienzo de la historia moderna del positivismo legal en Thomas Hobbes [...]" (1976: vol. ii, 45). Hobbes sostiene que si no hay un soberano "[...] la vida del hombre [será] solitaria, pobre, desagradable, embrutecedora y corta" (1651/1962: 100). Sostiene que el origen del aparato de fuerza estriba en el contrato original por el que los súbditos le entregan la suma del poder al soberano, lo cual, por otra parte, según Hobbes, sería el único modo de evitar la guerra de todos contra todos y las luchas recurrentes fruto de la situación irreconciliable anterior a la existencia del aparato de la fuerza. George Sabine se refiere a "[...] la base del absolutismo de Hobbes. Para el no hay opción entre el poder absoluto y la anarquía completa, entre un soberano omnipotente y la ausencia total de sociedad" (1965: 347).

Rousseau, también a través del contrato social y lo que denomina la "voluntad general", es uno de los inspiradores de la tiranía de las mayorías, el absolutismo pseudodemocrático y la tergiversación del significado de la libertad (1762/1988; Flew, 1988: 214-228). Por su parte Algernon Sidney y John Locke también adhirieron a la idea del contrato original aunque con características distintas de las expresadas por Hobbes y Rousseau en cuanto a que, en este caso, se trata de otorgar poderes limitados a la protección de la vida, la libertad y la propiedad y con la posibilidad de que los gobernados se subleven si el gobierno se excede en su misión específica de proteger aquellos derechos.

Contemporáneamente, Robert Nozick sostiene que un proceso "tipo mano invisible" conduciría a que se imponga una agencia de protección "dominante" y se establezca un sistema unificado de justicia lo cual se traduce en lo que conocemos como gobierno (1974: 119, 15-17 y 11). Sin embargo, en este proceso que Nozick considera espontáneo desde el llamado "estado de naturaleza" hasta el establecimiento del gobierno, no se explican las razones por las cuales necesariamente predominará una agencia sin que medie violencia. Por otro lado, si realmente se tratara de un proceso de mano invisible y la gente prefiere un monopolista, este no sería un gobierno en el sentido tradicional de la expresión ya que, como queda dicho, este surgiría con el apoyo voluntario de la gente y, por tanto, no existiría financiación forzosa.

Contemporáneamente también, James Buchanan (1975/1981) sostiene que no se presentan problemas en cuanto a la negociación de bienes privados pero la que se refiere a los bienes públicos "no surgirá natural ni espontáneamente" (*op.cit.*: 56) lo cual requeriría de un "agente coactivo externo" (*ib.*: 89) que tendría las funciones de "protector" de derechos y "productor" de bienes públicos (*ib.*: 90 y ss.) y como la unanimidad es una "construcción altamente abstracta e irrealista" (*ib.*: 59), las decisiones finalmente deberían tomarse por mayoría. Esto último, en modo alguno significa que Buchanan piense que con la democracia el resto se da por añadidura, por el contrario, dice que "Es de trascendental importancia que volvamos a la sabiduría del siglo dieciocho en cuanto a la necesidad de los controles y balances [del poder político] y dejemos de lado de una vez por todas la noción idiota que mientras los procesos sean democráticos, todo está bien" (1988: 255). De cualquier manera, la imposición del "agente coactivo externo" nos ubica en el problema central que presenta el argumento de preservarnos de la violencia a través de la violencia.

Desde otros ángulos, Anthony de Jasay formula una severa crítica a lo que se conoce en filosofía política como "contractualismo" y concluye que "Los arreglos racionales colectivos se pueden lograr, en el caso que valga la pena el esfuerzo, sin necesidad de estados ni de constituciones establecidas con la intención de obligarlos a que estén a nuestro servicio. Todo el orden social posee propiedades auto-correctivas que, como los músculos, se desarrollan con el uso y se atrofian con el desuso" (1994 b: 53). Por otro lado, de Jasay señala la contradicción por parte de quienes sostienen que, en última instancia, el cumplimiento de arreglos, acuerdos y contratos entre las personas no resultan posibles sin el concurso del estado y curiosamente recurren a la figura del contrato como el origen de los estados, como si no hubieran afirmado que los contratos son imposibles antes de la aparición del estado (*loc.cit.*).

En algunos casos se ha asimilado el imaginario contrato original y los impuestos con los estatutos de un club y las respectivas cuotas que los socios deben pagar. Supongamos el caso de una persona que nace en un club que ocupa la totalidad del espacio disponible de una isla, la cual, a su vez, constituye el único pedazo de tierra en el planeta. Supongamos también que en los comienzos el club se estableció por la voluntad unánime de los habitantes de la referida isla, quienes decidieron adherir a una agencia de protección con sus jueces, casas de detención, sistemas de seguros etc. Aprobaron también por unanimidad los estatutos del club, las cuotas y la forma de actualizarlas (si esto no es realizado de manera unánime, en el contexto de lo que aquí estamos discutiendo habría una ilegitimidad de origen). Supongamos también que aquella persona, llegada a cierta edad, no se encuentra conforme con las cuotas y los servicios recibidos. Tiene varios cursos de acción posibles: acatar servilmente sin hacer ninguna manifestación, tratar de convencer a otros para que lo dejen escindirse, tratar de convencer a los demás para que se cambie el sistema dentro de las normas existentes, tratar de convencer a todos para que se cambie la base del sistema, se escinde *de facto* con su propiedad y deja de pagar las cuotas o se subleva y ejerce lo que considera es su derecho a resistir. Supongamos que desecha estos dos últimos procedimientos por imprudentes y que también deja de lado el primero por inconveniente. Sólo le queda la persuasión. Lo mismo sucede con nosotros, con la diferencia que no existe legitimidad de origen por lo que no resulta pertinente la asimilación al club. Joseph Schumpeter ha dicho que "La teoría que asimila los impuestos a cuotas de club o a la adquisición de los servicios, por ejemplo, de un médico, solamente prueba lo alejada que está esta parte de las ciencias sociales de la aplicación de métodos científicos" (1950/1968: 260).

# VII

El anarquismo significa la ausencia de normas (Ferrater Mora, 1988: vol. i, 153), lo cual hace imposible la convivencia civilizada, puesto que las normas "definen los espacios privados dentro de los cuales cada uno de nosotros podemos llevar a cabo nuestras propias actividades" (Brennan-Buchanan, 1987: 42). William Godwin, el precursor de la tradición original del anarquismo, condena la existencia de toda norma ya se trate de la promulgación de una ley o de un fallo judicial (1793/1985: 258 y 355). James Buchanan ha dicho que "Muchas veces me he definido como anarquista filosófico. En mi concepto de sociedad ideal, los individuos con derechos bien definidos y mutuamente respetados coexisten y cooperan sin necesidad de una estructura política formal. Sin embargo, mi sociedad práctica se mueve un escalón abajo del ideal y está basada en la presunción que los individuos no podrían lograr aquellos niveles de comportamiento que se requieren para que la anarquía funcione aceptablemente" (1977: 11). Y más adelante, con razón, el mismo autor se refiere al anarquista como aquel que "no ve razón para ninguna ley" (*ibidem.*: 24). Pero como se ha dicho, de lo que se trata es de contar con el mejor sistema para producir e implementar las mejores normas dadas las circunstancias imperantes. En efecto, no resulta posible cooperar sin normas de conducta, de lo cual no se desprende que deba imponerse el monopolio de la fuerza. Nos parece que hay un salto lógico cuando, a partir del aserto de que no resulta posible una sociedad sin leyes, se concluye que debe establecerse el monopolio de la fuerza.

Autogobierno es una expresión que refleja adecuadamente la situación en la que la producción e implementación de normas se realiza privadamente. Situación en la que los árbitros, agencias de protección, compañías de seguros, casas de detención etc. operan privadamente. En el autogobierno queda excluida la imposición del monopolio de la fuerza, queda excluida la institucionalización de la violencia a través del pago de impuestos. Esta definición es estipulativa a falta de una lexicográfica. En el autogobierno –un neologismo que introduje en mi último libro (1993 b)– cada uno se gobierna a si mismo y no gobierna a los demás, las transacciones se circunscriben a los arreglos libres y voluntarios y la fuerza se limita a la defensa contra acciones agresivas. Gobernar quiere decir "mandar, dirigir". Por esto es que, incluso desde la perspectiva del liberalismo clásico, no resulta pertinente recurrir a la expresión "gobierno" para aludir a la estructura política teóricamente destinada a la protección de derechos. Más bien "gobierno" debe reservarse al manejo que una persona hace de si misma, de ahí el autogobierno.

En este sentido, respecto de la utilización de la expresión "gobierno" para aludir al aparato de la fuerza, Leonard Read ha dicho que "Hay sin embargo razones para lamentar que nosotros en América [Norteamérica] hayamos adoptado la palabra 'gobierno'. Hemos recurrido a una palabra antigua con todas las connotaciones que tiene 'el gobernar', 'el mandar' en un sentido amplio. El gobierno con la intención de dirigir, controlar y guiar no es lo que realmente pretendimos. No pretendimos que nuestra agencia de defensa común nos debiera 'gobernar' del mismo modo que no se pretende que el guardián de una fábrica actúe como el gerente general de la empresa" (1954: 13).

Debe distinguirse claramente el autogobierno del concepto que en el mundo anglosajón ha dado en llamarse "self-government". Friederich Lieber dice que:

"La historia de esa atrevida palabra [self-government] es esta: ella se ha formado indudablemente, a imitación de la voz griega *autonomía* y parece que originariamente sólo se usó en sentido moral. Se encuentra con frecuencia en las obras de los teólogos que florecieron en los siglos xvi y xvii. Después de aquella época parece que dejó de usarse por algún tiempo. No la encontramos en ninguno de los diccionarios ingleses [hasta mediados del siglo xix], aunque dan una larga lista de palabras compuestas con *self* y, entre ellas, son ahora desusadas, por ejemplo, *self-sovereingty* de Shakespeare [...] No he podido averiguar si fue en Inglaterra o en América [Norteamérica] que se usó primero la palabra para expresar el *self-government* político. El doctor en teología R. Price la usó en un sentido político en sus *Observaciones sobre la liberad civil*, 3a. edición, Londres, 1776, aunque no aparece claramente si quiere dar a entender lo que nosotros designamos por independencia o *self-government* doméstico" (1853/1889: vol. i, 293).

A fines del siglo xviii se comienza a recurrir a la expresión *self-government* en el sentido político, para aludir al manejo que cada uno hace de sus propios asuntos restringiendo la participación de los gobernantes locales a la protección de los derechos de la gente y otorgándole la menor participación posible al gobierno central, cuya existencia se justificaba para velar por la unión de los estados miembros, para dirimir cuestiones judiciales en última instancia y para declarar la guerra y firmar tratados de paz. Lieber agrega que "El *self-government* está fundado sobre la voluntad que el pueblo tenga de cuidar de sus propios negocios y de la ausencia de esa disposición a aguardarlo todo del gobierno general; igualmente de la voluntad que tiene cada uno de dejar a los demás cuidar sus propios negocios [...L]a acción formativa de los ciudadanos es la regla; la acción general del gobierno es la excepción, y solamente una auxiliar de aquella. En ese sistema, la acción común del gobierno no es originativa, sino regulativa y moderativa o conciliatoria y acomodadora" (*ib.*: 294-5).

A primera vista puede parecer que si la mayoría de las personas adhiere a la idea de que debe existir el monopolio de la fuerza –habitualmente denominado gobierno– este monopolio, en última instancia, sería voluntario. Aparece aquí una paradoja: se imponen coactivamente impuestos y, sin embargo, se dice que el gobierno esta constituido sobre bases voluntarias. Pero es que en ese razonamiento hay una inconsistencia. Si una persona adhiere voluntariamente a cierta institución y es consecuente con su adhesión, aportará también voluntariamente parte del fruto de su trabajo para financiar aquella institución. Pero existe una inconsistencia interna por parte de quien sostiene que debe existir gobierno y, al mismo tiempo, a esa misma persona, hay que arrancarle recursos por la fuerza para financiar lo que dice hay que sostener. Se podrá alegar que los impuestos son muy altos y que el sujeto en cuestión estaría dispuesto a pagar menos, pero, de todos modos, respecto a esa parte menor, no tiene sentido sostener que alguien apoya voluntariamente algo y a ese alguien hay que sacarle recursos por la fuerza para financiar lo que dice debería mantenerse. Se podrá alegar también que la fuerza es necesaria para evitar los "free riders", es decir, para evitar que otros (que eventualmente también comparten la necesidad del gobierno) se abstengan de financiar la parte que les corresponde. Esto tampoco resulta consistente puesto que, en todo caso, en esta misma línea argumental, sólo se debería obligar a que paguen los que no lo quieren hacer. En este caso diríamos que los que realmente adhieren al gobierno lo financian voluntariamente (con lo cual, a estos efectos, dejaría de ser gobierno *para convertirse en una agencia voluntaria* que puede ser sustituida por otra si no responde a las necesidades de los financiadores). Pero queda en pie el problema de aquellos que se los obliga a pagar. En estos casos no puede mantenerse que adhieren al gobierno y, simultáneamente, debe forzárselos a pagar. Estas personas están revelando con su conducta que no adhieren al gobierno. Su declaración en contrario no hace más que poner en evidencia una contradicción interna (Benegas Lynch, 1993 b: 247 y ss.).

Las experiencias históricas que revelan que no ha existido gobierno en una etapa y, sin embargo, ha irrumpido en otra, se deben a las mismas razones fundamentales que se sucedieron en aquellos casos donde a una etapa de liberalismo le siguió una de socialismo. Básicamente se debe a cambios en lo que se denomina "opinión pública", expresión que aunque contiene cierta dosis de hipóstasis hegeliana se refiere a cambios en la opinión ocurridas en un número suficientemente grande de personas. A su vez, estas mutaciones se deben a la influencia de intelectuales que primero se dirigen a un reducido cenáculo y luego, igual que una piedra arrojada a un estanque, el efecto multiplicador que realizan las diversas audiencias, van influyendo en círculos cada vez más amplios. En el caso que nos ocupa, habrá gobierno mientras la gente crea que deba haber gobierno (aun con las inconsistencias arriba señaladas), sentimiento que se refuerza por aquello que Jacques Ellul describe como la "pasión de los hombres que están obsesionados por la política" y "por el tembleque frenético exhibido cada vez que el sacramento político –la bandera, el jefe, el *slogan*– se acercan" porque, en última instancia, la politización de la sociedad se debe a la religión de la política ya que "en lugar de la presencia consoladora –esa experiencia tan deseada por las personas religiosas– el hombre experimenta fe y conversión religiosa gracias a su participación en la política. Lo que perdió la iglesia lo encontraron los partidos" (1967/1979: 226-7-8). Todo esto se debe, en gran medida, a la pretendida racionalización y justificación del aparato de la fuerza por parte de los intelectuales. Pero nada resulta conducente para modificar esta situación como no sea trabajar en el terreno de las ideas. Esto debe ser visto en el contexto de un proceso evolutivo abierto en el que diversas teorías compiten en un arduo camino de pruebas y errores que no tiene término, puesto que el conocimiento y el progreso moral tampoco tienen término. Sin duda que los formidables aportes del liberalismo clásico han significado avances notables en el camino de la libertad del hombre. El autogobierno, en base a muchas de las formulaciones ya realizadas, pretende insertarse en aquella tradición de pensamiento liberal con la intención de correr el eje del debate hacia posiciones de mayor fertilidad, posiciones que, a su vez, serán mejoradas por otros aportes que pondrán en evidencia errores que ahora no vemos. El autogobierno apunta a la presentación de una postura que no sólo es más eficiente sino más consistente con los principios éticos del liberalismo clásico. Pero como hemos dicho al comienzo, nada hay inexorable en la historia. El progreso o el retroceso dependerá del contenido y la dirección que tenga lugar en el debate de ideas.

# VIII

El hombre, para actuar, supone cierto orden. Si no tuviera conjeturas respecto a lo que sucedería si se tira por la ventana, si clava un clavo, si ingiere determinados alimentos o si comercia, no podría actuar. El orden físico y cierto *Verstehen* respecto del comportamiento humano resultan indispensables para poder actuar. En este sentido, el orden es una implicancia lógica de la acción humana.

Existen órdenes de muy diversa naturaleza. David Bohm nos habla de un orden implicado para explicar fenómenos como la televisión en que la onda transporta la imagen visual de un modo implícito que es explicitado por el receptor y se detiene a explicar un experimento realizado en el laboratorio con un recipiente transparente equipado con un rotor mecánico que remueve un fluido viscoso al que se le agrega una gota de tinta. Esa gota aparece distribuida al azar en el fluido. Sin embargo, al operar el rotor en sentido inverso la gota de tinta aparece reconstituida. Es decir, había cierto tipo de orden implícito (1980: 210-11). No hay tal cosa como azar. Los órdenes no responden a la casualidad. Hablamos de casualidad cuando no previmos la ocurrencia de sucesos siempre causales (incluso los juegos de azar como los dados dependen de la velocidad con que son arrojados, el roce con el paño, el ángulo, el peso etc.). Louis F. Lejeune explica que "El azar es el conjunto de causas no enumeradas" (1989). Lo mismo puede decirse del caos: es un orden no comprendido (Bateson, 1991: 29-34; Santayana, 1954: 55-57; Bohm-Peat, 1988: 155 y ss.). Una interpretación errada del "principio de incertidumbre" de Heisenberg ha permitido insinuar que en el mundo subatómico habría acción y no reacción, sin percibir que la incertidumbre se aplica más bien al observador por carecer de elementos de juicio y no al electrón (de Broglie, 1961; Holton-Brusch, 1984: 733). Max Planck precisó el significado de las leyes estadísticas en el contexto de la causalidad (1936/1947: 159 y ss.) y Werner Heisenberg se refirió a algunos aspectos del significado del conocimiento incompleto en la teoría cuántica y en la enunciación de leyes estadísticas (1955/1994: cap. ii). Por su parte, David Peat alude a órdenes ocultos que explicarían las "coincidencias significativas" como los célebres casos del pez y el escarabajo de Jung, el sueño premonitorio de Dickens, la descripción anticipada por parte de novelistas como aspectos de la astronomía referidos por Swift, la tragedia del *Titanic* en la obra de Mansfield o los fenómenos sincrónicos descriptos por Mindel especialmente en el caso de cónyuges circunstancialmente separados (1988: 41-45 y 270) y Ernst Gombrich explica la relevancia de las diversas hipótesis de orden y regularidad en el ámbito del arte (1980: 27-36 y 157-59).

En las ciencias naturales los órdenes aparecen en al contexto de la reacción, en las ciencias sociales aparecen en el contexto de la acción, es decir, del propósito deliberado que no está presente en el primer caso. Dice Frank Knight que "[...] los objetos inertes de la naturaleza no son como el hombre [...] el hombre concebido en términos positivistas no podría actuar" (1942/1982: 270). Israel Kirzner explica la naturaleza distinta de las ciencias naturales y las sociales (1976: 42, 45-46). Ludwig von Mises señala los peligros de la ingeniería social, los cuales considera que se derivan de confundir las características de aquellos dos campos científicos (1949/1963: 113). A Jacques Rueff le llama la atención que la física cuántica, merced a instrumentos de precisión, haya descubierto la no-continuidad de la materia y, en cambio, en ciencias sociales, se sigue tratando a las personas holísticamente como parte de un todo indivisible, cuando son suficientes los ojos para percibir la individualidad (1968: 28).

Frederich Hayek ha tomado la clasificación para las ciencias sociales de órdenes espontáneos (*kosmos*) y ordenes diseñados (*taxis*). Dice Hayek que los ordenes diseñados por el hombre responden a directivas deliberadas o comandos y sirven para lograr resultados particulares de una organización específica, mientras que los órdenes espontáneos se basan en órdenes abstractos que no son conocidos ni previstos por nadie y pueden adquirir altos grados de complejidad (1973: vol. i, 50).

"Decir que debemos planear deliberadamente la sociedad moderna porque es compleja resulta paradójico y es consecuencia de un completo malentendido. [...R]esulta imposible reemplazar el orden espontáneo por la organización y al mismo tiempo utilizar el conocimiento disperso entre sus miembros, y tampoco resulta posible mejorar o corregir este orden interfiriendo con comandos (órdenes directas). [...] La razón por la que esos comandos para lograr acciones específicas de los miembros de un orden espontáneo nunca pueden mejorar sino alterar dicho orden consiste en que [...la] información está guiada por los propósitos que sólo conocen los sujetos actuantes y no la autoridad que dirige. El orden espontáneo surge de cada uno de los elementos que balancean los diversos factores que operan a través de las acciones de cada uno, un balance que será destruido si algunas de esas acciones estuvieran determinadas por una agencia sobre la base de un conocimiento distinto y que, asimismo, pretende servir fines distintos" (*ib.*: 51).

Cuando se alude a los órdenes espontáneos y al rol que le toca desempeñar a cada sujeto, es importante subrayar que el propio titular del acto tampoco dispone de la información completa respecto de lo que serán sus propios gustos y preferencias en un futuro más o menos inmediato. Por ejemplo, si se le pregunta a alguien cuál sería la prioridad con la que vendería sus pertenencias en caso de quiebra, puede arriesgar una hipótesis pero, llegado el momento, debido al cambio de circunstancias, la prioridad puede ser completamente distinta (Sowell, 1980: 217-8). No es entonces que hay demasiada información que procesar sino que la información no está disponible (Sowell, *loc. cit*). Es característico de quienes no entienden la existencia de órdenes espontáneos que quieran regular el idioma, regular el derecho y regular el mercado. Respecto de este último caso, como no se acepta el orden subyacente, se piensa que el mercado libre será caótico pero, precisamente, al intervenir, es cuando se producen los desajustes. Como ya se mencionó, Bernard Mandeville elaboró en torno al lenguaje como orden espontáneo y evolutivo (1714), Bruno Leoni lo hizo respecto del derecho (1961) y Carl Menger lo hizo respecto del dinero (1892/1985), lo cual luego fue extendido al mercado (Hayek, 1936/1948: 33-56; Kirzner, 1973: cap. i). No podemos dirigir lo que sucede en nuestros propios cuerpos (ya que estos sucesos exceden nuestra capacidad analítica y, por tanto, si los quisiéramos dirigir pereceríamos en pocos instantes) y, sin embargo se pretende dirigir la vida de los demás. Por eso es que resulta tan acertado e ilustrativo el título del último libro de Hayek: *La fatal arrogancia*. El conocimiento que cada individuo posee es mínimo en relación a su ignorancia: "todos somos ignorantes, sólo que en temas distintos". Para mitigar los problemas que produce la ignorancia concentrada en contraste con el conocimiento disperso, el autogobierno apunta a descentralizar las decisiones, que eventualmente se adoptarán por mayorías pero fraccionadas en muchas minorías según sean las cambiantes preferencias e intereses de la gente. Cualquiera sea el área de que se trate –pintura, horticultura, música, economía, carpintería, medicina– siempre es una minoría la que tiene conocimientos del tema en cuestión. El autogobierno evita que se impongan mayorías unificadas en bloque para designar servicios monopólicos de seguridad y justicia.

Michael Polanyi explica que

"Cuando vemos un arreglo ordenado de las cosas, instintivamente asumimos que alguien las ha colocado intencionalmente de ese modo. Un jardín bien cuidado debe de haber sido arreglado; una máquina que trabaja bien debe haber sido fabricada y ubicada bajo control: esa es la forma obvia en el que el orden emerge. Este método de establecer el orden consiste en limitar la libertad de la cosas y los hombres para que se queden o se muevan de acuerdo al establecimiento de cada uno en una posición específica según un plan prefijado. Pero existe otro tipo de orden, menos obvio, basado en el principio opuesto. El agua en una jarra se ubica llenando perfectamente el recipiente con una densidad igual hasta el nivel de un plano horizontal que conforma la superficie libre: un arreglo perfecto que ningún artificio humano puede reproducir según un proceso gravitacional y de cohesión [...] En este segundo tipo de orden ningún constreñimiento es específicamente aplicado a las partes individuales [...] Las partes están por tanto libres para obedecer la fuerzas internas que actúan entre sí y el orden resultante representa el equilibrio entre todas las fuerzas internas y externas [...] Esto parece sugerir que cuando una cantidad grande de números debe arreglarse cuidadosamente esto puede lograrse solamente a través de un ajuste espontáneo y mutuo de las unidades, no a través de asignar a las distintas unidades posiciones específicamente preestablecidas" (1951/1980: 154-56).

Más adelante Polanyi concluye que "Cuando el orden se logra entre seres humanos a través de permitirles que interactúen entre cada uno sobre la base de sus propias iniciativas –sujetas solamente a leyes que se aplican uniformemente a todos ellos– tenemos un sistema de orden espontáneo de la sociedad. Podemos entonces decir que los esfuerzos de estos individuos se coordinan a través del ejercicio de las iniciativas individuales y esta auto-coordinación justifica sus libertades [...] El ejemplo más extendido del orden espontáneo en la sociedad –el prototipo del orden establecido por una 'mano invisible'– estriba en la vida económica basada en el conjunto de individuos en competencia" (*ib.*: 159-60).

Todas estas explicaciones pueden extenderse a los servicios de seguridad y justicia en base a los mismos fundamentos y por las mismas razones apuntadas. Como queda consignado, la única manera de proceder en consecuencia es a través del debate de ideas y la persuasión en el contexto de un proceso evolutivo abierto. Como también hemos apuntado, si estas ideas no son aceptadas nada que pueda hacerse resulta pertinente como no sea afinar la argumentación si es que no se demuestra la falsedad de las proposiciones contenidas en el razonamiento. De todas maneras, nunca resultan convenientes los cortes drásticos en la historia: deben tamizarse las nuevas ideas e implementárselas en un proceso lento en el que las pruebas y errores puedan poner de manifiesto sus enseñanzas. Anthony de Jasay explica como los órdenes espontáneos no coercitivos preceden lógicamente y, por ende, históricamente, a los arreglos coercitivos del aparato estatal: "Tiene que haber habido algún tipo de orden económico primero, antes de que el estado haya podido encontrar los recursos necesarios para establecer la infraestructura de uno nuevo. Tal vez el viejo no haya sido un orden de mercado. Sin embargo ¿puede en ese caso ser lo suficientemente productivo? Sin duda no puede si el sistema está en ruinas. Pero si puede ¿cuál es la razón para que el estado construya la infraestructura de un orden diferente?" (1994 a: 35).

# IX

John Bagnell Bury se ha referido a la pereza mental que generan y el miedo que suscitan las ideas nuevas, dice que "El instinto de conservación robustece la doctrina conservadora de que toda alteración en la estructura de la sociedad pone en peligro sus cimientos. [...L]as opiniones nuevas son consideradas tan peligrosas como molestas, y cualquiera que hace preguntas inconvenientes sobre el por qué y el para qué de principios aceptados, es considerado como un elemento pernicioso"(1941: 8).

Podemos imaginarnos los pasos hacia el autogobierno en ocho etapas, las cuales no necesariamente significan orden cronológico ni jerárquico (aunque, tal vez, el que mencionamos en primer término tiene más importancia que el resto). En otras oportunidades nos hemos referido detenidamente a estos puntos, en esta ocasión nos limitamos a mencionarlos muy escuetamente. El primero se refiere a la educación (Benegas Lynch, 1986: 145-151). Si es correcto que los seres humanos somos diferentes desde el punto de vista anatómico, fisiológico, bioquímico y, sobre todo, psicológico, es natural que sus inclinaciones, gustos, preferencias y proyectos de vida sean distintos. Por tanto el sistema educativo ideal sería el tutorial, es decir, promover la posibilidad de que cada uno ponga de manifiesto sus potencialidades exclusivas. Lamentablemente el costo del sistema tutorial es por el momento muy alto y, por ende, se recurre a las economías de escala que proporcionan los colegios y las universidades (decimos por ahora puesto que, tal vez, la cibernética permita establecer el sistema con costos razonables). Pero la economía de escala no autoriza a que se pretendan imponer programas y bibliografías desde el vértice del poder (generalmente a través de aquellas reparticiones que han adquirido el ridículo rótulo de "ministerios de educación"). La base de una sociedad abierta no reside en circunscribir la competencia a los bienes sino en la comprensión de lo que significa la competencia en materia educativa. En nombre de la llamada "igualdad de oportunidades" se imponen sistemas educativos coactivamente financiados (principalmente por los consumidores de menor poder adquisitivo a través de pagos de impuestos realizados vía la reducción de salarios debido al consumo de capital que generan las mayores cargas fiscales). La sociedad abierta se traduce en *mayores* oportunidades pero no en oportunidades *iguales* puesto que esto último requiere que se abandone el principio de igualdad *ante* la ley para establecer la igualdad *mediante* la ley. Esto es así debido a que para igualar las oportunidades del atleta respecto del lisiado, del pobre respecto del rico, del talentoso respecto del inútil etc. habría que otorgar derechos distintos.

El segundo paso es el de la salud (Palyi, 1950). Resulta de gran importancia percatarse, por un lado, de lo inconveniente que resulta el descontar coactivamente del fruto del trabajo de las personas para destinarlo a prestar pésimos servicios a otras quienes, en definitiva, no tienen la posibilidad de elegir la atención médica de su agrado. Por otro lado, es importante que se entienda que la solidaridad, la ayuda filantrópica y la caridad se llevan a cabo voluntariamente y con recursos propios, de lo contrario se trata de un asalto. Igual que en el caso de la educación es útil el análisis que se realiza en torno de los *vouchers* al solo efecto de comprobar el *non sequitur* que hay entre el sostener que los contribuyentes deben hacerse cargo coactivamente de quienes no poseen los recursos suficientes para hacerlo y el establecimiento de una estructura estatal (sea educacional u hospitalaria). Pero una vez percibido el mencionado *non sequitur* debe quedar en claro, por una parte, el perjuicio que se produce a quienes financian por medio la fuerza (incluyendo los bolsillos de los más pobres) y, por otra, la manera como esta política afecta los incentivos. En este contexto, resulta de interés tener en cuenta lo que Nisbet (1975) ha bautizado como "el nuevo despotismo": la intervención no visible de los agentes gubernamentales a través de caminos sutiles, generalmente alegando propósitos humanitarios. Recordemos también que, en este sentido, Marat exclamaba: "Me discuten el título de filántropo [...] !Oh que injusticia! ¿Quién no ve que quiero cortar un pequeño número de cabezas para salvar muchas más?" (Camus, 1953: 119).

El tercero es el que se refiere a la moneda (White, 1989). La "autoridad monetaria", habitualmente conocida con el nombre de banca central, puede decidir entre tres cursos de acción: a qué tasa expandir la masa monetaria, a qué tasa contraerla o dejarla inalterada. Cualquiera de los tres caminos que decida estará alterando los precios relativos como consecuencia de la respectiva decisión política. Si la banca central decidiera dejar inalterado el volumen de moneda y el mercado hubiera preferido contar con más moneda se estará en un proceso inflacionario, si el mercado hubiera preferido contar con menos moneda se estará en un proceso deflacionario y si se impone lo mismo que la gente hubiera preferido no hay razón para la intervención puesto que las cosas hubieran sucedido de la misma manera sin tener que recurrir a la fuerza (y, por otro lado, la única manera de saber qué hubiera decidido la gente en el mercado es dejar que éste opere). Por más que se esgriman razones de soberanía y otros sinsentidos, el único motivo por el cual se mantiene el dinero en manos gubernamentales es debido a que, a través de ese medio, se hace posible una de las formas para la financiación coactiva del estado. Tampoco tiene sentido pretender una autoridad monetaria independiente del poder ejecutivo o del legislativo, ya que si funciona como banco central la naturaleza de los errores será la misma, sólo que se incurrirá en ellos de modo independiente. Inquirir acerca de cuál será la moneda que prefiera el mercado o que cantidad de dinero-mercancía se producirá es lo mismo que preguntarse acerca de la cantidad de vino que estará disponible en el mercado y qué tipos serán los que se elaboren.

La cuarta etapa estriba en lo concerniente a la ecología (Anderson-Leal, 1991), a través de la cual, en sistemas compatibles con la libertad, se pone en evidencia el modo en que se resuelven los problemas de la mejor manera posible respetando la institución de la propiedad privada. De este modo, en procesos judiciales abiertos y competitivos, dada la tecnología disponible y las necesidades del momento, se maximiza la internalización de costos externos y se despejan preocupaciones tales como la extinción de ciertas especies animales, la polución ambiental a través del monóxido de carbono, el exceso de decibeles, la polución de los ríos, la lluvia ácida que produce el dioxido de sulfuro, los clorofluorcarbonos que afectan la capa de ozono o el dióxido de carbono que produce el llamado efecto invernadero. Sin duda que los problemas se agravarán si *lobbies* empresariales se alían con el poder político para determinar "crecimientos sustentables" (Schmidheiny, 1992: cap. vi) a espaldas de los indicadores de mercado.

El quinto capítulo consiste en vislumbrar con claridad los inconvenientes de los nacionalismos y las ventajas del movimiento libre de bienes y de personas en todas direcciones sin restricción de ninguna naturaleza, lo cual da lugar a la división del trabajo y la consiguiente especialización y asignación más eficiente de los siempre escasos recursos que, a su vez, se traduce en una mayor productividad conjunta, al tiempo que se respetan los derechos de las partes involucradas (Benegas Lynch, 1995 y 1992: 420 y ss.).

En sexto lugar deben mostrarse las ventajas de contar con la totalidad de las calles, avenidas y accesos en manos privadas (Lave, 1985), como un modo no sólo de facilitar el tránsito a costos más bajos y con una mejor calidad, sino que también el sistema privado –no el de concesiones en el que naturalmente priman criterios políticos– ofrece mayor seguridad, limpieza y se despolitizan temas tales como la pornografía, las drogas etc.

Finalmente, los dos últimos temas se refieren a la extensión de las agencias de seguridad privadas y a la extensión de los arbitrajes privados. Respecto del primer tema David Friedman dice que "La protección privada ya es un gran negocio [en los Estados Unidos]; más de un tercio del gasto total destinado a la protección contra el crimen va a manos privadas. La mayoría del personal de seguridad son ahora privados". (1973: 219). Respecto del segundo tema Murray N. Rothbard señala que "La American Arbitration Association [...] tiene 25 oficinas regionales a través del país [Estados Unidos] con 23.000 árbitros. Solamente en 1969 la Asociación condujo más de 22.000 arbitrajes" (1973: 229-30).

La comprensión y adopción de los puntos señalados se traduce en reducciones drásticas en el volumen de los impuestos y el endeudamiento público así como también la eliminación de los procesos inflacionarios. Una vez que se extienda la comprensión, aceptación y ejecución de las referidas etapas quedará un grupo de burócratas sin prestigio y mal remunerados que posiblemente acepten ofertas tentadoras del sector privado. De cualquier manera, a esta altura de los acontecimientos, no resultará difícil que la gente se niegue a pagar los escasos impuestos que queden en pie y repudien *de facto* los pasivos que resten y decidan la forma de distribuir los activos remanentes en caso que los hubiera.

La evolución de este proceso dependerá básicamente del grado de aceptación que esto merezca entre los intelectuales y el éxito que se tenga en cortar el cordón umbilical entre pseudoempresarios-cazadores de privilegios y el poder político. En última instancia, como ha dicho Albert Schweitzer, "Cada época vive y opera bajo la influencia de pensadores" (1959: 50). Lo importante es mirar más allá de los sucesos del momento e intentar correr el eje del debate en la dirección que se considera proporcionará resultados más satisfactorios porque, de lo contrario, como advirtió Alfred Whitehead, "Cuando los ideales descienden al nivel de la práctica, el resultado es el estancamiento" (1936/1965: 54). Parafraseando el célebre cuento de Andersen, el aspecto crucial de nuestro análisis estriba en denunciar que el emperador está desnudo: el monopolio de la fuerza constituye un disfraz de una protección que no es tal o, en el mejor de los casos, resulta deficiente y siempre intercalada con agresiones institucionalizadas, mientras hay otras formas que abren puertas a procesos de mayor fertilidad para la prestación de aquel servicio. Jorge Luis Borges decía que "Uno de los males de nuestro tiempo es el Estado y la división del mundo en países. Vendrá otro tiempo en el que seremos cosmopolitas, ciudadanos del mundo como decían los estoicos y desaparecerán como algo absurdo las fronteras" (1986: 76). De todos modos, como ha puesto de manifiesto Antony Flew

(1975/1989: 113), para que un trabajo sea exitoso el final debe considerarse como un nuevo comienzo.

# Referencias bibliográficas

Anderson, T. y Leal, D. R. *Free Market Environmentalism* (San Francisco: Pacific Research Institute, 1991).

-----. y Hill, P. J. "An American Experiment on Anarcho-Capitalism: The Not So Wild, Wild West", *The Journal of Libertarian Studies*, vol. iii, Nro. i, (1979).

Bally, Ch. *El lenguaje y la vida* (Buenos Aires: Losada, 1977).

Barnett, R. "Persuing Justice in a Free Society: Power vs. Liberty", *Criminal Justice Ethics*, verano-otoño, 1985, primera parte.

Bastiat, F. "The State", *Selected Essays on Political Economy* (Princeton: Van Nostrand, 1964), [1848].

Bateson, G. *Pasos hacia una ecología de la mente* (Buenos Aires: Planeta, 1991).

Benegas Lynch, A. (h). *Fundamentos de análisis económico* (Buenos Aires: Abeledo-Perrot, 1990), [1972].

-----. *Liberalismo para liberales* (Buenos Aires: Emecé Editores, 1986).

-----. *Poder y razón razonable* (Buenos Aires: Editorial El Ateneo, 1991).

-----. "El debate sobre inmigraciones", *Contra la corriente* (Buenos Aires: Editorial El Ateneo, 1992).

-----. y Krause, M. *Proyectos para una sociedad abierta* (Buenos Aires: Abeledo-Perrot, 1993 a).

-----. *Hacia el autogobierno: una crítica al poder político* (Buenos Aires: Emecé Editores, 1993 b).

-----. "Nacionalismo: cultura de la incultura", *Libertas*, Nro. 22, Año xii, mayo de 1995.

Benson, B.    *The Enterprise of Law: Justice Without the State* (San Francisco, Ca.: Pacific Research Institute for Public Policy, 1990).

Berman, H. J. *Law and Revolution* (Cambridge, Mass.: Harvard University Press, 1983).

Blanshard, B. *Reason and Goodness* (Londres: Allen & Unwin, 1961).

Bohm, D. *La totalidad y el orden implicado* (Barcelona: Kairós, 1980).

-----. y Peat, D. *Ciencia, orden y creatividad* (Barcelona:Kairós, 1988).

Böhm-Bawerk, E. *Capital and Interest* (South Holland, Illinois: Libertarian Press, 1959), [1884].

Borges, J. L. *El diccionario de Borges* (Buenos Aires: Editorial Sudamericana, 1986), C. R. Stornini ed.

Brennan, G. y Buchanan, J. *La razón de las normas* (Madrid: Unión Editorial, 1987).

Brentano, F. *The Origin of Our Knowledge of Right and Wrong* (Londres: Roudledge and Kegan Paul, 1969), [1869].

Broglie, L.V. de. Introducción a N. Bohr, *Casuality and Chance in Modern Physics* (New York: Harper, 1961).

Buchanan, J. *Los límites de la libertad: entre la anarquía y el Leviatán* (México: Premia Ed., 1981), [1975].

-----. *Freedom in Constitutional Contract* (College Station: Texas A&M University Press, 1977).

-----. "Constitutional Imperatives for the 1990s: The Legal Order for a Free and Productive Economy", *Thinking About America* (Stanford, Ca.: Hoover Institution Press, 1988).

Buckland, W. W. *Roman Law and Common Law*, (Cambridge University Press, 1952).

Burckhard, J. *Reflexiones sobre la historia universal* (México; Fondo de Cultura Económica, 1971).

Camus, A. *El hombre rebelde* (Buenos Aires: Editorial Losada, 1953).

Carneiro, R. L. "A Theory of the Origin of the State", *Science,* agosto de 1970.

Chomsky, N. "Las computadoras no eligen", *Página 12*, Buenos Aires, enero 2 de 1993.

Constant, B. "Principios de política", *Curso de política constitucional* (Madrid: Taurus, 1968), [1813].

Coulanges, F. de. *La ciudad antigua* (Madrid: Daniel Jorro Editor, 1920).

d'Entreves, A. P.          *Natural Law: An Introduction to Legal Philosophy* (Londres: Hutchinson, 1977).

Davie, M. R. *The Evolution of War* (New Haven: Yale University Press, 1929).

Durant, W. *Nuestra herencia oriental* (Buenos Aires: Sudamericana, 1959).

Eccles, J. *La psique humana* (Madrid: Tecnos, 1986).

Ellul, J. "Politization and Political Solutions", *The Politicization of Society* (Indianapolis: Liberty Press, 1979), K. S. Templeton, Jr. ed., [1967].

Epstein, R. "The Static Conception of the Common Law", *The Journal of Legal Studies*, Nro. 9, marzo de 1980.

Ferguson, A. *An Essay on the History of Civil Society* (Edinburgh: Edinburgh University Press, 1966), [1767].

Ferrater Mora, J. *Diccionario de filosofía* (Madrid: Alianza Editorial, 1988).

Finnis, J. *Natural Law and Natural Rights* (Oxford: Clarendon Press, 1986).

Flew, A. "Particular Liberties against the General Will", *Man, Economy and State: Essays in Honor of Murray N. Rothbard* (Auburn, Ala.: The Ludwig von Mises Institute, 1988).

-----. *Thinking about Thinking* (Londres: Fontana Press, 1989), [1975].

Foldvary, F. *Public Goods and Private Communities* (Londres: Edward Elgar Publishing, 1994).

Friedman, D. "Private Creation and Enforcement of Law: A Historical Case", *The Journal of Legal Studies*, Nro. 8, marzo de 1979.

-----. *The Machinery of Freedom: Guides to a Radical Capitalism* (New York: Harper & Row, 1973).

Friedrich, C. J. *La filosofía del derecho* (México: Fondo de Cultura Económica, 1969), [1955].

Fullner, L. "The Role of Contract in the Ordering Processes of Society Generally", *The Principles of Social Order* (Durham, N. C.: Duke University Press: 1981).

Godwin, W. *Investigación acerca de la justicia política* (Madrid: Ediciones Jucar, 1985), [1793].

Gombrich, E. H. *El sentido de orden* (Barcelona: Editorial Gustavo Gili, 1980).

Graver, L. *Formation of the State* (New Jersey: Pretince Hall, 1968).

Hayek, F.A. *Law, Legislation and Liberty* (Chicago: The University of Chicago Press, vol. i, 1973, vol. ii, 1976).

-----. *Los fundamentos de la libertad* (Madrid: Unión Editorial, 1975), [1959].

-----. "The use of Knowledge in Society" [1945], *Individualism and Economic Order* (Chicago: The Chicago University Press, 1948).

-----. "Economics and Knowledge", *Individualism... op. cit.* [1936].

Heisenberg, W. *La imagen de la naturaleza en la ciencia física* (Madrid: Planeta-Agostini, 1994), [1955].

Hobbes, T. *Leviathan* (New York: Macmillan Publishing Co., 1962), [1651].

Holton, G. y Brusch, S. G. *Introducción a los conceptos y de las teorías de las ciencias físicas* (Barcelona: Editorial Reverté, 1984).

Hoppe. H. H. "Fallacies of the Public Goods Theory and the Production of Security", *The Economics and Ethics of Private Property* (Norwell, Mass.: Klewer Academic Press, 1993).

Hume, D. *A Treatise on Human Nature* (Londres: Longmans, Green and Co., 1898), [1739-40].

-----. "On the Original Contract", *Essays: Moral, Political and Literary* (Indianapolis: Liberty Classics, 1987), E. F. Miller ed., [1758].

J. M. Bury. *Historia de la libertad de pensamiento* (México: Fondo de Cultura Económica, 1941).

Jasay, A. de. "The Cart before the Horse", *Contending with Hayek* (New York: Peter Lang), [offprint, 1994 a].

-----. "Self-Contradictory Contractarianism", *For and Against the State* (Totowa, N. J: Rowman and Littlefield), J. Narveson ed., [offprint, 1994 b].

Jellinek, J. *Teoría general del Estado* (México: M. de J. Nucamendi Ed., 1935).

Johnson, P. *A History of the Modern World* (Londres: Weidenfeld and Nicolson, 1983).

-----. *The Birth of the Modern* (New York: Harper Collins, 1991).

Jouvenel, B. De. *La soberanía* (Madrid: Ediciones Rialp, 1957).

-----. *El poder* (Madrid: Editoral Nacional, 1956).

Kirzner, I. *Discovery, Capitalism, and Distributive Justice* (New York: Basil Blackwell, 1989).

-----. "On the Method of Austrian Economics", *The Foundations of Austrian Economics* (Kansas City: Sheed & Ward, 1976), E. G. Dolan ed.

-----. *Competition & Entrepreneurship* (Chicago;The Chicago University Press, 1973).

Knight, F. "Fact and Value in Social Science", *Freedom and Reform* (Indianapolis: Liberty Press, 1982), [1942].

Kramer, S. M. *The Sumerians* (Chicago: The University of Chicago Press, 1963).

Lave, Ch. A. ed. *Urban Transit: The Private Challenge to Public Transportation* (San Francisco: Pacific Institute for Public Policy Research, 1985).

Lejeune, L. F. "Los genes y el azar", *La Nación*, Buenos Aires, agosto 27 de 1989.

Leoni, B. *Freedom and the Law* (Los Angeles: Nash Publishing, 1972), [1961].

LeVine, R. A. "The Internalization of Political Values in Stateless Societies", *Human Organizations*, vol. 19, Nro. 12, verano de 1960.

Lieber, F. *La libertad civil y el gobierno propio* (París: Librería de Ch. Bouret, 1889), [1853].

Lorenz, K. *La otra cara del espejo* (Barcelona: Plaza & Janes, 1974).

Lowie, R. H. *The Origins of the State* (New York: Russell and Russell, 1962).

Mandeville, B. *La fábula de las abejas* (México: Fondo de Cultura Económica, 1982), [1714].

Menger, C. *Principles of Economics* (Glencoe, Illinois: The Free Press, 1950), [1871].

-----. "El origen del dinero", *Libertas*, Nro. 2, Año ii, mayo de 1985, [1892].

Miller, W. I. *Bloodtaking and Peacemaking* (Chicago: The University of Chicago Press, 1990).

Mises, L. von. *Human Action - A Treatise on Economics* (New Haven: Yale University Press, 1963), [1949].

-----. "Epistemological Relativism in the Social Sciences", *Relativism and the Study of Man* (Princeton, N. J.: Van Nostrand, 1961), H. Shoeck y J. Wiggins ed.

-----. *The Ultimate Foundation of Economic Science* (Princeton, N. J.: Van Nostrand, 1962).

Molinari, G. de. "De la production de la securité", *Journal des Economistes,* Nro. 1, febrero de 1849.

Moore, G. E. *Ethics* (Londres: Oxford University Press, 1912).

-----. "The Conception of Intrinsic Value", *Philosophical Studies* (Londres: Routledge and Kegan Paul, 1922).

Narveson, J. *The Libertarian Idea* (Philadelphia: Temple University Press, 1988).

Nisbet, R. A. "The New Despotism", *Comentary*, junio de 1975.

Nock, A. J. *Our Enemy the State* (New York: Free Life Editions, 1973).

Novak, M. *Free Persons and the Common Good* (New York: Madison Books, 1989).

Nozick, R. *Anarchy, State and Utopia* (New York: Basic Books, 1974).

Olson, M. *La lógica de la acción colectiva* (México: Editorial Limusa, 1992), [1965].

Oppenheimer, F. *The State* (New York: Free Life Editions, 1975).

Palyi, M. *Compulsory Medical Care and the Welfare State* (Chicago: National Institute of Professional Services, 1950).

Peat, D. *Sincronicidad: puente entre mente y materia* (Barcelona: Kairós, 1988).

Penden, J. R. "Stateless Societies: Ancient Ireland", *The Libertarian Forum,* abril de 1971).

Planck, M. *¿Adónde va la ciencia?* (Buenos Aires: Ed. Losada, 1947), [1936].

Polanyi, M. *The Logic of Liberty* (Chicago: The University of Chicago Press, 1980), [1951].

-----. "The Two Cultures", *Knowing and Being* (Chicago: The University of Chicago Press, 1969), [1959].

Popper, K. *Sociedad abierta, universo abierto* (Madrid: Taurus, 1984).

-----. *Conjectures and Refutations* (Londres: Routledge & Kegan Paul, 1972).

-----. "Sobre nubes y relojes", *Conocimiento Objetivo* (Madrid: Tecnos, 1974).

-----. *La miseria del historicismo* (Madrid: Alianza Ed., 1984), [1957].

Popsil, L. *Antropology of Law: A Comparative Theory* (New York: Harper & Row, 1971).

Radnitzky, G. "Introduction: The Ominous Growth of the Leviathan", *Government: Servant or Master?* (Amsterdam, G.A.: Editions Rodopi, 1993), G. Radnitzky y H.Bouillon eds.

Read, L. *Government - An Ideal Concept* (New York: The Foundation for Economic Education, 1954).

Rothbard, M. N. *For a New Liberty* (New York: Macmillan Pub., 1973).

-----. *Man, Economy and State: A Treatise on Economic Principles* (Los Angeles, Ca.: Nash Publishers, 1970).

Rousseau, J. J. *El contrato social* (Madrid: Tecnos, 1988), [1762].

Rueff, J. *La visión cuántica del universo* (Madrid: Ed. Guadarrama, 1968).

Sabine.G. *Historia de la teoría política* (México: Fondo de Cultura Económica, 1965).

Santayana, G. *La vida de la razón* (Buenos Aires: Editorial Nova, 1958), [1905].

-----. *Dominaciones y potestades* (Buenos Aires: Editorial Sudamericana, 1954).

Sartori, G. *Teoría de la democracia* (Madrid: Alianza Editorial, 1988).

Scheler, M. *Etica [El formalismo en la ética y la ética material de los valores]*, (Buenos Aires: Revista de Occidente, 1948), [1913].

Schmidheiny, S. *Changing Course: A Global Business Perspective on Development and the Environment* (Cambridge, Mass.: MIT Press, 1992).

Schmidtz, D. *The Limits of Government: An Essay on the Public Good Argument* (Oxford: Westview Press, 1991).

Schumpeter, J. *Capitalismo, socialismo y democracia* (Madrid: Aguilar, 1968), [1950].

Schweitzer, A. *The Philosophy of Civilization* (New York: The Macmillan Co., 1959).

Smith, A. *Inquiry into the Nature and Causes of the Wealth of Nations* (Londres: Modern Library, 1937), [1776].

Southall, A. "A Critique of the Etipology of States and Political Systems", *Political Systems and the Distribution of Power* (New York: Tavistoch Pub., 1965).

Sowell, T. *Knowledge and Decisions* (New York: Basic Books, 1980).

-----. *A Conflict of Visions* (New York: William Morrow and Company, 1987).

Spencer, H. *The Man versus the State* (Caldwell, Idaho: The Caxton Press, 1960), [1884].

Szasz, T. *The Myth of Mental Illness* (New York: Harper & Row, 1974).

Tanehill, M. y L. *The Market for Liberty* (New York: Libertarian Review Foundation, 1984).

Toffler, A. y H. *Las guerras del futuro* (Barcelona: Plaza & Janes, 1994).

Toynbee, A. J. *A Study of History* (Oxford: Oxford University Press, 1987, Abridged Edition), [1946].

Veatch, H. B. "Natural Law: Dead or Alive?, *Literature of Liberty*, vol. i. No. 4, Octubre-Diciembre 1978.

-----. *Human Rights: Fact or Fancy?* (Baton Rouge: Luisiana State University, 1985).

White, L. *Competition and Currencies* (New York: New York University Press, 1989).

Whitehead, A. *Los fines de la educación* (Buenos Aires: Paidos, 1965), [1936].

Williams, B. "Aristotle on the Good", *Philosophical Quarterly*, vol. xii, 1962.

Wooldrige, W. C. *Uncle Sam, The Monopoly Man* (New Rochele, N. Y.: Arlington House, 1970).

## Sobre el autor

Alberto Benegas Lynch (h) completó dos doctorados: es Doctor en Economía y también es Doctor en Ciencias de Dirección. Es Presidente de la Sección Ciencias Económicas de la Academia Nacional de Ciencias y es miembro de la Academia Nacional de Ciencias Económicas, ambas en Argentina. Es autor de diecisiete libros y seis más en colaboración. Fue profesor titular por concurso en la Universidad de Buenos Aires y enseñó en cinco Facultades: Ciencias Económicas, Derecho, Ingeniería, Sociología y en el Departamento de Historia de la de Filosofía y Letras. Fue Director del Departamento de Doctorado de la Facultad de Ciencias Económicas de la Universidad Nacional de La Plata y, durante 23 años, Rector de ESEADE donde es Profesor Emérito. Fue asesor económico de la Bolsa de Comercio de Buenos Aires, de la Cámara Argentina de Comercio, de la Sociedad Rural Argentina y del Consejo Interamericano de Comercio y Producción. En dos oportunidades integró el Consejo Directivo de la Mont Pelerin Society, es Académico Asociado de Cato Institute (Washington DC) y del Ludwig von Mises Institute (Auburn), es miembro del Consejo Consultivo del Institute of Economic Affairs (Londres), miembro del Instituto de Metodología de las Ciencias Sociales de la Academia Nacional de Ciencias Morales y Políticas en Buenos Aires y recibió grados honoríficos de universidades de su país y del extranjero. Es presidente del Consejo Académico de la Fundación Libertad y Progreso en Argentina y presidente del Consejo Editorial de la filial argentina de Unión Editorial de Madrid.